主　编　汪小金
副主编　易洪芳
参　编　戴朝昕　胡晶晶　龙小丰

汪博士详解 PMP® 模拟题（第5版）

试题部分

本书包括 1180 道 PMP®考试模拟题,不仅全面覆盖 2021 年启用的《PMP®考试大纲》,而且解析详细。对于每道题目,既说明为什么某个选项是正确的,又说明为什么其他选项是错误的。对所有能在《PMBOK®指南》(第 6 版)和《汪博士解读 PMP®考试》(第 6 版)中找到答题依据的题目,都标注了对应的页码。对较难的题目,还给出了解题技巧,并对某些题目进行了规律性总结,帮助考生举一反三。把本书与《PMBOK®指南》(第 6 版)、《汪博士解读 PMP®考试》(第 6 版)结合起来学习,既能较快掌握项目管理方法,又能顺利通过 PMP®考试。

图书在版编目(CIP)数据

汪博士详解 PMP®模拟题/汪小金主编. —5 版. —北京:机械工业出版社,2021.2 (2022.1 重印)
ISBN 978-7-111-67394-1

Ⅰ.①汪…　Ⅱ.①汪…　Ⅲ.①项目管理—资格考试—题解　Ⅳ.①F224.5-44

中国版本图书馆 CIP 数据核字(2021)第 008437 号

机械工业出版社(北京市百万庄大街 22 号　邮政编码 100037)
策划编辑:刘文蕾　　责任编辑:刘文蕾　张潇杰
责任校对:郑　婕　　封面设计:吕凤英
责任印制:张　博
三河市国英印务有限公司印刷
2022 年 1 月第 5 版第 3 次印刷
184mm×260mm・29.5 印张・636 千字
标准书号:ISBN 978-7-111-67394-1
定价:75.00 元

电话服务　　　　　　　　　　　网络服务
客服电话:010-88361066　　　机　工　官　网:www.cmpbook.com
　　　　　010-88379833　　　机　工　官　博:weibo.com/cmp1952
　　　　　010-68326294　　　金　书　网:www.golden-book.com
封底无防伪标均为盗版　　　机工教育服务网:www.cmpedu.com

本书使用说明
How to use this book

1. 请在认真阅读《项目管理知识体系指南》（即《PMBOK®指南》第6版）和《汪博士解读PMP®考试》（第6版）至少一遍的基础上，再使用本书。如果基础没有打牢，就急于做题，很难达到良好的效果。

2. 本书中的少量术语与《PMBOK®指南》（第6版）中的中译文不完全一致；一是因为本书采用了更符合中文习惯或英文原文的译文，二是因为PMP®考试中的中译文也不一定完全与《PMBOK®指南》（第6版）的一致。

3. 先以闭卷方式完成与《PMBOK®指南》（第6版）一一对应的分章练习题，并核对答案（参考答案见本书详解部分附录E）。然后，查阅《PMBOK®指南》（第6版）或《汪博士解读PMP®考试》（第6版），尽力消化这些题目，特别是做错的题目。

4. 在分章练习的正确率达到85%以后，再以闭卷方式完成综合模拟试题一和二，并核对答案（参考答案见本书详解部分附录F）。然后，查阅《PMBOK®指南》（第6版）或《汪博士解读PMP®考试》（第6版），尽力消化这些题目，特别是做错的题目。

5. 在消化题目时，一定要试图掌握解题思路。不仅要弄清楚正确的选项为什么是正确的，而且要弄清楚其他选项为什么是错误的，这些错误的选项又是什么含义。只有这样，才能使每道题目为你掌握知识发挥更大的作用。

6. 请不要在做完题目后立即翻阅详细解答。必须在自己尽力消化之后，再翻阅这些解答。这些解答可以帮助但不能代替你思考！

7. 上考场之前，分章练习的正确率必须达到90%，综合模拟试题一和二的正确率必须达到80%。分章练习和综合模拟试题可以多做几次（中间要留一定的时间间隔），直到正确率达到最低标准。

8. 除非特别指出，本书中提到的《PMBOK®指南》或《指南》均指《PMBOK®指南》（第6版）中文版（电子工业出版社2018年3月出版）；《解读》均指《汪博士解读PMP®考试》（第6版）（电子工业出版社2020年3月出版）；《考纲》均指项目管理协会（Project Management Institute，PMI）2019年发布的《PMP®考试大纲》。

9. 本书中提及的"PMBOK""PMP"，都是PMI的注册商标。

前 言
Preface

自 1983 年在云南省鲁布革水电工程中接触项目管理以来，我一直致力于学习、应用、研究和推广项目管理，至今已有 37 年。这期间，我很幸运地于 1996 年接触到了项目管理协会（Project Management Institute，PMI）的《项目管理知识体系指南》（《PMBOK®指南》）；很高兴地看到了《PMBOK®指南》的日益完善、润泽及；很荣幸地在自己不断成长的同时，力所能及地辅导了一些更年轻的项目管理工作者。《PMBOK®指南》是国际先进项目管理方法的代表，推广基于《PMBOK®指南》的项目管理方法，也就很自然地成了我的追求。

《PMBOK®指南》是 PMP®考试出题的知识基础，描述了项目管理工作者应该掌握的主要知识。对于大多数人来说，参加 PMP®培训课程和认证考试，是掌握基于《PMBOK®指南》的项目管理方法的快捷之道。推广 PMP®培训课程和认证考试，也就很自然地成了我推广基于《PMBOK®指南》的项目管理方法的重要手段。

作为经典的项目管理标准，《PMBOK®指南》一书中的内容是高度概括的。这种概括性，使学习《PMBOK®指南》成了一件比较枯燥而困难的任务。用比较通俗的语言帮助大家快速理解《PMBOK®指南》，也就很自然地成了我的一项重要工作。编写本模拟题详解，是我推广基于《PMBOK®指南》的项目管理方法的又一次重要努力。

《PMP®考试大纲》是 PMP®考试出题的实践基础，罗列了项目管理工作者在管理项目时应该开展的主要工作。最新的《PMP®考试大纲》是 2019 年 6 月发布的，原定 2020 年 7 月全球同步启用。由于受到新冠肺炎疫情的影响，新版考纲的启用时间已推迟至 2021 年 6 月。为了顺利过渡到新版考纲，2021 年 4 月考试中也可能出现新版考纲的部分题目。因此，本书也适用于准备 2021 年 4 月的考试。新版考纲的最大改变是，考敏捷型项目管理方法的题目将大量增加。

本书基于《PMBOK®指南》（第 6 版）和 2019 年版《PMP®考试大纲》，覆盖知识点全面，解析详细。本书包括了不少敏捷型项目管理方法的题目，以符合新版考纲的要求。在敏捷型项目管理方法中，强调项目团队作为一个整体的自组织和自管理性质（而不是由项目经理来组织和管理），欢迎对项目进行变更（即便是在项目生命周期的后期阶段），要求先确定项目的工期目标（而非范围目标），要求通过短期迭代（循环）快速交付一个又一个可使用的原型（初级产品）（而非到项目生命周期结束时才一次性交付完整产品）。既考预测型方法又考敏捷型方法，这是 PMP®考试的一次大变革，考生应该做好充分的准备。

PMI 在启用新考纲的同时，也将在全球机考中首次采用新题型。除了传统的单选题，还包括多选题、连线题、热点题和填空题等形式，考题数量将从 200 道变为 180 道（但实际计分的题目仍为 175 道）。尚未明确是否在中国大陆的纸笔考试中采用新题型。即便采用新题型，也只是形式上的变化，对所考内容没有影响。因此，考生可以先按目前的单选题进行备考，同时适当熟悉一下其他题型的形式。

把本书与《PMBOK®指南》（第 6 版）、《汪博士解读 PMP®考试》（第 6 版）结合起来学习，考生可以比较快速、全面和系统地掌握基于《PMBOK®指南》和《PMP®考试大纲》的项目管理方法，并顺利通过 PMP®资格认证考试。

出题其实比做题更加困难！只有较全面、深入地掌握了《PMBOK®指南》和《PMP®考试大纲》，才能把题目出得既具全面性又具鉴别力。我希望每道题目都能帮助考生理解《PMBOK®指南》或《PMP®考试大纲》中的内容。我还特别希望考生不要抱着纯粹的应试心态来做模拟题，而应该把做模拟题当作对解决实际问题的思路演练！

与本书第 4 版相比，第 5 版根据新版考纲更新了约 15% 的题目及其解析。与第 4 版更新相比，不仅副主编易洪芳在此次更新中发挥了更大的组织和协调作用，而且每位成员所编写的题目和解析的质量都更高了。这既让我省心省事多了，又让我为年轻人的快速成长而高兴。特别感谢编写团队的每一位成员！

本书距 2010 年首次出版已经整整 10 年时间。特别感谢当年向机械工业出版社推荐这本书的常淑茶老师，以及当年的策划编辑王建霞老师和刘文蕾老师！特别感谢机械工业出版社对本书的历次版本做出过贡献的每一位编辑老师！特别感谢本书第 2 版和第 3 版的合作作者邓伟升老师！

当然，还要特别感谢使用本书的 PMP®培训机构和广大 PMP®考生！

汪小金

哲学博士（项目管理方向），PMP

电子邮箱：xjwang@ynu.edu.cn

新浪微博：weibo.com/drwangpm

微信订阅号：drwangpm

目 录
Contents

本书使用说明
前言

第一篇 《PMBOK®指南》分章练习题

第1章 引论 ·· 002
第2章 项目运行环境 ·· 011
第3章 项目经理的角色 ·· 019
第4章 项目整合管理 ·· 027
第5章 项目范围管理 ·· 036
第6章 项目进度管理 ·· 044
第7章 项目成本管理 ·· 052
第8章 项目质量管理 ·· 060
第9章 项目资源管理 ·· 068
第10章 项目沟通管理 ·· 076
第11章 项目风险管理 ·· 084
第12章 项目采购管理 ·· 092
第13章 项目相关方管理 ·· 101

第二篇 综合模拟试题

综合模拟试题一 ·· 112
综合模拟试题二 ·· 151

第一篇

《PMBOK® 指南》分章练习题

第 1 章　引　论

1» 《项目管理知识体系指南》(《指南》)作为一部公认的项目管理标准,规定了在大多数时间适用于大多数项目的知识和做法。这些知识和做法（　　）。

　　A. 可供各种项目裁剪使用
　　B. 是具有强制性的项目管理规范
　　C. 可以不加修改地用于任何行业的任何项目
　　D. 是对项目管理知识体系的完整描述

2» 《指南》是关于以下哪个的标准？（　　）

　　A. 单个项目的管理　　　　　　　B. 项目集管理
　　C. 项目组合管理　　　　　　　　D. 项目管理工作者的专业行为规范

3» 以下哪个是项目的特点？（　　）

　　A. 必须为组织实现利润
　　B. 通常会产出相同的产品
　　C. 推动组织从当前状态转变到将来状态
　　D. 项目是需要持续开展的重复性工作

4» 通用项目生命周期包括以下哪些阶段？（　　）

　　A. 开始项目、组织与准备、执行项目工作、结束项目
　　B. 开始项目、规划项目、执行项目、监控项目、结束项目
　　C. 开始项目、执行项目、监控项目、结束项目
　　D. 开始项目、组织与准备、执行项目工作、关闭采购合同

5» 以下哪一项最能体现项目的特征？（　　）

　　A. 需要制订进度计划　　　　　　B. 需要整合范围、进度和成本
　　C. 有确定的期限　　　　　　　　D. 需要由专门的团队来实施

6» 在生命周期的早期阶段就可以确定项目的范围、时间和成本，适合采用以下哪种模式的开发生命周期？（   ）

A. 预测型生命周期
B. 迭代型生命周期
C. 增量型生命周期
D. 适应型生命周期

7» 以下哪项是启动项目的最可能的理由？（   ）

A. 接到客户对标准化产品的大订单
B. 需要不停地生产出相同的产品
C. 现有生产线达不到新环保法律的要求
D. 在标准化的生产线上开展生产

8» 敏捷或适应型项目管理方法适用于以下哪类项目？（   ）

A. 需求明确，且产品可以整体交付的项目
B. 需求不明确，且产品可一部分一部分交付的项目
C. 涉及组织战略的项目
D. IT企业的项目

9» 以下哪项是对项目管理过程组和项目生命周期之间的关系的正确描述？（   ）

A. 每个项目管理过程组都可以在项目生命周期的任一阶段开展
B. 各项目管理过程组与项目生命周期的各阶段是一对一的对应关系
C. 启动过程组只能在"开始项目"阶段开展
D. 收尾过程组只能在"结束项目"阶段开展

10» 关于项目组合、项目集和项目，以下哪个说法是正确的？（   ）

A. 项目集管理的重点在于以"正确"的方式开展项目集
B. 项目管理的重点在于以"正确"的方式开展项目
C. 项目组合管理的重点在于开展"正确"的项目集和项目
D. 以上都正确

11» 在适应型生命周期的项目中，何时可以确定每个迭代期的任务？（   ）

A. 项目开始之前
B. 当产品负责人提出新需求后
C. 回顾性审查完成之后
D. 每个迭代开始前

12» 以下哪个说法是错误的？（   ）

A. 在项目开始时，项目资源被转移到运营中；而随着项目趋于结束，运营资源被转移到项目中
B. 项目和运营都服务于既定的组织战略

C. 项目与运营会在产品生命周期的不同时点交叉
D. 在每个交叉点，可交付成果及知识在项目与运营之间转移，以完成工作交接

13 » 在组织战略发生变化之后，以下哪项也要发生变化？（　　）

A. 项目范围　　　B. 项目集范围　　　C. 项目组合范围　　　D. 子项目范围

14 » 关于项目阶段的说法，以下哪项是正确的？（　　）

A. 阶段审查是项目阶段的一个关键组成部分
B. 项目阶段是项目管理过程组的另一个名称
C. 多阶段管理项目的方式会使项目管理工作陷于混乱
D. 各种项目的项目阶段划分通常是一样的

15 » 每个组织都要为实现目标而开展工作。组织的工作可分为项目和运营两大类。项目与运营会在产品生命周期的以下时间相互交叉，除了（　　）。

A. 在项目执行阶段　　　　　　　B. 在项目收尾阶段
C. 在产品更新改造时　　　　　　D. 在提高运营水平时

16 » 在管理一个项目时，需要平衡哪些相互竞争的制约因素？（　　）

A. 质量和范围　　　B. 资源和风险　　　C. 进度和预算　　　D. 以上都是

17 » 什么是混合型项目生命周期？（　　）

A. 预测型生命周期和适应型生命周期的组合
B. 迭代型生命周期和增量型生命周期的组合
C. 产品生命周期和项目管理过程组的组合
D. 项目生命周期和产品生命周期的组合

18 » 为了获得更大的效益，而对一系列相互配套的项目进行协调管理，这属于哪一种管理？（　　）

A. 项目组合管理　　　　　　　B. 多项目管理
C. 项目集管理　　　　　　　　D. 项目管理办公室应该开展的管理

19 » 下列哪项不能成为项目结束的理由？（　　）

A. 项目目标按计划达成　　　　B. 项目不能达到目标
C. 某个关键相关方不支持项目　　D. 项目需求不复存在

20 » 某企业对生产线的日常维护工作通常被看作是（　　）。

A. 项目　　　　　B. 项目集　　　　C. 项目组合　　　　D. 运营

21 » 以下哪个说法是正确的？（　　）

A. 项目商业论证文件通常由项目经理负责制定和维护
B. 项目经理通常无须参与项目的商业论证
C. 项目效益管理计划通常在项目正式启动之后再制订
D. 项目经理需要确保项目管理方法符合项目商业文件的意图

22 » 为了确保项目得到执行组织最大程度的支持，项目经理应该（　　）。

A. 编制良好的沟通计划
B. 把项目需求与执行组织的战略联系在一起
C. 把项目需求与高级管理者的个人需求联系在一起
D. 在项目计划中规定将如何进行团队建设

23 » 关于适应型项目的说法，以下哪个是正确的？（　　）

A. 只允许在每次迭代结束后调整计划
B. 项目开始前就做详细周密的计划
C. 用于管理的时间比项目执行的时间更多
D. 强调不断对任务进行优先级排序

24 » 项目是（　　）。

A. 在系统或过程中的一系列有顺序且相互关联的活动
B. 一项以满足客户或市场需求为目的且可以产生收益的活动
C. 以不断满足客户或市场需求为目的的持续性事业
D. 为提供某项独特的结果而进行的临时性努力

25 » 关于项目管理过程在一个特定项目上的开展次数，以下哪个说法是正确的？（　　）

A. 每个过程都只在预定义时点开展
B. 每个过程都需要在整个项目期间持续开展
C. 每个过程都需要在整个项目期间定期开展
D. 不同过程的开展频率往往是不同的

26 » 以下哪个关于项目组合的说法是正确的？（　　）

A. 只要你愿意，可以把任何项目放在一个项目组合中
B. 任何一个项目都必须至少隶属于一个项目组合

C. 各项目因服务于同一个战略目标而被放入同一个项目组合
D. 既然项目是临时的，项目组合就必然是临时的

27》 以下哪个关于开发生命周期的说法是正确的？（　　）

A. 开发生命周期等同于项目生命周期
B. 在一个项目生命周期中可以有多个开发生命周期
C. 开发生命周期等同于产品生命周期
D. 开发生命周期通常长于项目生命周期

28》 如果项目之间的联系仅限于共享顾主、供应商、技术或资源，则这些项目应该（　　）。

A. 由项目管理办公室统一管理　　B. 被作为项目组合来协调管理
C. 被作为项目集来协调管理　　　D. 被归入项目作战室统一管理

29》 以下哪种方法能使组织资源得到最大利用以支持组织战略的实现？（　　）

A. PMO 统一管理　B. 项目组合管理　C. 项目集管理　D. 项目管理

30》 以下关于项目管理过程的哪个说法是正确的？（　　）

A. 运用工具与技术把输入转化成输出　B. 由特定的人把输入转化成输出
C. 在特定的时间把输入转化成输出　　D. 按特定的顺序把输入转化成输出

31》 项目管理的五大过程组是（　　）。

A. 开始、组织、准备、执行、结束
B. 前期准备、规划、执行、监控、收尾
C. 启动、规划、执行、监控、收尾
D. 商业论证、启动、规划、执行、收尾

32》 以下哪项是一边执行项目工作一边收集起来的原始资料？（　　）

A. 工作绩效信息　　　　　　B. 工作绩效数据
C. 工作绩效报告　　　　　　D. 经验教训登记册

33》 以下哪项不是项目的可交付成果？（　　）

A. 项目管理团队所编制的项目管理计划
B. 批量生产的汽车零配件
C. 学校新开发的课程
D. 研究课题所发现的新知识

34 》 项目集管理是通过以下哪个具体管理措施来关注项目间的依赖关系的?（　　）

　　A. 审查项目并确定项目之间的资源分配优先顺序
　　B. 特别关注各项目所共享的资源
　　C. 处理同一个治理结构内的相关问题和变更管理
　　D. 及时剔除不合理的项目，并补充新项目

35 》 为了使项目符合组织的战略业务目标，而对项目组合、项目集和项目进行系统化管理，你将考虑应用（　　）。

　　A. 项目管理　　B. 项目集管理　　C. 项目组合管理　　D. 组织级项目管理

36 》 公司将要举办一门项目管理培训课程。该课程项目必须提交出的可交付成果是（　　）。

　　A. 独特的服务　　B. 独特的成果　　C. 独特的产品　　D. 相似的结果

37 》 之所以需要对项目管理过程进行裁剪，主要是因为（　　）。

　　A. 项目具有临时性　　　　　　B. 项目具有目标性
　　C. 项目具有独特性　　　　　　D. 项目具有渐进明细性

38 》 项目完成后的维护和连续运营对项目至关重要，因此应该（　　）。

　　A. 作为项目的一部分
　　B. 由项目团队来开展
　　C. 在项目执行过程中加以考虑，但不应看作项目的一部分
　　D. 作为整个项目中的一个子项目

39 》 要建立一个新的通信卫星系统，其中包括卫星与地面站的设计与建造、卫星发射以及系统整合，适合选择以下哪一项来进行管理?（　　）

　　A. 项目　　B. 大型项目　　C. 项目集　　D. 项目组合

40 》 项目效益管理计划应该包括以下哪项内容?（　　）

　　A. 目标效益、项目经理、效益实现时间
　　B. 目标效益、战略一致性、效益责任人
　　C. 目标效益、业务需求、实现效益的风险
　　D. 目标效益、战略一致性、项目可交付成果

41 》 以下哪项最好地描述了项目与运营的区别?（　　）

　　A. 项目受制于有限的资源，而用于运营的资源通常不受限制

B. 项目不会因目标的实现而结束，而运营会因目标的实现而结束

C. 项目的持续时间很短，而运营的持续时间很长

D. 项目生产独特的结果，而运营生产重复性结果

42 » 在项目的阶段关口，可能做出相关决定，以便（　　）。

A. 撤换项目经理　　　　　　　　B. 启动一个新项目

C. 停留在当前阶段　　　　　　　D. 表彰项目团队

43 » 任何一个项目都肯定（　　）。

A. 隶属于某个项目集　　　　　　B. 隶属于某个项目组合

C. 隶属于项目管理办公室　　　　D. 以上说法都不对

44 » 某组织实施一个运用精益六西格玛价值流图的项目，这属于以下哪项的示例？（　　）

A. 符合法规、法律或社会要素

B. 满足相关方的要求或需求

C. 创造、改进或修复产品、过程或服务

D. 执行、变更业务或技术战略

45 » 以下哪个项目管理知识领域有来自全部五大过程组的过程？（　　）

A. 项目采购管理　　　　　　　　B. 项目相关方管理

C. 项目进度管理　　　　　　　　D. 项目整合管理

46 » 《指南》收录了项目管理知识体系中普遍认可为"良好实践的那一部分"。关于普遍认可，下列哪项是正确的？（　　）

A. 这些知识和做法适用于所有项目，并且其价值和有效性已获得一致认可

B. 这些知识和做法适用于大多数项目，并且其价值和有效性已获得大多数人认可

C. 这些知识和做法适用于所有项目，并且其价值和有效性已获得大多数人认可

D. 这些知识和做法适用于大多数项目，并且其价值和有效性已获得一致认可

47 » 关于项目成功评价标准的说法，以下哪项是正确的？（　　）

A. 只要在规定的范围、时间、成本和质量之下完成，项目就是成功的

B. 应该由高级管理层确定项目的成功评价标准

C. 主要相关方和项目经理应就如何评价项目成功达成一致

D. 应该由项目经理确定项目的成功评价标准

48. 以下哪项是应该在项目的前期准备阶段编制的文件？（　　）
A. 项目章程　　　B. 项目管理计划　　　C. 需求文件　　　D. 需要评估

49. PMI 发布了《道德与专业行为规范》，增强了项目管理专业人员的信心并帮助个人做出明智的决策。全球项目管理业界定义的最重要的价值观是（　　）。
A. 责任、尊重、公正和诚实
B. 责任、尊重、公平和公正
C. 善良、公平、公开和公正
D. 善良、公平、公正和诚实

50. 项目的商业价值是指（　　）。
A. 项目成果能够为相关方带来的有形效益
B. 项目成果能够为相关方带来的效益
C. 项目成果能够为相关方带来的无形效益
D. 项目成果能够为项目所在组织带来的效益

51. 工作绩效报告的主要用途是（　　）。
A. 实时显示项目的进展情况
B. 显示项目已经发生的绩效偏差
C. 显示项目工作安排
D. 便于制定决策和采取行动

52. 项目的独特性表现在（　　）。
A. 独特的产品　　B. 独特的服务　　C. 独特的成果　　D. 独特的可交付成果

53. 可以用各种属性来描述项目生命周期的各个阶段。以下哪个是常用的属性？（　　）
A. 阶段类型
B. 必选或可选阶段
C. 主要或次要阶段
D. 持续时间

54. 适应型项目经常开展回顾性审查，以下哪个是开展回顾性审查的目的？（　　）
A. 为团队成员安排下个迭代期的工作
B. 审查团队是否需要辅导
C. 向产品负责人（客户）展示产品原型
D. 布置今天的工作任务

55. 项目的临时性是指（　　）。
A. 项目的持续时间短
B. 项目的重要性低
C. 项目成果的寿命期短
D. 项目有明确的开始和结束时间

56» 关于项目的独特性，以下哪个说法是正确的？（　　）

A. 项目的独特性是指项目可交付成果和活动中不存在任何重复的元素
B. 项目的独特性是指每个项目总是由不同的人开展
C. 项目的独特性是指每个项目总是会用不同的材料
D. 即便某些项目可交付成果和活动中存在重复的元素，项目仍然具有独特性

57» 以下哪项正确表述了从高到低的概念之间的层次结构？（　　）

A. 组织战略、项目集、项目组合、项目
B. 组织战略、项目组合、项目集、项目
C. 项目组合、组织战略、项目集、项目
D. 项目集、项目组合、组织战略、项目

58» 以下哪项不属于商业价值中有形效益的例子？（　　）

A. 货币资产　　　B. 股东权益　　　C. 公共利益　　　D. 市场份额

59» 在高度复杂和不确定的适应型项目中，如何才能降低不确定性？（　）

A. 提高团队成员应对变化的能力　　　B. 确保项目执行前相关方达成高度共识
C. 让尽可能多的相关方频繁参与　　　D. 确保客户能持续提出反馈意见

60» 以"投资回报最大化"为战略目标的某基础设施公司，计划把油气、供电、供水、道路、铁路和机场等打包，适合作为以下哪一项来进行管理？（　　）

A. 项目　　　B. 大型项目　　　C. 项目集　　　D. 项目组合

第 2 章　项目运行环境

1. 项目应该在何时更新组织过程资产？（　　）
   A. 完成一个阶段时　　　　　　　B. 完成一个里程碑时
   C. 项目全部完成时　　　　　　　D. 项目全过程中

2. 总结第一阶段工作时，项目专家指出，来自组织过程资产的工作程序存在严重问题，作为项目经理的你应该如何处理？（　　）
   A. 决定在第二阶段优化该工作程序　　B. 向 PMO 上报此问题
   C. 说明这是组织规定的，不能更改　　D. 请专家制定新的工作程序

3. 某公司的 PMO 虽然不直接管控项目，但有权要求项目采用公司特定的项目管理方法论。这是什么类型的 PMO？（　　）
   A. 支持型　　　　B. 控制型　　　　C. 指令型　　　　D. 教练型

4. 在整个项目期间不断更新问题与缺陷管理数据库，写入问题与缺陷的最新状态、解决方案以及相关行动的结果。这项工作应该由谁完成？（　　）
   A. 项目团队　　　B. 职能经理　　　C. PMO　　　　　D. 项目经理

5. 强矩阵组织和弱矩阵组织之间的主要差别在于（　　）。
   A. 组织文化对项目的影响不同
   B. 项目团队成员之间以及他们与项目经理之间的亲近度不同
   C. 项目经理对项目资源的控制程度不同
   D. 项目团队成员之间的凝聚力不同

6. 经过实地考察，项目经理发现当地的关税非常高，原材料进口很不划算。这个发现应该被记录为（　　）。
   A. 组织过程资产　　　　　　　　B. 风险
   C. 制约因素　　　　　　　　　　D. 事业环境因素

7» 项目管理办公室（PMO）是（　　）。

   A. 组织中对所辖各项目进行集中协调管理的一个临时性部门
   B. 组织中对所辖各项目进行集中协调管理的一个永久性部门
   C. 组织中对相互关联的各项目进行集中协调管理的一个职能部门
   D. 组织中对相互关联的各项目进行集中协调管理的一个项目部门

8» 你是一位项目经理，服务于一家专门从事高新技术产品开发的公司，你正在为一个跨部门的新项目考虑合适的组织结构。你可能选择的方案是（　　）。

   A. 职能型　　　B. 紧密式矩阵　　　C. 矩阵型　　　D. 项目型

9» 项目的技术工作已经全部完成，产品也通过了最终验收，接着应该开展以下哪一项工作？（　　）

   A. 写项目总结　　B. 更新问题日志　　C. 遣散团队成员　　D. 举办庆功宴

10» 以下哪项是应该由项目团队更新的组织过程资产？（　　）

   A. 指南和标准　　B. 工作流程　　C. 工作政策　　D. 项目档案

11» 很多组织都会在不同的组织层级、不同的时间，针对不同的项目，采用不同的组织结构。这种组织通常被称为（　　）。

   A. 灵活型组织　　B. 适应型组织　　C. 混合型组织　　D. 项目型组织

12» 输入的变更并不会产生可预测的输出，这是系统的哪个原则的体现？（　　）

   A. 系统可以优化
   B. 系统及其组件不能同时优化
   C. 系统是动态的
   D. 系统呈现非线性响应

13» 在以下哪种组织结构下，项目执行组织中的各职能部门参与项目的程度最低？（　　）

   A. 职能型组织
   B. 平衡矩阵型组织
   C. 强矩阵组织
   D. 项目型组织

14» PMO最基本的职责是（　　）。

   A. 直接管理和控制某些特定项目
   B. 指令项目管理团队使用特定的模板
   C. 为项目提供咨询和指导
   D. 开展特定项目的变更控制

15» 在以下哪种项目组织中，项目经理能对项目资源进行最有力的控制？（　　）

   A. 项目指挥部组织　　B. 项目型组织

C. 平衡式矩阵组织　　　　　　　　D. 强矩阵组织

16. 某大型集团公司，对每一个产品或服务类别分别设立自主性很大的部门来集中管理。该集团公司采用的是以下哪种组织结构？（　　）

A. 多部门型　　B. 项目型　　C. 职能型　　D. 说不清

17. 以下哪项是项目管理办公室（PMO）的重要特性？（　　）

A. 用特定的资源去实现具体项目的目标

B. 编制项目管理的规章制度

C. 对在项目与职能部门兼职的人员进行管理

D. 随项目的完成而解散

18. 在项目的执行和监控过程组，项目管理团队最有可能利用以下哪种组织过程资产？（　　）

A. 项目生命周期指南　　　　　　　B. 项目收尾指南

C. 相关的行业标准　　　　　　　　D. 变更控制程序

19. 在敏捷项目中，对工作进行频繁的优先级排序，目的是（　　）。

A. 满足客户需求，提升满意度　　　B. 提升团队应对变化的能力

C. 优先完成最具价值的工作　　　　D. 避免项目失败

20. 项目团队刚实施过一个和本项目非常类似的项目，但你发现某团队成员又出现了和上次一样的失误。你应该要求该团队成员（　　）。

A. 查阅他过去的工作总结　　　　　B. 询问其他团队成员

C. 查阅组织过程资产　　　　　　　D. 接受培训

21. 关于系统与组件的关系，以下说法正确的是（　　）。

A. 系统的功能就是各组件的功能之和

B. 系统和组件必须同时优化

C. 组件不可以优化，但系统可以优化

D. 系统可以实现单个组件无法实现的成果

22. 以下哪项是敏捷宣言所推崇的价值观？（　　）

A. 流程和工具优先于个人和互动　　B. 详尽的文档优先于可用的软件

C. 客户合作优先于合同谈判　　　　D. 遵循计划优先于响应变化

23 » 组织过程资产可以分为哪两大类？（　　）
   A. 过程、政策与程序，组织知识库   B. 标准与规范、项目管理信息系统
   C. 模板与指南、基础设施   D. 控制程序、控制系统

24 » 你的公司刚刚成立，只有9名员工，每个人没有明确的分工，一人要身兼多职。有问题大家商量着办，最终由你来决策。这是采用的哪种组织结构形式？（　　）
   A. 简约型   B. 职能型   C. 弱矩阵型   D. 紧密型

25 » 关于事业环境因素，以下哪个说法是错误的？（　　）
   A. 事业环境因素可能对项目产生积极或消极的影响
   B. 事业环境因素包括组织治理和组织结构
   C. 事业环境因素可以来自组织内部或外部
   D. 项目管理过程不会导致对事业环境因素的更新

26 » 组织治理框架会直接影响以下哪个方面？（　　）
   A. 项目沟通管理的方式   B. 项目风险管理的方式
   C. 项目目标的设定和实现方式   D. 组织目标的设定和实现方式

27 » PMO提供了一份组织预先批准的供应商清单，项目经理可以参考它以缩短供应商的筛选时间。这份清单对于项目经理是（　　）。
   A. 组织内部的事业环境因素   B. 组织外部的事业环境因素
   C. 组织过程资产中的流程与程序   D. 组织过程资产中的组织知识库

28 » 你在一个组织中做着项目管理的工作，但是没有项目经理的正式头衔。你所在部门的领导对你有100%的绩效打分权。目前你正处于哪种组织结构中？（　　）
   A. 简约型   B. 矩阵型   C. 职能型   D. 虚拟型

29 » 项目治理是指（　　）。
   A. 把权力集中在项目经理手中
   B. 加强公司CEO对项目的控制力度
   C. 在不划分项目阶段的前提下，把项目作为一个整体加以控制
   D. 对项目的高层次的指导、支持和监控

30 » 公司本部只有三名员工，其他人都通过互联网互相配合完成项目工作。其中一部分人是全职的，一部分人是兼职的。这家公司采用的是哪种组织结构形式？（　　）
   A. 职能型   B. 简约型   C. 虚拟型   D. 混合型

31 » 以下关于 PMO 的说法，正确的是（　　）。
   A. PMO 的职责范围总是一样的
   B. PMO 只管理隶属于同一个项目集的各个项目
   C. PMO 通常就是大型项目的项目部
   D. PMO 所管理的项目不一定彼此关联

32 » 公司既有职能部门也有项目部，但职能经理对每个人的绩效考核输入占 80%，项目经理只有 20% 的绩效考核权，这很有可能是哪种组织结构形式的公司？（　　）
   A. 职能型　　　B. 弱矩阵型　　　C. 强矩阵型　　　D. 虚拟型

33 » 系统中，各组件的状态、组件之间的关系以及整个系统的状态都是不断变化的，这是对系统的哪个特性的描述？（　　）
   A. 动态性　　　B. 开放性　　　C. 可优化性　　　D. 非线性响应性

34 » 在以下哪些组织结构中，项目经理有权管理项目预算？（　　）
   A. 强矩阵型、有机型、PMO 型　　　B. 强矩阵型、项目型、事业部型
   C. 平衡矩阵型、项目型、PMO 型　　　D. 强矩阵型、项目型、PMO 型

35 » 项目进展非常不顺利，新上任的项目经理非常关注所在组织内部的资源的可用性，并要求查看所在组织与外部供应商的相关资源采购协议，他关注的焦点是什么？（　　）
   A. 组织过程资产　　　　　　　B. 事业环境因素
   C. 流程和程序　　　　　　　　D. 经验教训知识库

36 » 为了确保项目质量合规，项目团队收集了公司的质量政策和质量标准。这些内容将被列入（　　）。
   A. 组织内部的事业环境因素　　　B. 组织过程资产
   C. 经验教训知识库　　　　　　　D. 以往项目的档案

37 » 公司的 PMO 是核心战略部门和职能部门，所有项目经理都要向其汇报。这种情况会在哪种组织结构形式中出现？（　　）
   A. 项目型　　　B. 强矩阵型　　　C. 混合型　　　D. PMO 型

38 » PMO 否决了你的项目提出的某个重大变更，并要求你进行方案优化后再向其汇报。这是哪种类型的 PMO？（　　）
   A. 支持型　　　B. 控制型　　　C. 指令型　　　D. 混合型

39》 以下所有都是组织过程资产的例子,除了( )。
 A. 标准化的工作指南　　　　　B. 过程测量数据库
 C. 工作授权系统　　　　　　　D. 配置管理知识库

40》 PMO会对它所辖多个项目的哪些资源进行管理?( )
 A. 全部资源　　　　　　　　　B. 共享资源
 C. 各项目的稀缺人力资源　　　D. 实物资源

41》 在以下哪种组织结构中,项目团队成员最需要在特定时间临时集中办公?( )
 A. 项目型　　B. 多部门型　　C. 虚拟型　　D. PMO型

42》 当项目经理遇到困难时,可以向PMO求助。因为PMO的主要职能是( )。
 A. 制定和管理项目共享文件　　B. 对项目进行监督
 C. 向项目经理提供支持　　　　D. 提供资金

43》 在下列哪一种组织结构中,项目成员在收尾阶段最感到忧心忡忡?( )
 A. 职能型　　B. 矩阵型　　C. 项目型　　D. 弱矩阵型

44》 项目治理必须履行的四大职能是( )。
 A. 监督、控制、管理和决策　　B. 规划、控制、整合和决策
 C. 监督、控制、整合和总结　　D. 监督、控制、整合和决策

45》 项目经理有很大职权,使用全职的项目员工。但跨项目的沟通常常让他觉得力不从心,有时必须请高层出面协调。他所在的组织很可能( )。
 A. 没有专门的项目部　　　　　B. 没有分管项目的高层领导
 C. 未设立PMO　　　　　　　　D. 才成立不久

46》 你从一个简约型组织结构的公司跳槽到一家强矩阵型结构的组织当项目经理,你将面临的新情况是( )。
 A. 决策都由高层制定　　　　　B. 项目经理说了算
 C. 必须与职能经理合作　　　　D. 基本没有书面规章制度

47》 为了应对外界变化,公司计划重组以提升组织的敏捷性。此次变革的最大阻碍可能来自于( )。
 A. 集权的管理模式　　　　　　B. 独裁的领导风格

C. 现有的组织文化　　　　　　　　D. 员工的技能不足

48 作为控制型 PMO 管理下的一个项目，项目经理必须做到以下几点，除了（　　）。

A. 采用 PMO 规定的项目管理框架和方法
B. 服从项目治理架构
C. 接受 PMO 对项目的直接管理和控制
D. 采用 PMO 规定的模板编制项目文件

49 关于组织过程资产的说法，以下哪项是错误的？（　　）

A. 执行组织所特有并使用的计划、过程、政策、程序和知识库
B. 可以来自任何项目执行组织
C. 包括来自组织以往项目的经验教训和历史信息
D. 既可以来自项目执行组织的内部，也可来自项目执行组织的外部

50 以下哪一项包括在组织过程资产中？（　　）

A. 历史资料和经验教训　　　　　　B. 组织文化和组织结构
C. 项目管理信息系统　　　　　　　D. 组织的人事管理制度和人力资源现状

51 《指南》中提及的十六个组织管理原则，其中对于沟通的要求是（　　）。

A. 按层级进行沟通　　　　　　　　B. 畅通的沟通渠道
C. 不受限制的沟通　　　　　　　　D. 优先的沟通渠道

52 矩阵式组织结构最突出的优点是（　　）。

A. 有利于充分利用资源　　　　　　B. 需要向两个老板汇报
C. 可兼顾项目工作与职能工作　　　D. 项目经理权力大，对资源有控制权

53 按照组织应该遵守的基本管理原则，以下哪一项是正确的？（　　）

A. 由一个特定的部门开展规划和实施
B. 允许专家级员工参与规划和实施
C. 允许任何员工参与规划和实施
D. 允许高层员工参与规划和实施

54 项目治理框架应该涉及哪四个治理领域？（　　）

A. 一致性、风险、绩效、沟通　　　B. 一致性、风险、质量、沟通
C. 一致性、资源、绩效、沟通　　　D. 一致性、风险、绩效、整合

55» 下列哪种组织结构中，项目最不受关注？（ ）

　　A. 平衡式矩阵　　B. 紧密式矩阵　　C. 职能型　　D. 项目型

56» 选择组织结构时应该考虑以下因素，除了（ ）。

　　A. 集中办公还是虚拟远程办公　　B. 成本
　　C. 职责分配　　D. 设计的稳定性

57» 为实现某个特定目标而开展的一系列活动，只能由一个人来领导。这是以下哪个基本管理原则的要求？（ ）

　　A. 统一命令　　B. 统一方向　　C. 行动纪律　　D. 工作职责

58» 在项目型组织中，全职项目团队成员的比例通常是（ ）。

　　A. 很少　　B. 几乎100%　　C. 大约1/3　　D. 大约2/3

59» 在管理具体项目时，项目管理团队应该根据具体需要裁剪（ ）。

　　A. 组织过程资产　　B. 事业环境因素　　C. 组织结构　　D. 组织文化

60» 某人有机会接手管理一个新项目。他决定先全面地调查一下项目执行组织中员工的共享价值观和信念。这些价值观和信念属于（ ）。

　　A. 市场条件　　B. 组织治理　　C. 组织结构　　D. 组织文化

第 3 章　项目经理的角色

1. 不同组织对项目经理的要求不一样，为了项目的成功，项目经理可能需要（　　）。

A. 参与项目前期的评估和分析
B. 组织专家对项目开展商业论证
C. 在项目章程发布前不参与项目活动
D. 负责跟进项目后的商业价值实现

2. 以下哪项是对项目经理的最佳描述？（　　）

A. 精通技术，亲自解决技术难题
B. 与高级管理层沟通，取得他们的支持
C. 组织项目团队和其他相关方来完成项目工作
D. 确保项目达到既定的质量要求

3. 带领敏捷团队时，服务型项目经理应该（　　）。

A. 为团队分配工作内容　　　　B. 要求团队自主决策并解决问题
C. 制定有效的奖励措施　　　　D. 为团队扫除妨碍工作进展的障碍

4. 你作为项目经理，负责航空发射基地的一个土木建设项目，相关方对质量的要求非常苛刻，也规定了严格的现场管理和保密制度。要确保完成这项任务，你应该（　　）。

A. 挑战现状　　　　　　　　　B. 更加注重创新
C. 严格按制度管理　　　　　　D. 注重与相关方的关系

5. 杰克作为项目经理，带领大家按照计划实现了项目目标。但团队成员却对他颇有微词，不愿意再次跟他合作下一个项目。这说明杰克（　　）。

A. 作为管理者是失败的
B. 作为领导者是失败的
C. 既没有当好管理者也没有当好领导者
D. 没有管理好项目的负面相关方

6 » 项目经理应该如何处理与项目所在组织的关系？（　　）

A. 要求所在组织采用项目型组织结构
B. 与项目发起人合作处理会影响项目的政治和战略问题
C. 时刻关注行业的最新发展趋势
D. 防止组织中的其他项目经理干扰本项目

7 » PMI 人才三角指出了项目经理需要具备的三个关键技能，其中不包括（　　）。

A. 项目管理专业技能　　　　　B. 领导力
C. 战略和商务管理　　　　　　D. 影响力

8 » 在一个需要高度创新的科研项目上，项目经理应该主要使用哪种领导风格？（　　）

A. 放任型　　B. 服务型　　C. 交易型　　D. 交互型

9 » 项目经理在选择领导风格时需要考虑以下因素，除了（　　）。

A. 项目经理自身的价值观　　　B. 团队成员的价值观
C. 项目团队的组织结构　　　　D. 项目规模的大小

10 » 大家都愿意跟随某个项目经理做项目，因为他赏罚分明，团队成员按时实现每个里程碑都有奖金，突出贡献者还有额外奖励。这位项目经理主要采用了哪种领导风格？（　　）

A. 变革型　　B. 服务型　　C. 交易型　　D. 魅力型

11 » 你想成为一个魅力型的领导，可以从以下几个方面改进，除了（　　）。

A. 保持热情洋溢和精神饱满　　B. 充满自信，加强影响力
C. 保持热情洋溢，加强说服力　D. 赋予团队成员更多的自主权

12 » 在敏捷项目中，项目经理要当仆人式领导者，把向客户、组织、团队成员和其他相关方提供服务放在首位。这是哪种领导风格的体现？（　　）

A. 敏捷型　　B. 服务型　　C. 交易型　　D. 交互型

13 » 以下哪项结合了交易型、变革型和魅力型领导特点的领导风格？（　　）

A. 放任型　　B. 服务型　　C. 综合型　　D. 交互型

14 » 在项目规划早期和收尾阶段，哪种管理风格更加适用？（　　）

A. 独裁式　　B. 民主式　　C. 放任式　　D. 服务型

15》 项目经理为团队引入了最新的敏捷工具和技术，并在人员不足的情况下亲自实施一部分技术工作。如何评价该项目经理的行为？（　　）

　　A. 不应该亲自参与技术工作　　　B. 展示了技术项目管理能力

　　C. 领导力不足的表现　　　　　　D. 展示了战略和商务管理技能

16》 民主式管理风格是项目上用得较多的一种管理风格，但它也有缺点，典型的缺点是（　　）。

　　A. 容易出错　　　　　　　　　　B. 对人员容易失去控制

　　C. 决策速度比较慢　　　　　　　D. 风险比较高

17》 整合是项目经理的一项关键技能，需要关注的整合层面不包括（　　）。

　　A. 过程层面　　B. 认知层面　　C. 客户层面　　D. 背景层面

18》 项目经理在选择管理项目的方法时，应该（　　）。

　　A. 采用《指南》中的项目管理过程　　B. 采用适应型生命周期

　　C. 考虑项目执行组织的文化　　　　　D. 采用尽量敏捷的方法

19》 项目包含多个并行开展的部分，每个部分之间又有密切联系，一个部分的变更会导致其他部分都受影响，从而引发最终可交付成果的不确定性。这描述的是项目的（　　）。

　　A. 独特性　　　B. 变革性　　　C. 复杂性　　　D. 临时性

20》 项目的复杂性主要来源于（　　）。

　　A. 系统行为、人类行为、组织行为　　B. 人类行为、模糊性、环境行为

　　C. 模糊性、系统行为、风险性　　　　D. 人类行为、系统行为、模糊性

21》 由于项目经理已经率先取得了专业资格证，团队成员都以他为榜样，努力学习考取证书。这是哪种权力的体现？（　　）

　　A. 专家权力　　B. 参考权力　　C. 加压权力　　D. 魅力权力

22》 在敏捷项目中，项目经理需要充分发挥影响力，确保客户频繁参与项目工作，因为（　　）。

　　A. 客户满意度是项目的成功指标

　　B. 需要客户及时提出需求和提供反馈

　　C. 需要客户及时提供资金和制定决策

　　D. 客户决定当前迭代期的成果能否通过验收并进入下个迭代

23» 关于权力,以下说法正确的是（　　）。

　　A. 项目经理不应该主动寻求权力
　　B. 权力与正式职位紧密联系在一起
　　C. 项目经理可以自行决定行使权力的方式
　　D. 不能通过与领导套近乎来谋求权力

24» 在一个群体聚会现场,发生了较严重的骚乱。路易斯先生及时站出来号召大家保持冷静,跟他朝安全地带撤离。这是哪种权力的应用？（　　）

　　A. 正式权力　　B. 参考权力　　C. 情境权力　　D. 信息权力

25» 为了解决项目执行中遇到的技术难题,项目经理聘请了一位技术牛人为团队提供一个月的咨询服务。团队成员对这位技术牛人言听计从,这是因为技术牛人具有以下哪种权力？（　　）

　　A. 正式权力　　B. 参考权力　　C. 情境权力　　D. 专家权力

26» 你经常陪伴公司高层打高尔夫球,赢得了他们的充分信任,并趁机说服公司外派你的两名团队成员出国深造。作为项目经理,你充分使用了哪种权力？（　　）

　　A. 正式权力　　B. 关系权力　　C. 迎合权力　　D. 专家权力

27» 如果项目经理发现项目目标与既定的组织战略存在冲突,首先应当怎么做？（　　）

　　A. 向高级管理层汇报　　　　　　B. 中止项目
　　C. 调整项目目标来适应组织战略　　D. 尽早记录并确认冲突情况

28» 项目经理同时担任领导者和管理者这两个角色,其共同点是（　　）。

　　A. 都关注长期愿景　　　　　B. 都要实现项目目标
　　C. 都需要更多正式权力　　　D. 都需要不断创新

29» 项目经理与项目团队的关系是（　　）。

　　A. 项目经理是项目团队的直线经理　　B. 项目经理是项目团队的运营经理
　　C. 项目经理是项目团队的合作伙伴　　D. 项目经理是项目团队的领导者

30» 项目经理向客户说明某个变更可能带来的严重影响,客户最后取消了变更。项目经理使用了（　　）。

　　A. 专家权力　　B. 正式权力　　C. 说服权力　　D. 加压权力

31》 某团队专家声明,明天他绝对不会和弄虚作假的人一起上台领奖。他在行使哪个权力?( )

  A. 回避权力　　　　B. 情境权力　　　　C. 加压权力　　　　D. 专家权力

32》 项目经理要求你今天必须完成所有报表,否则就不批准你的休假申请。项目经理在使用什么权力?( )

  A. 回避权力　　　　B. 情境权力　　　　C. 加压权力　　　　D. 专家权力

33》 项目经理决定拿出 5 万元,奖励团队成员的创新行为。项目经理使用了( )。

  A. 正式权力　　　　B. 奖励权力　　　　C. 独裁权力　　　　D. 参考权力

34》 某位团队成员在招标时出现重大失误,项目经理直接将他开除。项目经理使用了( )。

  A. 职位权力　　　　B. 说服权力　　　　C. 处罚权力　　　　D. 加压权力

35》 为督促收集组织过程资产,团队的资深专家带头提交了一份个人总结给项目经理,其他团队成员也不得不开始准备自己的总结。这位专家使用了什么权力?( )

  A. 专家权力　　　　B. 说服权力　　　　C. 愧疚权力　　　　D. 加压权力

36》 项目经理处于弱矩阵中,他应该更注重使用以下哪些权力?( )

  A. 专家权力、参考权力、魅力权力　　　　B. 加压权力、参考权力、魅力权力
  C. 专家权力、参考权力、处罚权力　　　　D. 奖励权力、加压权力、处罚权力

37》 在敏捷项目上,项目经理的角色应该是( )。

  A. 严格的管理者　　　　　　　　　　B. 激励团队的领导者
  C. 团队中的一员　　　　　　　　　　D. 规章制度的维护者

38》 作为领导者,项目经理可以按以下方式管理冲突,除了( )。

  A. 协商为主　　　　　　　　　　　　B. 尽可能防止发生冲突
  C. 为项目目标适当妥协　　　　　　　　D. 寻求共识

39》 通常优秀的项目经理应该花大量时间用于沟通,这个比例可以达到( )。

  A. 90%　　　　B. 100%　　　　C. 50%　　　　D. 30%

40》 一名新的团队成员在会前做了充分的准备,但在今天的会议上仍然表现不佳。他不知道到底哪里出了问题。作为项目经理,你应该( )。

A. 批评他的不佳表现，要求他反思　　B. 以后再跟他探讨这个话题
C. 告诉他如何才能做得更好　　D. 替换该团队成员

41» 项目经理必须同时不同程度地担任领导者和管理者的角色。作为领导者，他应该更关注（　　）。

A. 利用职位权力　　B. 正确地做事
C. 做正确的事　　D. 严格控制

42» 顶尖的项目经理一般具备以下特征，除了（　　）。

A. 超凡的人际关系　　B. 很强的沟通技能
C. 积极的态度　　D. 丰富的个人经验

43» 项目经理要通过各种方法来培养人际关系，以便帮助团队实现项目目标，除了（　　）。

A. 与有影响力的领导建立个人关系　　B. 以拓展正式的人际关系为主
C. 与其他项目经理开展合作　　D. 与主题专家的良好互动

44» 项目经理要实现有效整合，必须重点处理好哪几方面的关系？（　　）

A. 项目内部的关系
B. 项目与所在组织、行业的关系
C. 项目与项目管理职业、其他职业之间的关系
D. 以上都是

45» 以下行为有利于项目经理应用项目管理知识实现项目目标，除了（　　）。

A. 了解自己和团队成员的专长　　B. 努力让自己成为所有方面的专家
C. 依靠专家的知识有效开展工作　　D. 找到具备专业知识的人员

46» 为出色完成以下工作任务，项目经理需要展示其战略和商务管理技能。除了（　　）。

A. 向投资方解释启动项目的目的和将要实现的目标
B. 在与客户洽谈中展现组织的使命
C. 向高层说明项目对于组织战略的贡献
D. 展现自己的专业能力和个性魅力以赢得客户信任

47» 按目前的状况，你预计项目后期资源调配可能会遇到困难。你知道某位领导可以帮助你渡过难关。你应该（　　）。

A. 请他参加项目的每次会议
B. 试图与他建立良好的个人关系

C. 让团队成员定期向他发送工作绩效报告

D. 问题出现后再找他帮忙

48» 建立愿景，传达愿景，带领一群人去实现愿景，这属于什么工作？（　　）

A. 领导　　　　　B. 管理　　　　　C. 命令　　　　　D. 激励

49» 针对团队成员的个性差异，项目经理应该（　　）。

A. 重视与自己个性互补的团队成员　　　B. 重视不同的个性

C. 重视与自己个性相似的团队成员　　　D. 通过组织文化来统一团队成员的个性

50» 为了使项目成果交付之后能够最有效地实现效益，项目经理最应该与谁协商制定有关项目交付的最佳决策？（　　）

A. 团队专家　　　B. 发起人　　　C. 运营经理　　　D. 团队成员

51» 大型项目的项目经理与大型管弦乐队的指挥相比较，以下哪个说法是正确的？（　　）

A. 乐队指挥领导同一个专业的人员，项目经理领导不同专业的人员

B. 乐队指挥无须使用书面沟通技术，项目经理必须使用书面沟通技术

C. 都要领导跨专业的团队，都要对成果负责。

D. 乐队指挥必须使用形体沟通技术，项目经理无须使用形体沟通技术

52» 越是大型复杂的项目，项目经理越需要（　　）。

A. 亲自做事　　　　　　　　　　　B. 领导项目团队做事

C. 影响高层对项目提供帮助　　　　D. 组织团队专家做事

53» 对项目经理的最佳定义是（　　）。

A. 负责管理项目的个人

B. 受组织委派实现项目目标的个人

C. 受组织委派，亲自执行项目，实现项目目标的个人

D. 受组织委派，领导项目团队，实现项目目标的个人

54» 项目问题日趋复杂而且更具综合性，而公司的招聘周期又太长，导致项目常常不能快速获取所需的专家资源。于是你提议公司加强与行业协会的联系，以便必要时能调用协会专家库的各种资源为项目问题做综合诊断。你这是正在执行哪个层面的整合？（　　）

A. 过程层面　　　B. 背景层面　　　C. 认知层面　　　D. 项目层面

55» 客户提出了需求变更，项目经理要求团队成员分析该变更可能对范围、进度和预算等各方面的综合影响，并确保按实施整体变更控制过程严格审批。项目经理正在执行哪个层面的整合工作？（   ）

    A. 过程层面　　　　B. 背景层面　　　　C. 认知层面　　　　D. 项目层面

56» 采取以下行动，可以帮助项目经理关注最重要的事，除了（   ）。

    A. 寻找适用于项目的优先级排序方法
    B. 区分出项目的关键成功因素
    C. 从大量信息中筛选最重要的信息
    D. 确保项目范围有限

57» PMI 发布的人才三角中提出了战略和商业管理技能，这项技能要求项目经理（   ）。

    A. 关注项目的进度计划编制和执行
    B. 能够激励和带领团队实现目标
    C. 了解和应用项目所在行业的相关知识
    D. 针对每个项目剪裁传统和敏捷的项目管理工具

58» 项目经理必须学会把大量工作授权给团队成员去完成，但有些工作不能授权出去。以下哪项工作是不能授权出去的？（   ）

    A. 项目进度管理　　　　B. 项目整合管理
    C. 项目预算管理　　　　D. 项目风险管理

59» 人事部告知你，你和另一名项目经理几乎同时提出了用人申请，都打算在下周使用某位专家，你应该（   ）。

    A. 让人事部帮忙协调　　　　B. 询问这名专家的意愿
    C. 试图与另一名项目经理见面　　　　D. 要求人事部再招聘一名专家

60» 为了担任项目经理这个特定岗位而必须具备的知识、技能和态度以及相应的行为被称为（   ）。

    A. 能力　　　　B. 胜任力　　　　C. 权力　　　　D. 职责

第 4 章　项目整合管理

1. 项目整合管理是指（　　）。

　　A. 识别和选择项目的资源配置方案
　　B. 平衡相互竞争的项目目标，如范围、时间、成本和质量
　　C. 协调项目管理各知识领域之间的相互影响
　　D. 以上都是

2. 总结项目上的全部采购工作的经验教训，并把经验教训写入最终的经验教训登记册。这是哪个管理过程的活动？（　　）

　　A. 控制采购　　　　　　　　　　B. 结束项目或阶段
　　C. 结束采购　　　　　　　　　　D. 监控项目工作

3. 关于项目整合管理的责任描述，正确的是（　　）。

　　A. 项目发起人对整合管理承担最终责任
　　B. 项目经理亲自执行项目工作并承担最终责任
　　C. 被授权的团队成员对整合管理承担最终责任
　　D. 项目经理必须亲自承担项目整合管理的最终责任

4. 在敏捷环境下，由谁决定工作的开展方式和整合方式？（　　）

　　A. 项目经理　　　　　　　　　　B. 产品负责人
　　C. 团队成员　　　　　　　　　　D. 相关方

5. 关于项目的知识管理，下列说法正确的是（　　）。

　　A. 知识管理主要是将知识记录下来用于分享
　　B. 本项目生成的知识可用来支持组织运营或未来的项目
　　C. 知识管理主要是管理现有知识
　　D. 显性知识易于分享，是知识管理的重点

6 » 以下哪个文件授权项目经理为开展项目活动而动用组织资源？（　　）

A. 项目章程　　　　　　　　　　B. 项目管理计划
C. 协议　　　　　　　　　　　　D. 项目文件

7 » 以下哪项是结束项目或阶段过程的输入？（　　）

A. 可交付成果　　　　　　　　　B. 验收的可交付成果
C. 核实的可交付成果　　　　　　D. 移交的可交付成果

8 » 拟派的项目经理拿到2年前完成的商业论证报告，着手项目的启动工作，他首先应该（　　）。

A. 据此编写项目章程　　　　　　B. 要求组织对他正式任命
C. 审查商业论证报告的内容和结论　D. 审查并修改商业论证报告

9 » 以下哪项不是实施整体变更控制过程的工具与技术？（　　）

A. 专家判断　　B. 会议　　C. 变更控制工具　　D. 项目变更评审

10 » 对于在完工前就提前终止的项目，应该在哪个过程中调查和记录提前终止的原因？（　　）

A. 结束项目或阶段　　　　　　　B. 指导与管理项目工作
C. 制订项目管理计划　　　　　　D. 适用于项目所处阶段的具体过程

11 » 项目开工会议的召开，意味着（　　）。

A. 启动阶段结束，规划阶段开始　B. 规划阶段结束，执行阶段开始
C. 执行阶段结束，监控阶段开始　D. 监控阶段结束，收尾阶段开始

12 » 关于项目整合管理说法正确的是（　　）。

A. 整合管理只需要在项目内部开展
B. 整合管理可以确保项目管理各知识领域之间保持独立
C. 项目越复杂越需要全面的整合管理
D. 不太复杂的项目可以不需要整合管理

13 » 为了使项目收尾，除了下述哪项外，其余各项都需要具备？（　　）

A. 与团队成员交流项目情况　　　B. 获得客户对项目成果的接受
C. 审核项目文档的完整性　　　　D. 更新项目管理计划

14. 问题日志在哪个管理过程首次被创建？（　　）

A. 管理团队　　　　　　　　　　B. 指导与管理项目工作

C. 结束项目或阶段　　　　　　　D. 监控项目工作

15. 以下哪项最准确地描述了开展项目变更控制的目的？（　　）

A. 确保所有变更都经过审批，确保只有经批准的变更才能纳入计划中

B. 确保所有变更都经过变更控制委员会的审批，并在批准后纳入计划中

C. 确保把项目变更控制在最小的范围内

D. 确保只有最重要的相关方才能提出变更请求，并参与对变更请求的审批工作

16. 执行以下哪项会导致基准的变更？（　　）

A. 采取措施预防不利绩效偏差的出现

B. 采取措施使进度落后的某个工作包赶上进度计划

C. 对存在质量缺陷的某个工作包进行返工

D. 在工作分解结构中新增一个工作包

17. 在以下哪个文件中记录项目预先批准的财务资源和整体项目风险？（　　）

A. 项目管理计划　　B. 项目章程　　C. 项目文件　　D. 项目计划

18. 关于经验教训登记册的说法，错误的是（　　）。

A. 管理项目知识过程可以得到经验教训登记册

B. 经验教训登记册的更新需要全员参与

C. 项目结束时，经验教训登记册的内容会成为组织过程资产的一部分

D. 经验教训登记册里通常不包括与情况相关的行动方案

19. 以下哪项是对配置管理活动的最佳描述？（　　）

A. 识别配置项、记录并报告配置状态、配置项核实与审计

B. 分析配置项、记录并报告配置状态、配置项核实与审计

C. 配置项管理、配置项控制、配置项审计

D. 配置项识别、配置项分析、配置项管理

20. 以下哪个工具技术可以在人和信息之间建立联系，有利于分享显性知识？（　　）

A. 信息管理　　　　　　　　　　B. 知识管理

C. 项目管理信息系统　　　　　　D. 数据收集

21 » 以下哪项不是项目管理计划的组成部分？（　　）

　　A. 项目范围管理计划　　　　B. 项目范围基准

　　C. 项目生命周期　　　　　　D. 项目进度计划

22 » 变更控制委员会（CCB）是什么职能的组织？（　　）

　　A. 由主要相关方的代表组成，负责审批项目基准变更

　　B. 由主要相关方的代表组成，负责审批所有变更

　　C. 由项目执行组织中的高级管理人员组成，负责审批项目基准变更

　　D. 由项目经理领导的变更管理委员会

23 » 哪个过程需要进度预测和成本预测作为输入？（　　）

　　A. 制订项目管理计划　　　　B. 指导与管理项目工作

　　C. 实施整体变更控制　　　　D. 监控项目工作

24 » 以下哪项是知识管理的具体方法？（　　）

　　A. 工作跟随和跟随指导　　　B. 图书馆服务

　　C. 文献检索　　　　　　　　D. 经验教训登记册编制

25 » 假设日志中应该记录（　　）。

　　A. 与战略和运营有关的高层级假设条件与制约因素

　　B. 与活动和任务有关的较低层级的假设条件和制约因素

　　C. 所有的假设条件和制约因素

　　D. 只记录假设条件，不记录制约因素

26 » 从组织的角度看，开展知识管理是为了让项目团队和相关方的知识在哪个阶段得到有效应用？（　　）

　　A. 项目开始之前　　　　　　B. 项目开展期间

　　C. 项目结束之后　　　　　　D. 以上所有

27 » 以下关于变更请求的说法，哪项是错误的？（　　）

　　A. 变更请求包括对所有项目文件或计划的更新

　　B. 变更请求包括为使未来项目绩效与项目计划一致而采取的纠正措施

　　C. 变更请求包括为降低消极风险发生的概率而采取的预防措施

　　D. 变更请求包括针对质量缺陷的补救建议

28»» 监控项目工作过程涉及以下内容，除了（　　）。

A. 把项目的实际绩效与项目管理计划进行比较
B. 确保项目与商业需求保持一致
C. 实施已批准的变更
D. 做出预测，更新项目信息库

29»» 以下关于变更请求的说法哪项是错误的？（　　）

A. 可以由外部或内部项目相关方提出
B. 可以来自项目相关方的自由选择或新颁发法律的强制要求
C. 可以是直接提出的，或从某种事情推断而来的
D. 可以是项目相关方以正式或非正式的形式提出的

30»» 以下哪项通常不包括在工作绩效数据中？（　　）

A. 已完成的故事点　　　　　B. 项目进展情况
C. 可交付成果的状态　　　　D. 项目的累计成本偏差情况

31»» 敏捷团队发现了一个产品的缺陷补救方案，接下来应该怎么做？（　　）

A. 将补救方案添加进未完项清单中　　B. 将补救方案添加到当前的迭代期任务里
C. 在每日站会上分析补救方案　　　　D. 与产品负责人一起评审补救方案

32»» 可交付成果作为独特并可核实的产品、服务能力或其他成果，可以在下列哪项完成时被产出？（　　）

A. 项目管理过程　　B. 项目阶段　　C. 整个项目　　D. 上述任意一项

33»» 纠正措施是指（　　）。

A. 为了修正不一致的产品而进行的有目的的活动
B. 为确保项目工作的未来绩效符合项目管理计划而进行的有目的的活动
C. 为使项目工作绩效重新与项目管理计划一致而进行的有目的的活动
D. 对正式受控的项目文件或计划等进行的变更，以反映修改或增加的意见或内容

34»» 项目结束时，需要更新的组织过程资产不包括（　　）。

A. 对运营和维护有支持作用的相关文件
B. 表明项目完工的正式文件
C. 经验教训知识库
D. 经验教训登记册

35 » 为提高应对变化的能力,敏捷团队需要及时更新知识和提升能力。应该在以下哪个会议上分享并管理项目知识?(   )

A. 每日站会　　　　　　　　B. 迭代规划会
C. 迭代回顾会　　　　　　　D. 问题解决会

36 » 知识管理的两种关键活动是(   )。

A. 显性知识和隐性知识　　　B. 工作跟随和跟随指导
C. 文献搜索和图书馆服务　　D. 知识分享和知识集成

37 » 关于实施整体变更控制,以下哪个说法是正确的?(   )

A. 整体变更控制只针对较大的变更,而不必针对较小的变更
B. 整体变更控制要针对所有变更,无论大小
C. 整体变更控制通常由变更控制委员会进行
D. 整体变更控制只针对关于项目计划的变更请求,而不针对各种纠正措施建议

38 » 项目绩效测量基准通常是下列哪些基准的综合,以便用于考核项目执行情况?(   )

A. 范围、进度、成本和质量基准　　B. 范围、进度和成本基准
C. 进度、成本和质量基准　　　　　D. 范围、进度、风险和成本基准

39 » 指导与管理项目工作过程需要做下列各项,除了(   )。

A. 实施由管理层提出的变更请求
B. 按项目管理计划的规定,实施各种项目活动
C. 随项目实施收集工作绩效数据
D. 管理各种技术、人际和组织接口

40 » 在监控项目工作过程中会产出以下哪项?(   )

A. 工作绩效信息　　B. 项目状态报告　　C. 工作绩效报告　　D. 异常情况报告

41 » 发起人将在哪个会议上正式发布项目章程,宣布项目经理上任?(   )

A. 项目启动会　　B. 项目开工会　　C. 变更控制会　　D. 状态评审会

42 » 关闭或取消项目的条件应该被记录在哪个文件中?(   )

A. 合同　　　　　B. 项目管理计划　　C. 项目章程　　　D. 商业文件

43. 下列关于配置控制的说法正确的是（　　）。
A. 配置控制重点关注项目的进度和成本基准
B. 配置控制重点关注项目的技术规范
C. 配置控制重点关注项目的资源配置
D. 配置控制重点关注项目的人力资源配置

44. 结束项目或阶段过程，为了关闭合同，需要输入与采购有关的哪个文件？（　　）
A. 采购工作说明书　　　　B. 招标文件
C. 采购策略　　　　　　　D. 采购文档

45. 下列哪个文件确定了项目的执行、监控和收尾方式？（　　）
A. 效益管理计划　B. 商业论证　C. 项目章程　D. 项目管理计划

46. 以下哪项不是实施整体变更控制过程的输入？（　　）
A. 项目管理计划　B. 工作绩效报告　C. 工作绩效数据　D. 变更请求

47. 在下列哪一个项目管理过程组中确定项目成功标准、定义项目策略和确定产品描述？（　　）
A. 启动　　　　B. 规划　　　　C. 执行　　　　D. 监控

48. 项目团队为外部客户开展项目，下列说法正确的是（　　）。
A. 只需要签合同，不需要制定项目章程
B. 项目章程相当于合同，两者准备一个就可以
C. 合同和项目章程都需要准备
D. 合同必须签订，是否需要项目章程则取决于客户的要求

49. 被否决的变更应当被记录于（　　）。
A. 变更管理计划　　　　B. 配置管理计划
C. 变更日志　　　　　　D. 问题日志

50. 项目发起人需要依据以下哪个文件来决定是否投资项目？（　　）
A. 项目管理计划　　　　B. 项目章程
C. 商业论证　　　　　　D. 项目范围说明书

51 » 协议是以下哪个项目管理过程的输入？（　　）

　　A. 实施采购　　　　　　　　　B. 规划采购管理
　　C. 创建工作分解结构　　　　　D. 制定项目章程

52 » 项目可以由以下各方加以正式启动，除了（　　）。

　　A. 项目经理　　　　　　　　　B. 项目管理办公室
　　C. 项目集经理　　　　　　　　D. 项目组合管理委员会

53 » 客户提出延期1个月的变更请求，项目团队应该重点评审（　　）。

　　A. 该变更请求对项目进度目标的影响
　　B. 该变更请求对整体项目目标的影响
　　C. 进度变化对项目成本目标的影响
　　D. 该变更请求可能引发的项目风险

54 » 哪个行动对激励团队成员分享知识效果甚微？（　　）

　　A. 面对面互动　　　　　　　　B. 建立与相关方的信任关系
　　C. 营造相互信任的氛围　　　　D. 使用最好的信息管理工具和技术

55 » 项目经理审查了某个变更，发现它既不完全符合批准要求，也没有充足的理由被否决，接下来应该如何行动？（　　）

　　A. 提交给变更控制委员会处理　　B. 推迟对该变更的决策
　　C. 否决该变更　　　　　　　　D. 继续评估该变更

56 » 项目整合管理包括（　　）。

　　A. 项目与日常运营之间的整合　　B. 项目管理计划与项目文件之间的整合
　　C. 协调与统一各种项目管理过程　D. 以上全部

57 » 结束项目或阶段过程包括下列哪项工作？（　　）

　　A. 项目或阶段的合同收尾所需的全部工作
　　B. 项目或阶段的财务收尾所需的全部工作
　　C. 项目或阶段的法律收尾所需的全部工作
　　D. 项目或阶段的行政收尾所需的全部工作

58 » 项目经理通常在什么时候任命？（　　）

　　A. 项目正式启动之后　　　　　B. 项目计划编制开始之前

C. 项目执行开始之前　　　　　　　D. 制定项目范围说明书之前

59 » 项目整合管理的过程包括以下所有，除了（　　）。
A. 制定项目章程　　　　　　　　B. 规划整合管理
C. 实施整体变更控制　　　　　　D. 结束项目或阶段

60 » 在项目整合管理中要使用哪个工具与技术来实施各过程？（　　）
A. 引导技术　　　　　　　　　　B. 专家判断
C. 分析技术　　　　　　　　　　D. 项目管理信息系统

第 5 章　项目范围管理

1 » 以下是访谈中记录的客户要求，哪一项可以作为项目的需求？（　　）

　A. 办公场所装修要高档
　B. 软件操作要便捷
　C. 成本控制在合同额的 ±10% 范围内
　D. 购买足够客户使用的车辆

2 » 项目范围管理旨在确保（　　）。

　A. 做尽可能多的工作，使项目尽可能完美
　B. 只做为成功完成项目所需要的工作
　C. 为客户提供额外的产品功能
　D. 确定不包括在项目范围内的工作

3 » 一共 9 人参与需求排序的决策，最后结果显示 4 人同意目前的排序，5 人反对。项目经理决定重新开会讨论需求的排序。这是采用了哪种决策技术？（　　）

　A. 投票　　　B. 大多数同意　　　C. 相对多数同意　　　D. 独裁型决策制定

4 » 工作分解结构底层的要素是（　　）。

　A. 控制账户　　　B. 规划包　　　C. 规划要素　　　D. 工作包

5 » 在适应型生命周期的项目中，用什么表示项目的当前需求？（　　）

　A. 原型　　　　　　　　　　　B. 用户故事
　C. 产品未完项　　　　　　　　D. 产品需求文件

6 » 需求跟踪矩阵通常用于（　　）。

　A. 规划范围管理　　　　　　　B. 定义范围
　C. 创建 WBS　　　　　　　　　D. 控制范围

第 5 章 项目范围管理

7 » 在创建 WBS 时，为 WBS 组件制定和分配标识编码后的下一步工作是（   ）。
  A．识别和分析可交付成果及相关工作 B．确定 WBS 的结构和编排方法
  C．自上而下逐层细化分解 D．核实可交付成果分解的程度是否恰当

8 » 下列哪项属于规划范围管理的主要作用？（   ）
  A．为定义和管理产品范围与项目范围奠定基础
  B．在整个项目中对如何管理范围提供指南和方向
  C．明确项目、服务或成果的边界
  D．在整个项目期间保持对范围基准的维护

9 » 通过下列哪个过程监督项目和产品的范围状态，管理范围基准变更？（   ）
  A．规划范围管理 B．定义范围 C．确认范围 D．控制范围

10 » 编制工作分解结构，必须遵守下列哪项规则？（   ）
  A．100% 规则 B．对称规则 C．编号规则 D．一次分解到位规则

11 » 以下哪项不是需求管理计划中的内容？（   ）
  A．如何规划、跟踪和报告各种需求活动
  B．如何进行需求优先级排序
  C．如何制定项目范围说明书
  D．测量指标及使用这些指标的理由

12 » 应该在哪个过程组确认范围，以保证在可交付成果完成时及时进行验收？（   ）
  A．执行过程组 B．监控过程组 C．收尾过程组 D．验收过程组

13 » 下列哪个文件用于详细描述 WBS 的每个组件，包括其工作内容、进度信息、成本信息等？（   ）
  A．项目范围说明书 B．工作分解结构
  C．工作分解结构词典 D．项目范围管理计划

14 » 在收集需求过程中，需要逐一、深入地了解每一个相关方的具体需求。最好使用下列哪个技术？（   ）
  A．访谈 B．问卷和调查 C．焦点小组 D．引导

15 » 确认范围过程旨在（   ）。

A. 审核项目范围基准的正确性
B. 审核工作分解结构和工作分解结构词典的正确性
C. 审核项目范围说明书的正确性
D. 验收已经完成的可交付成果

16 » 确认范围过程与控制质量过程的关系是（　　）。
A. 经质量检查合格的可交付成果才能进行范围确认
B. 经确认范围过程符合要求的可交付成果才能进行质量检查
C. 应根据具体需要，先做质量检查或先做范围确认
D. 由客户开展质量控制，由项目团队开展范围确认

17 » 某公司的项目管理信息系统升级项目，需要把旧版系统中的所有数据迁移到新版系统中。这是哪种需求的例子？（　　）
A. 业务需求　　B. 相关方需求　　C. 过渡和就绪需求　　D. 项目需求

18 » 控制账户是工作分解结构某个层次上的要素，以便（　　）。
A. 指定该要素的责任人或责任小组　　B. 进行挣值管理
C. 与工作包一一对应　　D. 汇总项目的成本数据

19 » 应该如何处理已经完成但未通过验收的可交付成果？（　　）
A. 把未通过验收的原因记录在案　　B. 提出变更请求
C. 实施缺陷补救　　D. 说服客户改变主意，接受该可交付成果

20 » 使用引导技术召集各个部门的相关方一起定义产品需求，不利于（　　）。
A. 识别跨界需求　　B. 挖掘隐藏的需求
C. 更早发现问题　　D. 协调需求矛盾

21 » 关于 WBS 的说法，以下哪项是正确的？（　　）
A. WBS 的第二层可以是可交付成果或项目阶段
B. WBS 的第二层可以是可交付成果或项目部门
C. WBS 的第二层可以是可交付成果或项目活动
D. WBS 的第二层可以是项目部门或项目活动

22 » 对某个可交付成果的产品范围提出变更，需要考察将会影响到哪个需求和业务目标的实现。这应该查阅以下哪个文件？（　　）
A. 需求文件　　B. 需求跟踪矩阵

C. 变更日志　　　　　　　　　　D. 项目范围说明书

23. 以下哪项是收集需求过程的输出？（　　）
A. 范围管理计划、需求管理计划　　B. 需求管理计划、需求识别文件
C. 需求管理计划、需求文件　　　　D. 需求文件、需求跟踪矩阵

24. 下列哪个文件组织并定义了项目的总范围？（　　）
A. 范围管理计划　　　　　　　　B. 项目范围说明书
C. 工作分解结构　　　　　　　　D. 需求文件

25. 以下哪项是控制范围过程的输出？（　　）
A. 工作绩效数据　　　　　　　　B. 工作绩效信息
C. 工作绩效报告　　　　　　　　D. 质量控制测量结果

26. 你已经完成了一个项目。你确认所有工作都已按计划完成。但是，客户抱怨产品未达到预期的要求。这最有可能是哪个过程出了问题？（　　）
A. 定义范围　　B. 确认范围　　C. 控制质量　　D. 审查范围

27. 为了减少想法的数量，集中关注大家投票得分最高的想法。可以使用以下哪个技术？（　　）
A. 头脑风暴　　B. 名义小组技术　　C. 亲和图　　D. 思维导图

28. 下列哪项工具可以把高层级的产品描述转变为有意义的可交付成果？（　　）
A. 偏差分析　　B. 产品分析　　C. 文件分析　　D. SWOT 分析

29. 在创建 WBS 的过程中，需要使用以下哪个项目文件？（　　）
A. 范围管理计划　　B. 需求管理计划　　C. 项目范围说明书　　D. 需求跟踪矩阵

30. 在项目的环境中，"范围"可以指（　　）。
A. 产品范围和工作范围　　　　　B. 产品范围和项目范围
C. 项目范围和管理范围　　　　　D. 项目范围和需求范围

31. 关于系统交互图，以下说法错误的是（　　）。
A. 可以对项目范围进行可视化描述
B. 显示业务系统和其他系统之间的交互方式
C. 显示业务系统的输入和输入提供者

D. 显示业务系统的输出和输出接收者

32. 下列哪项文件最可用于评估拟追加的新工作是否在项目边界之内？（　　）

A. 工作分解结构　　　　　　　B. 项目范围说明书
C. 范围管理计划　　　　　　　D. 工作分解结构词典

33. 以下关于产品范围和项目范围的说法，哪项是正确的？（　　）

A. 项目范围服务于产品范围
B. 项目范围的变化必然引起产品范围的变化
C. 产品范围的变化必然引起项目范围的变化
D. 产品范围服务于项目范围

34. 客户的公司一共有 5 个部门，每个部门 8 个人。项目团队决定分别找各个部门召开座谈会，了解具体需求。可以使用以下哪种收集需求的技术？（　　）

A. 访谈　　　B. 问卷和调查　　　C. 焦点小组　　　D. 引导式研讨会

35. 系统工程、价值工程、价值分析和系统分析经常用于（　　）。

A. 备选方案分析　　　　　　　B. 可交付成果分析
C. 项目制约因素分析　　　　　D. 产品分析

36. 下列哪项不属于范围管理计划的内容？（　　）

A. 制定详细项目范围说明书的方法
B. 正式验收已完成的项目可交付成果的方法
C. 产品测量指标及使用这些指标的理由
D. 确定如何审批和维护范围基准

37. 项目团队使用哪个技术可以审查项目绩效的变化，以判断绩效是正在改善还是正在恶化？（　　）

A. 偏差分析　　　B. 趋势分析　　　C. 回归分析　　　D. 挣值分析

38. 确认范围过程会得到工作绩效信息，其中应该记录（　　）。

A. 对将来范围绩效的预测
B. 识别的范围偏差和原因
C. 对照范围基准的有关项目和产品范围实施情况
D. 哪些可交付成果未通过验收及原因

39 » 可交付成果必须具备的特性、功能和特征属于下列哪类需求？（　　）

　　A. 业务需求　　　　B. 相关方需求　　　C. 解决方案需求　　D. 项目需求

40 » "工作分解结构"中的"工作"是指（　　）。

　　A. 为实现项目目标必须开展的活动　　　B. 为实现可交付成果必须开展的活动
　　C. 具体的工作任务　　　　　　　　　　D. 作为活动结果的工作产品或可交付成果

41 » 原型法体现了下列哪种理念？（　　）

　　A. 学习型组织　　　B. 相关方参与　　　C. 渐进明细　　　　D. 客户至上

42 » 联合应用开发（JAD）常用于（　　）。

　　A. 帮助确定新产品的关键特征　　　　　B. 改进软件开发过程
　　C. 对所需功能进行简短文字描述　　　　D. 对产品范围进行可视化描绘

43 » 敏捷项目将如何定义范围？（　　）

　　A. 只能为整个项目确定一个高层级的范围
　　B. 项目开始时，为多个迭代期确定详细的范围
　　C. 自始至终无法定义详细的范围
　　D. 一次只能定义一个迭代期的详细范围

44 » 应该使用哪个技术对收集到的原始需求进行归类，把相似性的各种需求归为一个更大的需求？（　　）

　　A. 名义小组技术　　B. 思维导图　　　　C. 流程图　　　　　D. 亲和图

45 » 如何才能证明相关方对可交付成果的正式验收？（　　）

　　A. 获得由项目经理签字批准的书面文件
　　B. 完成移交手续
　　C. 获得授权的相关方正式签字批准的书面文件
　　D. 获得运营该可交付成果的部门签发的正式书面文件

46 » 在工作分解结构自上而下的细分中，将导致（　　）。

　　A. 估算准确度降低　　　　　　　　　　B. 估算准确度增加
　　C. 管理工作本身的成本更低　　　　　　D. 某些工作的遗漏

47. 通常质量功能展开要从下列哪项工作开始？（　　）

A. 确定质量标准　　　　　　　　　B. 收集客户声音
C. 对客户需要进行分类和排序　　　D. 为实现客户需要设定目标

48. 在以下哪种情况下，应该采用观察的方法来收集项目相关方的需求？（　　）

A. 相关方的数量很少时
B. 需要用渐进明细的理念来开发需求时
C. 相关方不愿或不能说明他们的需求时
D. 需要组建焦点小组时

49. 确认范围过程的主要目的是什么？（　　）

A. 确保项目可交付成果按时完成
B. 通过获得客户对每个可交付成果的及时验收，保证项目不偏离轨道
C. 确保可交付成果符合技术规范
D. 给人们提供一个发表不同意见的机会

50. 在创建工作分解结构时，过细的分解会导致（　　）。

A. 管控更有力度　　　　B. 数据汇总更容易
C. 工作实施效率下降　　D. 团队成员责任更明确

51. 下列哪个文件把产品需求与需求源及满足该需求的可交付成果连接起来？（　　）

A. 范围管理计划　B. 需求管理计划　C. 需求文件　D. 需求跟踪矩阵

52. 发起人或客户主要通过何种方式完成对可交付成果的可接受性验收？（　　）

A. 检查和决策　　　B. 检查和偏差分析
C. 决策和投票　　　D. 核对单

53. 在哪个文件中确定应该列入需求跟踪矩阵的需求属性？（　　）

A. 范围管理计划　　B. 需求管理计划
C. 需求文件　　　　D. 需求跟踪矩阵

54. 定义范围过程的一个输入是（　　）。

A. 需求管理计划　　　　　B. 需求文件
C. 工作分解结构（WBS）　D. 需求跟踪矩阵

55» 范围蔓延是指（　　）。

A. 项目范围的合理延伸

B. 产品范围的合理延伸

C. 经过批准的项目范围或产品范围变更

D. 未得到控制的项目范围或产品范围扩大

56» 在适应型生命周期中，范围管理的特点是（　　）。

A. 范围可以随意变化以应对大量变更

B. 每次迭代期都会重复开展确认范围和控制范围两个过程

C. 在项目开始时就确定范围，以后严格控制对范围的变更

D. 确认范围在可交付成果产生后才能开展，控制范围则会持续开展

57» 范围管理的哪个过程需要参考质量报告？（　　）

A. 规划范围管理　　B. 定义范围　　C. 确认范围　　D. 控制范围

58» 项目团队通过哪种技术来确定实际绩效与基准的差异程度及原因？（　　）

A. 检查　　B. 偏差分析　　C. 产品分析　　D. 文件分析

59» 在敏捷方法中不断地构建和审查原型，目的是（　　）。

A. 逐渐明确需求

B. 提升客户的参与度

C. 提高最终产品获得验收的可能性

D. 改进开发过程

60» 项目范围说明书中通常包括以下哪些内容？（　　）

A. 产品范围、可交付成果、项目进度里程碑、项目除外责任

B. 产品范围、验收标准、可交付成果、项目组织图、项目除外责任

C. 产品范围、验收标准、可交付成果、项目除外责任

D. 产品范围、验收标准、可交付成果、假设条件、项目审批要求

第 6 章　项目进度管理

1. 项目进度管理的 6 个过程，正确的先后顺序是（　　）。

A. 规划进度管理→定义活动→估算活动持续时间→排列活动顺序→制订进度计划→控制进度

B. 规划进度管理→定义活动→排列活动顺序→估算活动持续时间→制订进度计划→控制进度

C. 规划进度管理→定义活动→估算活动持续时间→制订进度计划→排列活动顺序→控制进度

D. 规划进度管理→定义活动→估算活动资源→估算活动持续时间→制订进度计划→控制进度

2. 以下哪项是控制进度过程的工具与技术？（　　）

A. 挣值分析　　　B. 偏差分析　　　C. 趋势分析　　　D. 数据分析

3. 帕金森定律指出（　　）。

A. 工作总是拖到最后一刻才全力以赴

B. 工作会不断扩展，直到用完所有时间

C. 单位投入带来的产出会逐渐下降

D. 增加两倍资源不一定能缩短一半时间

4. 某活动的工期最乐观估算 6 天，最悲观估算 18 天，最可能估算为 9 天，假设活动工期呈三角分布，则活动的期望持续时间为多少天？在 9 至 13 天内完成该活动的概率是多少？（　　）

A. 10 天，68.26%　　　　　　　　B. 11 天，68.26%

C. 10 天，99.73%　　　　　　　　D. 11 天，97.73%

5. 识别和记录为完成项目可交付成果而必须采取的具体行动，是以下哪一个过程关注的内容？（　　）

A. 规划进度管理　　B. 定义活动　　C. 排列活动顺序　　D. 创建WBS

6. 关于进度网络图，以下哪个说法是正确的？（　　）

A. 进度网络图就是进度计划

B. 进度网络图通常用于向管理层汇报项目进展情况

C. 进度网络图用于表示活动之间的逻辑关系

D. 横道图是最简单的进度网络图

7. 根据学习曲线的规律，如果某个团队成员一周只有14个小时用于学习技能，他应该（　　）。

A. 前两天每天学习7个小时，剩余几天都休息

B. 学习一天休息一天，直到完成所有学习任务

C. 用一周的最后一天完成所有学习

D. 保持7天持续学习，一天学习2小时

8. 关于时间盒的说法，正确的是（　　）。

A. 时间盒的长度允许根据项目进度调整

B. 每个迭代期就是一个固定的时间盒

C. 在编制迭代计划时规定时间盒的长度

D. 一个时间盒的长度可以规定为一年

9. 向某个已经延误的活动增加新的资源，将导致的结果是（　　）。

A. 活动可能延误更长时间　　　　B. 延误的时间被赶回

C. 活动效率提高　　　　　　　　D. 活动生产率提高

10. 分解是创建WBS过程的工具与技术之一，同时也是以下哪个过程的工具与技术？（　　）

A. 定义活动　　B. 估算活动资源　　C. 识别风险　　D. 制定资源分解结构

11. 对于一个低风险，而且活动之间主要是软逻辑关系的项目，最好采用什么方法压缩进度？（　　）

A. 快速跟进　　B. 赶工　　C. 资源平衡　　D. 资源优化技术

12. 某个工作包由供应商执行，采取哪项措施可以对供应商的进度进行最有效监控？（　　）

A. 定期审查供应商的里程碑完成情况

B. 在合同中增加延期交付的处罚条款

C. 做好万一供应商不能按时交付的应对措施
D. 缩短迭代周期

13 » 以下哪项不是定义活动过程的输出？（   ）

A. 活动清单　　　B. 活动属性　　　C. 活动顺序　　　D. 里程碑清单

14 » 对"如果情景 X 出现，情况会怎样？"这样的问题进行分析，指的是下列哪种工具与技术？（   ）

A. 假设条件和制约因素分析　　　　B. 假设情景分析
C. 模拟　　　　　　　　　　　　　D. 进度网络分析

15 » 以下关于关键路径的说法哪项是错误的？（   ）

A. 关键路径是项目路径中最长的那条路径
B. 关键路径决定了项目的最短工期
C. 关键路径可能没有，可能有一条，也可能有多条
D. 关键路径上的活动不能有任何延误

16 » 下列关于里程碑的说法，不正确的是（   ）。

A. 里程碑是项目中的重要事件
B. 里程碑通常是项目上的关键节点
C. 可以是强制性的，也可以是选择性的
D. 可以是一个时间点，也可以是一个时间段

17 » 只有文件编辑完成之后，才能开始文件的保存工作，这是以下哪种逻辑关系？（   ）

A. 开始–完成　　B. 完成–开始　　C. 开始–开始　　D. 完成–完成

18 » 为了加快项目进度，你决定在全部文件编写工作结束之前 3 天就开始文件的版面设计工作。这是一种什么逻辑关系？（   ）

A. 带时间滞后量的开始到开始关系　　B. 带时间提前量的完成到开始关系
C. 带时间提前量的开始到开始关系　　D. 带时间滞后量的完成到开始关系

19 » 采用敏捷项目管理方法，在控制进度过程中需要（   ）。

A. 确保项目范围在整个项目期间保持不变
B. 确保项目成本基准不被突破
C. 采用责任分配矩阵来授权工作任务
D. 对剩余工作重新进行优先级排序

20》 在以下哪种情况下,关键路径上的活动可能出现负的浮动时间?(　　)

　　A. 用顺推法所得到的完工日期晚于客户所要求的完工日期
　　B. 用逆推法所得到的完工日期晚于客户所要求的完工日期
　　C. 用顺推法所得到的完工日期早于客户所要求的完工日期
　　D. 用逆推法所得到的完工日期早于客户所要求的完工日期

21》 为了缩短项目工期,项目经理想要采用快速跟进的方法。应该针对以下哪项来应用快速跟进的方法?(　　)

　　A. 强制性依赖关系　　　　　　B. 选择性依赖关系
　　C. 外部依赖关系　　　　　　　D. 内部依赖关系

22》 对近期工作详细规划,远期工作粗略规划,这种迭代式的规划技术是(　　)。

　　A. 渐进明细　　B. 分解　　C. 滚动式规划　　D. 专家判断

23》 活动持续时间估算中,不能包括下列哪项?(　　)

　　A. 在下一个活动的开始时间与本活动的结束时间之间的时间
　　B. 完成本活动所需的工作时段数
　　C. 持续时间的可能变动区间
　　D. 在估算的工期内完成活动的概率

24》 估算活动持续时间过程的输出包括(　　)。

　　A. 资源价格　　B. 持续时间估算　　C. 资源分解结构　　D. 参数估算

25》 采用三点估算法估算活动持续时间,不需要收集下列哪项信息?(　　)

　　A. 最可能时间　　B. 平均时间　　C. 最乐观时间　　D. 最悲观时间

26》 项目团队在估算某一项活动的持续时间,你发现与以前的一项活动在本质上非常类似,你建议团队采用以下哪种方法估算最为可靠?(　　)

　　A. 专家判断　　B. 自下而上估算　　C. 类比估算　　D. 三点估算

27》 项目经理组织专家以完全平等的方式进行多轮匿名投票,以估算活动持续时间。这种方法可以(　　)。

　　A. 获得部分专家的权威意见　　　B. 减少某个专家对结果的不合理影响
　　C. 以最快的速度确定活动持续时间　D. 减少团队成员的工作量

28 » 通常在项目的哪个阶段运用类比估算方法来估算项目持续时间或成本？（   ）

A. 启动阶段　　　　B. 规划阶段　　　　C. 执行阶段　　　　D. 监控阶段

29 » 下面关于进度数据的说法，错误的是（   ）。

A. 进度数据至少应包括进度里程碑、进度活动、活动属性以及已知的全部假设条件与制约因素

B. 在进度模型中，把进度计划看成是自变量，进度数据看成是因变量

C. 进度数据可以包括资源需求、现金流安排及采购进度安排

D. 有了进度数据和进度模型，就可以很方便地更新项目进度计划

30 » 活动持续时间估算应该由谁来进行？（   ）

A. 项目经理　　　　　　　　　　　B. 项目团队中最熟悉具体活动的人

C. 职能经理　　　　　　　　　　　D. 项目管理团队

31 » 进度管理计划通常包含如下内容，除了（   ）。

A. 如何制定和维护项目进度模型，如何更新项目进度计划

B. 估算的准确度、进度计量单位、进度控制临界值

C. 里程碑进度计划、概括性进度计划、详细进度计划

D. 进度绩效测量规则、进度绩效报告格式、进度计划的发布和迭代长度

32 » 参数估算的准确度取决于（   ）。

A. 活动的相似度和估算人员的专业程度及经验

B. 参数模型的成熟度和基础数据的可靠性

C. 单个活动或工作包的规模和复杂程度

D. 实际分布和假定分布的契合度

33 » 机器组装和测试分别由团队中的两个小组负责。只有机器组装完毕，才能对其进行测试，这是采用的以下哪一种关系？（   ）

A. 外部强制性依赖　　　　　　　　B. 外部选择性依赖

C. 内部强制性依赖　　　　　　　　D. 内部选择性依赖

34 » 定义活动过程所得到的最终成果是（   ）。

A. 可交付成果　　B. 活动　　　　C. 工作包　　　　D. 工作任务

35 » 项目进度计划中所安排的应急储备，通常应该随着项目的进展而逐渐（   ）。

A. 增加　　　　　B. 减少　　　　　C. 保持不变　　　　D. 被隐藏

36》 敏捷项目要求在规定的时间盒内开发产品功能，这里的时间盒是指（　　）。
A. 活动的总浮动时间　　　　　　B. 可以开展进度活动的时间段
C. 固定的项目总工期　　　　　　D. 比较短而且固定长度的时间段

37》 不遵守下列哪种逻辑关系，会给项目带来最大的不利影响？（　　）
A. 外部依赖关系　B. 选择性依赖关系　C. 内部依赖关系　D. 硬逻辑关系

38》 关键路径法的假设前提是（　　）。
A. 项目必须在某个强制日前完工　　B. 项目必须在既定的成本目标下完工
C. 项目的资源是充分的　　　　　　D. 项目相关方都是支持项目的

39》 在使用节点法编制网络图时，很少用到的一种逻辑关系是（　　）。
A. 完成到开始（FS）　　　　　　B. 完成到完成（FF）
C. 开始到开始（SS）　　　　　　D. 开始到完成（SF）

40》 哪个过程将项目活动列表转化为图表，作为发布进度基准的第一步？（　　）
A. 排列活动顺序　　　　　　　　B. 估算活动持续时间
C. 制订进度计划　　　　　　　　D. 控制进度

41》 对于电缆铺设项目，将电缆的长度乘以铺设每米电缆所需的工时来估算整个项目的工期。这是在使用以下哪种工具进行估算？（　　）
A. 三点估算　　　B. 专家判断　　　C. 类比估算　　　D. 参数估算

42》 相关方想知道第一代原型的发布需要几次迭代才能完成，每个迭代期多长时间，敏捷团队应该为他提供以下哪个文件？（　　）
A. 版本计划　　　　　　　　　　B. 发布计划
C. 迭代计划　　　　　　　　　　D. 原型计划

43》 以下哪项不是排列活动顺序过程的输入？（　　）
A. 活动清单　　　B. 活动属性　　　C. 范围基准　　　D. 提前量和滞后量

44》 在项目进度计划中，你可以发现多种时差。在某特定活动中被使用且不影响任一紧后活动的时差被称为（　　）。
A. 内部浮动时间　B. 自由浮动时间　C. 总浮动时间　　D. 项目浮动时间

45》 一个资源在同一时段内被分配给两个活动,你应该采取什么措施?(　　)
A. 资源优化　　B. 资源平衡　　C. 资源平滑　　D. 进度压缩

46》 进度基准是以下哪个过程产生的?(　　)
A. 规划进度管理　　　　　　B. 排列活动顺序
C. 估算活动持续时间　　　　D. 制订进度计划

47》 在敏捷项目中,可以使用拳五(从拳头到五指)技术进行决策。哪种情况表示所有团队成员对估算的活动时间达成了共识?(　　)
A. 所有人都举拳头　　　　　　B. 所有人都伸出三根以上的手指
C. 大多数人伸出三根以上的手指　　D. 所有人伸出的手指数都不低于两根

48》 敏捷发布规划常用于(　　)。
A. 制订进度管理计划　　　　B. 编制进度计划
C. 对进度进行监控　　　　　D. 指导排列活动顺序

49》 A 活动的紧后活动是 B 活动。B 活动最早开始日期是第 4 天早上上班,最晚开始时间是第 5 天早上上班。A 活动的最早完成时间是第 1 天下班。请问 A 活动的自由浮动时间是(　　)。
A. 1 天　　B. 2 天　　C. 3 天　　D. 无法计算

50》 关于项目进度网络图,以下哪个说法是错误的?(　　)
A. 带有多个紧前活动的活动代表路径汇聚
B. 带有多个紧后活动的活动代表路径分支
C. 位于路径汇聚和分支处的活动存在较小风险
D. 项目进度网络图是表示项目进度活动之间的逻辑关系的图形

51》 用快速跟进的方法来压缩进度,是指(　　)。
A. 通过加班工作,使项目提前完工
B. 以强有力的奖励手段,使项目提前完工
C. 把工作并行实施,使项目提前完工
D. 加快关键路径上的活动的进度,使项目提前完工

52》 关于迭代燃尽图的描述,以下哪项是正确的?(　　)
A. 可以直观看出实际剩余工作与计划剩余工作的偏差
B. 可以直观看出已实现价值和计划价值的偏差

C. 可以预测需要几次迭代才能完成未完项清单中的所有剩余工作
D. 可以直观看出随时间推移所需的资源的数量

53. 控制进度一般不涉及以下哪一项？（　　）
A. 判断项目进度的当前状态 B. 确定进度变更是否已经发生
C. 管理实际发生的进度变更 D. 为尽快完工而变更进度计划

54. 在进度管理中，项目团队已经弄清楚了活动之间的逻辑关系并绘制了网络图，下一步应该（　　）。
A. 估算活动资源 B. 定义活动
C. 估算活动持续时间 D. 制订进度计划

55. 下列哪项不属于规划进度管理的工具与技术？（　　）
A. 关键路径法 B. 专家判断 C. 会议 D. 备选方案分析

56. 下列哪项最需要逐渐细化？（　　）
A. 里程碑清单 B. 活动属性 C. 项目进度网络图 D. 进度基准

57. 在下列哪个文件中列出不能开展项目活动的时间段，如不能开展公路施工的雨季时间段？（　　）
A. 资源日历 B. 工作日历 C. 自然日历 D. 项目日历

58. 在估算活动或项目的持续时间时，可以使用储备分析技术（　　）。
A. 估算在项目层面预留多少应急储备和管理储备时间
B. 确定在活动层面预留多少应急储备和管理储备时间
C. 分析为应对"已知-未知"风险，应该预留多少管理储备时间
D. 分析为应对"未知-未知"风险，应该预留多少应急储备时间

59. 活动属性会随着项目的进展而不断更新，在项目初始阶段，活动属性包括（　　）。
A. 活动名称、活动描述和逻辑关系
B. 活动名称、活动描述和活动资源需求
C. 活动标识、WBS 标识和活动名称
D. 活动标识、活动描述、紧前活动和紧后活动

60. 控制进度过程的输出是（　　）。
A. 工作绩效数据 B. 进度预测 C. 工作绩效报告 D. 质量控制测量结果

第 7 章 项目成本管理

1 » 以下哪项是执行组织可以使用的完工估算预测技术？（　　）

　　A. EAC = AC +（BAC − EV）/CPI

　　B. EAC = AC + BAC − EV

　　C. EAC = BAC/CPI

　　D. 以上都是

2 » 项目的投资回收期是指（　　）。

　　A. 还清项目所有贷款所需的时间

　　B. 从项目开始到项目投产后累计运营利润等于项目成本所需的时间

　　C. 公司为启动项目而取得足够的资金所需要的时间

　　D. 在项目投产后，公司收回股权投资所需的时间

3 » 对估算成本过程的最佳解释是哪一项？（　　）

　　A. 确定如何估算、预算、管理、监督和控制项目成本

　　B. 对完成项目工作所需资源成本进行近似估算

　　C. 汇总所有单个活动或工作包的估算成本，建立成本基准

　　D. 对完成单个活动所需资源成本进行近似估算

4 » 以下哪个概念能最好地支持"项目的成本超支往往是无法解决的"这个说法？（　　）

　　A. 机会成本　　B. 沉没成本　　C. 固定成本　　D. 间接成本

5 » 目前项目的 SPI < 1，下列说法正确的是（　　）。

　　A. 项目将比计划日期推迟完工

　　B. 已完成的总工作量没有达到计划的要求

　　C. 完成的进度工作与花掉的成本不匹配

　　D. 已完工作的成本超支

6 » TCPI 等于 0.5 意味着（   ）。

A. 项目剩下的钱，每一块钱只要完成 0.5 元的工作量，项目就能够按既定预算完工

B. 项目剩下的钱，每一块钱需要完成 2 元的工作量，项目才能够按既定预算完工

C. 项目剩下的时间，每天只要完成 0.5 天的工作量，项目就能够按既定进度完工

D. 项目剩下的时间，每天需要完成 2 天的工作量，项目才能够按既定进度完工

7 » 对于固定资产，每年提取等额的折旧数，这是在采用（   ）。

A. 加速折旧法　　B. 递减折旧法　　C. 直线折旧法　　D. 年数总和法

8 » 经过批准的、按时间段分配的项目成本基准是（   ）。

A. 以资源直方图表现的累计成本计划　　B. 以 S 曲线图表现的累计成本计划

C. 以控制图表现的累计成本计划　　D. 以回归曲线表现的累计成本计划

9 » 在挣值管理中，什么情况下使用 (BAC - EV) / (CPI × SPI) 来计算完工尚需估算？（   ）

A. 成本超支且进度落后　　B. 成本超支但进度提前

C. 成本节约但进度落后　　D. 成本节约且进度提前

10 » 制定预算过程中的储备分析旨在（   ）。

A. 计算出项目的管理储备

B. 计算出项目的应急储备时间或应急储备成本

C. 监督项目中应急储备和管理储备的使用情况，从而判断是否还需要这些储备，或者是否需要增加额外的储备

D. 比较剩余的风险和剩余储备的匹配度

11 » 对于易变性高、范围未完全明确的敏捷项目，应该如何估算其成本？（   ）

A. 暂不估算其成本，直到每个迭代期开始

B. 投入大量时间去估算项目成本

C. 采取轻量级估算方法，粗略估算初始成本

D. 参考过去类似项目的成本

12 » 制定预算过程的主要作用是（   ）。

A. 在整个项目中为如何管理项目成本提供指南和方向

B. 确定完成项目工作所需的资金成本

C. 确定项目成本基准

D. 发现实际与计划的差异，以便采取纠正措施，降低风险

13» 以下哪个指标最可能在整个项目期间保持不变？（　　）

A. ETC　　　B. BAC　　　C. EAC　　　D. TCPI

14» 项目经理通常有权决定项目预算中的各种类型的开支，除了（　　）。

A. 直接成本　　B. 固定成本　　C. 应急储备　　D. 管理储备

15» 完工估算是对以下哪项的定期估算？（　　）

A. 已完成工作的成本
B. 已完成工作的价值
C. 项目完工时预期的总成本
D. 完成项目剩余工作的成本

16» 挣得进度理论将如何测量进度偏差？（　　）

A. 挣值 – 计划价值
B. 挣值/计划价值
C. 挣得进度 – 实际时间
D. 挣得进度/实际时间

17» 如果挣值是300000美元，实际成本是355000美元，计划价值是370000美元，项目的进度绩效指数是（　　）。

A. 0.85　　　B. 1.25　　　C. 1.16　　　D. 0.81

18» 通常用货币单位来表示项目成本，但有时也可用非货币单位，以便（　　）。

A. 提高成本估算的准确性
B. 消除通货膨胀的影响，便于成本比较
C. 更容易考核项目工作人员的业绩
D. 更容易把成本与进度结合起来考核

19» 估算成本过程旨在（　　）。

A. 对项目总成本做一个粗略的估算
B. 估算项目中各项活动的成本
C. 估算项目活动的直接成本
D. 估算项目活动的人工费

20» 可以使用下列方法计算挣值，除了（　　）。

A. 顺推计算法　　B. 加权里程碑法　　C. 固定公式法　　D. 完成百分比法

21» 以下哪项说明了项目已经完工？（　　）

A. EV = PV　　B. EV = AC　　C. EV = BAC　　D. PV = BAC

22» 关于粗略量级估算，下列说法正确的是（　　）。

A. 一般不使用这种方法估算成本

B. 项目信息比较详细时才可以开展的估算
C. 在项目初始阶段可以使用
D. 成本基准是粗略量级估算

23» 你是一个小工程项目的项目经理，你的项目预算为 70000 美元，为期 5 周。到今天为止，你花了 22000 美元完成了你预计要花 24000 美元的工作。根据你的进度计划，你应该在此时花掉 30000 美元，根据这些条件，你的项目可以最恰当地描述为（　　）。

  A. 低于预算　　　B. 超出预算　　　C. 符合预算　　　D. 进度提前

24» 在项目执行过程中，管理层批准动用管理储备金来应对已经发生的风险。在这种情况下，应该（　　）。

  A. 修改成本基准　　　　　　　　B. 修改项目预算
  C. 修改项目资金需求　　　　　　D. 增加项目应急储备

25» 以下哪些内容包含在成本管理计划中？（　　）

  A. 估算的准确度、成本绩效测量规则、预先批准的项目总体预算
  B. 估算的精确度、筹资方案的说明、资源的计量单位
  C. 估算依据、估算的准确度、估算的精确度
  D. 成本管理允许的偏差、预先批准的项目总体预算、成本绩效测量规则

26» 下列哪个估算方法可以更准确地反映项目的实际成本？（　　）

  A. 参数估算　　　B. 类比估算　　　C. 自上而下估算　　　D. 自下而上估算

27» 以下各项主要用于项目控制，除了（　　）。

  A. 偏差分析　　　B. TCPI　　　C. 挣值分析　　　D. 质量成本

28» 估算成本过程得到的成本估算，通常包括（　　）。

  A. 项目所使用的全部资源的成本　　　B. 直接成本和间接成本
  C. 应急储备和管理储备　　　　　　　D. 以上都是

29» 下列哪项是实际完成工作的预算价值？（　　）

  A. 挣值（EV）　　　　　　B. 计划价值（PV）
  C. 实际成本（AC）　　　　D. 成本偏差（CV）

30» 制定预算过程的主要输入包括（　　）。

  A. 范围基准、相关方登记册、资源管理计划和组织过程资产

B. 成本估算、范围基准、项目进度计划和风险登记册
C. 成本估算、质量基准、项目进度计划和协议
D. 成本基准、范围基准、项目进度计划和风险登记册

31» 公司要求你的项目必须在 5 个月内完成，而且只有 100 万元预算，这是（   ）。

A. 制约因素　　B. 项目风险　　C. 假设条件　　D. 事业环境因素

32» 以下哪项是对成本绩效指数的最准确的解释？（   ）

A. 它表明成本超支或节约的情况
B. 它表明项目的成本绩效好坏
C. 它能够反映导致成本超支或节约的原因
D. 它表明单位成本所实现的项目价值

33» 项目成本核算应该在什么时候进行？（   ）

A. 成本发生时　　　　　　　　B. 实际支付时
C. 实际交货时　　　　　　　　D. 在上述各时间均可，取决于组织的具体需要

34» 可以利用历史数据之间的统计关系进行（   ）。

A. 三点估算　　B. 类比估算　　C. 自下而上估算　　D. 参数估算

35» 在敏捷型项目中，最适合的资源供应方法通常是（   ）。

A. 准时制供应　　　　　　　　B. 尽量提前供应
C. 库存一些资源　　　　　　　D. 准备一些替代资源

36» 项目经理基于以往类似项目经验，对项目成本开展估算，准确度是 −25% ~ +75%。他正在使用下列哪种成本估算方法？（   ）

A. 确定性估算　　B. 三点估算　　C. 类比估算　　D. 参数估算

37» 在制订成本管理计划的过程中，项目团队不需要（   ）。

A. 征求成本管理专家的意见　　B. 考察不同的项目融资方式
C. 召开成本规划会议　　　　　D. 考虑花多少钱去做质量管理

38» 在编制项目预算时，可以把各时点的累计成本基准确定为略高于预计的累计资金支出数，以便（   ）。

A. 尽量拖延资金支出　　　　　B. 尽早取得资金投入
C. 更灵活地安排资金的使用　　D. 考虑预计的债务

39» 经过分析，采用非节能材料可降低项目成本，但是会导致项目投入运营后成本非常高。项目团队应该（　　）。

　A. 只关注完成项目成本最低，不考虑项目成果的运营成本

　B. 考虑项目决策对产品运营成本的影响后，再做出相应决策

　C. 请运营部门决策是否使用节能材料

　D. 按设计图纸执行

40» 项目成本控制的重点是（　　）。

　A. 分析资金支出与已完工作是否匹配

　B. 监督资金的支出

　C. 确保成本管理不超出批准的资金限额

　D. 把成本超支控制在可接受范围内

41» 下列哪项不属于估算依据中的内容？（　　）

　A. 估算是如何编制的

　B. 对估算区间的说明

　C. 用于绩效测量的挣值管理（EVM）规则

　D. 关于全部假设条件和已知制约因素的文件

42» 良好的成本管理可以确保（　　）。

　A. 项目实际成本尽可能低于预算

　B. 项目完工时的实际成本正好等于批准的预算

　C. 项目在批准的预算内完工

　D. 项目在批准的预算偏差±10%内完工

43» 项目最可能的成本是1000万元，最乐观的成本是800万元，最悲观的成本是1400万元。那么基于贝塔分布的预期成本是（　　）。

　A. 1033万元　　B. 1067万元　　C. 1000万元　　D. 1100万元

44» 针对工期较长的大型项目，使用融资工具为项目分阶段获取资金，这是哪个管理过程的相关活动？（　　）

　A. 规划成本管理　　　　　　B. 制定预算

　C. 制定项目章程　　　　　　D. 控制成本

45» 下列哪项是资金限制平衡的作用？（　　）

A. 按已知的资金限制调整资金支出计划
B. 在资源需求与资源供给之间取得平衡
C. 增加资金投入，满足项目的资金支出需要
D. 增加投入的资源以达到压缩工期的目的

46 » 项目工作绩效报告中包括如下数字：PV = 110，EV = 100，AC = 120，总预算为 150。成本偏差是多少？（   ）

A. -20　　　　　B. -10　　　　　C. +10　　　　　D. +20

47 » 关于项目资金需求的说法，正确的是（   ）。

A. 项目总资金需求就是项目的成本基准　B. 通常以连续且均衡的方式投入资金
C. 项目资金需求是一种项目文件　　　　D. 项目总资金需求就是项目的成本预算

48 » 挣值分析将计算并监测项目的三个关键指标，分别是（   ）。

A. EV、SV 和 CV　　　　　　　　B. EV、CPI 和 SPI
C. PV、EV 和 EAC　　　　　　　D. PV、EV 和 AC

49 » SV >0，CPI <1，当前项目状态是（   ）。

A. 进度超前，成本超支　　　　　B. 进度落后，成本节余
C. 进度超前，成本节余　　　　　D. 进度落后，成本超支

50 » 你的朋友告诉你，他所管理的项目已经花了 5000 万美元，而按计划本应花费 4000 万美元。该项目的当前状态是（   ）。

A. 进度超前，成本超支　　　　　B. 进度落后，成本节余
C. 进度超前，成本节余　　　　　D. 无法判断

51 » 项目所在地区常年温暖如春，突然遭遇百年不遇的一次大雪，造成室外设备严重受损。修复受损设备需要一大笔费用，项目经理应该如何解决这个问题？（   ）

A. 使用管理储备来支付修复费用
B. 向高层汇报，并等待指示
C. 查看应急储备还剩多少
D. 与团队成员讨论应对措施

52 » 项目拟用的挣值管理规则应该在以下哪个文件中做出规定？（   ）

A. 项目成本管理计划　　　　　　B. 项目质量管理计划
C. 项目范围管理计划　　　　　　D. 项目变更管理计划

第7章 项目成本管理

53 某一高风险活动,为了考虑不确定性的影响,采用哪种估算技术能取得最佳效果?( )

A. 类比估算　　B. 三点估算　　C. 确定性估算　　D. 参数估算

54 为了编制成本管理计划,项目团队通常需要召开哪个会议?( )

A. 启动会议　　B. 规划会议　　C. 开工会议　　D. 评审会议

55 以下哪种预测项目完工情况的方法最为准确?( )

A. 自下而上的 ETC 估算
B. 按预算单价的 ETC 估算
C. 按累计 CPI 进行的 ETC 估算
D. 按关键比率的 ETC 估算

56 在下表中,哪个项目最有可能提前完成?( )

A. 甲项目
B. 乙项目
C. 丙项目
D. 三个项目将同时完成

项目名称	PV	EV	AC
甲项目	900	700	500
乙项目	900	500	700
丙项目	900	1100	700

57 如上题所述,哪个项目最有可能在预算内完成?( )

A. 甲项目　　B. 乙项目　　C. 丙项目　　D. 甲项目和乙项目

58 估算成本时要考虑下列成本,除了( )。

A. 人工成本　　B. 材料成本　　C. 通货膨胀补贴　　D. 机会成本

59 下列哪项属于项目的直接成本?( )

A. 公司总部的办公费用
B. 各项目共用的专家的费用
C. 购买项目电脑的费用
D. 公司年会的费用

60 以下哪项最好地描述了参数估算?( )

A. 先估算出各活动的成本,再汇总至工作包和控制账户的成本
B. 先估算出各时间段的成本,再加总得到整个项目的成本
C. 依据过去项目所表现出来的各因素之间的量化关系,来预测项目成本
D. 利用专家判断,由资深专家进行项目的成本估算

第 8 章　项目质量管理

1» 谁对项目的质量负最终责任？（　　）

A. 项目工程师　　B. 项目经理　　C. 质量经理　　D. 团队成员

2» 下列关于属性抽样和变量抽样的说法都是正确的，除了（　　）。

A. 如果检查者关心的只是产品质量合格或不合格，应该使用属性抽样
B. 如果检查者关心产品质量在多大程度上合格，应该使用变量抽样
C. 属性抽样的结果为合格或不合格，变量抽样的结果为在连续量表上实际所处的位置
D. 变量抽样和属性抽样之间没有任何联系

3» 在敏捷型项目的生命周期中，应该何时开展质量检查？（　　）

A. 频繁开展
B. 偶尔开展
C. 阶段性开展
D. 当项目结束时开展

4» 在敏捷项目中，整个项目期间的质量管理由谁来执行？（　　）

A. 项目经理　　B. 质量保证部门　　C. 项目团队　　D. 质量管理专家

5» 关于质量的说法，以下哪项是正确的？（　　）

A. 质量偏低不是问题，等级偏低是个问题
B. 质量是一系列内在特性满足要求的程度
C. 质量中明确或隐含的需求是需求开发的依据
D. 质量决定着项目产品的功能多少

6» 以下哪项是对质量管理中审计的正确描述？（　　）

A. 质量审计是规划质量管理过程的工具与技术
B. 质量审计是控制质量过程的工具与技术
C. 质量审计是管理质量过程的工具与技术
D. 质量审计是改进质量过程的工具与技术

7》 关于敏捷型方法下的项目质量管理，以下说法正确的是（　　）。

　　A. 循环回顾和定期检查是发现质量问题的主要方式
　　B. 采用敏捷方法允许出现较大的质量偏差
　　C. 采用敏捷方法不利于项目质量的持续改进
　　D. 每个迭代期均采取相同的质量管理水平

8》 以下哪项最好地描述了质量与等级？（　　）

　　A. 低等级和低质量通常都是设计意图
　　B. 低等级通常是设计意图，而低质量通常是执行不当造成的
　　C. 低质量通常是设计意图，而低等级通常是执行不当造成的
　　D. 低等级和低质量通常都是执行不当造成的

9》 管理质量过程的输入包括（　　）。

　　A. 工作绩效报告　　　　　　B. 工作绩效信息
　　C. 质量控制测量结果　　　　D. 可交付成果

10》 以下哪项是最常用于分析和评估改进机会的质量改进工具？（　　）

　　A. "计划－实施－检查－行动"循环
　　B. 精益六西格玛
　　C. 全面质量管理 TQM
　　D. 能力成熟度模型集成 CMMI

11》 你正在和质量保证部门人员一起协作，增强相关方对项目将会达到质量要求的信心。这一管理过程将会得到以下哪项输出？（　　）

　　A. 问题日志　　B. 质量测量指标　　C. 质量报告　　D. 质量审计

12》 下列关于质量测量指标和核对单的论述，不正确的是（　　）。

　　A. 质量测量指标不仅包括待测量的指标，还包括测量方法；而核对单则是用来核实所要求的一系列步骤是否已经执行的清单
　　B. 质量测量指标允许有一定的变动范围；而核对单通常是关于"是"或"否"的选择
　　C. 质量测量指标用于考察质量合格与否；而核对单用于考察质量合格或不合格的程度
　　D. 质量测量指标和核对单既用于管理质量过程，也用于控制质量过程

13» 质量管理中的角色和职责，在以下哪个文件中描述？（   ）

　　A. 项目管理计划　　　　　　　　B. 质量管理计划
　　C. 质量控制测量结果　　　　　　D. 质量报告

14» 可以表示概念之间的逻辑关系，并有利于防止数据不完整的可视化技术是（   ）。

　　A. 流程图　　　B. 逻辑数据模型　　　C. 矩阵图　　　D. 思维导图

15» 对质量活动进行成本效益分析，就要比较其可能的成本与预期效益。做到符合质量要求，可以带来以下效益，除了（   ）。

　　A. 减少返工　　　B. 减少风险　　　C. 降低成本　　　D. 提升相关方满意度

16» 帕累托图是一种特殊的直方图，可以帮助项目经理（   ）。

　　A. 聚焦关键问题改进质量　　　　B. 寻找问题根本原因
　　C. 分析某个质量问题产生的全过程　　D. 确定一个过程是否失去控制

17» 以下哪个工具可用于挖掘导致某个具体质量缺陷的各种根本原因？（   ）

　　A. 直方图　　　B. 鱼骨图　　　C. 控制图　　　D. 散点图

18» 按质量管理水平有效性排列，最有效的举措是（   ）。

　　A. 让客户发现问题　　　　　　　B. 将质量融入产品的规划和设计中
　　C. 在整个组织内建立优秀的质量文化　　D. 重视产品交付前的检测和缺陷纠正

19» 控制图在均值线的一侧有7个连续的数据点，这时应该怎样处理？（   ）

　　A. 不采取任何行动，因为没有超出控制界限
　　B. 告诉客户
　　C. 停止生产
　　D. 在继续生产的同时，查明原因，寻求解决办法

20» 以下哪个工具与技术可以有效地收集潜在质量问题的相关数据？（   ）

　　A. 直方图　　　B. 核查表　　　C. 散点图　　　D. 控制图

21» 关于质量管理计划，下列说法正确的是（   ）。

　　A. 必须是正式的　　　　　　　　B. 必须是非常详细的
　　C. 详细程度取决于项目的具体需要　　D. 详细程度取决于客户的要求

22. 管理质量有时也被称为"质量保证",以下说法正确的是( )。

A. 管理质量和质量保证是一回事
B. 管理质量的覆盖面相对狭窄
C. 管理质量的工作属于质量成本框架中的非一致性成本
D. 管理质量包括所有质量保证活动

23. 在控制质量过程中,项目经理需要使用目标值、控制界限、规则界限来监控过程是否稳定,他应该应用哪个工具与技术?( )

A. 控制图　　　B. 标杆对照　　　C. 流程图　　　D. 直方图

24. PDCA 循环是质量改进的基础,其中 A 的含义是( )。

A. 编制计划　　B. 按计划实施　　C. 检查实施情况　　D. 进行纠偏或改进

25. 以下关于质量成本的说法,哪项是正确的?( )

A. 增加评估成本,以便节约其他成本
B. 增加预防成本,以便节约其他成本
C. 增加外部失败成本,以便节约其他成本
D. 增加内部失败成本,以便节约其他成本

26. 以下哪个工具与技术可以把各种条件、因素等与某个核心质量要求联系起来,以利于开展发散性思考?( )

A. 矩阵图　　　B. 散点图　　　C. 控制图　　　D. 思维导图

27. 全面质量管理理念强调( )。

A. 全面杜绝浪费,消除非增值活动　　B. 管理者对所有质量问题负完全责任
C. 在重点生产环节开展质量管理　　　D. 每个员工都要参与质量管理

28. 以下哪项最有助于降低缺陷率?( )

A. 改进过程　　B. 测试成品　　C. 定义质量标准　　D. 制定进度基准

29. 项目经理怀疑可交付成果的缺陷率跟某个特定因素有关,可以借助哪个工具确认他的怀疑?( )

A. 因果图　　　B. 控制图　　　C. 散点图　　　D. 流程图

30 » 以下关于质量管理理念的说法正确的是（　　）。

A. 管理者和工人对质量各负 50% 的责任
B. 通过缺陷补救让质量达到合格
C. 经常开展显著的生产过程改进
D. 与供应商建立互利合作关系

31 » 应该在哪个管理过程确认已批准的变更请求是否得到了正确落实？（　　）

A. 实施整体变更控制　　　　B. 管理质量
C. 控制质量　　　　　　　　D. 确认质量

32 » 以下哪个方法涉及把本项目计划要采取的做法与其他项目的做法进行比较，来识别最佳做法，形成改进意见？（　　）

A. 散点图　　B. 标杆对照　　C. 过程改进　　D. 统计抽样

33 » 应该在哪个过程确定已经完成的可交付成果已经可供主要相关方进行正式验收？（　　）

A. 规划质量管理　　B. 管理质量　　C. 控制质量　　D. 确认范围

34 » 在控制质量过程，团队正在召开回顾会议，以下哪项不是该会议要讨论的内容？（　　）

A. 总结质量管理的成功之处
B. 识别可放到组织过程资产中的相关内容
C. 总结质量管理中需要改进的地方
D. 审查已经批准的变更请求是否实施到位

35 » 为了避免产品不合格所花的质量成本包括（　　）。

A. 预防成本 + 内部失败成本　　B. 预防成本 + 外部失败成本
C. 预防成本 + 评估成本　　　　D. 内部失败成本 + 外部失败成本

36 » 在控制图中，以下哪项代表"系统的声音（Voice of System）"？（　　）

A. 控制上限和下限　　　　B. 规格上限和下限
C. 七点规则　　　　　　　D. 客户的要求

37 » 当一个过程处于受控状态时，对此过程可以怎么做？（　　）

A. 不应该调整该过程
B. 应该调整该过程，以便提高产品质量

C. 应该在项目阶段结束时，及时调整该过程
D. 应该为了使工作更具挑战性，而调整该过程

38 » 对产品采取什么样的测试和检查才能满足相关方的质量要求，这应该在哪个过程中被考虑？（　　）

A. 规划质量管理　　　　　　　　B. 管理质量
C. 控制质量　　　　　　　　　　D. 结束项目或阶段

39 » 以下哪项不是管理质量过程的相关工作？（　　）

A. 开展过程改进　　　　　　　　B. 检查特定可交付成果的质量
C. 重新评价质量标准的合理性　　D. 编制质量报告

40 » 控制质量应该在项目的哪个阶段被执行？（　　）

A. 项目开始阶段　　　　　　　　B. 在项目生命周期的所有阶段
C. 项目执行阶段　　　　　　　　D. 项目监控阶段

41 » 以下哪项不是管理质量的目的？（　　）

A. 增强项目相关方对项目将要达到质量要求的信心
B. 进行过程持续改进，减少非增值活动
C. 补救可交付成果的质量缺陷，使之符合质量要求
D. 提高实现质量目标的可能性

42 » 下列哪项不属于在项目早期就对质量管理计划进行评审所带来的好处？（　　）

A. 确保决策是基于准确信息的
B. 降低因返工而造成的成本超支金额和进度延误次数
C. 确保质量管理计划不需要变更
D. 更加关注项目的价值定位

43 » 项目经理希望了解和估算一个过程的质量成本，他可以借助（　　）。

A. 石川图　　B. 控制图　　C. 流程图　　D. 散点图

44 » 使用结构化的问题解决流程有助于制定长久有效的解决方案，问题解决方法的最后一个步骤是（　　）。

A. 总结经验教训　　　　　　　　B. 分析根本原因
C. 验证解决方案的有效性　　　　D. 生成解决方案

45 质量报告中需要包含以下内容，除了（　　）。

A. 团队上报的质量管理问题　　　　B. 监控过程反馈的质量问题

C. 针对过程的改善建议　　　　　　D. 针对某个可交付成果的缺陷补救建议

46 下列哪一项属于控制质量的相关工作？（　　）

A. 确定项目和产品的质量要求和标准

B. 确定过程是否能持续改进

C. 由项目团队检查可交付成果的完整性、合规性和适用性

D. 确定项目活动是否符合组织和项目的政策

47 基于二八定律的帕累托图属于以下哪一种图形？（　　）

A. 因果图　　　B. 散点图　　　C. 直方图　　　D. 矩阵图

48 关于面向 X 的设计，以下描述不正确的是（　　）。

A. 使用这一技术旨在优化设计，以控制或提高产品的最终特性

B. X 可以是产品的某种特性，比如可靠性、可用性

C. 使用这一技术可以提高客户满意度

D. 使用这一技术可以降低质量成本

49 下列哪项属于一致性质量成本的例子？（　　）

A. 返工　　　B. 质量培训　　　C. 废品　　　D. 保修费用

50 流程图中可以不包括（　　）。

A. 需要开展的活动　　　　　　B. 每个活动的责任人

C. 相关的决策点　　　　　　　D. 相关活动的处理顺序

51 下列哪个工具可以实现对备选方案的排序？（　　）

A. 亲和图　　　B. 矩阵图　　　C. 活动网络图　　　D. 优先矩阵

52 零缺陷的概念是由哪位质量管理大师提出的？（　　）

A. 朱兰　　　B. 克劳斯比　　　C. 戴明　　　D. 田口玄一

53 以下哪项不是质量测量指标的例子？（　　）

A. 识别的缺陷数量，每月总停机时间　　B. 客户满意度分数，每个代码行的错误

C. 测试覆盖度，故障率　　　　　　　　D. 统计抽样的频率

54» 下列关于过程分析的说法，不正确的是（　　）。

A. 过程分析可以识别出过程改进的机会

B. 过程分析在管理质量过程中使用

C. 需要分析在过程运行期间遇到的问题和制约因素，以及发现的非增值活动

D. 过程分析旨在实现跨越式的改进，把产品质量做得超过要求

55» 敏捷方法关注小批量试开发工作，其主要目的是（　　）

A. 在项目早期发现和解决质量问题　　B. 降低项目开发成本

C. 防止后续在大批量开发中出现变更　　D. 给团队成员提供锻炼的机会

56» 产品交给客户使用后，团队对客户开展满意度问卷调查。问卷调查中识别的缺陷相关成本将会（　　）。

A. 被视为外部失败成本　　B. 被视为内部失败成本

C. 对组织没有太大影响　　D. 是沉没成本

57» 保证在生产过程中不出现错误，这是对下列哪个概念的解释？（　　）

A. 检查　　B. 预防　　C. 评估　　D. 补救

58» 质量是指（　　）。

A. 符合三重制约　　B. 符合要求　　C. 优于同类产品　　D. 产品的功能众多

59» 以下关于项目质量管理的说法错误的是（　　）。

A. 项目质量管理既要考虑项目管理的质量，又要考虑项目产品的质量

B. 项目质量管理同时兼顾项目过程的质量和项目结果的质量

C. 项目质量管理方法适用于所有的项目，无论项目会产出怎样的结果

D. 项目质量管理是为了保证项目结果达到尽可能高的质量标准

60» 项目团队想通过一种更加客观和结构化的方法，找出产品存在的缺陷、漏洞和其他不合规问题，可以使用以下哪项技术？（　　）

A. 检查　　B. 审计

C. 测试或产品评估　　D. 统计抽样

第 9 章 项目资源管理

1. 资源管理中,以下哪项管理过程不会造成事业环境因素的更新?(　　)
   A. 获取资源　　　B. 建设团队　　　C. 管理团队　　　D. 控制资源

2. 可以使用以下哪种结构来把组织中的部门与项目中的工作包联系起来?(　　)
   A. 工作分解结构　B. 资源分解结构　C. 风险分解结构　D. 组织分解结构

3. 以下哪项不是团队章程的内容?(　　)
   A. 团队价值观　　B. 沟通指南　　　C. 会议指南　　　D. 团队建设

4. 责任分配矩阵具有以下作用,除了(　　)。
   A. 反映与每个人有关的所有活动　　B. 反映与每个活动有关的所有人
   C. 为每个工作指定唯一责任点　　　D. 使每个人都只负责一项工作

5. 在敏捷项目中,采用最大限度的集中和协作的团队结构有利于(　　)。
   A. 减少变更的数量　　　　　　　　B. 减少所需的人力资源
   C. 适应快速变化的环境　　　　　　D. 降低决策的难度

6. 高效的项目团队应该(　　)。
   A. 以领导为导向　　　　　　　　　B. 以任务和结果为导向
   C. 集中办公　　　　　　　　　　　D. 通过电子网络联系

7. 通过审查项目绩效评估文件,以及与团队成员进行交谈,项目经理发现需要开展一项计划外的技能培训,接下来他应该(　　)。
   A. 什么也不做,只能按计划开展培训
   B. 动用管理储备开展计划外培训
   C. 向组织申请计划外的培训费用
   D. 压缩其他培训费用

8 » 项目已经启动，刚刚进入计划编制阶段。在计划编制阶段的早期，项目经理通常应该采用什么领导风格？（　　）

A. 命令式　　B. 教练型　　C. 支持型　　D. 授权型

9 » 项目的早期，应该让哪些人参与项目的规划和决策？（　　）

A. 少数技术专家　　　　　　B. 项目经理
C. 核心团队成员　　　　　　D. 所有项目团队成员

10 » 关于认可与奖励，下列说法错误的是（　　）。

A. 在决定认可与奖励时，应考虑文化差异
B. 认可与奖励应该在项目结束之后做
C. 只有满足被奖励者的某个重要需求的奖励，才是有效的奖励
D. 除了金钱奖励，还存在各种有效的无形奖励

11 » 在敏捷型项目中，高效的自组织团队是（　　）。

A. 由通用的专才构成　　　　B. 由主题专家构成
C. 由团队成员自发形成　　　D. 由分布在不同地方的人构成

12 » 项目即将结束，为了减轻团队成员的焦虑情绪，让团队成员向新项目平滑过渡，项目经理应该（　　）。

A. 按资源管理计划执行　　　B. 提前遣散团队成员
C. 做好人力资源风险控制　　D. 对团队成员进行培训

13 » 人员的预分派不适用于（　　）。

A. 在投标文件中所指定的人员
B. 具有特定的知识和技能的人员，项目因他们而存在
C. 项目章程中指定的项目经理
D. 根据雇佣合同就位的优秀专业人员

14 » 为了获得项目所需的人力资源，项目经理经常要与以下各方谈判，除了（　　）。

A. 高级管理层　　B. 职能部门经理　　C. 其他项目经理　　D. 外部资源供应商

15 » 采取虚拟团队的方式开展项目工作，其优势是（　　）。

A. 团队成员之间更容易分享知识和经验

B. 更容易跟进项目进度
C. 可有效利用各个地区专家的力量
D. 在家办公的团队成员容易产生孤立感

16. 完成一个大型复杂项目后，项目经理向组织争取到原来的团队成员继续开展下一个新项目。在新项目上，项目团队建设将（　　）。

A. 按五个阶段依次进行　　　　　B. 停滞在规范阶段
C. 跳过震荡阶段　　　　　　　　D. 退回到解散阶段

17. 在项目环境中，冲突是不可避免的，会因各种原因而产生。冲突最常见的来源由多到少排列为（　　）。

A. 成员个性、资源稀缺、进度优先级排序
B. 进度优先级排序、资源稀缺、成员个性
C. 资源稀缺、进度优先级排序、成员个性
D. 资源稀缺、进度优先级排序、个人工作风格

18. 可以用以下哪种格式来记录团队成员的详细职责？（　　）

A. 组织分解结构　　　　　　　　B. 责任分配矩阵
C. RACI 矩阵　　　　　　　　　 D. 文本型

19. 在弱矩阵中，项目经理对团队成员只有很小的命令职权，使用哪种技能对项目成功非常关键？（　　）

A. 领导力　　　B. 决策能力　　　C. 冲突管理能力　　　D. 影响力

20. 为了成功激励一个由高学历、高素质人才组成的科技团队，项目管理者可以用下面哪些激励理论？（　　）

A. 期望理论和 X 理论
B. X 理论和马斯洛需求层次理论
C. Y 理论和赫兹伯格的激励因素理论
D. 赫兹伯格的保健因素理论，以及期望理论

21. 在矩阵式管理之下，项目经理应该如何取得项目所需的人力资源？（　　）

A. 指令职能部门经理提供所需的人力资源
B. 从执行组织外部招聘尽可能多的人力资源
C. 直接向职能部门中的员工发出加入项目团队的邀请信
D. 与职能部门经理就所需人力资源进行谈判

22» 评价项目团队有效性的指标包括（　　）。
  A. 个人技能的改进、团队能力的改进、成员离职率下降、团队凝聚力提高
  B. 项目经理的权威加强、团队能力的改进、成员离职率下降、团队凝聚力提高
  C. 个人技能的改进、团队能力的改进、团队凝聚力提高、项目业绩提高
  D. 团队能力的改进、成员离职率下降、团队凝聚力提高、项目业绩提高

23» 项目经理希望发布团队章程，对项目团队的可接受行为做出明确规定，他应该（　　）。
  A. 亲自编制团队章程，下发给团队成员执行
  B. 确保团队章程的权威性，一旦发布不得修改
  C. 在建设团队过程中开始编制项目章程
  D. 用团队章程指导新成员融入团队

24» 确保在正确的时间把正确的资源用到正确的地方，提高资源的使用效率和效果，并且在不需要时被释放。这是以下哪个管理过程的主要作用？（　　）
  A. 控制资源　　B. 建设团队　　C. 管理资源　　D. 估算活动资源

25» 具有共同目标，通常不面对面工作，而是依靠电子通信工具相互联系的一群人，被称为（　　）。
  A. 项目团队　　B. 虚拟团队　　C. 虚假团队　　D. 项目管理团队

26» 以下哪项是按资源的类别和类型两个维度做的层级分解结构？（　　）
  A. 资源需求　　B. 估算依据　　C. 资源分解结构　　D. 责任分配矩阵

27» 在RACI责任分配矩阵中，应该为每一项工作指定（　　）。
  A. 唯一的最终责任人
  B. 两个最终责任人，以便相互帮助
  C. 三个最终责任人，以便集体领导
  D. 一个或以上的最终责任人，视具体情况而定

28» 尽管项目团队的氛围很好，但大家对项目的具体目标和各种问题还缺少了解。这个团队处于团队发展过程的哪一个阶段？（　　）
  A. 形成阶段　　B. 震荡阶段　　C. 规范阶段　　D. 成熟阶段

29» 以下哪项是资源管理计划的内容？（　　）
  A. 资源需求　　　　　　　　B. 资源分解结构

C. 角色与职责　　　　　　　　D. 团队的决策标准和过程

30. 在管理项目团队时,项目经理处理冲突的基本思路是（　　）。

A. 冲突以项目经理协调为主,这样能尽快解决冲突,不影响项目目标

B. 团队成员之间的冲突,应该由他们自己解决,项目经理不宜介入

C. 采取正式程序或惩戒措施,对化解冲突是不利的

D. 先由冲突当事人尽早自己解决冲突,必要时再由项目经理提供帮助。如果破坏性冲突继续存在,就采取强制措施。

31. 在项目资源管理中,跟踪团队成员的表现,提供反馈,管理冲突并解决问题。这是在哪个管理过程组开展的?（　　）

A. 规划过程组　　B. 执行过程组　　C. 监控过程组　　D. 收尾过程组

32. 在制订资源管理计划时,往往需要使用资源直方图说明什么时候需要多少资源。资源直方图中的基本要素包括（　　）。

A. 表示时间的横轴　　　　　　B. 表示各时段所需资源数量的柱子

C. 表示可用的最大资源数量的横线　D. 以上都是

33. 团队已经编制完成资源管理计划和团队章程,接下来应该（　　）。

A. 获取所需实物资源和人力资源

B. 组建项目团队

C. 确定完成项目所需的资源种类、数量和特性

D. 定义活动

34. 对于建设虚拟团队,以下哪个方法最为有效?（　　）

A. 永久集中办公　　　　　　　B. 临时集中办公

C. 尽量不让团队成员见面　　　D. 进行备选方案分析

35. 你所负责的跨国项目中的许多人都在虚拟团队中工作。下列哪项最有助于成功地管理跨国虚拟团队?（　　）

A. 细致地规划团队沟通　　　　B. 了解团队成员之间的文化差异

C. 鼓励采用面对问题的方法来解决冲突　D. 指定一个成员充当联络员

36. 解决冲突的5种常用方法中,哪种是"赢输"的解决方法?（　　）

A. 合作或解决问题　　　　　　B. 妥协

C. 撤退/回避　　　　　　　　D. 强制

37. 通过审查以下哪个文件，项目经理可以知道团队中每个人的技能是否得到了提升和改进？（ ）
  A. 个人和团队评估　　　　　　　B. 团队绩效评价
  C. 项目团队派工单　　　　　　　D. 工作绩效报告

38. 对于自组织的敏捷型项目团队，"项目经理"的作用是（ ）。
  A. 发布命令、分配任务　　　　　B. 创造环境、提供支持
  C. 排除障碍、提供需求　　　　　D. 沟通协作、集中管控

39. 甲乙双方一直就价格和工期问题未能达成一致，再次谈判后双方都决定有所让步，甲方同意增加一个月工期，乙方也决定价格让利5%。请问这是采用了哪种冲突解决方法？（ ）
  A. 合作或解决问题　　　　　　　B. 妥协
  C. 撤退/回避　　　　　　　　　 D. 缓解

40. 识别、评价和管理个人情绪、他人情绪和团队情绪的能力，被称为（ ）。
  A. 情商　　　B. 影响力　　　C. 领导力　　　D. 沟通能力

41. 资源需求是以下哪个管理过程的输出？（ ）
  A. 规划资源管理　　　　　　　　B. 估算活动资源
  C. 获取资源　　　　　　　　　　D. 组建团队

42. 项目经理与团队成员一起确定了各个工作包的责任人，正在把责任人的姓名插入项目进度计划。他们正在完成（ ）。
  A. 获取资源　　B. 项目团队派工单　　C. 管理团队　　D. 团队绩效评价

43. 在高度适应型的项目中，当团队不具备开展工作的全部技能时，应该（ ）。
  A. 由项目经理提供辅导或组织培训
  B. 替换其中不具备技能的团队成员
  C. 鼓励团队自行补充专业知识完成任务
  D. 暂停项目工作，开展培训

44. 在平衡矩阵式组织结构中，许多团队成员只是分散在各自的职能部门，兼职为项目工作。为了加强团队建设，项目经理最好使用以下哪个工具与技术？（ ）
  A. 认可与奖励　　B. 面对面会议　　C. 培训　　D. 沟通技术

45» 在团队建设的哪个阶段,项目经理可以把大量工作授权给团队成员去完成?(　　)

　　A. 震荡阶段　　　B. 规范阶段　　　C. 成熟阶段　　　D. 解散阶段

46» 项目所必需的各专家处于项目所在城市以外的几个不同城市,而专家们的频繁出差将导致成本严重超支。在组建项目团队时,项目经理应该(　　)。

　　A. 重新招募新的专家　　　　　　B. 考虑减少专家出差的次数
　　C. 考虑组建虚拟团队　　　　　　D. 直接向管理层求助

47» 在建设项目团队过程中,项目经理想了解团队成员的优势、劣势、喜好、厌恶等,以便有针对性地开展培训和其他团队建设活动,应该使用以下哪个工具技术?(　　)

　　A. 个人和团队评估　　　　　　　B. 认可与奖励
　　C. 集中办公　　　　　　　　　　D. 沟通技术

48» 在选择项目团队成员时,项目经理应该怎么做?(　　)

　　A. 凭自己的喜好选择成员　　　　B. 请高级管理层提供协助
　　C. 尽量选择同一类性格的人　　　D. 进行多标准决策分析

49» 以下哪个文件记录了项目将使用的材料、设备和用品的详细信息?(　　)

　　A. 资源需求　　　　　　　　　　B. 实物资源分配单
　　C. 资源日历　　　　　　　　　　D. 资源分解结构

50» 在项目执行期间,某个关键团队成员尚未完成相关工作,就被转派到另一个新启动的项目。这时应该(　　)。

　　A. 要求延长工期　　　　　　　　B. 要求增加预算
　　C. 提出变更请求　　　　　　　　D. 招聘新成员来接手转派人员的工作

51» 哪个理论认为,个人在不同程度上有成就需要、权力需要与亲和需要三种需要,管理者应该根据个人更重视的需要来制定激励措施?(　　)

　　A. 麦克利兰的成就动机理论　　　B. 弗鲁姆的期望理论
　　C. 赫兹伯格的双因素理论　　　　D. 麦格雷戈的X\Y理论

52» 出色的项目经理应该既是管理者又是领导者。以下哪项是领导者角色要做的事情?(　　)

　　A. 制定流程　　　　　　　　　　B. 建立良好团队合作氛围
　　C. 为项目相关方提供需要的成果　D. 严格要求按管理过程开展活动

53» 在获取资源过程中，组织表示不能提供某种资源，项目经理应该（　　）。
   A. 使用虚拟团队为项目工作
   B. 面向市场择优选择最佳供应商
   C. 取消相关工作内容
   D. 优先考虑向签订集体劳资协议的供应商进行采购

54» 认为优秀的技术专家一定能当好项目经理，这是以下哪项的体现？（　　）
   A. 光环效应　　B. 边际福利　　C. 额外待遇　　D. 成就理论

55» 项目经理通过授权可以（　　）。
   A. 把最终责任转移给下级，减轻自己的责任
   B. 把整合管理的工作授权出去
   C. 把执行责任转移给下级
   D. 把自己不想做的工作授权给下级

56» 为了真正解决冲突，冲突当事人决定把问题摆到桌面上，把不同的方案综合起来，最终得到双方都愿意接受的方案。这是采用了哪种冲突解决方法？（　　）
   A. 合作/解决问题　　B. 妥协　　C. 强制　　D. 撤退/回避

57» 关于马斯洛的需求层次理论，下列哪个说法是正确的？（　　）
   A. 最高层的是生理需求
   B. 最高层的是安全需求
   C. 马斯洛理论中的较高层次需求相当于赫兹伯格理论中的激励因素
   D. 通常，人们会同时追求各层次需求的满足

58» 项目经理发现两位成员为了一个重要工作包的实施方式争论了两天，严重影响了项目进度。项目经理说："不要吵了，按我的方法做。"这是使用了哪种冲突解决方法？（　　）
   A. 撤退　　B. 妥协　　C. 强迫　　D. 沟通

59» 开展团队建设的目的是（　　）。
   A. 避免团队成员之间的冲突
   B. 增进了解，帮助团队成员有效协同工作
   C. 使主要团队成员集中办公
   D. 有效激励团队成员

60» 识别各个工作包或每个活动所需的资源类型和数量，并汇总得到整个项目所需的资源。这一内容应该写入以下哪个文件中？（　　）
   A. 资源需求　　B. 估算依据　　C. 资源分解结构　　D. 资源日历

第 10 章 项目沟通管理

1. 以下哪项是书面沟通 5C 原则中的内容？（   ）

   A. 正确的读者（Correct Readers）

   B. 清晰的目的和表述（Clear Purpose and Expression）

   C. 正确的时间（Correct Time）

   D. 受控的篇幅（Controlled Pages）

2. 在敏捷项目的每日站会上，项目团队沟通的主要内容是（   ）。

   A. 前一天完成的工作和遇到的问题、当天的工作计划

   B. 为待完成的产品功能排列优先级

   C. 对当前迭代期的经验教训总结

   D. 解决当前遇到的项目问题

3. 信息发送者对下列哪一项负责？（   ）

   A. 确保信息被正确接收和理解   B. 促使信息接收者赞同信息的内容

   C. 尽量减少沟通中的噪声   D. 确保信息清晰和完整以便被正确理解

4. 沟通风格评估有助于（   ）。

   A. 针对不同相关方的偏好，选择合适的沟通风格

   B. 了解项目和组织的政治氛围，根据政治环境来规划沟通

   C. 了解相关方的文化差异和文化需求，根据文化差异来规划沟通

   D. 了解支持项目的相关方的沟通需求

5. 沟通管理计划通常不包括（   ）。

   A. 项目相关方的沟通需求   B. 项目主要里程碑和目标日期

   C. 接收信息的人或组织   D. 信息分发的时限和频率

6. 以下哪项是管理沟通过程的输入？（　　）

　　A. 工作绩效数据　　　　　　　　B. 工作绩效信息

　　C. 工作绩效报告　　　　　　　　D. 项目章程

7. 了解组织中谁能对项目施加较大影响，并重点培养与这些相关方的沟通能力，这属于哪种人际关系与团队技能？（　　）

　　A. 沟通风格评估　　B. 政治意识　　C. 文化意识　　D. 人际交往

8. 在项目沟通中，谁负责确保信息的清楚、明确和完整？（　　）

　　A. 项目经理　　B. 信息发送者　　C. 信息接收者　　D. 沟通双方

9. 使用以下哪种工具与技术，既可以有效收集和发布信息，又有助于监控项目的沟通情况？（　　）

　　A. 专家判断　　　　　　　　　　B. 项目报告发布

　　C. 会议　　　　　　　　　　　　D. 项目管理信息系统

10. 某一团队成员用难懂的方言和其他人进行工作交谈，其他人表示无法和他进行有效沟通，项目经理要求该成员使用普通话交谈。项目经理这样做的原因是（　　）。

　　A. 对该团队成员有偏见

　　B. 为了团队成员彼此团结

　　C. 语言差异是沟通中的噪声，会影响沟通质量

　　D. 沟通渠道太少

11. 以下哪项不是规划沟通管理过程的工具与技术？（　　）

　　A. 沟通技能　　B. 沟通技术　　C. 沟通方法　　D. 沟通模型

12. 在管理沟通中，项目经理希望通过非正式组织来解决问题，影响相关方的行动。他应该使用以下哪项人际关系与团队技能？（　　）

　　A. 会议管理　　B. 政治意识　　C. 文化意识　　D. 人际交往

13. 进行项目沟通需求分析，旨在确定（　　）。

　　A. 能用于沟通的时间和资金多少

　　B. 所需信息的类型和格式，以及信息对相关方的价值

　　C. 可使用的沟通技术

　　D. 沟通渠道的多少

14» 你管理一个大型的跨国项目，项目团队有 35 名成员，后来又增加了 6 名新成员。这个情况引起了你的高度关注，因为（　　）。

A. 沟通管理的难度会增加　　　　B. 文化融合会变得更难
C. 沟通阻碍者会增加　　　　　　D. 导致冲突的增加

15» 项目出现例外情况，项目经理应该使用哪个技术来编制和发布临时报告，以便及时与相关方沟通？（　　）

A. 项目管理信息系统　　　　　　B. 项目报告发布
C. 会议　　　　　　　　　　　　D. 沟通技术

16» 与相关方有关的敏感性和保密性信息，在沟通管理中应该如何处理？（　　）

A. 列入沟通管理的相关文件中　　B. 采取安全措施并选择合适的沟通技术
C. 向发起人请示处理方法　　　　D. 与客户沟通处理方法

17» 在规划沟通管理中，分析相关方参与度评估矩阵的目的是（　　）。

A. 分析相关方参与程度的不足，识别额外的沟通需求
B. 分析相关方参与程度的变化，对沟通进行必要调整
C. 制定合适的相关方管理策略
D. 提供与沟通活动效果有关的信息

18» 在沟通管理中，既强调向正确的人提供正确的信息，也强调只提供所需要的信息。前者和后者分别是指（　　）。

A. 及时的沟通，充分的沟通　　　B. 有效率的沟通，有效果的沟通
C. 充分的沟通，及时的沟通　　　D. 有效果的沟通，有效率的沟通

19» 在两方或多方之间进行的实时多向信息交换，属于以下哪种沟通方法？（　　）

A. 交互式沟通　　B. 推式沟通　　C. 拉式沟通　　D. 电话沟通

20» 无论哪种形式的沟通都需要遵守 5C 原则，以下哪项不属于 5C 原则？（　　）

A. 目的明确（Clear Purpose）　　B. 表达正确（Correct Expression）
C. 逻辑连贯（Coherent Logic）　　D. 关心对方（Care for Each Other）

21» 以下哪个是沟通工件？（　　）

A. 沟通模型　　　　　　　　　　B. 推式沟通
C. 电子邮件　　　　　　　　　　D. 沟通渠道

22 » 以下哪项最好地描述了事业环境因素对规划沟通管理过程的影响？（　　）
   A. 项目执行组织的组织文化对项目的沟通需求有重要影响
   B. 项目执行组织的标准化工作流程对项目的沟通需求有重要影响
   C. 项目执行组织的沟通管理计划模板对项目的沟通规划有重要影响
   D. 项目执行组织的经验教训文档对项目的沟通规划有重要影响

23 » 在管理沟通过程，需要召开会议。以下哪项是会议管理中的必要步骤？（　　）
   A. 确保会议切题　　　　　　　　B. 解决会议中产生的冲突
   C. 让无关者旁听会议　　　　　　D. 实施会议所确定的行动

24 » 以下哪个是敏捷型项目提倡的沟通行为？（　　）
   A. 让每个团队成员可以得到任何信息　　B. 更频繁的互动式沟通方法
   C. 确保更多信息通过项目文档传递　　　D. 强调沟通的效率而非效果

25 » 项目经理正在对项目的沟通工作进行定期检查，发现某位重要相关方未收到某项重要信息，项目经理要求向其补发。项目经理的工作属于以下哪个过程？（　　）
   A. 规划沟通管理　　B. 监督沟通　　C. 管理沟通　　D. 识别相关方

26 » 关于规划项目沟通，下列说法正确的是（　　）。
   A. 在整个项目期间，规划沟通管理过程通常只需要进行一次
   B. 对于不同的项目，应该尽可能采用同样的信息发布方式
   C. 沟通规划不当可能导致信息传递延误以及向错误的受众传递信息
   D. 通常应该在规划阶段的较晚时间才开展沟通规划工作

27 » 项目经理经常使用哪种沟通方法来发布项目绩效报告？（　　）
   A. 交互式沟通　　B. 非正式沟通　　C. 推式沟通　　D. 拉式沟通

28 » 在项目计划阶段，有 8 个关键项目相关方被识别；项目执行过程中，又发现原来遗漏掉的 2 个重要相关方。此时，项目潜在的沟通渠道增加了多少？（　　）
   A. 28　　B. 17　　C. 16　　D. 45

29 » 一名团队成员因为不能正确理解项目文件而频繁出错，其他人从来没有出现过这种低级错误。如何评价这名团队成员的沟通能力？（　　）
   A. 编码能力较差　　　　　　　　B. 解码能力较差
   C. 没有反馈意识　　　　　　　　D. 没有沟通意识

30» 项目团队正在计算沟通渠道，分析沟通的复杂程度。这是在开展哪个管理过程？（   ）

　　A. 识别相关方　　B. 规划沟通管理　　C. 管理沟通　　D. 监督沟通

31» 以下管理过程都需要使用项目管理信息系统作为工具技术，除了（   ）。

　　A. 管理沟通　　B. 监督沟通　　C. 管理团队　　D. 规划沟通管理

32» 沟通管理计划要满足谁的需求？（   ）

　　A. 发起人　　B. 项目团队　　C. 项目经理　　D. 相关方

33» 以下哪项会影响沟通技术的选择？（   ）

　　A. 需要沟通的信息的数量　　　　B. 相关方需求信息的紧迫性
　　C. 需要沟通的相关方的数量　　　D. 项目执行组织的组织结构

34» 一个公共卫生项目，建立了一个公开的电子网页，用来向广大市民发布项目进展情况。这是属于（   ）。

　　A. 交互式沟通　　B. 非正式沟通　　C. 推式沟通　　D. 拉式沟通

35» 监督沟通过程会导致的项目文件更新，通常包括对问题日志和经验教训的更新。以下所有都应该记录在经验教训登记册中，除了（   ）。

　　A. 问题的起因　　　　　　　　　B. 所采取的纠正措施
　　C. 采取该纠正措施的理由　　　　D. 变更请求状态更新

36» 在规划沟通管理时，需要根据下列哪个因素来确定沟通需求？（   ）

　　A. 项目团队成员是集中办公还是分散办公
　　B. 收集和发布信息的方法
　　C. 需要收集的信息种类
　　D. 发布信息的频率高低

37» 项目经理与高级管理层的沟通，是哪种类型的沟通？（   ）

　　A. 层级沟通　　B. 向上沟通　　C. 向下沟通　　D. 横向沟通

38» 项目经理发现一个团队成员的工作表现不佳。他处理这个问题的最好沟通方法是（   ）。

　　A. 正式书面沟通　　　　　　　　B. 正式口头沟通

C. 非正式书面沟通　　　　　　D. 非正式口头沟通

39 » 项目经理最好通过以下哪个去发现团队内的问题、团队成员之间的冲突或团队成员的个人绩效问题？（　　）

A. 相关方参与度评估矩阵　　　B. 项目管理信息系统
C. 观察和交谈　　　　　　　　D. 会议

40 » 在监督沟通过程中需要依据以下文件，除了（　　）。

A. 工作绩效报告　　B. 项目沟通记录　　C. 问题日志　　D. 工作绩效数据

41 » 项目执行过程中，项目经理发现大部分团队成员不参考每周发布的项目文件更新。项目经理应该怎么做？（　　）

A. 制定签名日志，显示团队成员何时阅读了更新的内容
B. 调整沟通管理计划，考虑团队成员的需求
C. 调整每周更新内容的排版
D. 惩罚没有阅读的成员

42 » 在口头沟通时，非口头语言能表达多少信息？（　　）

A. 45%　　　　　　B. 7%　　　　　　C. 55%　　　　　　D. 38%

43 » 每季度的检查中，一位关键相关方表示对项目进展情况很不满意，要求项目经理马上采取赶工措施。项目经理知道此次进度延误是由于突发天气情况造成的，而且现在的天气状况暂时不适宜赶工，项目经理最好应该怎么做？（　　）

A. 按该相关方的要求赶工，并要求该相关方承担相应责任
B. 先与该关键相关方沟通
C. 向公司领导层求助
D. 提出项目延期申请

44 » 会议按时开始和结束，并且紧密围绕会议主题开展讨论，一切井然有序。然而会议最终并没有取得预期效果，可能的原因是（　　）。

A. 没有专业的主持人　　　　　B. 会议规定的时间太死
C. 会议中冲突太多　　　　　　D. 没有邀请适当的人参会

45 » 沟通模型中，哪个要素表示接收方已经收到信息，但是不一定赞同信息的内容？（　　）

A. 解码　　　　　　B. 编码　　　　　　C. 反馈　　　　　　D. 确认已收到

46》 项目经理需要一名团队成员专门与女性高端客户打交道,并且有能力获取她们的信任,建立有效关系。这名团队成员必须具备(　　)。

　　A. 沟通能力　　　B. 沟通胜任力　　　C. 沟通模型　　　D. 情商

47》 考虑讲话的内容、语音语调、声音大小,以及肢体动作对沟通的影响,可以把沟通分为(　　)。

　　A. 口头语言沟通与非口头语言沟通　　　B. 口头沟通与书面沟通
　　C. 纵向沟通与横向沟通　　　　　　　　D. 内部沟通与外部沟通

48》 项目会议结束后,一位老工程师对你说:"这些90后员工真没规矩,没等领导讲完,就抢着发表意见。"这属于沟通中的哪种障碍?(　　)

　　A. 代际　　　B. 专业学科　　　C. 国家　　　D. 工作方法

49》 为确保每次会议都能高效解决问题,会议管理中的最后一个关键步骤是(　　)。

　　A. 让会议按时结束　　　　　　　　B. 定义要解决的问题
　　C. 形成会议纪要并指定行动责任人　　D. 制定有关决策

50》 为了降低沟通中的信息损耗,提高沟通的效果,应该重点管理好(　　)。

　　A. 编码　　　B. 媒介　　　C. 解码　　　D. 噪声

51》 项目团队正在评估相关方参与度评估矩阵,发现调整了沟通方法和报告发送频率后,几名相关方的参与程度都有所提升。目前正在开展以下哪个管理过程?(　　)

　　A. 管理相关方参与　　　B. 规划沟通管理
　　C. 管理沟通　　　　　　D. 监督沟通

52》 项目经理每周都通过视频会议与外地团队成员讨论项目进展、解决问题,这是以下哪种沟通方法的例子?(　　)

　　A. 交互式沟通　　　B. 推式沟通　　　C. 拉式沟通　　　D. 虚拟沟通

53》 哪种沟通方式所传达的信息最能反映某个组织的真实意思?(　　)

　　A. 书面沟通　　　B. 垂直沟通　　　C. 内部沟通　　　D. 官方沟通

54》 谁有权发布项目中的机密信息?(　　)

　　A. 沟通管理计划中指定的人员　　　B. 高级管理者
　　C. 项目发起人　　　　　　　　　　D. 项目经理

55》 你正在编写下周的工作计划，并打算把它发送给项目其他成员，你现在正在进行（　　）。

A. 解码　　　B. 编码　　　C. 反馈　　　D. 传递信息

56》 项目文档因为语句不通顺，错别字多被相关方退回，这是因为没有遵守书面沟通5C原则中的哪一条？（　　）

A. 目的明确　　B. 表达正确　　C. 表达简洁　　D. 逻辑连贯

57》 你收到某专家发来的电子邮件，但是信息太过复杂，此刻你还不能完全理解邮件的内容，你应该（　　）。

A. 向对方发送反馈　　　　　　B. 暂时不做任何回应
C. 告知对方已收到邮件　　　　D. 告诉对方邮件内容太过复杂

58》 监督沟通可采用各种方式方法，除了（　　）。

A. 开展客户满意度调查和整理经验教训
B. 开展团队观察和审查问题日志
C. 评估相关方参与度评估矩阵中的变化
D. 限定团队与相关方的沟通渠道

59》 按沟通管理计划收集和发布信息是以下哪个过程的工作？（　　）

A. 执行沟通　　　　　　B. 管理相关方参与
C. 管理沟通　　　　　　D. 监督沟通

60》 项目必须要购买行业通用的项目管理软件，以便及时收集并发布信息，实现有效沟通。这个要求及相关预算，应该被写入以下哪个文件中？（　　）

A. 项目沟通记录　　　　B. 沟通管理计划
C. 成本管理计划　　　　D. 沟通需求分析

第 11 章　项目风险管理

1. 关于风险应对措施，以下哪个说法是正确的？（　　）
   A. 对每个风险都要采取最严厉的应对措施
   B. 对重要风险要指定不止一名风险责任人
   C. 风险应对措施需要全体相关方的同意
   D. 在规划风险管理过程中制定风险应对措施

2. 按照风险来源进行分类，以下哪种是管理风险？（　　）
   A. 需求定义模糊　　　　　　　　B. 合同责任界定不清
   C. 市场汇率波动　　　　　　　　D. 资源调配的不确定性

3. 风险数据质量评估是哪个过程的工具与技术？（　　）
   A. 实施定性风险分析　　　　　　B. 实施定量风险分析
   C. 规划风险应对　　　　　　　　D. 监督风险

4. 识别风险过程会得到（　　）。
   A. 风险分解结构　　　　　　　　B. 风险清单及风险描述
   C. 风险责任人　　　　　　　　　D. 风险应对措施

5. 项目风险管理旨在（　　）。
   A. 管理单个项目风险
   B. 管理整体项目风险
   C. 管理严重的威胁
   D. 管理未被其他项目管理过程所管理的风险

6. 关于单个项目风险和整体项目风险，以下说法正确的是（　　）。
   A. 一旦发生会对一个项目目标产生影响的不确定事件就是单个风险
   B. 单个风险管理旨在削弱项目目标负向变异的驱动因素，加强正向变异的驱动因素

C. 其他不确定性来源是整体项目风险的一部分
D. 单个项目风险之和就是整体项目风险

7》 以下哪个措施对于处理"未知-未知"风险没有效果？（　　）

A. 在预算中预留充足的应急储备
B. 经常留意早期预警信号
C. 采取能够灵活变通的项目管理过程
D. 在项目范围内留出应变的余地

8》 用来评估风险管理过程的有效性的工具是（　　）。

A. 储备分析　　　B. 审计　　　C. 风险审查会　　　D. 技术绩效分析

9》 以下哪项不属于识别风险过程的数据分析技术？（　　）

A. 根本原因分析　　　　　　　B. 假设条件和制约因素分析
C. SWOT 分析　　　　　　　　D. 敏感性分析

10》 某个新产品研发项目，预计投资 200 万美元。该产品未来市场前景很好的概率为 50%，可收入 1000 万美元；市场前景一般的概率为 30%，可收入 500 万美元。该项目的预期货币价值是（　　）。

A. 450 万美元　　　　　　　　B. 650 万美元
C. 500 万美元　　　　　　　　D. 不知道其余情况的概率，故无法计算

11》 哪种策略可用于低优先级威胁，或是那些无法用其他方式更经济有效地应对的威胁？（　　）

A. 接受　　　B. 转移　　　C. 开拓　　　D. 规避

12》 给项目分配最有能力的资源，以确保抓住某个机会，这是属于（　　）。

A. 风险接受　　　B. 风险提高　　　C. 风险开拓　　　D. 风险分享

13》 在项目执行过程中未按时实现某个中期里程碑，就是项目不能按期完工的（　　）。

A. 风险概率　　　B. 风险起因　　　C. 风险后果　　　D. 风险触发条件

14》 以下都是风险管理计划的内容，除了（　　）。

A. 风险类别　　　　　　　　　B. 风险清单
C. 风险概率和影响矩阵　　　　D. 风险概率和影响定义

15》 项目出现一个风险，今天就必须采取有效措施应对，否则就会影响1个月后的比赛仪式举行。这分别是对哪两个风险参数的描述？（　　）

A. 紧迫性，连通性　　　　　　　　B. 紧迫性，潜伏期
C. 紧迫性，邻近性　　　　　　　　D. 邻近性，潜伏期

16》 应该在哪个文件中规定各风险管理活动的领导者、支持者和参与者？（　　）

A. 风险管理计划　　　　　　　　　B. 风险登记册
C. 资源管理计划　　　　　　　　　D. 沟通管理计划

17》 以下各项都是风险减轻的例子，除了（　　）。

A. 用应急储备来弥补风险发生造成的损失
B. 采用一个不太复杂的方法
C. 进行多次实验
D. 选择一个更稳定的供应商

18》 以下哪项不是定量风险分析的结果？（　　）

A. 对整体项目风险敞口的评估结果
B. 对整体风险或关键单个风险提出的应对建议
C. 对项目造成最大威胁或产生最大机会的单个风险的清单
D. 指定的风险责任人

19》 敏捷型项目应该如何应对快速变化带来的风险？（　　）

A. 在每个迭代期识别、分析和管理风险　　B. 尽可能减少需求文件的变更
C. 在项目启动时做全面的风险规划　　　　D. 提高敏捷型项目的风险储备

20》 可以用气泡图表现一系列单个风险的情况。关于气泡图，哪个说法是正确的？（　　）

A. 用于显示风险的概率和影响　　　　　　B. 用于显示风险的两个参数
C. 用于显示风险的三个参数　　　　　　　D. 等同于风险概率和影响矩阵

21》 团队成员在项目实施过程中发现一个可以为组织盈利的商业机会，为赢得这个机会所采取的行动会超出本项目范围，项目经理应该如何指示？（　　）

A. 这个机会不需要记录在风险登记册中
B. 记录在风险登记册中并向组织汇报
C. 不允许做本项目范围以外的事情
D. 扩大项目范围以便赢取这个机会

22 » 在新办公大楼建设项目的基础开挖中，意外地发现了地下的极有价值的古董。组织决定在项目范围中新增一项"发掘和清理古董"工作。这是以下哪种风险应对策略？（　　）

A. 提高　　　　B. 开拓　　　　C. 转移　　　　D. 接受

23 » 龙卷风图经常是下列哪种分析的表现形式？（　　）

A. 敏感性分析　　　　　　　　B. 根本原因分析
C. 决策树分析　　　　　　　　D. 模拟分析

24 » 在风险分析过程中，可以采用多种标准对风险进行分类，以便制订有效的风险应对计划。以下各种都是风险分类的常用标准，除了（　　）。

A. 工作分解结构　　　　　　　B. 组织分解结构
C. 风险的根本原因　　　　　　D. 项目阶段

25 » 下列对概率和影响矩阵的描述中，最好的是（　　）。

A. 用于风险优先级排序
B. 为风险优先级排序提供一个客观标准
C. 用于定性风险分析
D. 由项目管理团队在风险管理计划中事先设定

26 » 以下哪个不是实施定量风险分析过程使用的数据分析技术？（　　）

A. 敏感性分析　　　　　　　　B. 决策树分析
C. 影响图　　　　　　　　　　D. 风险概率和影响评估

27 » 项目团队决定取消某些高风险工作，来降低整体项目风险水平。这属于以下哪种风险应对策略？（　　）

A. 减轻　　　　B. 转移　　　　C. 开拓　　　　D. 规避

28 » 所有项目的风险管理都要经过下列所有过程，除了（　　）。

A. 实施定性风险分析　　　　　B. 实施定量风险分析
C. 规划风险应对　　　　　　　D. 监督风险

29 » 组织要求尽快推出新产品以抢占市场份额，并决定把你的项目定为战略优先级项目，分配最好的专家为项目服务。这是哪种风险应对策略？（　　）

A. 开拓　　　　B. 提高　　　　C. 转移　　　　D. 接受

30》以下所有都会决定风险的排序，除了（   ）。

　　A. 风险发生的概率　　　　　　　B. 风险发生的后果
　　C. 风险发生的紧急性　　　　　　D. 风险承受力

31》某项目是高风险项目，风险管理特别重要。在分析项目风险时，项目管理团队需要开展风险数据质量评估，以便（   ）。

　　A. 使定量风险分析所依据的数据更加可靠
　　B. 更好地进行风险应对规划
　　C. 使定性风险分析具有较高的可信度
　　D. 更有效地监督风险

32》在高风险的项目中，项目团队采取适应型开发方法，通过频繁交付原型来防止最终产品不被客户接受的可能性，这是哪种风险应对策略？（   ）

　　A. 转移　　　　B. 接受　　　　C. 减轻　　　　D. 规避

33》次生风险是（   ）。

　　A. 一个风险引起的另一个风险
　　B. 因应对一个风险而直接导致的另一个风险
　　C. 不太重要的风险
　　D. 非紧急发生的风险

34》某公司正在项目选择过程中，有新建工厂和扩建现有工厂两个方案可供选择。如果新建，在市场需求强的情况下，能盈利10000万美元；在市场需求弱的情况下，将亏损4000万美元。如果扩建，在需求强的情况下，可盈利8000万美元；在需求弱的情况下，可盈利2000万美元。经过分析，发现60%的可能性需求强，40%的可能性需求弱。正确的做法是（   ）。

　　A. 选择新建，因为预期货币价值为4400万美元
　　B. 选择扩建，因为预期货币价值为5600万美元
　　C. 暂时不做决策，因为不知道在需求中的情况下的概率和盈利
　　D. 综合考虑项目相关方的风险态度后，再选择新建或扩建

35》下列哪一项是项目风险？（   ）

　　A. 刚浇注的楼板出现了裂缝
　　B. 项目可能无法获得所需的设计工程师
　　C. 合同规定的时间已过，供应商仍未供货
　　D. 项目所需的钢材涨价了20%

36» 项目经理邀请各主要相关方召开会议，对风险的概率和影响进行了评估。之后，他又分析了假设条件的合理性和现实性，并对风险数据的质量进行了评估。在他进行风险管理的下一个过程之前，他还必须（　　）。

  A. 识别风险的触发因素   B. 制订风险应对计划
  C. 评估风险的发展趋势   D. 使用标准化的风险级别矩阵

37» 风险管理的哪个过程，需要开展成本效益分析？（　　）

  A. 实施定性风险分析   B. 实施定量风险分析
  C. 规划风险应对   D. 实施风险应对

38» 风险管理计划中通常包括下列哪项？（　　）

  A. 被指定的风险责任人   B. 风险管理方法论
  C. 风险应对措施   D. 风险登记册

39» 不能针对以下哪个要素做敏感性分析并绘制龙卷风图？（　　）

  A. 单个项目风险   B. 易变的项目活动
  C. 具体的不明确性来源   D. 项目整体风险

40» 以下哪个管理过程不使用核对单？（　　）

  A. 识别风险   B. 规划风险应对   C. 控制质量   D. 制订项目管理计划

41» 项目经理刚刚完成了一个项目，正在实施的新项目与上一个项目非常相似，他可以使用哪个技术来较快识别项目的具体风险？（　　）

  A. 头脑风暴   B. 核对单   C. 根本原因分析   D. 提示清单

42» 有关风险，下列说法错误的是（　　）。

  A. 大多数风险都可以预测和管理
  B. 应该主动管理所有风险
  C. 风险总是和不确定性联系在一起
  D. 风险一定会给项目目标的至少一个方面造成影响

43» 项目发生了一个风险，项目经理动用了应急储备，这种风险可能是以下哪种风险？（　　）

  A. 已知 – 已知风险   B. 已知 – 未知风险
  C. 未知 – 未知风险   D. 次生风险

44 》你决定找到优势互补的另一个合作伙伴,组成联合体参与项目工作,这种积极应对风险的策略是（　　）。

　　A. 开拓　　　　B. 提高　　　　C. 分享　　　　D. 转移

45 》可供查询的概率和影响矩阵,一般是由谁来设定的？（　　）

　　A. 项目经理　　B. 执行组织　　C. 客户　　　　D. 项目重要相关方

46 》哪个风险应对策略,可同时用于威胁应对、机会应对和整体项目风险应对？（　　）

　　A. 规避　　　　B. 上报　　　　C. 接受　　　　D. 分享

47 》哪个是识别风险过程得到的风险登记册的内容？（　　）

　　A. 潜在风险应对措施清单　　　　B. 整体项目风险来源
　　C. 已识别单个项目风险的概述信息　　D. 风险紧迫性信息

48 》经过概率和影响评估,那些目前发生概率比较低、影响比较小的风险应该如何处理？（　　）

　　A. 从风险登记册中删掉　　　　B. 暂时忽略不管
　　C. 保留在风险登记册中　　　　D. 预留专门的应急储备

49 》如果某个风险可以有多种应对方案,而且需要综合考虑每种方案的多种特征,以下哪个工具最能帮助项目经理进行优先级排序并确定首选方案？（　　）

　　A. 成本效益分析　　　　　　　B. 备选方案分析
　　C. 多标准决策分析　　　　　　D. 敏感性分析

50 》发起人明确表明,当项目成本超支5%时必须采取相应措施,如果成本超支15%就会终止该项目。以下哪个说法是正确的？（　　）

　　A. 项目成本的5%是风险临界值　　B. 项目成本的15%是风险临界值
　　C. 项目成本的15%是风险偏好　　D. 项目成本的5%是风险承受力

51 》影响项目进度的风险因素众多,项目经理想知道每个因素对进度影响的大小,以便重点管理其中对项目进度影响最大的因素,他应该使用以下哪种技术进行分析？（　　）

　　A. 敏感性分析　　B. 根本原因分析　　C. 决策树分析　　D. 过程分析

52 》可以为应对风险制订弹回计划,以便（　　）。

　　A. 在主要应对措施不起作用时启用　　B. 在严重威胁发生时启用
　　C. 以便用隐蔽手段把风险推给其他人　　D. 接受不太严重的风险

53. 要考察组织优势能抵消威胁的程度，以及机会可以克服劣势的程度，应该使用以下哪种分析技术？（　　）

A. 根本原因分析　　　　　　　　B. 文件分析

C. 假设条件和制约因素分析　　　D. SWOT 分析

54. 风险识别活动需要哪些人参加？（　　）

A. 项目团队成员　　　　　　　　B. 风险管理专家

C. 项目经理和高级管理者　　　　D. 全部项目相关方

55. 在建立定量风险分析模型时，如果某个风险的发生与任何计划活动都没有关系，在模型中应该如何表示？（　　）

A. 用概率分布图表示　　　　　　B. 用概率分支来表示

C. 不需要在模型中表示它　　　　D. 用龙卷风图表示

56. 关于风险转移，下列说法正确的是（　　）。

A. 风险转移可以消除风险

B. 风险转移可以把风险推给后续的项目

C. 风险转移是把风险的影响连同应对责任一起转移给第三方

D. 风险转移不需要支付风险费用

57. 进行蒙特卡洛模拟得到了项目成本的 S 曲线图。其中会显示（　　）。

A. 项目成本的不确定性区间、实现特定成本目标的概率

B. 对项目成本有最大影响的风险、该风险的影响程度

C. 项目成本的不确定性区间、项目进度的不确定性区间

D. 实现特定成本目标的概率、实现特定进度目标的概率

58. 对某一风险进行分析，发现它位于概率和影响矩阵的低风险区域内，下一步应该做什么？（　　）

A. 进行定性风险分析　　　　　　B. 规划风险应对

C. 跟踪已识别风险　　　　　　　D. 规划风险管理

59. 风险报告在以下哪个管理过程第一次被创建？（　　）

A. 识别风险　　B. 规划风险应对　　C. 监督风险　　D. 实施风险应对

60. 项目团队正在使用战略分析框架 PESTLE（政治、经济、社会、技术、法律、环境）来识别整体项目风险的来源，这是以下哪个工具技术的应用？（　　）

A. 核对单　　B. 根本原因分析　　C. 文件分析　　D. 提示清单

第 12 章　项目采购管理

1. 以下关于固定总价合同的说法，正确的是（　　）。
   A. 价格完全固定，不允许调整，以便卖方承担工作范围变更的风险
   B. 买方只需粗略定义所需采购的产品或服务
   C. 买方承担因合同履行不好而导致的成本增加
   D. 如果工作范围发生变化，则可以调整合同价格

2. 为获得最大的价格优势，公司统一购买各项目所需的办公用品，不允许各个项目部分别购买。这种采购方式被称为（　　）。
   A. 分散式采购　　B. 集中式采购　　C. 竞争性采购　　D. 独有来源采购

3. 招标文件中应该包括（　　）。
   A. 所需的合同条款　　　　　B. 初步估计的合同价格
   C. 详细的施工方法　　　　　D. 详细的进度计划

4. 在采购管理中，项目经理的角色应该是（　　）。
   A. 采购管理的专家　　　　　B. 法律法规方面的专家
   C. 管理整个采购过程的人　　D. 代表组织签署协议的人

5. 项目经理正在国外实施项目，需要向当地的供应商购买服务。如何确保合同在跨国采购中具备可执行性？（　　）
   A. 在合同中约定清晰的争议解决方案
   B. 在订立合同条款时考虑当地文化和法律的影响
   C. 签订固定总价合同，让风险最小
   D. 在合同中详细规定关于提前终止的条款

6. 组织采购部和法务部的人员将参与项目的采购工作，有关他们在采购中的角色和职责的安排应该写入哪个文件中？（　　）

A. 相关方登记册　　B. 采购策略　　C. 合同　　D. 采购管理计划

7. 投标人会议通常在什么时候举行？（　　）

A. 规划采购管理阶段　　　　　　B. 实施采购阶段
C. 卖方选择阶段　　　　　　　　D. 控制采购阶段

8. 项目具有较大的技术难度，项目经理决定聘请咨询公司为项目提供服务，即将发布的招标文件又可以称为（　　）。

A. 信息邀请书　　B. 报价邀请书　　C. 建议邀请书　　D. 订购单

9. 从买方的角度分析，对于固定总价合同，买方最重要的工作是什么？（　　）

A. 确定合同总价　　　　　　　　B. 处理合同执行过程中的变更
C. 定义被采购产品或服务的范围　D. 监督卖方控制成本的积极性

10. 以下关于工料合同的说法都是正确的，除了（　　）。

A. 工料合同是一种混合类型合同，既有成本补偿合同的特点，也有总价合同的特点
B. 按卖方的实际成本给予付款，外加一定的利润
C. 买方没有明确规定合同的总价值
D. 在合同授予时，采购的准确数量没有明确规定

11. 你已经发出了建议邀请书，潜在供应商有一些疑问。你决定召开一次会议来澄清采购工作说明书，以便每个人都能理解一致。你此时正处在下列哪个阶段？（　　）

A. 规划采购管理　　B. 实施采购　　C. 控制采购　　D. 结束采购

12. 下列哪项活动发生在规划采购管理过程？（　　）

A. 考察市场情况，识别潜在卖方　B. 回答卖方关于招标文件的问题
C. 签订书面合同　　　　　　　　D. 了解各种投标机会

13. 应该在采购策略中详细规定以下信息，除了（　　）。

A. 交付方式　　B. 合同类型　　C. 采购阶段　　D. 采购测量指标

14. 项目部的会议室装修预算只有 30 万元，谁能在该价格之内完成装修，并确保方案和效果最佳，谁就最有可能成为我们选定的卖方。这是哪种供方选择方法？（　　）

A. 最低成本　　　　　　　　　　B. 独有来源
C. 基于质量和成本　　　　　　　D. 固定预算

15. 项目必须从组织预审合格的供应商里选择合作单位，这些预审合格的供应商名单应该被列入以下哪个文件？（　　）

A. 招标文件　　　　　　　　　　B. 采购工作说明书

C. 采购管理计划　　　　　　　　D. 经验教训登记册

16. 以下关于采购工作说明书的说法是正确的，除了（　　）。

A. 详细描述拟采购的对象，以便潜在卖方确定他们是否有能力提供

B. 详细描述拟采购的对象，以便为潜在卖方提供一个统一的报价基础

C. 为了保证采购工作的严肃性，采购工作说明书一旦发出，就不能更改

D. 每次进行采购，都需要编制采购工作说明书

17. 某供应商因绩效不佳被取消了以后的投标资格，需要从预审合格卖方清单中删掉，该内容应该被写入控制采购过程的哪个输出？（　　）

A. 采购关闭　　　　　　　　　　B. 采购文档更新

C. 变更请求　　　　　　　　　　D. 组织过程资产更新

18. 如果潜在卖方的报价明显低于买方的独立估算，则可能表明以下所有，除了（　　）。

A. 潜在卖方没有全面响应采购工作说明书

B. 潜在卖方误解了采购工作说明书

C. 采购工作说明书有缺陷

D. 如果该潜在卖方中标，就可以为买方节约大量成本

19. 你打算将部分项目工作外包，并签订固定总价合同来规避风险。由于这两年正好是材料价格上涨最快的时期，你不确定在未来 4 年期间材料价格会继续上涨还是下跌。应该在合同中如何处理这种情况？（　　）

A. 详细讨论外包工作的范围

B. 在总价的基础上，约定详细的调价公式

C. 在合同中增加财务激励条款

D. 按目前的材料价格尽快签订合同

20. 客户内部各部门的需求始终难以统一，你准备把相当一部分工作包出去，采用哪种合同类型最合适？（　　）

A. 总价合同　　　　　　　　　　B. 成本补偿合同

C. 工料合同　　　　　　　　　　D. 综合单价合同

21》 在实施采购过程中,与潜在卖方开展谈判的主要目的是什么?(   )

A. 争取更多利益 B. 澄清问题,获得对合同措辞的一致意见
C. 解决与合同有关的争议 D. 商定合同价格

22》 你正在考虑向新客户提供有偿咨询服务,这种情况下你的风险最低的合同类型是(   )。

A. 固定总价合同 B. 工料合同
C. 成本加固定费用合同 D. 成本加激励费用合同

23》 某项目采用成本加固定费用合同。合同中规定的目标成本为100000美元,并按10%提取利润。合同实施结束时,实际成本是110000美元,那么最终的合同价格是多少?(   )

A. 120000美元 B. 121000美元 C. 110000美元 D. 算不出来

24》 应该尽量理性地谈判,就事论事,不要带入个人感情。这是哪个谈判原则的应用?(   )

A. 人与事分开原则 B. 关注利益而非立场
C. 创造共赢的解决方案 D. 坚持与客观标准比较

25》 实施采购过程包括下列所有工作,除了(   )。

A. 编制招标文件 B. 获取卖方建议书
C. 建议书评价 D. 确定中标者并授予合同

26》 可以在总价合同中加入经济价格调整条款,以便应对(   )。

A. 工作范围变更的风险 B. 现场条件变化的风险
C. 通货膨胀的风险 D. 生产率低下的风险

27》 项目出现了一个紧急情况,你立即需要一名合同管理专家为你提供咨询服务。在这种情况下,你可能使用下列哪种合同?(   )

A. 固定总价合同 B. 总价加激励费用合同
C. 总价加经济价格调整合同 D. 工料合同

28》 在成本加奖励费用合同下,买方为卖方报销一切合法成本,并且(   )。

A. 向卖方支付一笔固定的费用
B. 就成本节约部分,按事先确定的分享比例,与卖方分享

C. 基于买方对卖方绩效的主观判断，向卖方支付利润

D. 在不超过最高限额的情况下，按合理标准向卖方支付利润

29. 某潜在供应商因为飞机晚点没有参加投标人会议，你将如何确保他得到公平对待？（　　）

A. 打电话通知他单独与你见面
B. 允许他随时向你提问
C. 向他发送投标人会议的会议纪要
D. 取消他的投标资格

30. 供方选择分析，是采购管理中哪个过程使用的工具与技术？（　　）

A. 规划采购管理　　B. 实施采购　　C. 控制采购　　D. 结束采购

31. 你们公司即将进行一个项目的招标工作。该项目的范围定义很不清晰，公司又想尽量降低财务风险。你们应该选用哪种合同类型？（　　）

A. 工料合同
B. 成本加固定费用合同
C. 固定价格合同
D. 成本加激励费用合同

32. 以下关于索赔的描述，哪项是正确的？（　　）

A. 索赔的本质是要求赔偿损失
B. 诉讼是解决索赔和争议的首选办法
C. 如一方违约，另一方可用另一种违约来应对
D. 一般买方向卖方索赔比较困难

33. 作为控制采购的输入之一，批准的变更请求包括（　　）。

A. 根据新发布的法规，对合同可交付成果的质量标准的修改
B. 根据买方意见，卖方对本月付款申请书的修改
C. 根据经济价格调整条款，对合同价格的修改
D. 买方单方面决定的对付款时间的推迟

34. 多供应商合作的复杂项目遇到了技术难题，其中一个供应商提出了优化方案，可以确保设备按时安装且不造成任何成本的增加。项目团队应该（　　）。

A. 同意该方案并要求立刻实施
B. 要求该供应商先征求其他供应商的意见
C. 评估对其他供应商造成的影响
D. 修改合同条款

35. 一名新项目经理即将第一次参加投标人会议。他向你询问关于投标人会议的注意事项。你可以给他的最好建议是（　　）。

A. 限制参会者提问的次数，防止少数人问太多的问题

B. 防止参会者私下向买方提问，因为他们可能不愿意当着竞争对手的面提问
C. 项目经理不需要参加投标人会议，只需采购管理员参加
D. 设法获得每个参会者的机密信息

36》 项目是需要开展国际竞争性招标，还是仅从当地招标，这项内容应该记录在哪个文件中？（ ）

  A. 采购管理计划　　B. 采购策略　　　C. 招标文件　　　D. 采购工作说明书

37》 项目经理打算从国外采购一批昂贵的设备。国内的相关法规要求和行业技术规范可能都会发生一些变化。对这个重大风险，在签订合同时应该如何处理？（ ）

  A. 向境外承包商支付费用并要求他承担该风险
  B. 向境外承包商隐瞒这个风险
  C. 双方协商分担该风险
  D. 在合同中写入"如果该风险发生，将对承包商给予补偿"的条款

38》 符合以下要求，采购就可以关闭，除了（ ）。

  A. 按要求完成全部可交付成果　　　　B. 没有未决索赔
  C. 全部款项已经付清　　　　　　　　D. 发起人进行了正式验收

39》 成本补偿合同的特点是（ ）。

  A. 卖方控制成本的积极性很高　　　　B. 卖方绝对不会亏本
  C. 买方绝对不会亏本　　　　　　　　D. 买方的合同管理工作比较简单

40》 以下哪项通常不是合同中应该包括的内容？（ ）

  A. 关于费用和保留金的规定　　　　　B. 关于分包的规定
  C. 关于合同变更的规定　　　　　　　D. 卖方工作人员的名单

41》 与供应商的合作出现了问题，需要查阅合同履约情况，以便开展后续索赔，应该从以下哪个文件中获得相关信息？（ ）

  A. 工作绩效数据　　B. 工作绩效信息　　C. 合同　　　　　D. 招标文件

42》 在规划阶段制定供方选择标准，其主要目的是（ ）。

  A. 选择指定的供应商
  B. 方便评标时专家打分
  C. 确保选出能提供最佳所需服务的卖方建议书
  D. 满足客户的期望

43》 整个系统的正常运转依赖多个设备的联合运转。这些设备由三个供应商分别安装。某个供应商完成了两台设备的安装，项目的采购管理员和供应商的代表共同进行了验收。供应商按照合同条款的约定，向项目经理提出签发验收证书和支付尾款的申请。项目经理应该如何处理这个问题？（　　）

　　A. 同意签发验收证书，但扣留部分尾款

　　B. 同意支付尾款，等系统联合运转调试后再签发验收证书

　　C. 同意该供应商的要求

　　D. 分析本次采购中的经验教训

44》 在不同的应用领域，以下这些都可以被称作协议，除了（　　）。

　　A. 合同　　　　B. 订购单　　　　C. 谅解备忘录　　　　D. 要约

45》 本项目采用成本加激励费用（CPIF）合同，目标成本是20万元，目标费用为3万元，最高费用4万元，最低费用1.8万元，成本分担比例为80/20，项目完工时实际成本为25万元。向卖方应支付的激励费用及总费用应该是多少？（　　）

　　A. 3万元，28万元

　　B. 1.8万元，26.8万元

　　C. 2万元，26.8元

　　D. 2万元，27万元

46》 下列关于合同类型的说法，哪个是正确的？（　　）

　　A. 工料合同适用于工期长或较复杂的工作

　　B. 使用成本补偿类合同，卖方的成本风险最大

　　C. 固定价格合同不管范围是否变化，均不允许调整价格

　　D. 总价加激励费用合同中会规定最高限价

47》 在大型项目中，有部分可交付成果需要通过适应型方法开发，应该如何设计采购协议？（　　）

　　A. 签订主体协议管理项目工作，就适应型工作签订补充协议

　　B. 签订一个合同管理所有工作，增加完善的变更条款

　　C. 签订一个固定总价合同，防止该适应型工作出现变更

　　D. 就本项目签订两个协议，分别管理

48》 哪个措施对开展采购中的财务管理工作最有效？（　　）

　　A. 开展检查后再付款

　　B. 在合同中约定按供应商实际产出的成果来付款

C. 在合同中约定按供应商已经完成的工时来付款
D. 在合同中规定财务处罚条款

49》 项目要开展一次小规模采购。由于时间紧迫，相关方希望能简化采购所需步骤，尽快选出供应商。项目经理可以建议（   ）。

  A. 尽快请相关方推荐一家供应商 B. 从组织预先批准的卖方清单中选择
  C. 使用上一次合作过的供应商 D. 先找供应商开展工作再补招标手续

50》 买方正在检查卖方的工作，考察卖方履行合同的能力，以便决定是否把卖方列入项目后期另一个合同的潜在卖方清单。买方正在开展哪项工作？（   ）

  A. 检查 B. 索赔管理 C. 合同变更控制 D. 绩效审查

51》 前任项目经理与承包商口头达成了一致，同意将预付款比例由30%调整为40%。当承包商拿着40%的预付款申请来找你签字时，作为新任项目经理你应该怎么做？（   ）

  A. 拒绝签字，按合同支付比例执行
  B. 签字，因为前任项目经理已经和承包商达成一致
  C. 拒绝签字，因为合同条款是不能变更的
  D. 拒绝签字，因为你不了解情况

52》 对于采购价值比较小，不值得花时间和成本进行过多比较的采购，可以采用哪种方法选择供应商？（   ）

  A. 最低成本 B. 仅凭资质 C. 固定预算 D. 独有来源

53》 如果有多个供应商同时为项目工作，买方应该（   ）。

  A. 防止供应商之间串通来损害买方利益
  B. 要求供应商之间的一切联系都要通过买方来进行
  C. 要求供应商之间签署横向合作协议
  D. 管理好供应商之间的沟通

54》 你正在分析应该将相关培训工作外包还是直接由团队中的工程师来完成。此时项目采购正处于以下哪个过程？（   ）

  A. 规划采购管理 B. 实施采购 C. 控制采购 D. 结束项目或阶段

55》 一份好的招标文件，必须具备以下特点，除了（   ）。

  A. 详细程度与采购的价值和风险相符
  B. 非常详细，能让卖方做出基本一致的应答

C. 足够灵活，让卖方为满足相同的要求而提出更好的建议
D. 方便买方对卖方的应答进行评价

56》 实施采购中的谈判，应该以谁为主导？（　　）

A. 项目经理　　　　　　　　B. 组织法务部的人员
C. 组织采购部的人员　　　　D. 拥有合同签署权的人员

57》 对方说"我已经订好了明天晚上 8 点的飞机，我们必须在明天下午 5 点前达成一致"。请问对方使用的是哪种谈判策略？（　　）

A. 既成事实　　B. 最后期限　　C. 红脸白脸　　D. 权力有限

58》 对于索赔和争议的处理，最好按如下哪种顺序进行？（　　）

A. 谈判、调解、起诉　　　　B. 谈判、仲裁、起诉
C. 仲裁、谈判、调解　　　　D. 起诉、调解、谈判

59》 采购工作说明书一般包括以下内容，除了（　　）。

A. 履约期限　　B. 性能参数　　C. 工作地点　　D. 应答格式要求

60》 买方和卖方已经完全履行了本次采购合同中的权利和义务，需要关闭采购。这项工作应该在以下哪个过程完成？（　　）

A. 控制采购　　　　　　　　B. 结束采购
C. 结束项目或阶段　　　　　D. 实施采购

第 13 章　项目相关方管理

1 » 关于项目相关方管理，下列说法不正确的是（　　）。

A. 与相关方的沟通要持续进行
B. 相关方满意度是一个关键的项目目标
C. 为了节约时间和精力，应该把相关方管理局限于最重要的相关方
D. 受项目影响或能对项目施加影响的人都是项目的相关方

2 » 应该在项目的哪个阶段识别项目相关方？（　　）

A. 启动阶段　　　B. 规划阶段　　　C. 执行阶段　　　D. 收尾阶段

3 » 在适应型项目中，项目团队如何与相关方互动？（　　）

A. 直接开展必要的互动　　　　　B. 按管理层级互动
C. 通过会议定期互动　　　　　　D. 按工作小组进行互动

4 » 制定调动相关方参与的特定策略或方法，是以下哪个过程的活动之一？（　　）

A. 识别相关方　　　　　　　　　B. 规划相关方参与
C. 管理相关方参与　　　　　　　D. 监督相关方参与

5 » 相关方和项目哪个阶段的关系最密切，应该在相关方登记册中被记录为（　　）。

A. 身份信息　　　B. 评估信息　　　C. 相关方分类　　　D. 假设条件

6 » 在规划相关方参与时，需要考虑以下哪项事业环境因素？（　　）

A. 相关设施和资源的地理分布　　B. 经验教训知识库
C. 组织对沟通的要求　　　　　　D. 政府或行业标准

7 » 敏捷型方法提倡高度透明，例如邀请所有相关方参与项目会议或将项目文件发布到公共空间，其目的是（　　）。

A. 让问题尽早浮现　　　　　　　B. 降低沟通成本

C. 提高决策效率　　　　　　　D. 促进知识分享

8》 处理相关方的关注点，防止这些关注点演变成对项目有负面影响的问题，这是哪个过程的工作？（　　）

A. 管理相关方参与　　　　　　B. 识别相关方
C. 监督相关方参与　　　　　　D. 规划相关方参与

9》 项目相关方管理应该按如下哪种顺序开展？（　　）

A. 规划相关方参与，识别相关方，管理相关方参与，监督相关方参与
B. 规划相关方管理，识别相关方，管理相关方参与，监督相关方参与
C. 识别相关方，规划相关方参与，管理相关方参与，监督相关方参与
D. 识别相关方，规划相关方管理，管理相关方参与，控制相关方参与

10》 当各相关方的利益出现不可协调的冲突时，应该以谁的利益为最重？（　　）

A. 客户　　　　B. 项目发起人　　　　C. 项目经理　　　　D. 高级管理层

11》 相关方参与度评估矩阵中，相关方所需参与水平是如何确定的？（　　）

A. 发起人要求的　　　　　　　B. 项目经理确定的
C. 项目团队评估出来的　　　　D. 相关方自己设定的

12》 项目进行过程中，高级管理层要求各项目每个季度末都要开展一次相关方满意度调查，并将调查结果作为考核各项目经理的一项重要指标。这样做的主要原因是（　　）。

A. 可以获得更多项目资金
B. 相关方满意度是一个关键的项目目标
C. 有利于和相关方搞好关系，便于可交付成果通过相关方的验收
D. 可以方便变更审批

13》 关于识别相关方，下列说法错误的是（　　）。

A. 识别相关方越早越好
B. 识别相关方是项目经理的事
C. 识别相关方要全面
D. 识别相关方在整个项目生命周期内都要持续不断地进行

14》 关于敏捷型项目的相关方参与程度，说法正确的是（　　）。

A. 客户只需参与项目的开始阶段和结束阶段
B. 在整个项目期间频繁且深入参与项目

C. 尽量不参与，以便项目团队能够独立工作
D. 客户应该直接命令项目团队

15. 以下关于相关方的说法，错误的是（　　）。

A. 相关方不包括那些实际上不会却自认为会受项目影响的人
B. 相关方既包括员工、股东等个人，也包括监管机构等群体
C. 相关方可以主动影响项目或被动受项目影响
D. 相关方可能给项目带来负面价值

16. 管理相关方参与过程使用基本规则技术，主要是为了（　　）。

A. 对项目团队成员的可接受行为做出明确规定
B. 明确应该采取什么行为引导相关方参与项目
C. 约束相关方的行为
D. 减少相关方之间的误解

17. 影响与具体相关方互动的各种制约因素，应该被记录在（　　）。

A. 假设日志　　　B. 变更日志　　　C. 问题日志　　　D. 风险登记册

18. 新办公大楼即将开工建设，周边居民担心开工后的噪声和粉尘会影响他们的生活，对该项目有抵触情绪。项目经理应该怎样做？（　　）

A. 尽早听取他们的意见，适当调整施工方案
B. 只要他们不采取实际行动干扰项目进展，就不用理会他们的抵触情绪
C. 要求办公大楼的客户与周边居民协调解决矛盾
D. 建议项目发起人取消这个项目

19. 项目的主要相关方中，发起人最重要的作用是（　　）。

A. 为项目提供资金　　　　　　B. 签署项目章程
C. 参与阶段末评审　　　　　　D. 游说更高层管理人员

20. 以下哪项是对相关方影响项目的合法资格、对项目成果的关心程度和促使项目改变的能力的最好描述？（　　）

A. 利益、权力、影响　　　　　B. 权力、利益、作用
C. 权力、影响、作用　　　　　D. 作用、权力、影响

21. 哪种类型的项目对相关方的参与程度要求最高？（　　）

A. 迭代型　　　B. 敏捷型　　　C. 增量型　　　D. 预测型

22. 以下哪个做法可以提高项目成功的可能性？（　　）

A. 把高级管理层视为重要相关方

B. 获得发起人更多投资

C. 获取更多稀缺资源

D. 识别并引导相关方参与项目

23. 在敏捷项目中，项目团队应该在哪个会议向客户演示所形成的功能或设计？（　　）

A. 每日站立会议　　　　　　　B. 迭代规划会议

C. 迭代回顾会议　　　　　　　D. 迭代评审会议

24. 维持和提升相关方的参与度，并确保相关方的参与活动有效率和有效果。这是哪个管理过程的主要工作？（　　）

A. 识别相关方　　　　　　　　B. 监督相关方参与

C. 管理相关方参与　　　　　　D. 规划相关方参与

25. 相关方未有效参与，会带来的负面价值是指（　　）。

A. 因此而造成的真实成本

B. 因此而造成的相关方对项目的负面评价

C. 因此而造成的项目信誉损失

D. 因此而造成的产品召回

26. 项目相关方管理的4个过程都要使用以下哪项工具与技术？（　　）

A. 会议　　　B. 专家判断　　　C. 数据分析　　　D. 数据表现

27. 以下是管理相关方参与过程的活动，除了（　　）。

A. 制定合适的相关方参与方法

B. 澄清和解决已识别出来的问题

C. 预测相关方未来可能出现的问题并尽早处理

D. 管理相关方的需要和期望

28. 你正按照一些模型对相关方进行分析和归类，以便确定在项目中应该重点考虑哪些人的利益。此时项目正处于哪个过程中？（　　）

A. 识别相关方　　　　　　　　B. 规划相关方参与

C. 管理相关方参与　　　　　　D. 监督相关方参与

29》 下列哪个说法是正确的？（   ）

A. 相关方对项目的影响力在启动阶段最大，而后随着项目进展逐渐降低
B. 相关方对项目的影响力在启动阶段最小，而后随着项目进展逐渐加大
C. 相关方对项目的影响力在整个项目期间保持不变
D. 应该鼓励相关方在项目规划阶段的晚期再对项目提出可能有的不同意见

30》 项目开始一段时间后将部分技术工作外包给了外部供应商。外部供应商的姓名、项目角色和联系方式应该记录在下列哪个项目文件中？（   ）

A. 问题日志　　　　　　　　　B. 相关方参与计划
C. 相关方登记册　　　　　　　D. 变更日志

31》 某个相关方中途退出了项目，项目经理接下来应该（   ）。

A. 不受影响，继续开展项目　　B. 评估该相关方退出造成的影响
C. 更新相关方登记册　　　　　D. 调整相关方管理参与计划

32》 使用凸显模型对相关方进行分析，应该考察（   ）。

A. 相关方对项目的认知程度　　B. 相关方对项目的支持程度
C. 相关方对项目施加影响的紧迫性　　D. 相关方在项目上的利益追求

33》 相关方参与度评估矩阵显示，某相关方当前参与项目的程度低于所需的参与程度。项目经理最好采取以下哪种措施？（   ）

A. 只要他不反对项目，就让他维持目前的参与程度
B. 分析原因，并制定沟通和行动方案来消除差距
C. 降低该相关方所需参与程度的等级
D. 直接要求该相关方更积极地参与项目

34》 通过某种认证过程而与项目执行组织签订协议的个人或组织，属于以下哪类相关方？（   ）

A. 卖方　　　B. 合作伙伴　　　C. 职能部门　　　D. 技术服务提供商

35》 哪个过程能最直接地提高相关方对项目的支持，降低相关方对项目的抵制，从而显著提高项目成功的机会？（   ）

A. 管理相关方参与　　　　　　B. 监督相关方参与
C. 识别相关方　　　　　　　　D. 规划相关方参与

36 » 某相关方了解项目情况并积极促进项目成功，该相关方的参与程度是（   ）。

　　A. 不了解型　　　B. 抵制型　　　C. 支持型　　　D. 领导型

37 » 以下哪一个不是敏捷环境下项目相关方管理的特点？（   ）

　　A. 项目团队直接与相关方互动　　　B. 相关方参与度更高
　　C. 项目成本更高　　　D. 信息分享更多

38 » 为了方便考察相关方参与项目工作的程度，可以对凸显模型做怎样的调整？（   ）

　　A. 用参与度取代凸显模型中的任一维度
　　B. 用邻近性取代合法性
　　C. 用影响取代紧迫性
　　D. 用邻近性取代凸显模型中的任一维度

39 » 管理相关方参与过程旨在与相关方沟通和协作，引导相关方合理参与项目。该过程应该在项目的哪个阶段进行？（   ）

　　A. 在启动项目阶段　　　B. 在组织与准备阶段
　　C. 在执行项目工作阶段　　　D. 在整个项目生命周期中

40 » 相关方登记册中通常包括（   ）。

　　A. 相关方的身份信息、评估信息和分类
　　B. 相关方的身份信息、分类和管理策略
　　C. 相关方的身份信息、所在位置和分类
　　D. 相关方的身份信息、在项目中的角色和分类

41 » 以下哪项是执行过程组的过程？（   ）

　　A. 规划相关方参与　　　B. 执行相关方管理
　　C. 管理相关方参与　　　D. 监督相关方参与

42 » 若要识别将从项目成果交付中获益的相关方，应该参考以下哪个文件？（   ）

　　A. 需求文件　　　B. 招标文件　　　C. 商业论证　　　D. 效益管理计划

43 » 团队成员在使用一种头脑风暴的改良技术来识别相关方。大家围成一圈，每个人单独思考，将识别出的相关方写在 A4 白纸上，再传递给下一个人；一轮接一轮书写和传递纸张，直到每张纸都传回到最初发出者那里。而后，大家把纸张交给主持人，主持人组织大家讨论。他们很可能是在用以下哪种技术？（   ）

A. 亲和图　　　　B. 名义小组技术　　C. 头脑风暴　　　　D. 头脑写作

44 » 识别相关方时需要进行相关方分析，哪项不是分析时需要考虑的相关方信息？（　　）

A. 重要程度　　　B. 权利　　　　　　C. 贡献　　　　　　D. 所有权

45 » 以下哪项是监督相关方参与过程的工具与技术？（　　）

A. 相关方分析　　B. 专家判断　　　　C. 基本规则　　　　D. 数据收集

46 » 关于相关方参与计划，下列说法错误的是（　　）。

A. 相关方参与计划与沟通管理计划有密切的联系
B. 相关方参与计划可以是非常详细或高度概括的
C. 相关方参与计划必须是正式的
D. 相关方参与计划要随着项目进展更新和优化

47 » 识别相关方，最好采用以下哪种方法？（　　）

A. 一次就识别出全部的相关方
B. 对已识别的相关方进行访谈，识别出更多的相关方
C. 与相关方一起解决问题
D. 对他们的能力进行评估

48 » 以下过程都会导致变更请求，除了（　　）。

A. 管理相关方参与　　　　　　　B. 规划相关方参与
C. 监督相关方参与　　　　　　　D. 监督沟通

49 » 识别相关方过程，可能因以下哪个原因而提出变更请求？（　　）

A. 首次开展识别相关方过程
B. 直到项目计划被批准，才开展识别相关方过程
C. 在项目执行开始之前无须识别相关方
D. 在项目执行阶段开展识别相关方过程

50 » 已识别出来的某位相关方可能到项目晚期才会对项目产生显著影响，那么项目经理现阶段应该怎么做？（　　）

A. 不把他列入相关方登记册
B. 列入相关方登记册并密切关注变化情况
C. 到项目晚期再列入相关方登记册
D. 向高级管理层请示该如何处理

51. 职能经理也是项目的一个重要相关方，项目经理必须与职能经理密切合作，因为（　　）。

   A. 职能经理掌握着项目所需的人力资源
   B. 职能经理负责为项目提供资金
   C. 职能经理是项目产品的直接使用者
   D. 出现利益冲突时要按有利于职能经理的原则处理

52. 以下情况需要对相关方排列优先级，除了（　　）。

   A. 项目有大量相关方　　　　　B. 相关方社群的成员频繁变化
   C. 相关方出现的项目阶段不一样　　D. 相关方之间关系复杂

53. 项目规划阶段即将结束，项目经理正在筹备开工会议。项目经理担心不能召集几个非常重要的相关方参加这个会议，他应该向谁求助？（　　）

   A. 项目发起人　　B. 团队成员　　C. 客户　　D. 职能经理

54. 项目团队想要采用世界一流的做法来引导重要相关方大力支持项目。项目团队可以用以下哪个技术来收集一流做法？（　　）

   A. 文献检索　　B. 图书馆服务　　C. 专家判断　　D. 标杆对照

55. 某个相关方的参与程度没有达到要求。项目经理应该通过以下哪个来解决这个问题？（　　）

   A. 不让该相关方再参与项目　　B. 修改相关方参与计划
   C. 备选方案分析　　　　　　　D. 修改项目管理计划

56. 某相关方的当前参与程度分类为抵制型，项目需要其参与程度为支持型，项目管理团队正在策划如何把他的参与程度提高到项目所需的程度上来。这是在进行（　　）。

   A. 识别相关方过程　　　　B. 管理相关方参与过程
   C. 规划相关方参与过程　　D. 监督相关方参与过程

57. 以下哪项是相关方参与度评估矩阵中的内容？（　　）

   A. 相关方的联系方式
   B. 相关方的当前参与程度与所需参与程度
   C. 相关方的需求和期望
   D. 相关方管理策略

58 » 根据相关方对项目的影响方向，那些为项目临时贡献知识的专家，应该被归为哪一类？（   ）

    A. 向上   B. 向下   C. 向外   D. 横向

59 » 用三维模型来呈现项目相关方的权力、影响和作用，能更加直观地呈现分析结果，这是哪种分类方法？（   ）

    A. 凸显模型   B. 影响方向   C. 相关方立方体   D. 权力影响作用方格

60 » 识别出众多相关方后，使用哪个图形技术有助于分析不同相关方之间的联系？（   ）

    A. 思维导图   B. 相关方参与度评估矩阵

    C. 相关方立方体   D. 权力利益方格

第二篇 综合模拟试题

01 / 综合模拟试题一

1. 客户对可交付成果的检验标准高于行业规范。为了确保产品质量符合客户的要求，项目经理应该做什么？（　　）
   A. 先内部检验质量，再请客户验收
   B. 与客户确定质量测量指标
   C. 预留修补缺陷的时间和预算
   D. 让客户相信你能在完工时生产出合格质量的产品

2. 相关方提出要将项目计划修建的一栋酒店改为自用办公楼，这并不会对工期和成本造成太大影响，但会影响项目投产后的运营收益。项目经理应该如何行动？（　　）
   A. 向发起人求助 B. 让团队成员分析对项目建设期的影响
   C. 同意该变更 D. 与该相关方沟通变更对商业论证的影响

3. 第一次见面，客户提出这次系统改革项目做出成效固然重要，但是一定不能引起现有各部门的恐慌，确保平稳过渡，这才是他们最看重的。项目经理应该如何记录客户的这个要求？（　　）
   A. 记录在项目章程中 B. 写入项目验收文件
   C. 记录在项目成功标准中 D. 记录在项目需求文件中

4. 在项目执行期间的一次客户会议中，客户通知项目经理，他已经没有钱继续做这个项目了。项目经理应首先做什么？（　　）
   A. 放慢工作速度，以便客户有时间筹集资金
   B. 削减工作范围并开始收尾工作
   C. 停止所有工作，等到客户的资金到位后再接着做
   D. 停止工作并解散项目团队

5. 你所在的公司正在实施一个比较复杂、跨职能部门的项目。该项目所涉及的工作范围很广，质量要求也很高。为了节约项目成本，预防成本超支，项目管理团队取消了一项工作，结果反而导致了项目总成本增加。这种情况本可以通过以下哪个过程加以避免？（　　）

A. 实施整体变更控制　　　　　B. 控制范围
C. 控制成本　　　　　　　　　D. 控制进度

6. 在新产品设计项目即将进入执行阶段时，项目经理请求高级管理层召集主要项目相关方联合举行一次会议，以便使大家都了解项目计划和项目目标。这个会议是下列哪项会议？（　　）

A. 项目相关方会议（Project Stakeholder Meeting）
B. 项目启动会议（Project Initiating Meeting）
C. 项目开工会议（Kick-off Meeting）
D. 项目状态评审会议（Project Status Review Meeting）

7. 你被组织预分派到即将开始的新项目任项目经理。发起人授权你起草项目章程，并提供了商业论证。起草小组的成员提出还应由发起人提供效益管理计划，你应该如何行动？（　　）

A. 效益实现是项目完工以后运营期间的事，项目期间不需要考虑
B. 商业论证中已经包含了效益测量的内容，不需要单独提供效益管理计划
C. 效益管理计划应该由起草小组来编写，不需要由发起人提供
D. 与发起人沟通提供该计划的必要性

8. 科技项目失败的原因大多与管理而非技术有关。人员的技术能力并不等同于项目管理能力，然而，许多企业没有合适的流程来保证技术出身的项目经理接受适当的项目管理培训。公司内拥有选拔、培训、监督和考核项目管理专业人员权力的是（　　）。

A. 人力资源部门　　　　　　　B. 项目管理办公室
C. 项目经理　　　　　　　　　D. 高层管理者

9. 项目建设过程中需要进行多次采购。现在，项目团队已经完成第一次采购。团队成员希望总结第一次采购中的经验和问题，以便改进以后的采购工作。项目经理应该如何指导团队成员的行动？（　　）

A. 要求团队在完成至少3次采购后再来一起总结
B. 要求团队立即开展审计
C. 要求团队把所发现的问题记录在问题日志中
D. 要求团队立即更新组织过程资产

10. 在规划阶段，某个新来的团队成员正在编制责任分配矩阵（RACI），结果如下表所示。作为项目经理你应该提出怎么样的指导意见？（　　）

RACI 图	人员			
活动	安妮	本	卡洛斯	吉娜
收集需求	A	R	C	C
制订测试计划	I	A	C	R
提交变更请求	R	R	I	I
追踪客户反馈	A	C	I	R

A. 收集需求活动不能有两个"C"

B. 提交变更请求这个活动不能有两个"R"

C. 提交变更请求这个活动缺少唯一责任人

D. 安妮不能同时作为收集需求和追踪客户反馈活动的"A"

11 » 某项目主要依靠外部组织的力量来完成，其中一个合同的期限预计为 3 年，价格可能高达 500 万美元。买方想要采用总价合同，但又担心潜在卖方在报价中计入过高的通货膨胀应急储备。买方应该选择（　　）。

A. 固定总价合同
B. 总价加激励费用合同
C. 总价加奖励费用合同
D. 总价加经济价格调整合同

12 » 你正在管理一个虚拟团队，你发现团队成员之间很难分享知识和经验。你应该如何帮助团队解决该问题？（　　）

A. 引入最好的知识管理工具和系统
B. 在各论坛中与专家进行频繁对话
C. 要求团队成员借助网络搜索获取知识
D. 通过互动式线上研讨会建立知识分享的氛围

13 » 一名团队成员最近的工作绩效下降比较严重，主要原因是一些个人问题导致了心理焦虑。作为项目经理，你应该如何帮助该团队成员？（　　）

A. 对该团队成员进行培训（training）
B. 把该团队成员的工作分配给其他人，直到他可以正常工作
C. 对该团队成员进行教练（coach）
D. 对该团队成员进行辅导（mentor）

14 » 公司经过商业论证后准备上马一个新项目。一旦项目正式立项，你将是该项目的项目经理。公司领导授权你编制项目章程。作为长期在本行业工作的人，你知道行业最近发生了一些新的情况。你应该如何行动？（　　）

A. 立即着手编制项目章程

B. 重新开展商业论证
C. 开展项目评估，来确认商业论证中的结论
D. 编制项目管理计划

15. 通过对市场行情的认真分析，项目团队认为项目所需的某种关键材料很可能会大幅涨价。他们决定现在就把以后所需的这种材料全部备齐。这是采用了以下哪种策略？（　　）

    A. 机会利用　　B. 威胁规避　　C. 威胁减轻　　D. 威胁转移

16. 你是一个办公信息系统开发项目的项目经理。这个项目正处于收集需求过程中，你带领项目管理团队对关键相关方进行访谈。在访谈中，政府相关部门要求信息系统有向政府部门自动传递相关信息的功能，以满足其进行监控的需要；公司管理层要求信息系统要符合公司保护商业机密的规定；相关职能部门的员工则希望信息系统要使用便捷。当你与项目相关方一起工作时，你应该（　　）。

A. 对项目相关方归类，以便更容易识别与管理他们
B. 尽量减少那些可能对项目产生不利影响的相关方的活动
C. 特别注意项目相关方之间的目标差异，因为这种差异会加大管理的难度
D. 认识到项目相关方的角色与职责有可能重叠

17. 项目产品即将交付，客户提出一项变更。一名团队成员要求尽快组织评审变更以响应客户要求，另一名团队成员坚持认为收尾阶段不应该再接受任何变更。项目经理应该如何要求这两名成员？（　　）

A. 要求他们停止争论　　　　　　　B. 要求他们查阅项目管理计划
C. 要求他们查一下项目资金是否足够　D. 要求他们执行变更以确保审查通过

18. 在项目执行过程中，项目团队需要按项目沟通计划的要求召开项目状态评审会议。为了使会议有效进行，沟通计划要求相关成员在预定的状态评审会议之前2天提交项目进展情况报告。尽管他们过去都严格按计划执行，但这次却直到状态评审会议之前4小时才提交了报告。你粗略地看了一下报告，发现其中有几处严重的错误。你应该（　　）。

A. 照常召开状态评审会议，并计划在会议上纠正这几处错误
B. 要求团队纠正错误，并推迟状态评审会议
C. 查明是谁引起的错误，并加以处罚
D. 照常召开状态评审会议，并看看其他人能否发现这几处错误

19 » 项目业主和供应商都意识到，合同执行期间可能遇到项目所在地法规修订引发的风险。在编写合同时，这些风险应该考虑由谁承担？（　　）

   A. 支付额外费用，要求该风险由供应商承担
   B. 双方风险共担
   C. 由项目业主承担该风险
   D. 写合同时不需要考虑，等风险发生后再协商

20 » 在某个软件开发项目中，卖方已经按照合同要求圆满地完成了项目工作，这时，买方又要求在合同中添加一项新工作。鉴于上述情况，卖方应该如何做？（　　）

   A. 开始合同收尾，并要求就新工作签订新合同
   B. 同意添加新工作，但要求用成本补偿的方式来做
   C. 拒绝做新工作，因为合同已经完成
   D. 立即开展新工作，以便维护与买方的良好关系

21 » 连续的降雨导致山洪暴发，道路被冲毁。如果未来一段时间内继续降雨，道路抢修需要 20 天；如果晴天，10 天就可以修好；不过，从未来一段时间的天气预报情况推测，最有可能 12 天完成。则完成道路抢修的期望工期为（　　）。

   A. 13 天　　　　B. 15 天　　　　C. 12 天　　　　D. 14 天

22 » 项目经理把发起人的指示函件通过电子邮件转发给了异地的团队成员，该团队成员收到该邮件后及时发送了邮件回执，并开始采取行动。然而，项目经理去检查时，对项目团队成员的工作非常不满意，坚持说他曲解了邮件的内容。这可能是沟通中哪个环节出了问题？（　　）

   A. 项目经理编码错误
   B. 不应该采取电子邮件来传递信息
   C. 缺乏信息反馈
   D. 没有及时告知收到信息

23 » 公司总经理刚刚委任你为项目经理，并请你起草项目章程。你从总经理那里得到了项目的概要说明文件，了解到项目的时间很紧。你也知道公司等级森严、权力距离（Power Distance）很大。针对这种情况，制定项目章程的最佳办法是（　　）。

   A. 召开头脑风暴会议，与潜在的项目团队成员一起制定项目章程
   B. 自己起草项目章程，然后提交给潜在团队成员和其他项目相关方征求意见
   C. 与项目发起人一起编制项目章程，然后分发给项目相关方
   D. 与职能经理一起编制项目章程，并提交给项目发起人签字确认

24. » 某团队成员不能及时反馈，即使别人主动打电话与他沟通，他也经常不接电话，招致大家强烈不满。项目经理与其谈话后得知，突然的电话会导致他出现应激性口吃，无法清晰表述。项目经理应该如何处理这个问题？（　　）

   A. 要求他必须用电话沟通，确保快速反馈
   B. 询问其他团队成员是否愿意更改沟通方式
   C. 把他调到与他人沟通较少的岗位
   D. 询问他可以做到的其他有效反馈方式

25. » 为了给新工业园供电，公司决定新建一个变电站。被授权的项目经理正在基于已批准的商业论证起草项目章程，随后他发现市场上的电价根据区域政策进行了调整，商业论证中的收益可能无法实现。项目经理应该采取以下哪个措施？（　　）

   A. 向高级管理层建议进行成本效益分析，修订商业论证
   B. 继续基于已批准的商业论证编写项目章程
   C. 与运营经理协商，在随后的运营中想办法弥补效益
   D. 不理会商业论证中的信息，按新情况编写项目章程

26. » 你是某项目管理公司的负责人，正在与客户洽谈合作事宜。客户希望你们的管理费用能优惠10%。你说："我们最多能优惠5%，这已经是按战略合作考虑的最优惠价格了；一般对新客户是没有优惠的。"这是在使用哪种谈判策略？（　　）

   A. 权力有限　　B. 公平合理　　C. 既成事实　　D. 出人意料

27. » 代码质量频繁出现问题，项目经理聘请外部专家指导工作，并要求每位团队成员编完代码后，交给其他人做平行审查，但代码质量仍未达到要求。项目经理应该采取什么行动？（　　）

   A. 召开经验教训总结会议　　B. 评估团队成员的责任落实情况
   C. 对团队绩效展开评价　　D. 使用代码测试工具

28. » 某项目建成后，如果市场情况很好，可以盈利 500 万元；如果市场情况一般，可以盈利 200 万元；如果市场情况很差，预计将会亏损 300 万元。市场情况很好的概率为 25%，市场情况一般的概率为 60%。该项目的预期货币价值为（　　）。

   A. 245 万元　　B. 200 万元
   C. 400 万元　　D. 信息不足，无法计算

29. » 你刚刚在启动大会上被任命为项目经理，项目章程中要求整个项目要在 2018 年 10 月 15 日这个里程碑完工。某个重要相关方认为项目完工日期会错过十一黄金周赚钱的好时机，不断给你施加压力，要求提前到 9 月 20 日完工。你应该如何行动？（　　）

A. 向他出示项目章程进行澄清
B. 要求其提交正式的变更请求
C. 忽略他,继续开展项目
D. 向他说明商业论证已经被批准

30. 某个重要相关方当前参与项目的程度是"不知晓",项目团队正在策划如何才能把他参与项目的程度提高到"支持"。这一行动方案应该记录在以下哪个文件中?(　　)

A. 相关方参与计划　　　　　　B. 相关方登记册
C. 沟通管理计划　　　　　　　D. 相关方参与度评估矩阵

31. 变更控制委员会批准了对项目进度基准的变更。由于项目的可交付成果将作为公司的新产品上市,运营经理表示不满,怀疑对该变更的审查和批准存在漏洞。你将如何证明该变更是符合正式流程的?(　　)

A. 请变更控制委员会澄清　　　　B. 不需要向运营经理解释项目的决策
C. 查阅配置管理计划和变更日志　D. 查阅变更管理计划和变更日志

32. 你是项目管理办公室(PMO)主任,刚刚接到某个项目的进展情况报告。该项目已经完成60%,进度稍有提前,但成本超支严重。经过分析,该项目在完成后仍将给公司带来一定的收益,为了决定该项目是否继续进行,你应该做以下哪项?(　　)

A. 开展项目成本效益分析
B. 考察该项目的项目经理的能力
C. 了解发起人能否为该项目投入更多资金
D. 评估项目超支会对其他项目造成的影响

33. 某团队成员组织各供应商召开协调会来解决问题。项目经理发现参会人数很多,有管理层、技术员,还有销售代表。大家看待同一个问题的角度和层次始终不统一,最终没有解决任何问题。为了让下次的会议更高效,项目经理应该给该团队成员什么建议?(　　)

A. 确定会议主题　　　　　　　B. 只邀请相关人员参会
C. 记录会议纪要　　　　　　　D. 跟进后续行动

34. 项目正在等待某个重要相关方签署项目结束的正式文件,但他认为自己无权签署该文件,必须由项目发起人签署才能有效。你应该如何确保得到他的签字?(　　)

A. 询问发起人的意见　　　　　B. 向他展示项目章程
C. 向他移交项目成果　　　　　D. 请发起人与他共同签署该文件

35. 某软件开发公司通过投标获得了一个信息管理系统开发合同。经过一年时间的努力，项目开发团队顺利完成了合同规定的信息管理系统。但是，在最终验收时，买方认为该系统的功能不符合要求。下列哪一项是导致这种情况发生的原因？（　　）

A. 买方采用了不同的系统测试方法　　B. 采购工作说明书不严密
C. 买方与卖方沟通不足　　D. 合同变更控制不力

36. 一个战略项目结束，大批人力资源被释放，公司要求各项目部提交用人需求。作为项目经理，你应该选择什么样的人加入你的团队？（　　）

A. 与团队成员技能互补的人
B. 同时考虑与团队成员技能互补、性格互补的人
C. 招聘与团队工作风格相符的人
D. 与项目团队价值观相符，但个性互补的人

37. 洗衣粉生产企业需要每天对包装好的洗衣粉进行重量检测。要求的重量是每袋1kg，允许的偏差范围为±10g。对今天所生产的1万袋洗衣粉进行随机抽样检查，发现99.95%的产品在可接受的重量范围内。这种抽样检查属于（　　）。

A. 变量抽样　　B. 属性抽样　　C. 自由抽样　　D. 比例抽样

38. 受全球疫情的影响，大批海外客户取消了原有的机械订单，公司计划转产医疗器械。新器械的研发正在进行，你负责生产线改造项目。公司要求两个项目必须同时交付，以缩短投产时间。你应该如何行动？（　　）

A. 把"同时交付"写入项目风险登记册　　B. 与研发团队每天沟通，确保进度统一
C. 分析两个项目的关键路径　　D. 请研发团队参与本项目计划的制订

39. 一名专家经常在公司的论坛中发布敏捷项目试点的经验总结。你即将带领一个敏捷团队，你希望未来遇到项目问题时能向该专家请教。下一步你应该如何行动？（　　）

A. 向该专家发送项目的问题日志
B. 收集该专家的总结，写入项目的经验教训登记册
C. 与该专家见面并建立联系
D. 在论坛中与该专家频繁互动

40. 为了开展人性化管理，项目部允许一部分员工在家办公。但实施一段时间后，发现在家办公的员工与项目其他人员变得疏离。项目经理应该采取什么行动？（　　）

A. 强调团队的基本规则　　B. 要求用更多的时间进行沟通
C. 取消该项制度，恢复集中办公　　D. 创建每周临时集中办公的机会

41 » 你负责一个多阶段的项目,关键相关方在项目执行的各个阶段陆续加入本项目。为获得他们的支持和对项目目标的承诺,你应该采取什么行动?(   )

    A. 确保让他们参与项目计划的编制   B. 每个阶段开始时举行一次开工会议

    C. 确保每个决策都由他们制定   D. 明确关键相关方的角色和职责

42 » 在某设备制造和安装项目的执行阶段,卖方所在城市机场的员工罢工,导致设备不能按时启运。根据项目的进度计划,设备运输是关键路径上的活动。在这种情况下,买方最好(   )。

    A. 允许卖方推迟项目完工时间   B. 通知卖方必须按期完工,否则将违约

    C. 从另一个卖方购买同类设备   D. 要求卖方赶工并由卖方承担赶工费用

43 » 项目经理要求彼得在编写招标文件时必须写明采购的原因和具体要求,以便潜在供应商对采购有明确的了解。这是书面沟通5C原则中的哪一条?(   )

    A. 正确的目的和表述(Correct Purpose and Expression)

    B. 简洁的目的和表述(Concise Purpose and Expression)

    C. 清晰的目的和表述(Clear Purpose and Expression)

    D. 受控的目的和表述(Controlled Purpose and Expression)

44 » 项目工作完成得非常出色。但由于经济危机,公司面临着巨大困难,高层会议决定只发一半的项目奖金。团队成员拿到奖金后非常沮丧,你应该如何激励你的团队成员?(   )

    A. 请公司承诺何时发放另一半奖金   B. 请公司解释原因并认可团队的表现

    C. 召开团队会议,肯定团队的成绩   D. 倾听团队成员的不满情绪

45 » 在过去的项目中,你习惯为团队成员分配任务,并用奖金激励他们完成目标。在本项目中,你发现团队成员都很有主见,他们不习惯接受指派的任务,更喜欢自主安排工作,并且有能力按时提交成果,甚至比你期待的更好。你应该如何调整领导风格?(   )

    A. 设定高额奖励,使他们适应你的交易型领导风格

    B. 为团队做出服务承诺,使用仆人型领导风格

    C. 询问团队成员喜欢的领导风格

    D. 允许团队自主设定目标,使用放任型领导风格

46 » 项目所在国发生了军事政变,公司所承包的一个工程建设项目受到了极大的影响。项目经理应该如何应对这个风险?(   )

    A. 暂停项目有关工作,等待所在国的形势恢复正常

B. 号召团队成员团结一致、共渡难关
C. 向高级管理层请示该如何应对
D. 准备向项目业主索赔相关经济损失

47》 一名小组成员进步明显，并符合奖励标准，他的小组经理希望及时激励该团队成员。按照规定，4 个月后才能开始最佳进步员工的评选。项目经理应该如何行动？（　　）

A. 查阅资源管理计划和团队章程
B. 同意提前评选最佳进步员工
C. 在团队会议上亲自表扬该成员的进步表现
D. 承诺 4 个月后该成员将是最佳进步员工

48》 你即将开始一个战略项目，目标是帮助改进公司的数字化前景及 IT 运行模式。你希望职能经理能分配最佳资源给你的项目，但你并不了解这些资源的情况。如何确保可以获得最佳资源？（　　）

A. 通过高级管理层对职能经理施加影响　　B. 用多标准决策分析选择你想要的资源
C. 要求对每个资源进行能力测试　　　　　D. 让职能经理看到项目具有良好的前景

49》 你是一个大型安装项目的项目经理，这个项目涉及 200 个潜在的项目相关方。下列哪一项是你的最佳选择？（　　）

A. 筛选掉一些项目相关方，因为相关方太多
B. 询问项目管理办公室谁是重要相关方
C. 收集对项目有重大影响的相关方的需求
D. 收集所有相关方的需求

50》 团队一致推选杰西作为公司优秀员工的候选人，你和公司高层将作为评委进行最终评选。你发现，拿到手的候选人名单上，杰西的名字被同一团队中的琳达替代。你应该如何为处理这种情况？（　　）

A. 告知杰西，并让她自己想办法
B. 与公司某个高层私下聊聊
C. 向公司说明情况，并拒绝作为评委参与
D. 要求公司高层给予解释

51》 项目经理已经提醒某团队成员，不要在工作时间浏览购物网站，团队成员表示接受。但是在 3 天后的检查中，该团队成员再次被发现浏览购物网站，并且因此导致项目的计算机中毒，丢失了重要的项目资料。此时，项目经理应该采用哪种沟通方式再次与该成员沟通？（　　）

A. 正式的书面沟通 B. 正式的口头沟通
C. 非正式的书面沟通 D. 非正式的口头沟通

52》 你刚负责生产线智能化改造项目。某专家具备很强的技术能力，能够为技术攻关做出贡献。你希望他加入项目团队，但他担心这个智能化项目将使公司不少员工失业。你应该如何争取他的支持？（   ）

A. 说明他对项目的重要价值，提供有竞争力的薪酬
B. 向他描述公司的战略和愿景
C. 采用变革型领导力对他施加影响
D. 请他参与项目范围的确定

53》 在风险分析过程中，你认为某些风险的发生可能性低且影响较小。对这些风险，最有效的处理办法是（   ）。

A. 列入观察清单并建立应急储备 B. 不需要采取任何措施
C. 等待做进一步的分析 D. 风险转移

54》 项目进入第二个迭代期，刚开发的几个功能无法通过测试，某团队成员为解决该问题实施了新的质量改进方法。项目经理应该如何处理这件事？（   ）

A. 要求在以后的迭代期使用新方法
B. 要求该团队成员停止使用新方法，遵循变更流程
C. 如果不影响已开发的其他功能，则同意使用新方法
D. 在回顾会议上评估是否继续使用新方法

55》 如果集团能与供应商签订长期合作协议，本项目的采购成本就能大幅下降。项目经理找到集团采购部门协商此事。这是采取了以下哪种机会应对策略？（   ）

A. 分享 B. 上报
C. 开拓 D. 提高

56》 项目在第三个迭代期被迫终止，项目经理正在审查收尾文件。团队成员认为客户决策严重滞后，才导致产品错失商业时机。而客户认为团队研发能力不足才是失败的主要原因。项目经理应该如何协调冲突确保项目收尾？（   ）

A. 敏捷项目的收尾文件可以简化，不描述终止原因
B. 按客户的意见描述项目终止的原因
C. 暂缓收尾工作，用鱼骨图分析终止的根本原因
D. 把市场环境的变化列为项目终止的理由

57》第一次迭代结束后，项目团队交付的原型质量未达到客户要求。项目经理认为缺少结构化的测试过程是导致质量问题的主要原因。可以使用以下哪个工具来分析测试过程的问题？（　　）

  A. 因果图   B. 亲和图   C. 过程分析   D. 流程图

58》为了建立合规文化，公司要求每个海外项目部新设合规专员岗位。某团队成员在海外项目工作多年，对处理合规性问题很有经验，他希望了解应聘该岗位需要具备的能力。你应该让他查阅哪个文件？（　　）

  A. 资源管理计划   B. 责任分配矩阵
  C. 团队章程   D. 资源需求

59》某电子结算设备研发项目已进入试生产阶段。项目的主要相关方书面提出要对电子结算设备的一项技术参数进行变更，这一变更甚至可能导致整个电子结算系统的功能发生变化。项目经理下一步应该怎么做？（　　）

  A. 全面评估变更的影响   B. 向变更控制委员会提交申请，等待审批
  C. 要求工厂马上停止生产以减少损失   D. 拒绝这项变更

60》你管理一个联合制药项目，项目相关方数量较多且关系复杂。为确保产品推向市场，那些有权审批药物的机构、急需药品治疗患者的组织、国家批准的药品科研机构将是团队重点关注的相关方。你将使用哪个工具对他们进行分类管理？（　　）

  A. 影响方向   B. 权力利益方格   C. 凸显模型   D. 作用影响方格

61》当地空气污染严重，政府部门制定了《空气重污染应急预案》，规定了四种预警信号。你刚收到明天空气重污染的红色预警信号，按规定应该停止项目上的一切土方作业。你应该如何向团队成员下达指令？（　　）

  A. 马上停止土方作业
  B. 等明天空气重污染情况出现，再要求停止土方作业
  C. 向高级管理层请示是否停工
  D. 分析对项目进度的影响之后再决定是否停工

62》你授权两名团队成员合作为新客户完成一份调研报告，一名团队成员习惯使用简明扼要的描述方式，而另一名团队成员喜欢用很多细节支持报告的结论。你将如何预防他们在工作中可能出现的分歧？（　　）

  A. 指示他们先查看沟通管理计划
  B. 要求他们先沟通并统一报告的格式，再开始工作

C. 要求他们提供最详细的报告，并确保可以删减为简明扼要的版本

D. 两个人独立完成各自的调研报告，由你进行整合

63》 项目的 3 名重要相关方参与项目的程度见下表，其中 C 表示当前参与程度，D 表示所需参与程度。根据目前 3 名相关方的表现，在制定相关方管理策略时应注意（　　）。

相关方	不知晓	抵制	中立	支持	领导
相关方 1	C			D	
相关方 2			C	D	
相关方 3					CD

A. 对 3 名相关方都要制定管理策略

B. 对相关方 1 制定管理策略，因为他最不符合项目的需要

C. 对相关方 3 制定管理策略，因为需要他保持对项目的大力支持

D. 用分析技术做进一步分析

64》 在项目执行阶段，一位新任项目经理发现客户对项目状态报告极度不满。他首先要做的是什么？（　　）

A. 与客户面谈，允诺满足客户的需求

B. 审查所有变更，并重新制订项目基准计划

C. 通过沟通系统获得足够的关于冲突的信息

D. 与项目团队成员一起分析客户的需求

65》 项目团队中的质量管理专家正在采用精益六西格玛技术做过程分析，采用这一技术可以帮助团队（　　）。

A. 使质量管理计划更加合理　　B. 把产品质量做得超过要求

C. 重新评价质量标准是否合理　　D. 识别出不增加价值的活动

66》 项目经理给虚拟团队的专家发送了工作邮件，该专家一直未回复，项目团队本周内就要提交整合的报告。项目经理应该如何行动？（　　）

A. 向整个团队发送邮件，批评该专家并要求他立即回复

B. 逾期不回复就视为无意见

C. 主动打电话向该专家询问

D. 在报告中不记录该专家的意见

67》 你负责管理公司的第一个海外项目，国内多家供应商将派遣人员为本项目提供技术支持。5 个月后，两家供应商均因为技术合规性问题被告上法庭，严重影响了项目进度。项目经理应该做什么来防止此类事件再次发生？（　　）

A. 谈判合同条款变更，增加合规性内容
B. 要求项目团队识别所有合规性风险
C. 总结本次事件的经验教训
D. 把合规性作为供方选择标准之一

68. 项目经理使用责任分配矩阵在团队成员之间分配工作任务。他把对工作的责任分成 Responsible（R）、Accountable（A）、Consulting（C）、Informing（I）4 种。为了鼓励成员之间的合作和共担责任，他对每项工作的每种角色都安排了至少 2 个成员来承担。他的这种做法是（　　）。

A. 正确的，因为有利于团队合作
B. 错误的，因为违反了唯一责任点的原则
C. 错误的，因为只能有一个人承担 R 的责任
D. 错误的，因为只能有一个人承担 C 的责任

69. 你在一个多民族聚集地区做项目，团队成员也来自不同的民族，文化习惯和宗教信仰都有较大差异，有的民族有较多的民族宗教节日。针对这种多样性的团队，你应该怎么办？（　　）

A. 忽略团队成员之间的民族差异
B. 制定适用于所有成员的行为标准指南
C. 统一按照你公司的政策放假，不考虑民族宗教节日
D. 制订管理计划时尊重并考虑不同文化之间的差异

70. 由于原定的工厂建设所在地的环保措施要求越来越严格，公司研究后决定将建设地点改为另一个环境承载力相对较高的地区。这是采取了哪项风险应对策略？（　　）

A. 减轻　　　　B. 规避　　　　C. 接受　　　　D. 上报

71. 下周将召开项目团队的第一次全体会议，项目经理意识到需要一份团队章程来规范大家的行为规则。接下来项目经理应该怎么做？（　　）

A. 使用组织过程资产中类似项目的团队章程
B. 提前制定好团队章程，第一次全体会的时候下发给大家
C. 要求团队中的人力资源专家拟定团队章程
D. 把制定团队章程列为下周团队会议的重要议程

72. 项目经理带领团队完成了对各种材料涨价风险的定量分析，得出了不同材料的涨价对项目总成本会有不同程度影响的结论。为了更直观地展示分析结果，他们应该使用以下哪种图形？（　　）

A. 决策树 B. 累计概率分布图 C. 龙卷风图 D. 贝塔概率分布图

73. 项目经理要求持续监测某一条流水线的产品质量，以评价过程改进是否达到了预期的改进效果，应使用以下哪种工具与技术？（ ）

A. 控制图 B. 因果图 C. 统计抽样 D. 直方图

74. 项目团队加入一名新成员，你希望他和其他人的沟通更具互动性，让其他人更容易判断他是否正确地理解了相关工作指示。你应该引导他加强沟通中的哪个环节？（ ）

A. 确认已收到 B. 反馈 C. 解码 D. 编码

75. 你正在向公司争取一名核心技术专家。项目情况非常复杂，你希望该专家最好能全职为项目工作，也可以接受与其他战略项目共享该专家的时间，最低要求是通过线上研讨会得到该专家的指导。你应该采取什么行动？（ ）

A. 从外部获取其他专家资源

B. 与其他项目经理谈判，如何分配该专家的时间

C. 让该专家加入虚拟团队

D. 向高级管理层求助

76. 你负责一个大型复杂项目，参与的团队成员众多。客户的苛刻要求让团队承受了巨大压力，年轻的团队成员之间经常因为琐事闹矛盾而无法全力合作，内部人际关系也变得越来越微妙。作为项目经理，你最好使用以下哪项来缓解这种情况？（ ）

A. 培训 B. 谈判 C. 智商 D. 情商

77. 项目进行了一次精密仪器采购，这种设备只有唯一的一家供应商。由于项目未能按合同要求提供场地，仪器中转途中多支付了保管费用，供应商向你提出索赔。项目为购买这种昂贵仪器已经没有多余资金，作为项目经理，你应该如何处理？（ ）

A. 告诉供应商已经没有资金支付索赔费用

B. 向管理层申请追加预算来支付索赔费用

C. 答应供应商在项目完工后的仪器维护阶段再支付索赔费用

D. 把索赔交给高级管理层来处理

78. 项目经理组织编写项目管理计划，经过与发起人及其他相关方的多次沟通，并基于大家的意见反复修改，终于完成了项目计划。项目经理下一步应该怎么做？（ ）

A. 按计划开展项目执行工作 B. 让所有相关方在计划上签字确认

C. 提交给主要相关方并获得批准 D. 开始组建项目团队

79 » 当地气象台刚刚发布了紧急暴风雨警报，预计 2 小时后有大暴风雨。你们正在执行的项目的某个部位需要特别保护。团队中的两名成员对如何保护这个部位有很大的意见分歧，并为此争论不休。你发现这个情况之后，应该如何解决他们之间的争论？（　　）

    A. 鼓励他们继续争论，以求得最好的保护方法

    B. 要求他们采用折中的保护方法

    C. 强行要求采用某种保护方法

    D. 要求他们征求其他成员的意见

80 » 某团队成员第一次参与敏捷项目，他希望详细了解当前迭代期的具体任务和完成时间。项目经理应该为他提供哪个文件？（　　）

    A. 产品未完项　　B. 任务清单　　C. 用户故事　　D. 冲刺未完项

81 » 汤姆第一次加入敏捷团队，他担心能力不足而不能适应高强度的团队工作。但项目经理很少责问"你为什么会出错"，而更关心"什么原因导致你出错，我帮你一起分析解决"，汤姆在他的帮助下成长很快。这位项目经理使用了哪种领导风格？（　　）

    A. 变革型　　B. 仆人型　　C. 放任型　　D. 辅导型

82 » 一个重要的软件开发项目已经完成了大约 70%。项目经理在与某个重要相关方交流时，感觉到对方并没有真正理解项目产品将要具备的功能。项目经理应该（　　）。

    A. 加强与该重要相关方的沟通，引导他的期望

    B. 向他出示经批准的项目章程

    C. 鼓励他对项目提出变更请求

    D. 不采取任何措施

83 » 组织内各项目的竞争非常激烈，多个项目都向职能经理申请了技术人员。你希望把最能干的彼得派到你的项目上来，但你项目的优先级并不高，应该如何向职能经理争取最佳资源？（　　）

    A. 向职能经理出示项目章程，指定需要的资源

    B. 与其他项目经理谈判，让他们放弃彼得

    C. 展示项目的技术挑战性和良好前景

    D. 请高级管理人员对职能经理施加影响

84 » 项目经理刚刚得知一名客户代表升职，他将在收尾阶段对项目的最终成果签字。项目经理下一步应该采取什么行动？（　　）

A. 在收尾阶段对他进行重点管理　　B. 调整对他的管理策略
C. 把他的参与水平调整为"领导型"　　D. 更新相关方登记册

85 » 项目执行到一半时，你被推选为新任的项目经理。在就职会上，你向团队成员阐述了项目的愿景，并鼓励所有团队成员为了这个共同的愿景而努力。这是哪种人际关系与团队技能的展现？（　　）

A. 领导力　　B. 影响力　　C. 激励　　D. 沟通

86 » 项目经理在检查团队的成本管理工作时，发现：①项目目前的总成本没有超出批准的总金额；②某些工作包的成本有所超支，但未超出控制临界值。项目经理应该如何行动？（　　）

A. 符合成本管理的要求，不需要改进
B. 要求团队总结经验教训，来持续改进成本管理工作
C. 要求团队采取纠正措施
D. 要求团队采取预防措施

87 » 某项目受各种因素的影响已停工半年，由于市场环境变化，该项目已不再具备商业价值。近期台风导致项目外墙倒塌砸伤行人，需支付巨额赔偿。公司派你去处理相关问题，你应该如何行动？（　　）

A. 要求马上对项目进行收尾　　B. 项目已经停工，拒绝事故赔偿
C. 提出终止项目的建议　　D. 向高层请示是否关闭项目

88 » 你的研发项目正在进行之中。这时，客户要求为产品增加一个新功能。为了尽量减轻产品功能变更可能给项目带来的影响，你应该（　　）。

A. 使用管理储备来支付新功能的成本
B. 取消一个次要的产品功能，为新功能腾出时间和资金
C. 按合同变更控制系统的要求办理
D. 说服客户放弃这个新功能

89 » 某项目正处于规划阶段。前任项目经理已经完成了项目范围说明书的编制。你刚刚受管理层的委派出任项目经理。管理层要求你立即开始工作，并尽快完成项目计划的编制工作。你应该首先（　　）。

A. 根据项目范围说明书，编制工作分解结构
B. 确认各项目相关方的要求都已包括在项目范围说明书中
C. 重新编制项目范围说明书，以确保其有效性
D. 根据项目范围说明书，编制项目进度计划

90» 项目经理正在负责一个已执行了3个月的项目,一名团队成员需要比原先安排的更多的时间来完成一个工作包。他所需要的额外时间将不会造成项目延误。应该由谁批准增加该额外时间?(　　)

  A. 高级管理层　　B. 职能部门经理　　C. 项目经理　　D. 客户

91» 作为新上任的项目经理,你接管了一个已实施一半的项目。项目曾经因为物资匮乏和人员短缺被迫暂停过3个月,你想要防止类似问题再次发生。应该从以下哪个文件中查找相关信息?(　　)

  A. 实物资源分配单　　　　B. 项目团队派工单
  C. 资源日历　　　　　　　D. 资源管理计划

92» 某个按计划应该参加项目状态评审会议的重要相关方,最近出现了不明原因缺席会议的情况。这种情况应该被记录在以下哪个文件中?(　　)

  A. 风险登记册　　B. 问题日志　　C. 变更日志　　D. 组织过程资产

93» 为某房地产公司做的项目很少能按期交付,因为该客户总是随意变更。在即将合作的新项目上,你应该如何做才能有效预防这个问题?(　　)

  A. 限制客户对变更的审批权限　　B. 建立变更控制委员会严格审批变更
  C. 准备变更管理计划　　　　　　D. 增加适度的风险储备

94» 你正在带领敏捷团队用故事点估算工作量,两位团队成员意见不一致,其中一位团队成员有过类似的项目经验,而另一位团队成员反对这种仅凭经验的估算方法。你应该如何化解他们的冲突?(　　)

  A. 鼓励他们针对故事点估算发表看法,最后由团队决策
  B. 阻止他们的进一步冲突,因为故事点估算并不需要非常精确
  C. 说出你认为的故事点数量,防止在估算上浪费时间
  D. 由每个专业的团队成员单独估算故事点

95» 在项目的开工会议上,项目经理宣布了项目的愿景和使命,并激励团队成员为该愿景和使命而努力。项目经理使用了哪种领导风格?(　　)

  A. 魅力型　　B. 交易型　　C. 服务型　　D. 变革型

96» 你在某大型公司担任项目经理,组织没有设立职能部门,各项目独立核算。虽然你在项目内权限很大,但与其他项目之间的沟通显得力不从心。项目经理希望有人从公司层面协调各项目之间的问题,你应该如何向公司提出建议?(　　)

A. 请求公司高层协调各项目之间的问题　　B. 每个项目设立一个专职协调员
C. 增设必要的职能部门　　　　　　　　　D. 完善项目管理信息系统

97» 在第一个迭代期，功能 A 刚开发了一部分，某团队成员就被公司紧急调走。你希望了解该团队成员剩余工作所需的人力投入量，以便决定是由其他团队成员承担该任务，还是申请招募一名新成员。你应该查看（　　）。

A. 当前迭代期需要开发的功能列表　　B. 功能 A 对应的故事点
C. 版本进度计划　　　　　　　　　　D. 产品未完项

98» 项目团队为军方做项目管理，双方签订了保密协议。项目设置了专用的保密计算机和保密 U 盘，以确保信息安全。谁有权使用这些工具来发布相关的保密信息？（　　）

A. 项目经理　　　　　　　B. 执行相关工作的团队成员
C. 军方指定的人　　　　　D. 被授权的项目团队成员

99» 供应商因为发生劳资纠纷，刚告知 2 周后无法按时提供零件。项目团队没有预料到这种突发情况。按照公司流程，重新选择供应商至少需要 2 周时间。项目延期交付将面临着客户的巨额罚款。项目经理应该如何行动？（　　）

A. 与客户沟通延期交付并尽量降低处罚
B. 与公司沟通，请求修改供应商选择流程
C. 查阅采购管理计划和合同
D. 立刻执行风险应对计划

100» 项目在接受例行审计时，被检查出了一个问题。项目经理为这个问题设计了解决方案并付诸实施，他也把解决方案报告给了审计人员和高级管理层。但是，几个月之后，这个问题再次出现。这很可能是因为缺少（　　）。

A. 项目经理对解决方案的承诺　　B. 审计人员和管理层对解决方案的审查
C. 资金支持　　　　　　　　　　D. 与相关职能经理的沟通

101» 项目经理收到一封正式函件，通知由于组织结构内部调整，某一重要相关方不再作为主抓该项目的负责人，而是作为咨询顾问继续参与项目工作。得到这一信息后，项目经理应该如何处理？（　　）

A. 修改项目文件和项目管理计划
B. 通知团队成员，以后不需要再向该相关方发送报告
C. 私下沟通，核实该消息的可靠性
D. 要求项目执行组织解释做出这种调整的理由

102» 在项目早期,团队成员完成了项目成本估算,并告诉你由于目前客户提供的信息很少,他预计此时的估算和实际成本的偏差大概是 ±25%。你应该如何回复他?(　　)

　　A. 不能接受准确度只有 ±25% 的成本估算
　　B. 要求把准确度控制在 ±5%
　　C. 在估算文件中说明估算依据和准确程度
　　D. 要求把这个估算作为将来控制项目成本的依据

103» 公司正在经历敏捷转型,已经取得一些成绩。公司希望为采用敏捷方法做出实质性改变,要求项目经理在日常工作中辅导团队成员。此时,你应该指出以下哪种行为不符合敏捷方法?(　　)

　　A. 组建跨职能团队,挑选精通多种学科的团队成员
　　B. 对学习持开放态度,主动适应环境并愿意做出改变
　　C. 一个小组完成本迭代期工作后,交给另一个小组接着做
　　D. 经常与客户见面并获得反馈

104» 在项目即将进入收尾阶段时,你发现了一项原来没有考虑到的新风险。该风险一旦发生,可能给最终的可交付成果带来重大影响,甚至可能使其不能被客户接受。你应该(　　)。

　　A. 把该风险的影响通知管理层和客户　　B. 进行定性风险分析
　　C. 制定风险缓解措施　　D. 增加应急储备

105» 你负责一个医疗器械研发项目,一部分团队成员需要现场调试机器并与医院沟通改进措施。由于突发疫情,该医院被列为传染病收治医院。团队成员必须经过传染病知识培训后才能进入现场。你应该如何应对这次计划外的培训?(　　)

　　A. 请专家到公司开展培训,并向客户发送费用变更通知单
　　B. 与该医院沟通,现场辅导需要进入医院的团队成员
　　C. 向公司申请动用管理储备,为所有团队成员支付培训经费
　　D. 提供传染病知识防护的视频文件,要求团队成员在线学习

106» 项目受政策影响在启动不久就停工,半年后发起人要求复工。由于相关政策更改,项目经理发现商业论证中启动项目的理由已经不充分。项目经理应该如何行动?(　　)

　　A. 根据最新政策修改项目章程
　　B. 带领团队修改商业论证

C. 项目已经启动，不受商业论证的影响

D. 向发起人反映该问题

107. 项目团队正在分析上一次采购的经验教训：当时项目急需一批特殊型号的零件，一家供应商先提供了少量零件，再分多个批次陆续供货。在供应最后一批零件之前，该供应商提出要提高价格，否则将不再供货。该供应商试图采用哪种谈判策略？（　　）

A. 拖延　　　　B. 撤退　　　　C. 最后期限　　　　D. 既成事实

108. 建设项目位于城市的繁华地段。你在确定项目的工作范围时，拿到了公司与客户签订的施工合同，其中规定了施工噪声和粉尘排放的上限值，也规定了可以进行施工的特定时间段。你应该把这些要求写入以下哪个文件以供需要时查阅？（　　）

A. 项目范围说明书　　　　B. 项目章程

C. 假设日志　　　　D. 事业环境因素

109. 项目进入收尾阶段。为了把整个项目正式关闭，项目管理团队需要完成以下哪项工作？（　　）

A. 对项目成果进行质量检查，确认质量合格

B. 开展确认范围过程，由客户对项目成果进行验收

C. 调查相关方的满意程度

D. 提出必要的变更请求

110. 你管理一个虚拟团队，设计师、管理团队和现场调试人员共同处理各地的故障检修。随着故障越来越复杂，传统的线上办公交流不能实现高效协同。你打算引入新兴的VR/AR技术，因为其沉浸式体验的特点能够帮助团队聚焦行为和降低焦虑。接下来你应该如何行动？（　　）

A. 执行项目变更管理流程

B. 更新项目沟通管理计划

C. 培训团队成员熟悉VR/AR技术

D. 与团队评估VR/AR技术的影响

111. 你正负责一个敏捷项目，客户代表与团队频繁互动，产品一直符合期待。由于工作调动，一名新的客户代表加入本项目，他对敏捷方法有一套自己的看法，但未接受过相关培训。你应该如何获取新客户代表的支持？（　　）

A. 请他参加团队的每日站会

B. 倾听他对敏捷的看法，并纠正他的观点

C. 在频繁互动中满足他的每个要求

D. 邀请他了解团队的敏捷培训计划

112》 公司要求项目团队加快研发速度，确保3个月内交付完整产品。其中的两个产品组件分别由不同的小组研发。两个小组对两个组件的集成方法分歧很大，无法协调。为此，项目经理决定把这两个组件都改由同一个小组来研发。项目经理使用了哪种冲突解决方法？（　　）

　　A. 撤退　　　　B. 缓和　　　　C. 妥协　　　　D. 强迫

113》 你负责一个实验室建设项目，实验室完成后将交给组织的检验科使用。检验科基于新设备的使用要求，提出要做一些小修改。项目经理应该如何处理这个问题？（　　）

　　A. 不采取任何行动，项目期间不需要考虑运营的要求
　　B. 要求他们向组织提出申请
　　C. 通知他们要求不能得到满足，可以在移交后再修改
　　D. 遵循变更管理计划

114》 在执行本迭代期的任务时，一名开发人员修改了某一系统数据，但没有将数据同步，导致关联系统不能运行。若要在将来避免这种情况，项目经理应该怎么做？（　　）

　　A. 要求每次改动后立即测试关联系统
　　B. 在每日站会上讨论如何解决该问题
　　C. 确保每次改动都经过项目经理审批
　　D. 在回顾会议上讨论该问题

115》 在项目执行过程中，项目的绩效信息反映出项目的执行情况符合项目计划的要求，各项指标的偏差都在允许的范围内。但是，客户对项目绩效表示了极大不满。你应该做什么？（　　）

　　A. 与项目管理团队开会研究　　　　B. 与客户见面
　　C. 重新检查项目绩效　　　　　　　D. 重新确定项目基准计划

116》 项目经理正在按计划招募所需团队成员，突然接到公司人事部通知，公司刚刚与A公司签订了为期2年的劳资协议，从现在起所有项目人员都要从该公司输入。项目经理面试后发现，A公司并没有完全符合要求的人员。项目经理应该怎么做？（　　）

　　A. 按原来的计划继续招募符合要求的人员
　　B. 与公司协商能否不使用A公司的资源
　　C. 从A公司寻找可用资源，进行培训
　　D. 建议变更合同，选择更好的合作公司

117» 公司为了国际化发展，为你的项目招聘了多个国家的团队成员。你第一次管理拥有众多国际团队成员的项目，应该如何管理跨文化的团队？（　　）

A. 强调团队成员的文化差异，对不同文化成员采取不同的管理方式

B. 避免文化差异的影响，每个国家的团队成员设为一个小组

C. 培养文化意识和文化敏感性，调整项目的沟通策略

D. 不必考虑团队成员之间的文化差异

118» 项目已经结束，正在进行项目后评价，项目经理要求开展客户满意度调查。但有一名团队成员认为没有必要，因为这个项目结束后，可能很长一段时间不会再与这个客户合作。以下说法正确的是（　　）。

A. 与客户核实是否还有合作项目，再决定是否开展客户满意度调查

B. 接受团队成员的建议，没有必要浪费资源开展客户满意度调查

C. 由公司高级管理层决定

D. 应该开展客户满意度调查，客户的反馈意见有助于项目后评价

119» 由于政府部门批复的概算资金有限，成本是本项目考核的一项重要指标。项目经理宣布，如果项目在规定的概算资金内完工，他将拿出节约资金的 **10%** 作为团队成员的奖金。这是哪种激励理论的例子？（　　）

A. 期望理论　　B. 马斯洛理论　　C. 成就动机理论　　D. 麦格雷格的 Y 理论

120» 项目团队第一次在某个国家实施项目，正在选择供应商。你希望供应商的关键人员中有项目所在国、熟悉当地政策法规并有丰富人脉关系的成员，以便协助确保项目合规。你应该如何行动？（　　）

A. 在与中标候选人谈判时提出这个要求

B. 将该要求作为选择供应商的主要评分标准

C. 要求供应商录用你所推荐的当地人

D. 在投标人会议上提出该要求

121» 项目管理办公室决定启动一个新项目。由于公司的人力资源政策不允许从外面招聘新员工，所以新项目就只能从现有项目中抽调员工。被抽调员工的项目，其绩效很可能受到损害。那么，应该从哪个项目抽调员工？（　　）

A. 项目 A，其净现值为 –100 美元

B. 项目 B，其净现值为 +50 美元

C. 项目 C，其内部报酬率为 10%，机会成本为 200000 美元

D. 项目 D，其直接成本为 100000 美元

122 » 你将负责一个智能建筑设计项目，项目以建筑物为平台，兼备信息应用系统、建筑设备管理系统和公共安全系统。建筑设计工作已经很成熟，而智能控制系统的模型结构和参数存在很大的不确定性。你应该建议本项目采用哪种生命周期类型？（　　）

　　A. 适应型　　　　　　　　　　B. 混合型
　　C. 迭代型　　　　　　　　　　D. 预测型

123 » 为了赢得客户好感，某团队成员向客户透露了关于其竞争对手的敏感信息，违反了团队的行为规范。项目经理应该如何与该团队成员沟通？（　　）

　　A. 私下与他沟通，口头警告他的行为
　　B. 发出书面处罚单，并在团队内公示
　　C. 先评估事件造成的实质性影响再决定
　　D. 记录他的不良行为

124 » 你刚刚得知一位团队成员已经给项目增加了一项很小的额外功能。假设增加这个额外功能不会对项目进度和成本带来任何不利影响，那么针对这个变更，你应该如何做？（　　）

　　A. 加以鼓励，并自豪地通知客户　　B. 了解所增加功能的情况
　　C. 对变更效果进行追踪　　　　　　D. 表扬该团队成员的创新精神

125 » 在与客户进行接触时，他们表达了对即将研发的新产品的总体构想，并提出由于自身资金的限制，整个项目将分两期进行，第一期产品满足基本办公要求就可以，第二期产品才会增加更多分析功能。客户的这些要求应该被如何处理？（　　）

　　A. 记录在项目章程中　　　　　　B. 记录在项目范围说明书中
　　C. 记录在相关的会议纪要中　　　D. 可以不用记录

126 » 项目将要采购并安装中央空调系统，并需要设备厂商提供 2 年的保修服务。项目完工后该系统才会投入使用，公司希望保修期从投入使用的日期开始计算，并且保修服务能够响应迅速。谁应该负责保修合同的谈判？（　　）

　　A. 保修服务在运营期开展，由运营团队主导谈判
　　B. 项目尚未结束，由项目团队负责谈判
　　C. 由运营团队主导合同谈判，项目团队提供协助
　　D. 由公司采购部门主导此次谈判

127» 巴伯负责某软件开发项目中的某个工作包，他曾经与小组中的两个成员认真讨论过该如何完成这个工作包。经过讨论，他们采取了与 WBS 词典中的规定有所不同的实施方法来完成这个工作包。结果，这个工作包不符合要求。项目经理应该（   ）。

A. 对相邻的工作包做适当调整，以确保更高层的 WBS 要素符合要求
B. 拒绝这个工作包
C. 要求巴伯小组返工
D. 向整个团队强调必须严格使用 WBS 词典中规定的实施方法

128» 项目经理正在领导团队编制工作分解结构。由于所掌握的信息不足，团队决定在子要素与母要素之间预留一定的时间，以便将来用这个时间去做额外的工作，确保母要素的完成。团队的这种做法是（   ）。

A. 完全错误的，因为违反了 100% 规则
B. 完全正确的，因为能保证母要素的完整性
C. 值得推荐的做法，因为考虑了风险
D. 值得推荐的做法，因为提高了按期完成项目的可能性

129» 项目分多阶段实施，每个阶段都有效益产生。2 年后项目因为成本严重超支，在第二阶段末被要求提前终止。审查时发现，其实第一阶段并没有取得预期的阶段效益，项目就被批准进入了第二阶段。谁应该对此负责？（   ）

A. 效益责任人　　　　　　　　B. 团队成员
C. 项目经理　　　　　　　　　D. 发起人

130» 项目所在国家的政治局势不稳定，需要与当局官员建立良好关系才能保证物资供应。该国目前在进行总统换届选举，两名候选人分别找到了你。其中一名候选人向项目寻求 1 万美元政治献金，另一名要求帮助搭建选举用的演讲台。你应该如何行动？（   ）

A. 只能帮助搭建演讲台，不能提供政治献金
B. 为与当局搞好关系，同意给两名候选人帮助
C. 分析项目目前状况，再决定是否提供这些帮助
D. 向高级管理层汇报

131» 你正在制定工作分解结构。通过前期的工作，你已经可以对每个可交付成果进行足够详细的持续时间和成本估算。现在，你应该（   ）。

A. 识别项目的主要可交付成果
B. 验证工作分解的程度是否恰当

C. 定义为完成每个可交付成果而需要进行的活动

D. 进行项目风险识别

132. 项目正处于启动阶段，几个关键技术专家能否到位，将直接决定项目能否正式启动。应该使用哪种方法来获取团队资源？（   ）

A. 谈判　　　　B. 招募　　　　C. 预分派　　　　D. 虚拟团队

133. 某个国际项目，项目团队中有一些刚从大学毕业的员工。项目经理已经按既定的岗位技术培训计划对他们进行了培训。之后，通过一段时间的观察和交谈，项目经理又发现他们的英语水平不能满足国际大项目的要求，需要进行额外的英语培训。麻烦的是，项目预算中并未包括英语培训费用。项目经理应该（   ）。

A. 从其他培训费用中节约出英语培训费用

B. 向项目执行组织提出申请，要求执行组织承担英语培训费用

C. 重新招聘英语水平高的人

D. 邀请愿意做志愿者的英语老师来免费提供英语培训

134. 你是项目管理办公室的主任，刚为某个项目委派了一名项目经理。他是第一次担任项目经理，正在为即将开始的项目章程编制工作征求你的意见。你可以给他的建议是（   ）。

A. 项目章程中必须包括里程碑进度计划

B. 项目章程中必须包括确定的项目预算

C. 项目章程中必须包括项目团队成员的名单

D. 项目章程中必须包括相关方登记册

135. 你作为新任项目经理加入本团队，发现团队成员的能力相差较大，但他们很有团队精神和协作意识，每个人都会因为拖延团队进度而感到羞愧。你应该如何管理这样的团队？（   ）

A. 重点考核团队成员的个人绩效

B. 对能力较低的团队成员开展统一培训

C. 鼓励他们继续共同努力并开展相互培训和辅导

D. 采取放任型领导风格进行管理

136. 你派某团队成员常驻客户的公司开展前期调研。他向你描述该公司等级制度森严，各业务部门不敢轻易提出自己的需求，需要向不同派系的领导请示。他觉得无法适应这种氛围。你应该给出什么样的建议？（   ）

A. 确保只与业务层部门的人打交道

B. 继续收集需求，观察该公司的运行方式并向你汇报
C. 迎合某些高层的要求
D. 选派更为灵活的团队成员替代他

137. 项目经理通过资格预审，确定了由7个厂家组成的合格卖方清单。已经向他们发出了招标文件，要求他们提交详细、全面的投标文件，并将组织专家进行评审。项目正处于采购管理中的哪个过程？（　　）

A. 实施采购　　B. 规划采购管理　　C. 控制采购　　D. 结束采购

138. 乔治第一次担任项目经理，随着项目工作越来越忙，你建议他最好进行授权。你应该给出哪条授权的具体建议？（　　）

A. 把自己不想做的工作授权给团队成员去做
B. 授权团队成员进行跨专业的协调
C. 把部分进度管理和成本管理工作授权给有能力的团队成员
D. 通过授权来减轻自己对整个项目的最终责任

139. 新加入团队的专家建议提高测试标准，并将交付高质量的产品视为项目成功的标准。而一名团队成员反对不惜代价提高质量，他认为在预算内交付符合质量要求的产品才算成功。你应该如何协调他们的冲突？（　　）

A. 强调本项目的质量和成本目标同样重要
B. 与他们共同查阅项目章程
C. 质量符合要求即可，支持第二位团队成员的观点
D. 分析新测试标准对项目预算的影响

140. 项目团队负责两轮汽车的研发，技术方案已经基本确定。由于此前没有类似产品能够落地，行业内还没有关于两轮汽车的相关政策。为了产品能够合规上路，项目必须从法律和技术角度入手识别风险，应该使用哪种风险识别技术？（　　）

A. SWOT分析　　B. 文件分析　　C. 头脑风暴　　D. 提示清单

141. 项目现场发生火灾，项目经理要求先评估现场情况，确认没有会引起爆炸的物品后才可以进入现场灭火。如何评价项目经理的这一做法？（　　）

A. 错过了最佳灭火时期
B. 应该先采取行动处理这种紧急情况
C. 评估了次生风险，防止二次伤害
D. 相关行动没有走变更流程

142. 在项目执行阶段的高峰期，某个关键活动的几名重要技术人员突然一起提出要离开项目，项目经理首先应该做什么？（　　）

A. 调整项目进度计划和进度基准
B. 从非关键活动上抽调人员，确保关键活动的工期
C. 实施风险应对措施
D. 请求管理层的支持，以留住他们

143 » 你通过电子邮件向客户发送项目设计的技术规范文件。但是，客户抱怨打不开文件，并因此不能按时进行审查。造成这种情况的原因是（　　）。

A. 相关方管理不当　　　　　　　B. 沟通规划不当
C. 信息发布错误　　　　　　　　D. 绩效报告错误

144 » 作为一个新成立的小公司，高层希望把有限的资金投资到最有价值的项目上。你作为拟派的项目经理，应该向高层建议（　　）。

A. 明确项目未来的收益并确保可测量
B. 启动项目前编制经济可行性研究报告
C. 开展项目组合管理
D. 只做投资回收期短的项目

145 » 你向高级管理层提交了成本预算，但是，他们认为预算太高，要求降低10%。你应该（　　）。

A. 服从管理层的指示，将预算调减10%
B. 采用成本较低的资源
C. 请管理层先批准此预算，并答应他们在执行过程中设法节约
D. 通知管理层需要削减一些工作

146 » 制药车间生产的一种中间产品需要在2～5摄氏度的环境下储存，要求24小时对冷库进行不间断供电。为了确保24小时供电，工厂制定了双市政电源供电的方案，如果第一个电源断电，就启用第二个电源。为了保证万无一失，还额外制定了自备柴油机发电的方案。这是以下哪一项的实例？（　　）

A. 应急计划和权变措施　　　　　B. 应急计划和弹回计划
C. 权变措施和弹回计划　　　　　D. 应急应对策略和权变措施

147 » 一位项目经理平时能说会道，善于协调各参建单位的关系，却不善于在高层会议上进行工作汇报，每次总是准备充分但在高层面前表现糟糕。这反映了这位项目经理在沟通中的哪点不足？（　　）

A. 与高层的关系不好　　　　　　B. 沟通胜任力不足
C. 沟通需求分析不到位　　　　　D. 沟通方法选择不当

148》 团队必须快速交付一个智能家电产品。项目需求不明确，项目经理希望通过用户体验来收集足够的需求，在多个短周期内不断修改产品，直到最终产品可以推向市场。项目经理应该使用哪一种需求收集方法？（　　）

A. 联合应用开发　　　　　　B. 名义小组技术
C. 系统交互图　　　　　　　D. 原型法

149》 项目的可交付成果已完成，并通过了内部的质量检验。团队成员建议举办一个移交仪式，请客户进行正式验收并完成移交。为了确保移交仪式的顺利开展，项目经理应该提出以下哪项要求？（　　）

A. 在移交仪式之前，客户支付剩余项目尾款
B. 先由客户进行正式验收，再举办移交仪式
C. 先开展采购审计，再举办移交仪式
D. 在移交仪式上由客户签发书面的验收文件

150》 对隐性知识的管理更加有难度，以下哪项应该被识别为隐性知识？（　　）

A. 项目中的保密文档
B. 没有被记录下来的各种知识
C. 某位专家头脑中的工作心得和诀窍
D. 团队成员的个人书面笔记和总结

151》 为了压缩历时，你希望对项目进行快速跟进。你从项目的进度计划中得到如下关于各活动的浮动时间的信息：活动B为2周，活动C为1周，活动D为0周，活动E为3周，活动F为1周，活动G为0周，活动H为4周，活动I为0周。你将对哪个活动进行快速跟进？（　　）

A. B和E　　　B. C和F　　　C. H和I　　　D. D和I

152》 公司正在进行一系列变革，希望通过创新赢得竞争力。你领导一个战略项目，一名团队成员提供了一种创新做法，希望进行小范围试验。然而高层要求战略项目不允许有任何失败。你应该如何行动？（　　）

A. 进行成本效益分析，向高层展示可能带来的收益
B. 授权团队开展试验，直到取得成功再向公司汇报
C. 与高层探讨组织文化对创新的影响
D. 提议在公司的其他项目上进行试验

153》项目所在国正在进行总统选举。作为当地一个重要项目的项目经理，你发现三名总统候选人的竞选纲领中都有相关内容，可能会对你负责的项目产生不利影响。从冲突的演变阶段来看，目前处于冲突的哪个阶段？（　　）

  A. 潜伏阶段　　　B. 呈现阶段　　　C. 感知阶段　　　D. 结束阶段

154》你和客户制定了为期5个月的设计合同，恰逢公司关键岗位人员调整，你迟迟未能得到某个合适的人力资源来开展项目。合同签订后1个月，你终于争取到合适的人员开始设计工作。为确保按期交付成果，你应该（　　）。

  A. 和客户协商新的完工日期　　　B. 执行风险管理计划
  C. 通过赶工完成项目　　　D. 使用管理储备

155》你正在组建一个高科技项目的项目团队。根据项目的资源管理计划，项目团队需要来自5个国家的成员。鉴于项目的预算很紧张，项目负担不起这些成员的国际差旅费。你最好采用以下哪种方法来组建团队？（　　）

  A. 虚幻团队　　　B. 虚拟团队　　　C. 预分派　　　D. 多标准决策分析

156》项目进入收尾阶段，团队成员已经开始人心惶惶，急切地去寻找下一份工作。如要避免这个问题，项目经理应该事先做什么？（　　）

  A. 制订奖励和认可的计划　　　B. 开展有效的团队建设
  C. 提前做好团队成员的遣散安排　　　D. 制订用人有关的风险应对计划

157》发起人参与了项目可交付成果的正式验收。收尾阶段进行移交时，发起人表示不会接收项目的可交付成果，必须移交给他指定的运营公司。项目经理应该如何行动？（　　）

  A. 与发起人沟通，说明必须由参与正式验收的人来接收
  B. 暂不移交，直到项目发起人同意接收
  C. 按发起人的意见，移交给运营公司
  D. 查阅项目相关方参与计划

158》项目正在开展阶段末评审，由于忽略了对负面相关方的管理，项目进展缓慢，第一阶段绩效并不理想。为了让第一阶段的问题以后不再发生，项目经理应该如何行动？（　　）

  A. 更换第一阶段工作不力的团队成员
  B. 把问题和分析写入第一阶段的经验教训总结里
  C. 要求下一阶段的执行者加强相关方管理
  D. 继续与第一阶段的相关方进行沟通

159. 公司决定改造自用办公大楼，任命你为项目经理。为保证尽早交付使用，必须尽可能协调好设计和施工。你应该采用哪种交付方式？（　　）

A. 建造—拥有—运营—转让（BOOT）模式
B. 设计—建造—运营（DBO）模式
C. 设计—采购—施工（EPC）模式
D. 设计—建造（DB）模式

160. 你正在管理一个公共项目。该项目牵涉所在城市所有居民的利益，是当地媒体和居民关注的热点。他们想要了解项目的一切情况。针对这种情况，你会使用哪种沟通方法来发布项目的工作绩效信息和工作绩效报告？（　　）

A. 推式沟通　　B. 拉式沟通　　C. 互动沟通　　D. 书面沟通

161. 在审查项目的工作绩效信息时，你发现项目中某项工作的成本偏差百分比为7%。项目的成本管理计划中所规定的控制临界值为±10%。你应该（　　）。

A. 立刻调查根本原因并采取纠正措施
B. 继续监视事态发展
C. 获得更有经验的人员来开展项目工作
D. 向发起人要求增加资金

162. 开发团队为了赶进度而出现大量BUG。测试团队指出一个问题，开发团队就修改一个。项目经理要求开发团队思考问题发生的原因，主动发现同类问题，降低测试工作量。开发团队应该使用什么图形工具来改进质量？（　　）

A. 散点图、亲和图　　　　　　B. 因果图、直方图
C. 亲和图、流程图　　　　　　D. 因果图、亲和图

163. 一名新的团队成员向你抱怨，由于他总是直接指出其他人的工作问题，在团队中被视为不受欢迎的人。而在他此前的项目中，大家经常开诚布公地指出彼此的问题，这种行为还会得到鼓励。你应该如何指导他融入现在的团队？（　　）

A. 向他解释团队的文化和价值观
B. 明确他的工作职权和职责
C. 与他一起查阅团队章程，查看团队的沟通指南
D. 为他组织一次团建活动

164. 公司计划实施敏捷转型，选择了三个项目作为试点。作为其中一个项目的管理者，你应该如何验证使用敏捷方法后的绩效改进？（　　）

A. 团队成员的离职率降低　　　B. 个人绩效得到提升

C. 团队进入自组织状态　　　　　　D. 项目的实施周期缩短

165. 本周计划完成 2000 平方米道砖的铺设，实际完成了 1800 平方米，实际花费了 52500 元。如果道砖的预算单价为 35 元/平方米，本周项目的成本绩效指数是多少？（　　）

A. 0.8　　　　B. 1.2　　　　C. 1.5　　　　D. 1.0

166. 由于市场环境的变化，客户增加了 5 个新功能，要求项目经理提交一份报价单。为了准确报价，项目经理希望用故事点表示所需工作量。项目团队应该如何执行故事点的估算工作？（　　）

A. 由项目经理进行估算

B. 由开发人员进行估算

C. 召开会议，由团队进行估算

D. 把功能分配给团队成员，由个人执行估算

167. 你得到了如下关于活动、逻辑关系和持续时间的信息：a 是开始活动，工期 3 天；b 是开始活动，工期 7 天；c 的紧前活动是 a（开始到开始关系），工期 4 天；d 的紧前活动是 a 和 b，工期 1 天；e 的紧前活动是 c 和 d，工期 6 天；f 的紧前活动是 d，工期 5 天；g 为结束活动，其紧前活动是 e 和 f，工期 2 天。位于关键路径上的活动有（　　）。

A. bdfg　　　　B. deg　　　　C. aceg　　　　D. bdeg

168. 项目为了实现公司占领北方地区市场的战略目标而启动，项目按时完成并交付产品，项目的各指标均符合要求，成本还有所节约。但由于竞争对手加快研发速度抢先产品上市，公司并没有赢得本该赢得的市场份额。应该如何评价本项目？（　　）

A. 项目与公司战略目标方向一致，项目是成功的

B. 项目进度、成本等指标均符合要求，项目是成功的

C. 从商业角度看，项目没有成功

D. 这是市场环境变化导致的，项目仍然是成功的

169. 一名项目员工经常提出一些奇思妙想，这种行为被其他团队成员视为不务正业。但你鼓励他把这些创意转化为有用的成果，并允许他拿出 20% 的工作时间用于试验自己的创意。为鼓励其他团队成员创新，你接下来应该如何行动？（　　）

A. 确保团队接受创新的核心价值观

B. 制定创新有关的奖励制度

C. 总结经验教训，确保成功经验的复制

D. 允许每个员工拿出 20% 的工作时间用于创新

170 » 管理层很不满意你的项目的进展情况。项目开工 2 年以来，发生了几件意外的负面事件，使项目绩效持续恶化。项目管理办公室主任告诉你，如果你不能在后续的时间内扭转局面，使项目绩效回到项目计划上来，你将只能去公司的餐厅干活了。为了确定未来的绩效目标，你将计算（　　）。

A. 完工预算（BAC）
B. 完工估算（EAC）
C. 完工尚需绩效指数（TCPI）
D. 完工偏差（VAC）

171 » 你所负责的项目，总预算为 12000 美元，需要在 6 周内建造 100 个产品。你刚刚开始第 4 周，到目前为止，你花了 4000 美元，成功地建造了 50 个产品。在这种情况下，成本偏差说明了什么？（　　）

A. 项目正在 110% 地按照预期进度计划执行

B. 项目低于预算 2000 美元

C. 项目在预算内

D. 项目每花费 1 美元做了 2 美元的工作

172 » 公司发布一项新的奖励制度，要求你用于团队。你认为这种主要基于个人绩效的奖励制度并不适合你的敏捷团队，可能会导致团队内部的不良竞争和冲突。接下来，你应该如何行动？（　　）

A. 与高层管理者沟通该问题

B. 收集新制度使用过程中的问题

C. 召开团队会议，询问团队成员的意见

D. 在工作中始终强调团队绩效的重要性

173 » 对某一产品的连续生产过程进行监测，描绘的控制图如下所示。下列哪个是对生产过程的当前状况的正确描述？（　　）

A. 数据点起伏较大，生产过程失控

B. 出现了七点规则的情况，生产过程失控

C. 生产过程处于受控的正常状态，不需要采取任何措施

D. 生产过程即将失控，必须立即采取预防措施

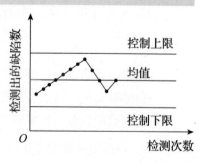

174 » 某软件公司推出了一个新的统计分析软件，能够处理多达 500 个变量和 10 万个调查样本。该软件发布后，受到了用户的热烈欢迎。不过，该软件的售价高达 1 万元，使在校大学生可望不可即。为此，该公司决定专门针对学生发布该软件的学生版，其他方面都保持不变，只是把能够处理的变量限制在 50 个，样本限制在 1000 个。与正常版的软件相比，该学生版软件是（   ）。

　　A. 低质量、低等级的　　　　　B. 高质量、高等级的
　　C. 相同质量、低等级的　　　　D. 低质量、相同等级的

175 » 2 名项目团队成员因为之前积累的私人矛盾而不能在项目上有效合作。项目经理应该引导他们用以下哪个方法去处理私人矛盾？（   ）

　　A. 解决问题　　B. 强迫　　C. 面对　　D. 缓和

176 » 公司即将采用测试驱动开发的新方法。该方法要求把测试工作提到编码之前，并且更加频繁地运行所有测试，开发人员和测试人员都必须进行培训。新方法的实施会导致项目的哪部分投入增加？（   ）

　　A. 预防成本　　B. 评估成本　　C. 一致性成本　　D. 项目预算

177 » 相关方 A 是项目的重要相关方，相关方 B 的权力和影响都比较小。在项目执行过程中，你发现相关方 B 好像能对相关方 A 产生较大影响，从而导致相关方 A 的态度变化。你应该如何处理？（   ）

　　A. 把相关方 A 和 B 分开，不让他们直接接触
　　B. 把相关方 B 也列为项目的重要相关方
　　C. 更新相关方参与计划中的管理策略
　　D. 加大对相关方 A 的管理力度

178 » 项目团队正在规划如何对产品的质量进行测试和检验，如果检验所有产品的质量，可能会带来成本的大幅上升，甚至检验费会超过生产成本。项目经理应该如何行动？（   ）

　　A. 仍要求对所有产品开展测试和检验
　　B. 选取部分样本做抽样检查
　　C. 开展成本效益分析
　　D. 分析质量成本

179 » 新立项的系统开发项目需要来自多个不同国家的成员远程合作。计划在大洋洲、欧洲和美洲分别组建一个同类型开发小组。为了满足非常紧张的工期要求，三个小组之间应该采用以下哪种合作方式？（   ）

A. 远程结对编程 B. 鱼缸窗口
C. 追逐太阳 D. 信息发射源

180. 由于航班延误，某一潜在投标人未能参加投标人会议，他打电话给你，希望询问一些关于招标文件的问题。作为项目经理，你应该怎么做？（ ）

A. 电话中回答他的提问
B. 再次举办投标人会议，邀请他参加
C. 拒绝电话中回答他的问题，但告诉他你将把今天的投标人会议纪要发给包括他在内的每个投标人
D. 这是保密信息，不能告诉他

181. 你的项目正受到政治因素的影响。你知道公司某个专家很有政治敏锐性，善于巧妙处理此类问题。他目前正为其他项目工作，该项目已经处于收尾阶段。你应该如何行动？（ ）

A. 查看该项目的遣散计划，了解该专家何时可以离开
B. 通过视频会议与该专家互动
C. 与该专家取得联系，请他发送经验教训文档
D. 向公司预定该专家，在该项目结束后为你的项目工作

182. 一个项目正在执行过程中，某个团队成员告诉项目经理，不少人都认为项目将无法达到既定的质量要求。项目经理召集相关人员开会，试图解决这个问题。项目经理正在从事（ ）。

A. 项目质量管理工作 B. 管理质量过程
C. 控制质量过程 D. 规划质量管理过程

183. 新加入团队的一名设计师提出辞职，频繁的对外联络让他无法专心工作。你了解到他是业内认可度很高的新锐设计师。他擅长设计工作但不喜欢对外打交道，而该岗位需要经常向客户汇报和沟通方案，你应该如何处理该情况？（ ）

A. 授权他成立设计小组，寻找可以协助他对外沟通的助手
B. 进行专项评估，了解他的优势和劣势
C. 对他开展人际交往方面的培训，使之具备岗位能力
D. 修改设计师岗位的能力要求，不要求他与客户打交道

184. 公司的质量保证部门刚刚对项目进行了质量审计，并指出项目执行过程中存在的某些问题可能导致项目产品的质量缺陷。下一步应该做什么？（ ）

A. 把质量审计结论加到经验教训文档中

B. 提出变更请求
C. 要求质量保证部门分析问题产生的根本原因
D. 不理会质量审计的结论

185》 在管理项目团队中，项目经理发现某名团队成员时常不能按时完成任务。查阅了他的相关资料后，发现他其实具备较强的工作能力。项目经理接下来应该如何对他开展管理？（　　）

A. 给他分配更具挑战性的任务
B. 留意他的工作态度和工作意愿
C. 对他规定更加严格的要求，鼓励其好好表现
D. 调整对他的管理和领导方式

186》 经过半年试点后，公司确定目前不适合在全范围内实施敏捷开发，可以精选一些创新型产品开发项目实施。你正负责这样一个项目，应该挑选什么样的员工加入你的团队？（　　）

A. 具有丰富创新经验的人　　B. 工作自觉性很高的人
C. 善于独立完成任务的人　　D. 精通某一领域的主题专家

187》 你的团队联络员彼得与供应商团队的联络员乔治发生矛盾，导致项目信息不能及时共享。乔治试图找彼得沟通，但彼得拒绝搭理他。还好你及时发现这个问题，你应该如何解决？（　　）

A. 要求他们两个自己解决这个问题　　B. 从中协调，促成他们和解
C. 与乔治的领导沟通　　D. 对两人分别发出警告

188》 你为某综合性房地产公司工作，公司设有工程部和运营部。你负责的酒店建设项目已经进入收尾阶段，接下来运营部将接手完工的酒店。目前你还需逐步完成哪些工作？（　　）

A. 举办完工庆祝会，宣布项目正式关门
B. 获得主要相关方的最终验收，把酒店移交给运营部，并调查相关方满意度
C. 获得运营部的最终验收和对酒店的接管，并调查运营部的满意度
D. 把与运营部的合同正式关闭

189》 某个为期1年的项目已经在规定的时间和预算内完成，关键项目相关方也认为该项目已经实现项目章程中所规定的项目目标。但是，某职能部门经理却对项目十分不满。他抱怨说，由于工作时间太长（经常加班），他派到项目上的员工有差不多一半已在项目执行期间辞职。以下哪项最准确地描述了该项目的情况？（　　）

A. 高级管理层给项目提供了足够的人力资源，并且项目已经实现既定的目标
B. 项目的人力资源不足，并且计划的完工时间与可用的人力资源数量不匹配
C. 职能部门经理对项目的支持力度不够
D. 关键相关方对项目的参与程度不够

190 » 团队共同完成了故事点估算，正在通过拳五法进行决策。项目经理发现只有一名团队成员伸出两个手指，其他团队成员都伸出五个手指。项目经理应该如何确保团队达成一致？（　　）

A. 使用引导技术，让所有团队成员达成一致
B. 要求该成员说明反对意见及理由
C. 继续进行投票，直到所有人都同意
D. 按照大多数原则，团队已经达成一致

191 » 你的某些团队成员之间的沟通经常出现问题，导致合作欠佳。你计划抽一个周末，把整个团队带到一个度假村参加一系列拓展训练，并组织篮球、排球和足球比赛。这些活动最有利于改善（　　）。

A. 团队绩效　　B. 项目质量　　C. 团队士气　　D. 个人绩效

192 » 项目正处于收尾阶段，很快就可以做完财务收尾、法律收尾和行政收尾。在收尾阶段的最后，项目经理必须把项目正式关门，并且（　　）。

A. 把对项目成果的照管责任转移给指定的相关方
B. 解决与采购合同有关的一切未决问题
C. 完成对项目成果的正式验收
D. 更新项目管理计划

193 » 为移除敏捷方法的阻碍，改变现在开发与测试的对立局面，你建议公司拆散原来独立的测试部和开发部，把开发和测试人员按 2:1 分配到各个项目团队。公司要求你协助调查两个部门对此事的态度，你应该如何行动？（　　）

A. 召集两个部门的人共同开展头脑风暴
B. 一对一访谈每个部门的员工
C. 把两个部门召集在一起召开引导式研讨会
D. 在测试部和开发部分别召开焦点小组会议

194 » 在项目进展过程中，团队成员经常变化。那些已经完成相关工作的成员，应该及时从项目中遣散，以便节约项目成本，并使他们能顺利过渡到下一个项目或回到职能部门。在某个成员因完成工作而离开时，项目经理应该（　　）。

A. 给他复制一份项目资料留作纪念
B. 更新成员的档案，记录他在本项目上的表现
C. 邀请成员参加完工聚会
D. 确保他的离开不会影响项目工作

195 » 项目进入收尾阶段，项目经理和项目管理团队需要履行对组织过程资产更新的责任。以下哪项是他们应该做的事情？（　　）

A. 更新组织中的项目管理政策
B. 更新组织中的项目管理程序
C. 更新组织中的共享项目知识库
D. 更新组织中的项目管理工作指南

196 » 在每日站会上，某团队成员提出一个可能影响其工作进展的风险事件，希望得到解决。接下来应该如何处理？（　　）

A. 重新排列工作优先级以应对该风险
B. 在下一次迭代规划会上讨论该风险
C. 团队成员在会议后讨论解决
D. 对该风险实施定量分析，了解具体影响

197 » 新工厂项目计划选址在某个非洲国家，因为廉价的劳动力成本是保证公司盈利的重要前提。在前期考察中，你发现当地的文化、宗教、法律体系及社会监管要求等都与国内有很大差异，而且公司还没有进行跨文化管理的经验。所有这些都会提高项目失败的可能性。接下来你应该如何行动？（　　）

A. 创建风险登记册
B. 分析对商业论证的影响
C. 建议公司放弃现有的选址计划
D. 将所发现的情况记录在风险报告中

198 » 客户是一家创业公司，希望设计一款医疗咨询类 App，实现用户自助查询、自助诊断和医生在线解答等功能。为了减小该服务模式上市后的风险，客户要求先快速验证该模式的可行性。项目一期投资非常有限。你应该如何带领团队开展工作？（　　）

A. 招募医生及合作商，共同开发产品
B. 采用敏捷方法尽快开发完整的产品交付给客户
C. 以最小成本设计产品原型并推向市场
D. 打造最小可行产品，寻找体验用户进行测试

199. 需要聘请一位咨询专家为本项目提供技术咨询服务。现在，只知道这类咨询服务工作的性质，还不知道究竟需要多少时日的咨询服务。为了尽快签订咨询服务合同，最好采用哪种合同类型？（　　）

　　A. 总价合同　　　　　　　　　B. 成本补偿合同
　　C. 总价加经济价格调整合同　　　D. 时间和手段合同

200. 在项目的执行阶段，一个新成员加入了项目团队。项目经理要求他先跟着一个经验丰富的老成员实习一个月。这种工作跟随方式最有利于（　　）。

　　A. 新成员与老成员发展个人友谊　　B. 新成员迅速有效地融入团队
　　C. 新成员学习老成员的显性知识　　D. 新成员学习老成员的隐性知识

02 / 综合模拟试题二

1» 某项目的状态报告显示，项目的完工百分比为30%，实际已经使用了60%的日历时间。在获得这个状态信息之后，管理层对项目进度大为不满，要求采取措施加快进度。你作为管理层的项目管理顾问，应该给管理层提供什么建议？（   ）

A. 重新确定进度基准，以便符合实际情况
B. 对关键活动进行分析，确定能否赶工或快速跟进
C. 识别实际持续时间超过计划持续时间的那些活动
D. 收集更多信息，以便做出正确判断

2» 某项目的标的额为300万元，计划工期为3月1日至5月31日。按照里程碑规划，在第1个月结束时，项目计划实现100万元的价值。在3月31日进行阶段末评审时，项目经理发现，项目只实现了90万元的价值，只完成了原计划25天应该完成的工作。根据挣得进度理论，以下哪个选项是正确的？（   ）

A. SPI = 0.81
B. SPI = 0.90
C. CPI = 0.90
D. CPI = 0.81

3» 项目成功的原因往往是相似的，但失败的原因是多种多样的。以下哪项最好地描述了导致项目失败的主要原因？（   ）

A. 没有项目管理办公室、没有项目章程、没有项目管理计划
B. 相关方需求不清楚、团队成员地理位置分散、团队建设不力
C. 缺乏高级管理层的支持、相关方负面影响大、项目团队内部不协调
D. 组织文化、相关方需求不清楚、项目目标不可测量

4» 你正在辅助项目发起人筹备一个项目。项目的关键相关方希望以频繁交付增量价值的方式来实现项目的交付。该项目应该采用以下哪种生命周期？（   ）

A. 预测型生命周期
B. 适应型生命周期
C. 开发生命周期
D. 混合型生命周期

5. 公司专为客户实施创新型的高难度项目。你的主管是一名极富感染力和创新精神的管理者。为了找到项目所需的人才，他经常亲自主持面试，并向面试者生动地描述项目即将为行业带来的颠覆性革命，以及项目成果将如何改变世界。你怎样评价这位主管的领导力风格？（　　）

  A. 变革型　　　　B. 魅力型　　　　C. 交易型　　　　D. 交互型

6. 经过商业论证，某项目被证明具有商业可行性，已经进入启动过程组办理立项手续。这时，一位职能经理对项目提出了强烈的反对意见。项目经理应该怎么办？（　　）

  A. 停止编制项目章程，要求发起人重新开展商业论证
  B. 继续开展制定项目章程过程
  C. 要求该职能经理去找项目发起人反映意见
  D. 告诉该职能经理现在提反对意见为时已晚

7. 一个全球项目中，团队专家第一次通过电话会议为某区域解决问题。客户代表迟到，严重影响了专家们的工作。项目经理与大家沟通后，正式发布邮件要求所有人必须准时参会，包括务必确保自己的客户按时参会，同时规定迟到的区域将负担专家的额外费用。项目经理正在使用哪个技术管理相关方？（　　）

  A. 专家判断　　　　　　　　　　B. 沟通技能
  C. 人际关系与团队技能　　　　　D. 基本规则

8. 在合同实施过程中，你发现卖方违规将部分项目工作分包给了另一家公司。这大大增加了项目的风险。项目经理应该怎样做？（　　）

  A. 与卖方沟通变更合同　　　　　B. 继续执行项目并更新风险登记册
  C. 查阅合同　　　　　　　　　　D. 直接提出合同解约

9. 项目团队中的一个小组刚刚完成了一项可交付成果，并提交给控制质量过程检查。你得到的检查报告显示，可交付成果在一个不太重要的方面未达到质量要求。根据你自己的经验，你认为这个问题很小，不会影响项目产品的正常使用。你应该（　　）。

  A. 把该可交付成果提交给确认范围过程
  B. 签发变更令，调整对该可交付成果的质量要求
  C. 拒绝接受该可交付成果
  D. 要求项目小组承担质量缺陷责任

10. 随着员工人数的急剧扩张，公司建议部分员工在家办公。在你即将开始的下一个项目中，**50%**的团队成员将通过网络为项目工作。你应该如何预防未来可能出现的沟通问题？（　　）

A. 要求定期召开工作视频会议

B. 发放调查问卷，明确每个人的沟通需求

C. 确保预留足够的资金以改善沟通技术

D. 制定项目组织图，展示团队成员之间的报告关系

11. 项目经理正在管理一个施工项目。请根据下图回答，以下哪一选项是项目当前状态的准确描述？（　　）

已知：

路径 ABCF：AC = 30 万元；EV = 50 万元；PV = 45 万元

路径 ADF：AC = 25 万元；EV = 30 万元；PV = 28 万元

路径 AEF：AC = 40 万元；EV = 45 万元；PV = 42 万元

A. 进度落后，成本超支 　　B. 进度提前，成本节约

C. 进度落后，成本节约 　　D. 信息不全，无法判断

12. 你所管理的项目计划在年底上线。这时，项目发起人要求应用区块链技术改善项目成果，项目上线时间提前到 6 月 30 日，因为竞争对手公司的类似项目预计将在 8 月上线。作为项目经理，你应该怎么做？（　　）

A. 分析项目工期能否缩短半年

B. 实施成本效益分析

C. 记录变更请求，听取项目相关方的反馈

D. 同意发起人的要求，要求团队赶工以便提前上线

13. 设计工作被外包给 A 公司，一名团队成员负责监控设计进度。设计工作的进度将会严重影响后面几个阶段，该团队成员很担心不能有效地监控设计进度。项目经理应该建议他怎么做？（　　）

A. 审核 A 公司的设计工作 WBS

B. 由项目团队制定设计工作的 WBS，交给 A 公司执行

C. 在项目 WBS 中列出"设计工作"工作包，并增加"项目管理"分支

D. 向 A 公司强调合同中约定的检查时点和延期处罚条款

14. 由于未及时确认变更，项目被合作多年的供应商告上法庭并要求赔偿，项目遭遇了前所未有的危机。项目经理了解到，法务部主管曾经担任过该供应商的法律顾问。为化解这场危机，项目经理应该如何行动？（　　）

A. 请法务部主管指导本项目赢得诉讼
B. 由法务部主管出面联系该供应商，寻求和解
C. 由公司高层出面，要求法务部主管协助解决该问题
D. 召开团队会议，启动危机应对措施

15》 项目进入执行阶段，需要从另一个国家以较低价格进口一种关键设备。设备的价格和到货时间对项目的成本和进度有重要影响。这两个国家的贸易关系一直很好，出现贸易摩擦的可能性非常小。这种情况首先应该被记录在哪个项目文件中？（　　）

A. 问题日志　　　B. 项目章程　　　C. 风险登记册　　　D. 假设日志

16》 本项目的成功，很大程度取决于采购工作能否顺利完成。团队第一次开展国际采购，由于经验不足导致设备采购严重影响了项目进度。为了让第二阶段的采购顺利进行，避免重犯错误，你应该要求（　　）。

A. 将第一阶段的教训记录在经验教训登记册中
B. 开展第一阶段的阶段末审查
C. 评估项目是否可以进入第二个阶段
D. 提出修改进度计划的变更请求

17》 公司正在通过实施 IT 项目提升精算能力。某团队成员尝试使用了一种新技术进行内部收益率的测算，发现比原有方法更为准确。如果该技术应用于公司所有业务，可能较大地提升精算能力。但一部分人则担心新技术的使用会让整个系统更加复杂。项目经理应该怎样做？（　　）

A. 更新风险登记册
B. 禁止使用新技术，避免引发风险
C. 更新风险管理计划，提倡使用新技术
D. 要求人们不要担心新技术可能导致的风险

18》 某供应商因为一批次产品成分标注造假而被媒体曝光，你刚刚看到新闻才得知这个消息。该供应商已和公司合作十余年，一直信誉良好。项目还有 1 个月就结束，为确保对项目的影响最小，你应该如何处理？（　　）

A. 不对其他团队成员透露这个信息　　　B. 与该供应商沟通如何处理
C. 核实该批次产品是否被用于项目上　　　D. 按合同中的争议条款解决

19》 为了加快研发速度，客户第一次使用敏捷方法开发产品。作为项目经理，你希望客户能够持续且深入地参与项目，及时参与评审原型并提出需求。客户表示他们的人员很紧缺，不能指派全过程参与的代表。你应该怎么做？（　　）

A. 把客户参与度低记录为项目的高层级风险

B. 不开发可用的高保真原型，用故事板代替

C. 要求客户一次提供所有需求，不再变更

D. 宣讲敏捷方法，让客户意识到其参与度对开发进度的影响

20》 创新型公司人员流动性比较高，公司要求各项目把知识管理作为一项必须开展的工作。项目经理采取哪项措施可以确保符合公司的这个要求？（　　）

A. 定期向公司提交书面记录下来的知识　　B. 设立奖项，鼓励大家分享知识

C. 把知识管理工作落实到每个人　　　　　D. 把知识管理列为一个工作包

21》 在项目收尾阶段，项目管理团队编制了项目最终的工作绩效报告，显示项目成本没有超过预算，工期也没有拖延，而且项目产品的功能还比计划增加了2项。在随后开展的客户满意度调查中，客户表示对项目很满意。这种情况意味着什么？（　　）

A. 项目很成功，因为实现并超过了原定目标

B. 项目不成功，因为项目"镀金"了

C. 项目不成功，因为客户本来应该为额外的功能付款

D. 项目很成功，因为成本和工期都未超出计划的要求

22》 杰生被派到正在执行的项目上。项目经理李昂为了帮助杰生尽快熟悉项目，向他介绍了项目的背景，并口传心授了如何洞察相关方之间的微妙关系，避免踏入雷区。李昂向杰生传授的内容是（　　）。

A. 组织过程资产　　B. 事业环境因素　　C. 显性知识　　D. 隐性知识

23》 你和卖方会晤并就一个范围变更达成了一致意见。之后，卖方给你反馈，他在与你方的采购管理员办理合同变更手续时遇到了麻烦，采购管理员不愿意做出相应变更。你最好（　　）。

A. 坚持原有意见，命令采购管理员进行变更

B. 与采购管理员共同解决问题

C. 告诉卖方你也无能为力了

D. 向高级管理层求助

24》 你负责的当前项目快结束了，几个新出现的项目相关方得知该项目会对他们造成影响，就提出了一些额外的需求。由此产生了问题，因为你的项目管理计划并未包括实现额外需求所需的资金和时间。为了避免类似问题出现在未来的项目中，你最应该做什么？（　　）

A. 更加彻底地编制WBS字典，避免不完整的描述

B. 更加彻底地检查项目章程，防止遗漏项目发起人的需求
C. 更加彻底地做好采购规划工作
D. 把更多的精力放在项目相关方管理上

25» 你所负责的 IT 项目已进入测试阶段。每天的统计结果显示，缺陷数量仍高于交付标准。经过一轮修复后，你让团队成员使用控制图进行检查，确保达到质量要求。这是在执行哪个管理过程？（   ）

A. 管理质量   B. 控制质量   C. 规划质量管理   D. 报告质量

26» 公司某职能部门的员工汤姆先被调入 A 项目工作了三个月，后又被分配到 B 项目工作了三个月。他一年中在三个地方工作，使他的工作业绩年度考核不同寻常。公司人力资源管理部门应该就该员工的年度业绩考核对两个项目的项目经理提出以下哪个要求？（   ）

A. 各自考核该员工的表现
B. 联合考核该员工的表现
C. 帮助更新事业环境因素
D. 帮助更新组织过程资产

27» 项目的两个重要团队成员就一个潜在的解决方案存在争议，项目经理参与讨论，并设法提醒他们过去曾一起创造过优秀的成果。这是哪种冲突解决方法的例子？（   ）

A. 妥协   B. 缓和
C. 参照   D. 撤退

28» 某项目组除了给团队成员提供医疗保险，还规定了卓越业绩可以带薪休假 10 天的奖励。虽然都是福利，这二者是完全不同的，因为（   ）。

A. 前者是边际福利，后者是额外待遇
B. 后者是边际福利，前者是额外待遇
C. 前者是期望理论的应用，后者是需求层次理论的应用
D. 前者是需求层次理论的应用，后者是期望理论的应用

29» 为了加速从传统开发模式向敏捷模式转变，公司对所有测试人员进行培训后将他们编入开发团队中。开发团队因为不能适应测试驱动开发模式，很难与测试人员开展合作。为了预防这种情况，项目经理事先应该做什么？（   ）

A. 使开发团队和测试人员都理解彼此在敏捷团队中的新角色
B. 对开发人员培训测试驱动开发的新型开发方法
C. 建议公司保持独立的测试部门
D. 开展回顾性审查

30» 在项目执行中期,几个团队成员对应该由哪些人来完成一个重要的工作包,发生了意见分歧。有一个成员坚持认为自己应该参与该工作包的执行工作,至少也应该提出一些意见。在查看项目计划时,你发现其中很多活动并没有明确规定由谁来负责和执行。为了加强控制,你需要(　　)。

A. 重新编制资源管理计划
B. 重新编制工作分解结构,对该工作包进行调整
C. 召集团队成员编制责任分配矩阵
D. 与负责该工作包的人商量,让这个团队成员参与进去

31» 安吉拉是刚刚加入的项目助理,她负责分发项目信息。她似乎不知道如何有效开展工作,每次都要询问其他人某文件应该发送给谁。为了提高她的工作效率,你建议她认真查阅(　　)。

A. 责任分配矩阵　　　　　　B. 项目管理计划
C. 沟通管理计划　　　　　　D. 相关方登记册

32» 敏捷团队完成了第二次迭代,在演示成果期间,产品负责人口头要求进行一项变更,每个团队成员都同意了该变更。项目经理接下来应该做什么?(　　)

A. 遵循变更流程,补提书面变更请求
B. 把该变更列入未完项清单中,与剩余工作一起排列优先级
C. 把该变更列入下一个迭代期的任务
D. 将该变更记录在变更日志上,优先执行该变更

33» 项目执行过程中,客户提出5个问题,要求立即解决以免影响产品上市日期。两名团队成员对哪个问题应该优先解决出现了争议。项目经理应该如何指示?(　　)

A. 询问客户的意见　　　　　B. 两名团队成员协商解决
C. 在问题日志中记录这些问题　　D. 优先解决对进度影响最大的那个问题

34» 某人被邀请到另一个国家参加项目谈判。谈判在上午9点开始。让他惊讶的是,在谈判开始后的几分钟时间里,当地的谈判者总是与他谈论天气、体育和娱乐等与主题不相关的话题。这可能是因为(　　)。

A. 当地文化高度重视背景　　B. 当地文化不重视商业
C. 当地谈判者对主题不感兴趣　D. 当地谈判者采取了拖延的谈判策略

35» 项目进入收尾阶段,买方(客户)要求对范围做重大变更,项目经理应当怎么做?(　　)

A. 通知管理层
B. 如果变更有利于提高项目效益，则接受变更
C. 告诉客户，这个时候不能再做此变更，建议客户就此签订新合同
D. 向变更控制委员会提交变更申请

36» 某公司正在选择项目，有新建工厂和扩建现有工厂两个方案。如果新建，在市场需求强（50%可能性）的情况下，能盈利10000万美元；在市场需求弱（50%可能性）的情况下，将亏损2000万美元。如果扩建，在需求强的情况下，可盈利6000万美元；在需求弱的情况下，可盈利500万美元。最好的决策是（　　）。

A. 选择新建方案，因为预期盈利4000万美元
B. 选择扩建方案，因为预期盈利3250万美元
C. 先调查扩建方案下需求强的可能性和需求弱的可能性，再进行决策
D. 先调查项目发起人的风险态度，再进行决策

37» 项目经理带领20人的虚拟团队开展工作。每天的工作会议结束后，项目进度表都会被更新，后面有大量数据作为附件，每个人需要根据整体进度来调整自己的工作内容。项目经理应该如何分享这些信息？（　　）

A. 通过电子邮件发送给每个团队成员
B. 要求每个人使用专业进度软件查看项目进度
C. 在下一次网络会议上通知项目进度
D. 在项目办公平台上共享最新的项目进度表和相关数据

38» 你从一个传统行业进入IT行业当项目经理。经过PMO的培训，你第一次负责实施敏捷项目。在这个项目上，你将如何定义自己的角色？（　　）

A. 给团队分配任务的人　　B. 项目团队的管理者
C. 亲历亲为的一线工作者　　D. 为团队扫除障碍的人

39» 你第一次担任国际项目的项目经理，团队成员来自6个国家。查阅背景资料后，你发现团队成员都曾有跨国项目的工作经历。为减少跨文化沟通中的障碍，在主持第一次团队会议时，你应该怎么做？（　　）

A. 制定并颁布统一的沟通规则
B. 制定问题解决流程，专注于问题的解决
C. 要求团队成员用自己的经验应对未来可能遇到的沟通障碍
D. 请团队成员谈谈自己国家文化中与众不同的地方

40. 项目发起人授权项目经理编写项目章程。项目经理在收集高层次需求时，发现两位高管意见有分歧，虽然项目经理试图引导他们达成一致，但效果甚微。项目经理下一步应该怎么做？（　　）

    A. 分别记录他们的需求，请专家最终决定

    B. 视为冲突处理

    C. 听取其中职位较高的一位高管的建议

    D. 向发起人求助

41. 项目进展非常不顺利，而且做了很多变更。为了扭转这种局面，项目经理优先考虑下列哪项措施？（　　）

    A. 提醒相关方注意变更程序

    B. 制定新的变更程序

    C. 与相关方一起审查项目范围

    D. 向管理层求助

42. 客户已经验收了可交付成果，项目正在开展行政收尾工作，预计一周后就可以正式结束本项目。由于刚刚颁布了行业新标准，客户希望尽快启动下一个新项目，以优化本期的成果。组织授权项目经理继续跟进该客户。项目经理接下来应该怎样做？（　　）

    A. 提交变更请求，将新需求包含在项目范围中

    B. 开展确认范围过程，确保新需求包含在项目范围中

    C. 建议客户评估新项目的商业价值

    D. 更新风险登记册，评估新需求对项目目标的影响

43. 在弱矩阵式组织结构下，如果同时存在多个项目需要管理，将会产生一些重大的困难，这是因为（　　）。

    A. 项目经理的正式权力小于职能经理

    B. 不同优先级的项目对有限资源的竞争

    C. 项目团队成员将更在意他们各自的职能经理，而不是他们的项目经理

    D. 项目经理需要花费更多时间来理解项目相关方的利益优先级

44. 经过长期的混乱局面后，项目团队与主要相关方投入大量精力，最终确定了一个重大的范围变更草案。考虑到之前的情况，项目经理首先应当（　　）。

    A. 继续寻找其他变更   B. 评估与该变更相关的风险

    C. 就新范围通知相关方   D. 提交该变更，并获得批准

45» 企业与员工共同发展，是公司的核心价值观之一。为保持人才和技术优势，公司要求员工必须系统学习理论知识。山姆是项目的核心员工，他经常说"工作太忙，没时间学习，更何况项目是干出来的，而不是学出来的"，极大影响了项目团队的学习氛围。项目经理应该怎么做？（   ）

A. 把学习设为项目员工绩效考核的指标之一

B. 允许核心员工在项目实践中学习

C. 向山姆提供其他团队成员学习后的绩效对比文件

D. 召开团队会议，解释公司的共同愿景和价值观

46» 在今年的绩效考核中，汤姆的打卡准时率、任务完成时效等指标得分很低，绩效被评定为"不合格"。其他人反映汤姆只是时间观念不强，其他方面的表现都很优秀。作为项目经理，你应该如何确保公平地评价该团队成员？（   ）

A. 为汤姆设定独特的考核标准

B. 使用多种结构化的评估工具

C. 把团队成员的相互评价设为考核标准

D. 把其他人对汤姆的评价作为绩效报告的附件

47» 一个将由公司内部团队和供应商团队共同开发的项目，在立项阶段经历挑战，因此，公司总裁雇用了一名新项目经理。在总裁的大力支持下，新项目经理完成了项目章程的起草。接下来，项目经理应该怎样做？（   ）

A. 召开项目启动会议，争取相关方承诺　　B. 申请项目发起人对项目章程的签发

C. 召开开工会议，制订项目管理计划　　　D. 识别风险，创建风险登记册

48» 某公司组建一个团队来估算某项目的竞标报价，又组建另一个团队就合同进行谈判，并由后一个团队最终决定合同价格、与买方签订合同、起草项目章程。在合同签订之后，公司又任命了一个不是上述两个团队成员的人出任项目经理。该项目经理应该（   ）。

A. 了解确定合同价格所依据的假设条件

B. 关注项目章程，了解项目授权和项目目标

C. 集中精力编制合同管理计划

D. 吸收合同谈判者加入项目实施团队

49» 彼得为项目解决了重要的技术难题，项目得以顺利完成了第一阶段的工作。你打算下周三开展项目团建活动，带大家到郊外放松一下。彼得说下周三他将去其他项目解决问题。为让团建起到良好效果，你应该怎么做？（   ）

A. 协调公司改派其他专家去解决问题
B. 由彼得自己决定
C. 查阅资源日历
D. 征求其他团队成员的意见

50» 公司是新兴行业的领跑者,为了加快行业发展和促进技术转化,公司决定下个月放开几项专利技术供业界免费使用。这将会对你正在为某个客户实施的项目造成重大影响,因为你向客户的项目报价中包含了专利技术使用费。你应该如何行动?(   )

A. 查阅风险登记册上的应对策略
B. 按原计划执行项目,因为项目启动时是符合要求的
C. 与公司协商,等本项目实施完成之后再放开专利技术
D. 正式向客户通知公司的决策

51» 环球建筑承包商与美好房地产开发公司签订了一个固定总价合同,建造一栋18层商住楼。项目已经按合同完成,项目完全在预算之内,并且满足合同工期的要求。但是,支付工程款时,美好房地产开发公司还是扣留了合同总价的5%,因为他们对商住楼的内装修效果不满意。这种情况本来可以通过以下哪个途径避免?(   )

A. 采用成本加激励费用合同   B. 采用工料合同
C. 加强确认范围过程   D. 在合同中明确关于内装修效果的规定

52» 你所在的公司是专业的项目管理服务公司,参加了一个大型项目的项目管理服务竞标。你是投标文件中承诺的项目经理。你们刚接到客户的中标通知书,客户要求你三天后就去上班,参与项目的前期准备工作。你应该(   )。

A. 要求客户先签订书面合同
B. 请示你公司的高层
C. 告知客户前期准备工作不在你的职责范围内
D. 同意客户的要求

53» 项目驻地团队和在公司办公的设计团队共同为你的项目工作。客户习惯于召开现场会议解决技术问题,项目驻地团队可以满足该要求。但设计团队非常担心频繁的现场会议会打乱他们的工作节奏。若要解决该问题,你首先应该怎么做?(   )

A. 单独与设计团队沟通
B. 与两个团队开会,讨论该问题
C. 坚持按沟通管理计划确定的现场会议频率召开现场会议
D. 向客户建议召开视频会议

54. 在新产品开发项目的初步规划期间，项目总费用估计为 1000 万美元，但也可能高达 1250 万美元或低至 800 万美元；项目完工大约需要 10 个月的时间。目前项目已进行了 8 个月，迄今的实际费用为 850 万美元。你必须汇报项目是否将按预算完成。你需要何种补充信息？（　　）

　　A. 计划工作的预算成本　　　　B. 剩余工作的估算成本
　　C. 应急储备的实际使用数字　　D. 完工尚需绩效指数

55. 公司正在与客户谈判门店装修项目的长期合作协议。客户承诺每年新开门店数量高达 100 家，希望你公司提供报价优惠。而在分析过去的数据后，你发现客户实际每年开店数量在 50~100 家之间波动。公司高层希望尽快签下对双方都公平的条款，你应该如何与客户达成协议？（　　）

　　A. 采用公平合理策略，按客户过去每年平均开店数量进行报价
　　B. 根据开店数量波动，采用阶梯式报价方案
　　C. 先报出优惠价格，再谈判开店数量达不到 100 家的违约条款
　　D. 避免数量波动的影响，谈判达成固定总价合同

56. 公司和客户签订了固定总价合同。在合同执行过程中，行业法规发生了变化，最终产品必须增加一个新功能才能符合行业新标准，否则不能通过监管部门的验收。作为本项目的项目经理，你应该如何与客户沟通这个问题？（　　）

　　A. 不告知客户，因为增加新功能的费用必须你公司承担
　　B. 协商修改合同，并有理由要求增加合同费用
　　C. 由客户与监管部门沟通，看能否按旧标准验收
　　D. 与客户协商增加新功能，费用按一定比例双方分摊

57. 项目采用边设计边施工的方式实施。设计小组的出图效率不能满足施工小组的要求。项目经理调查了原因，发现设计小组的人员工作经验更少且不熟悉新的规范。项目经理应该如何处理这种情况？（　　）

　　A. 让施工小组根据设计小组的出图效率实施
　　B. 把设计和施工改为顺序开展关系
　　C. 根据项目绩效评估的结果对设计人员开展必要的计划外培训
　　D. 把部分设计工作外包，使设计满足施工小组的需求

58. 你组织项目团队完成了风险识别和定性风险分析，发现有 10 个风险将会对项目的进度目标有严重的影响。你们应该采用以下哪个技术来进一步排列这 10 个风险对项目工期的影响的大小？（　　）

A. 敏感性分析　　　　　　　　B. 预期货币价值分析
C. 决策树分析　　　　　　　　D. 蒙特卡洛模拟分析

59. 公司正在向敏捷转型，高层希望敏捷团队比传统团队更有绩效。在管理敏捷团队时，你应该更看重团队哪方面的转变？（　　）

A. 团队应对快速变化的能力提升　　B. 团队以价值交付为导向来开展工作
C. 团队成员逐渐成为通用的专才　　D. 团队内部的冲突基本消失

60. 项目部聘请了索赔专家，每周通过视频会议指导各地区的团队成员共同收集索赔资料。虚拟团队中的一位团队成员要同时兼顾多个项目的工作，经常缺席项目视频会议。项目经理应该如何确保该团队成员有效参与？（　　）

A. 与其他项目经理协调该团队成员的可用时间
B. 每次开会前询问该成员能否参加
C. 查阅资源日历，要求该团队成员协调好多个项目的工作
D. 向该团队成员提前发送会议通知的邮件

61. 受拆迁工作的影响，计划 2 年完成的项目延期到第 5 年才完成。期间多名团队成员离职，项目经理也换了三任，而你是最后一任项目经理。为了完成项目收尾，你应该如何行动？（　　）

A. 划清责任界限，只负责你任期内的经验教训总结
B. 想办法找到前两任项目经理，要求他们配合你的工作
C. 更新经验教训登记册
D. 通知项目发起人自己因不了解全面情况而无法编制项目的最终报告

62. 你参与一个水电站大坝的建设，已经完成 40%，在控制成本过程中计算完工尚需估算和完工估算后，你发现完工偏差很可能会超出允许的区间。为此，你提出的变更请求属于（　　）。

A. 预防措施　　B. 纠正措施　　C. 缺陷补救　　D. 计划更新

63. 某团队成员在技术岗位上表现很出色，你打算提升他为技术主管。但他表示技术工作对他已经没有什么挑战性，他希望转到项目管理岗，未来成为像你一样优秀的项目经理。为了更好地激励这名团队成员，你应该怎么行动？（　　）

A. 向他分配更有技术挑战的工作
B. 让他先接受技术主管的职位，等待其他项目启动
C. 暂不提升他，为他安排一些管理技能方面的培训
D. 召开团队会议，调查他的组织协调能力

64» 项目所在国家的劳动力资源很廉价，但工人的技能水平和工作效率普遍较低，工人每天只能工作 6 小时，还有很多宗教节日需要休假。按照合同要求，70%的项目员工需要从当地雇佣。项目经理应该如何估算所需人力资源的数量？（   ）

A. 聘请当地的人力资源专家协助估算

B. 获取关于当地人员的历史数据，使用参数估算

C. 参考过去国内项目的经验数据，实施类比估算

D. 根据项目成本和当地工资水平，推算能雇佣的人员数量

65» 项目经理发现项目团队中没有任何人能够完整概述整个系统。这种情况可能导致项目工作中的某个重要步骤被遗漏，从而使可交付成果存在质量缺陷。为预防这个问题，质量经理应建议使用下列哪一个工具？（   ）

A. 力场分析　　　B. 工作分解结构　　　C. 帕累托图　　　D. 流程图

66» 项目部有一个出国培训的名额，你认为彼得是最佳人选。但有人指出彼得可能会离开项目，他已经报名新项目的项目经理竞聘。彼得渴望得到这次培训，这更有利于他竞聘成功。项目经理应该怎么做？（   ）

A. 与彼得协商放弃项目经理竞聘，派他参加培训

B. 寻找可替代彼得的团队成员参加培训

C. 查阅遣散计划，确定彼得什么时间可以离开本项目

D. 推荐彼得参加培训，并提供自己的竞聘经验

67» 你所负责的项目正在执行过程中，一个团队成员找到你，询问关于他的职责和工作，因为他不知道如何去完成工作。项目经理应该给他看（   ）。

A. 责任分配矩阵　　　　　　　B. 人员配备管理计划

C. 项目管理计划　　　　　　　D. 项目组织机构图

68» 你负责的机房建设项目正在收尾。运营经理找你索要机房平面图和备用电源的位置图，方便以后的运营维护和设施更新。你应该如何回应？（   ）

A. 把这些文件交给项目管理办公室　　　B. 建议运营经理向发起人提出这个要求

C. 在移交机房时一并提供这些文件　　　D. 建议运营经理提出变更请求

69» 公司总部派汤姆接替一名生病的团队成员，在线参与项目工作。团队在工作群里讨论项目进展时，汤姆经常保持沉默，即使有人询问他的工作进展时也如此。项目经理与汤姆私下联系，他的回复也非常缓慢。项目经理应该怎么办？（   ）

A. 继续与汤姆私下沟通，将他的反馈公布在工作群里

B. 在工作群里要求汤姆公开反馈工作进展

C. 与公司总部沟通该问题

D. 与汤姆私下沟通，要求他及时反馈工作进展

70》 某专家的合同即将到期，公司希望与他续签 5 年合同，续约谈判已经开始。其他公司也在积极争取该专家。作为与该专家合作多年的项目经理，你知道他很喜欢科研工作，总在追求技术突破与创新。你应该建议公司如何争取这位专家？（　　）

A. 开出比其他公司更高的薪资和续约奖励，以表彰他对公司的卓越贡献

B. 说明公司的长远愿景与面临的技术挑战，激发他的兴趣

C. 承诺将针对他最感兴趣的技术领域开展创新项目

D. 请公司高层出面与该专家进行续约谈判

71》 你所在的公司被另外一家公司收购，该公司员工的平均年龄为 29 岁。为保持创新活力，新上司建议你裁掉本项目 35 岁以上的员工。而你知道在以往项目中，他们是保证项目成功必不可少的员工。你应该如何与你的新上司沟通？（　　）

A. 展示该人群的以往绩效，建议根据绩效而非年龄来裁员

B. 建议对 35 岁以上员工进行培训后再决策

C. 解释员工年龄结构多样性对创新有帮助

D. 举行项目团队会议，商定裁员标准

72》 项目团队已经完成了第一个迭代期的任务。项目经理应该依据什么来安排第二个迭代期的任务？（　　）

A. 让团队成员依据个人意愿确定下一个迭代期的任务

B. 根据业务优先级确定下一个迭代期的任务

C. 由产品负责人分配下一个迭代期的任务

D. 根据团队成员的能力，选择未完项清单上优先级靠前的任务

73》 你的项目被作为变革试点，采用迭代方法开发新款汽车。项目团队仅用了 7 个月就对原有车型完成升级并改款上市，这在行业内尚属首次。新款汽车的功能更完善，而定价只比老款略高一点，这让购买了原车型的老客户非常不满。你应该给公司什么样的建议？（　　）

A. 通过引导式研讨会改进与老客户的关系

B. 衡量阶段效益，证明变革给公司带来的价值

C. 开展客户满意度调查，确定是否继续用迭代方法

D. 评估和管理变革对各相关方的影响

74. 项目团队编制了采购工作说明书，急需采购某个产品。潜在供应商拿到该文件后，都向你反映信息不够详细，他们不能判断自己是否有能力提供所要求的产品。你应该如何处理？（　　）

A. 向他们解释那些不清楚的地方
B. 要求团队重新聘请专家编制采购工作说明书
C. 要求项目团队对采购工作说明书进行修订
D. 要求他们根据自己的理解力去判断

75. 客户已经接受了项目设计，但后来又要求进行范围变更，项目经理最好怎么做？（　　）

A. 召开团队会议，讨论变更对成本和进度的影响
B. 请客户推迟变更
C. 如果非常重要就马上变更，不用理会进度和成本
D. 评估对进度和成本的影响，并在实施前征得批准

76. 在合同执行过程中，你收到卖方提出的一项索赔，要求你为额外增加的测试工作付款。解决合同执行过程中的索赔，应该采用什么方法？（　　）

A. 调解   B. 谈判
C. 仲裁   D. 替代争议解决方法

77. 在刚完成的项目中，你给予了汤姆很多工作指导，他也因工作业绩被评为优秀员工。但随后他向公司提出了辞职，说公司并未兑现项目招聘时给出的晋升承诺。你应该如何协助公司留住该团队成员？（　　）

A. 向公司 CEO 推荐该团队成员，建议留住优秀人才
B. 向该团队成员展示你的下一个重点项目
C. 与公司人力资源主管沟通，要求兑现晋升承诺
D. 向公司人力资源主管反馈团队绩效，说明汤姆的突出表现

78. 项目进入了第二个迭代期的第三天，一名团队成员进展明显落后。在正在召开的每日站会上，该成员想要解释导致进展落后的原因并展示他的解决方案。项目经理应该建议他怎么做？（　　）

A. 同意他在每日站会上做出解释，并展示解决方案
B. 在本迭代结束后的回顾会上分析原因，在下个迭代期实施解决方案
C. 把原因及解决方案形成书面报告，抄送给相关人员
D. 每日站会结束后，与相关人员开会讨论原因和解决方案

79. 项目由 3 名发起人联合发起，每个月都要向他们发送项目月报，直到项目结束。为满足他们的信息需求，项目经理应该使用哪种沟通方法？（   ）

　　A. 互动式沟通　　　B. 推式沟通　　　C. 拉式沟通　　　D. 在线沟通

80. 敏捷项目非常强调工作效率，但你发现很多团队成员只关注每周完成了多少行代码，而不关注在单位时间内交付了多少价值。作为项目主管，你应该如何引导这些团队成员改进工作？（   ）

　　A. 在每个迭代期结束后实施商业论证　　B. 评估每个迭代期完成的用户故事
　　C. 用每周的 bug 数量来计算绩效　　　　D. 用产品负责人的满意度来评估绩效

81. 新加入的团队成员曾经负责网页设计工作，能够有效参与设计工作的故事点估算，但对其他不熟悉的工作的故事点估算提不出任何意见。每个迭代期的任务都很紧迫，项目经理应该如何提升他的技能？（   ）

　　A. 由远程专家指导他开展工作
　　B. 要求他自己快速学习其他工作的知识
　　C. 安排团队成员辅导他参与其他工作的故事点估算
　　D. 安排外出培训，直到具备所有技能

82. 你正在管理一个开发众多小部件的项目。每个部件都很小，只需 1～3 天时间完成，成本也只需 100～500 元。这些部件都有一个共同特点，就是非常脆弱，经不起一种必不可少的检测。你最好（   ）。

　　A. 很小心地对所有部件进行检测
　　B. 设法降低质量成本
　　C. 对部件进行抽样检测
　　D. 把检测工作外包给一家专业的检测机构来做

83. 根据刚刚颁布的一项新法规，公司启动了"碧水蓝天"环境治理项目。项目的现场准备工作必须在政府的环境听证会之后才能开始。这是以下哪种依赖关系的例子？（   ）

　　A. 强制性依赖关系，外部依赖关系　　B. 强制性依赖关系，调整性依赖关系
　　C. 选择性依赖关系，外部依赖关系　　D. 强制性依赖关系，内部依赖关系

84. 你正在管理一个为期 7 个月的项目，并且建立和严格执行了项目计划。在工作了 5 个半月后，这个项目既符合进度又在预算内，但是一个重要相关方对可交付成果不满意。这一情况会导致项目完工延误。防止这种情况最重要的过程是（   ）。

　　A. 监督风险　　　　　　　　　　　　B. 监控项目工作

C. 收集需求和定义范围   D. 实施整体变更控制

85》由于差旅和办公成本太高，三个地区的团队成员通过公司网络平台为项目开展工作。项目经理发现某一个地区的团队成员另外还设有一个本地工作群，并频繁组织线下交流活动。项目经理应该如何处理这种情况？（　　）

A. 要求他们通过公司网络平台开展工作，统一沟通渠道
B. 不鼓励线下交流，虚拟团队应该通过网络开展工作
C. 认可这种方式，关注团队绩效
D. 鼓励各地区单独建立工作群

86》在今天的每日站会上，团队成员反映办公室的中央空调温度太低，而且楼上有办公室装修的噪声。项目经理应该如何行动？（　　）

A. 要求团队成员自己克服相应的困难
B. 立即与物业公司协调，为团队解决这两个问题
C. 要求团队成员不要在每日站会上反映这种小问题
D. 授权团队成员与物业公司协调解决问题

87》客户计划出资筹建一所医院捐献给当地政府，各种医疗设备占总投资的一半。由于对项目建设和设备采购不了解，客户希望全权委托一家公司负责，达到交付后可直接投入使用的标准。项目经理应该建议客户采用哪种项目交付方法？（　　）

A. 设计—建造—运营（DBO）模式   B. 建造—拥有—运营—转让（BOOT）模式
C. 设计—采购—施工（EPC）模式   D. 公私合营（PPP）模式

88》项目经理从发起人那里得到商业论证，这是一个行业创新项目，研发周期较长。发起人准备了一笔自有资金，但他不确定这些资金是否足够支撑到项目完成。项目经理应该提出什么建议？（　　）

A. 先用自有资金启动本项目，等资金用完时开始融资
B. 在项目启动时就规划如何获得外部融资
C. 在进度管理中考虑融资所需的时间
D. 编制成本管理计划，考虑融资成本

89》公司推出了新的考勤制度，要求当月开始执行。项目经理把新制度上传到办公平台，要求团队成员参照执行。月底，项目经理发现仍然有很多人因为违反新制度而被扣钱。项目经理应该提前做什么避免这种情况出现？（　　）

A. 与公司沟通，不建议当月就执行新考勤制度
B. 向团队成员强调新考勤制度中的处罚条款

C. 组织团队会议，宣讲新考勤制度
D. 倾听团队成员对新制度的不同意见

90. 项目一直在按项目计划顺序执行，直到上周不得不做出一个重大的项目范围变更。几个重要的相关方特别关心这个重大项目范围变更。他们联合质询项目经理为什么要做出这个变更。以下哪项是最可能的变更理由？（   ）

A. 为了项目能够按期完工
B. 为了项目能够在预算内完工
C. 因为项目经理有权批准这个变更
D. 为了确保项目继续符合项目的商业需求

91. 你们公司已经向买方提交了建议书，并很有可能赢得合同。为了赶时间，公司管理层指示你编制项目章程。你接下来该怎么办？（   ）

A. 拒绝接受这个任务
B. 主动找有关人士了解合同签订问题
C. 立即编制项目章程，不管合同能否签订
D. 督促买方尽快与公司签订合同

92. 你领导一个敏捷团队，团队成员都是年轻人，他们更愿意把你当作朋友一样，以非正式方式与你沟通。他们常常单独向你汇报工作进展。你应该如何指导这些团队成员？（   ）

A. 要求他们查阅沟通管理计划
B. 引导他们在每日站会上汇报工作进展
C. 要求他们在项目工作系统上更新工作进展
D. 鼓励这种非正式沟通和单独汇报的行为

93. 一位团队成员在每日站会上提出，沟通效率严重影响了他的产出。他推荐使用一种会议软件提升沟通效率。而另一些团队成员坚决反对，认为敏捷团队更适合面对面的会议形式。项目经理说服团队尝试使用该软件，但要求目前只用于需要外部专家支持的会议上。项目经理使用的是哪种冲突解决技巧？（   ）

A. 缓和   B. 妥协   C. 合作   D. 强迫

94. 你得到了如下关于活动、逻辑关系和持续时间的信息：a 是开始活动，工期 3 天；b 是开始活动，工期是 7 天；c 的紧前活动是 a（开始到开始关系），工期 4 天；d 的紧前活动是 a 和 b，工期 1 天；e 的紧前活动是 c 和 d，工期 6 天；f 的紧前活动是 d，工期 5 天；g 为结束活动，其紧前活动是 e 和 f，工期 2 天。活动 d 的浮动时间为（   ）。

A. -1 天　　　B. 1 天　　　C. 0 天　　　D. 3 天

95» 项目经理往往要运用授权，来充分发挥团队成员的作用，并保证项目成功完成。关于授权，以下哪个说法是不正确的？（　　）

A. 授权不能减轻项目经理对该工作的终责
B. 应该授权技术专家来发布技术文件
C. 在项目经理没空时，应该授权助手去颁发奖励
D. 应该基于目标来授权，而不是基于程序来授权

96» 一个大型复杂的项目中，相关方众多。项目经理收集和登记了各相关方的职权级别、需要关注的紧迫程度和参与项目的适当性。项目经理接下来应该怎样做？（　　）

A. 使用权力利益方格或作用影响方格，制定沟通策略
B. 使用凸显模型，对相关方进行分类
C. 审查经验教训登记册，对相关方进行分类
D. 查阅沟通管理计划，制定沟通策略

97» 在合同执行过程中，买方的一名团队成员要求卖方编制并提交了一份合同规定之外的特殊的项目工作绩效报告。卖方为此向买方提出了额外费用索赔，以弥补编制报告的支出。针对这种情况，买方的采购管理员应该（　　）。

A. 拒绝卖方的索赔要求，并调查团队成员为什么索要这份报告
B. 请团队成员提出变更请求，以便把该报告加进合同中
C. 向卖方支付费用补偿，并采取合理措施
D. 防止团队成员以后再索要类似报告

98» 团队成员无视项目的成本预算，购买了一种性能更好但价格更高的设备。项目经理应该怎么做？（　　）

A. 用合同规定的设备　　　B. 处罚该团队成员
C. 提出变更申请　　　　　D. 直接使用该设备

99» 项目实施中，项目业主通常有权在项目工作结束前指令进行工作范围变更。如果业主在项目将要结束时突然口头要求承包商进行某一范围的变更，且坚持不发布书面变更令。这种情况下（　　）。

A. 实施该变更的成本将全部由业主承担
B. 业主应在变更实施之前支付一半的成本，在变更完成之后再支付另一半
C. 承包商将承担与该变更有关的全部风险

D. 如果变更不大，承包商应该实施该变更

100. 垃圾焚烧站项目的选址邻近某小区。小区居民认为项目建成后将影响他们的生活和健康，在项目审批前的公示阶段提出强烈抗议。如果小区居民不同意，项目审批将很难通过。作为候任项目经理，你最好采用以下哪个模型来指导对他们的管理？（　　）

A. 权力利益方格　　　　　　　B. 权力影响方格
C. 作用影响方格　　　　　　　D. 影响方向

101. 面对众多项目选择，发起人最关心的是项目抵抗风险能力大小，以及与业界同类项目相比的盈利能力大小。据此，你应该建议发起人基于下列哪个指标来选择项目？（　　）

A. 投资回收期　B. 贴现率　　C. 内部报酬率　　D. 累计净现值

102. 你带领团队开展项目实施，对接客户方的IT部门。在季度客户满意度问卷调查中，客户方IT部门对项目实施非常满意。同时，客户方IT部门也提出，希望你们能够更多地考虑客户方的系统用户（IT部门的客户）的满意度。对此反馈，你应当怎样回应？（　　）

A. 不予理会，因为系统用户的满意度应由客户方的IT部门管理，与你们无关
B. 谨慎对待，因为系统用户不满意将会危及你自己的职位安全
C. 积极响应，因为你有责任帮助甲方实现项目的商业价值
D. 积极响应，放宽对项目范围的管控，以交付超过既定功能的系统，让系统用户更加满意

103. 你带领团队编制了项目章程和项目管理计划，一切严格按计划实施。发起人为项目分批次注入资金。一年后，项目因资金链断裂而暂停三个月。本月发起人又再次为项目注入了资金。作为项目经理你首先应该采取的行动是（　　）。

A. 要求发起人一次性注入剩余项目资金
B. 按计划实施剩余的项目工作
C. 分析项目继续执行下去的风险
D. 重新审阅项目章程

104. 某团队成员负责团队的外联工作，经常需要与团队外部的相关方联系。她虽然工作很努力，但是绩效不佳，外部相关方的满意度不高。经过观察与交谈，项目经理发现她的性格偏内向，不适应该岗位的要求。项目经理应该怎么办？（　　）

A. 根据团队规则辞退她
B. 对她进行表达技能培训，以提高工作绩效
C. 与她沟通，在团队中更换工作岗位
D. 让她继续在该岗位工作

105 » 你正在审查敏捷团队的未完项清单，以下哪项内容不应该出现在未完项清单中？（　　）

A. 当前的产品需求 B. 已提出的变更
C. 待执行的变更 D. 需要实现的用户故事

106 » 分析市场行情后，公司面临 3 种选择。投资项目 A，虽然目前不会带来明显收益，但在 8 年后会有巨大收益。投资项目 B，很快即可带来 2000 万元的收益。投资项目 C，很快即可带来 3000 万元的收益。因为投资项目 C 的成本太高，所以公司决定不考虑项目 C。终于公司选择了项目 A。选择项目 A 的机会成本是多少？（　　）

A. 2000 万元　　B. 5000 万元　　C. 3000 万元　　D. 不可计算

107 » 某网站承建商正在与客户商讨如何为客户设计和建立一个综合性网站，用于信息展示、产品销售、用户互动、创意征集等。客户希望网站尽快交付使用，希望各种功能既要有较大的独立性（可单独使用），又要有利于不断扩展。为此，你应该采用哪种方法来开发？（　　）

A. 先把整个网站的详细功能都设计出来，再据此开发
B. 特别重视前期的需求分析工作，力求搞清客户的全部需求
C. 先开发出最简单的可用功能，交付使用，再来逐渐完善和扩展
D. 全面评估项目失败的风险，开展最严格的风险管理

108 » 项目经理收到客户的一项变更请求，对其进行初步分析后发给管理层审批。但管理层认为审批该变更不是他的责任。项目经理应当怎么做？（　　）

A. 项目经理自行审批该变更
B. 再次要求管理层审批该变更
C. 与管理层共同查看批准的变更管理计划
D. 既然管理层不愿意审批，就要求客户撤回该变更申请

109 » 某停车场能容纳 1000 辆车。停车场业主刚刚启动一个改造项目，以便升级车辆进出管理系统和停车引导系统。为了确保项目成功实施，必须记录详细的需求。作为项目经理，你应该怎么做？（　　）

A. 鼓励项目相关方尽早参与进来 B. 根据需求确定项目目标

C. 对需求变化进行实时监控　　　D. 定期召开项目状态评审会议

110》 在竞价和潜在卖方评估阶段，客户认为潜在卖方所建议的团队成员不符合合作性要求，并要求替换不合格人员。你作为潜在卖方的项目经理，应该怎么做？（　　）

A. 接受客户的要求，把客户认为合格的人放入这个团队中
B. 会见客户，就受质疑人员的能力进行磋商，以确定是否要替换他们
C. 不采取任何措施，因为选择谁在这个项目中工作是卖方的事，与其他人无关
D. 你知道受质疑的人有能力承担这个工作，因此你依旧把他们放入团队中

111》 在合同绩效评审过程中，审查人员发现卖方未按合同提交一项可交付成果——设备操作培训。合同规定，卖方在设备交货后，必须为买方人员提供8小时的操作培训。你应该（　　）。

A. 让合同管理员终止合同
B. 与卖方商谈合同变更
C. 扣留合同进度款直到卖方提供此项服务
D. 给卖方发送书面信件，声明卖方已经违约

112》 在执行管道项目的过程中，管道施工承包商提出使用某种更高级的材料而不改变项目工期和成本目标。在此项改变得到批准后，应该更新哪个文件？（　　）

A. 采购工作说明书　　　　　　　B. 合同工作分解结构
C. 质量管理计划　　　　　　　　D. 质量政策

113》 与客户初步沟通后，项目团队正在制订第一个迭代期的计划。这时客户又提出了一个新的更有价值的功能，要求优先在第一个迭代期实现。项目经理应该如何行动？（　　）

A. 在第一个迭代期结束后提出变更请求，在第二个迭代期实现该功能
B. 评估团队是否有能力实现该功能
C. 接受客户的要求，并在第一次迭代后演示该功能
D. 按项目团队确认的功能优先级制订第一个迭代期的计划

114》 项目经理授权彼得为客户策划广告方案。彼得有自己的工作小组，他和小组成员汤姆共同完成了方案的编写。提交的方案投放市场后给客户带来了负面影响，客户向公司发起了索赔。谁应该为这件事承担最终责任？（　　）

A. 方案编写者彼得和汤姆共同承担最终责任
B. 被授权的彼得应该承担最终责任
C. 项目经理应该承担最终责任

D. 查阅彼得工作小组的 RACI 矩阵，确定最终责任人

115 » 项目团队收集了客户需求，并为他们演示了一个非常独特的智慧园区解决方案。然而随后的提问环节表明，他们并没有完全理解该方案。项目经理应该怎么做？（　　）

A. 建议客户对比多家公司的解决方案
B. 尽快与客户签订协议，深入细化该方案
C. 用近期的其他项目方案来帮助客户理解
D. 用故事板展示用户界面，确保澄清误解

116 » 你刚刚被提升为项目经理，负责一个短开发周期的软件项目。该项目要求在现有软件系统平台上新增一个全球协作功能，来自 6 个国家的团队成员组成了虚拟团队。你应该意识到，哪方面将对项目成功造成最大阻碍？（　　）

A. 团队成员无法面对面工作　　B. 项目团队的沟通管理
C. 短开发周期的进度管理　　　D. 自身管理经验的不足

117 » 项目已经完成了 65% 的工作，进展一直很顺利。大约有一半原先预计的严重风险实际上并没有发生。在项目状态审查会议上，项目经理要求风险经理在会议结束后立即重新评估整个项目的应急储备并提出调整建议。风险经理最应该依据以下哪个资料来开展工作？（　　）

A. 工作绩效报告　　　B. 工作绩效信息
C. 工作绩效数据　　　D. 质量控制测量结果

118 » 项目经理组织项目管理团队编制了项目计划，并得到了主要相关方批准。接着，项目经理应该做什么？（　　）

A. 召开项目启动会议（Initiating Meeting）
B. 召开项目开工会议（Kick-off Meeting）
C. 召开项目开始会议（Launch Meeting）
D. 召开项目规划会议（Planning Meeting）

119 » 行业权威机构发布了《互联网汽车租赁市场专题分析》，预测共享汽车将成为未来发展新趋势。公司高层要求引进高端人才和先进技术，确保在该领域占据领先地位。这是采用了哪种机会应对策略？（　　）

A. 上报　　B. 开拓　　C. 提高　　D. 接受

120 » 项目执行组织的政策规定，各项目所需的材料都必须由公司的物资采购部门统一采购。公司每个月初都会要求各项目上报所需采购的材料的种类和数量，以及项目预计使用这些材料的时间。为满足公司的要求，项目经理最好上报哪个文件？（   ）

    A. 资源日历和资源直方图   B. 资源分解结构和资源直方图
    C. 资源分解结构和责任分配矩阵   D. 责任分配矩阵和资源日历

121 » 在你的项目上，运用头脑风暴法完成了风险识别工作。其中有一个风险，大家都认为发生的可能性很小，但万一发生会有很严重的影响。对这个风险，应该采用什么方法加以监控？（   ）

    A. 直方图   B. 控制图
    C. 散点图   D. 鱼骨图

122 » 客户要求开发多个功能模块。后续要开发的功能模式只能随着时间的推移逐步明确。最终，全部功能模块将被组合成一个新产品，向市场推出。客户承诺派代表定期参与项目工作。项目经理下一步应该做什么？（   ）

    A. 向客户代表频繁发送项目文件
    B. 与客户代表确认定期参与的频率
    C. 告诉客户代表只需要在项目开始和结束时参与
    D. 制订详细的项目计划，列出需要客户代表参与的时间点

123 » 你的上一个项目，因为预付款比例较低且合同范围模糊而导致进展不顺利。你知道争取一个好的合同条款对项目成功至关重要。什么时候与客户进行合同条款的洽谈，能带来最佳效果？（   ）

    A. 提交投标文件之前   B. 提交投标文件之后
    C. 收到中标通知书之后   D. 项目执行中需要进行变更时

124 » 某项目因为资金不足，项目团队的几个关键成员打算离开本项目，而加入其他项目。如果这种情况发生，项目将陷入巨大困境。面临这种情况，谁能够拯救项目？（   ）

    A. 支持项目的高级管理人员
    B. 项目管理办公室
    C. 一个能干且能影响项目发起人的项目经理
    D. 一个善于与团队成员沟通的项目经理

125. 项目经理授权汤姆带领其他三名团队成员完成测试工作。大家协商后，把测试工作分成了四个阶段，每人完成一个阶段，汤姆负责最关键的验收测试阶段。汤姆关注每个人的工作进展，并为大家扫除障碍。项目经理应该如何评价汤姆的工作？（　　）

A. 汤姆应该制定 RACI 矩阵，让大家明确责任
B. 汤姆对测试工作承担了最终责任
C. 汤姆是最终责任人，不应该执行具体的测试工作
D. 汤姆应该负责分配工作任务，而不是大家协商决定

126. 财务部经理通知你，答应派给项目的两个人中，有一人已经提出离职。目前财务部也人手不足，新人的招聘可能需要一段时间。项目经理下一步应该怎么做？（　　）

A. 记录该变更，审查资源管理计划　　B. 记录在风险登记册中
C. 请求职能经理从其他项目调人　　D. 建议职能经理请猎头，缩短招聘时间

127. 行业还处于探索阶段，公司作为行业领军企业，一年内已经将行业标准（试行版）更新至第 4 版。由于标准更新，项目使用的各种表格经常更新，团队成员常常因为使用了不完善的旧表格给项目带来风险。项目经理应该怎么办？（　　）

A. 为每个表格增加一栏版本号
B. 确保每一份表格都由项目经理审查和签字
C. 先将该问题记录在风险登记册上
D. 关注由此带来的独特性项目风险，加强风险管理

128. 在收集需求过程中，项目团队绘制了下图，用来搞清楚产品应该具备的功能与特性。对此图描述最准确的是（　　）。

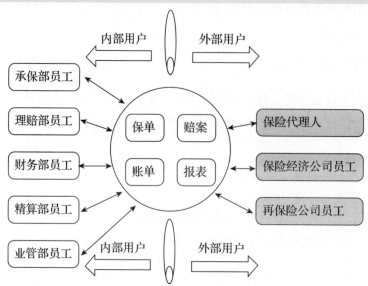

A. 思维导图　　B. 头脑写作　　C. 流程图　　D. 系统交互图

129» 为了先于竞争对手发布产品，公司要求提前15天交付产品。在你的带领下，团队成员斗志昂扬，并主动推迟了休假安排，加班加点投入项目工作中，最终按要求交付了产品。这展示了你的哪项技能？（　　）

A. 沟通技能　　B. 政治技能　　C. 领导技能　　D. 人际交往技能

130» 在团队基本规则讨论会上，大家对如何避免冲突看法不一。你应该提醒大家（　　）。

A. 冲突的主要来源是个性

B. 冲突可能是有益的

C. 缓解是解决冲突的最好办法

D. 为防止冲突，最好是减少成员之间的接触

131» 某项目团队中包括5个工作小组，你是其中第3小组的组长。第2小组的多项工作与你们小组的多项工作之间是"完成到开始"关系。在执行的前半程中，第2小组曾多次没有按时完成任务，导致你们必须赶工。你担心，这一次第2小组又不能按时完成任务，从而影响你们的工作。你该怎么解决与第2小组的矛盾？（　　）

A. 会见第2小组组长　　　　　B. 会见项目经理

C. 会见项目经理和管理层　　　D. 会见项目经理和第2小组组长

132» 最近材料价格急剧上涨，合作多年的供应商希望上调今年的合同价格。你告诉供应商："我也认为你应该得到一些价格补偿，但我的上司可没那么好说话，只要你提出涨价，他可能会马上启动程序另选供应商。"你采用了哪种谈判策略？（　　）

A. 权力有限　　　　　　　　B. 最后期限

C. 既成事实　　　　　　　　D. 好人坏人（good guy/bad guy）

133» 前任项目经理编制了项目预算。在项目进入执行阶段不久，他就离职了。你是刚就任的项目经理。通过审查，你发现这个项目预算明显不可行。你应该怎么办？（　　）

A. 不采取任何行动，反正没有人指望你能在预算内完工

B. 重新编制项目预算，并按新预算执行

C. 向公司报告前任项目经理的无能

D. 向公司提交情况分析报告

134» 项目急需某方面的专业指导，公司派一名经验丰富的专家加入你的项目。该专家脾气暴躁，在你过去的项目中，他曾与团队成员发生严重冲突。你应该如何预防同样的问题在本项目中出现？（　　）

A. 向项目团队其他成员提出预警

B. 让他通过软件与其他团队成员交流

C. 确保所有团队会议都由该专家主持

D. 在团建活动上探讨情绪对沟通的影响

135 » 团队负责一所大学的实验室改造项目，学校的基建处提供了设备清单。在订购设备时，供应商提出设备组合还可以进一步优化，最好邀请使用实验室的部门共同参与设备选型。项目经理应该如何行动？（　　）

A. 按学校基建处提供的设备清单进行采购

B. 请供应商优化设备清单，由学校基建处审批

C. 向学校基建处建议，邀请使用实验室的部门参与设备选型

D. 想办法与使用学校实验室的部门取得联系

136 » 你刚被聘请为项目经理，为一家已经通过 ISO9000 系列质量管理体系认证的公司管理一个生产流程再造项目。你即将开始规划质量管理过程。你知道首先必须确定项目的质量政策。你应该（　　）。

A. 把该公司的质量政策照搬到项目上来

B. 根据你过去所服务的公司的质量政策，编制本项目的质量政策

C. 寻求 PMI 的帮助，以便制定一流的项目质量政策

D. 召集项目管理团队，集体讨论，并编写项目的质量政策

137 » 你所在的公司主要生产方便面。你们的产品一直很受消费者的欢迎，更没有出现任何与食品安全有关的质量问题。但是，最近一个月，你们已经接到三次关于质量问题的消费者投诉，说是在食用方便面之后发生腹泻。被消费者投诉的产品是一种新型的产品，其中有一种新的调味品。它是通过一条专门的作业线添加的。公司高级管理层任命你领导一个团队来调查所发生的问题。你和你的团队决定使用以下哪一种技术？（　　）

A. 逻辑数据模型　　　　　　B. 控制图

C. 流程图　　　　　　　　　D. 直方图

138 » 针对一个新系统开发项目，项目经理已经记录了将使用该系统的 10 个业务部门的具体需求。项目经理发现他们的需求数量众多，而且存在不少不一致甚至矛盾之处。项目经理接下来最应该做什么？（　　）

A. 要求这些业务部门自行解决问题

B. 自己编写一份报告来协调各部门的要求

C. 召开一次焦点小组会议
D. 使用引导技术

139》第一个迭代期的工作结束。由于知识储备不足，项目团队在网页界面上花费了大量时间，一些功能未能在预定的时间点实现。接下来项目经理应该如何行动？（　　）

A. 在回顾会上总结经验教训，请专家辅导团队成员
B. 在所有迭代完成后，总结经验教训并对团队进行培训
C. 等到团队成员具备充足的知识后，再开始第二次迭代
D. 变更第二个迭代期的计划

140》你的项目是需要在短时间内研发一种新药，以应对正在快速蔓延的某种新疾病，目前人们对引起疾病的原因还未完全搞清楚。为了完成这项艰巨的任务，你应该建议采用哪种开发方法？（　　）

A. 增量型　　　B. 敏捷型　　　C. 迭代型　　　D. 预测型

141》在一个应用传统技术实施的 IT 项目中，客户提出了云端分布式部署的变更请求，并支付了一笔为数不菲的概念验证费用。各种测试证明，该传统技术可以支持云端分布式部署，但会造成性能下降和系统安全性下降。作为项目经理，接下来你应该怎样做？（　　）

A. 告知客户照合同执行，因为合同是严肃的，不能修改
B. 基于测试结果，与客户商谈合同变更
C. 告知客户可以执行云端分布式部署
D. 拒绝客户的云端分布式部署要求

142》某公司的一个软件开发项目，刚刚接受了公司安排的中期审计。审计组为项目出具了一份审计报告，其中指出了项目工作绩效报告中的一个错误，即项目团队错误地报告了成本节约 10 万元。按项目开始时所编的现金流计划，截至上月底应该支出 1100 万元；根据项目的财务账，截至上月底实际已经支出 1150 万元；所以，成本应该是超支了 50 万元，而不是节约了 10 万元。在接到这个审计意见后，你应该（　　）。

A. 按照审计意见，纠正工作绩效报告中的错误
B. 向审计人员解释工作绩效报告中的数字没有错误
C. 建议公司推广审计人员所采用的成本绩效计算方法
D. 向管理层举报审计人员的无知

143 » 一个自动化设计团队应该熟悉最新的自动装配技术。团队可通过一系列的途径得到这种知识：聘请相应的专家，聘请咨询顾问，将某个工程师送去参加相关培训，或者邀请制造部门的人加入团队。每一种方法的相关成本都必须在项目计划中给予考虑。这显示了以下哪一点的重要性？（　　）

A. 在完成活动定义前完成活动资源估算
B. 把合适的资源分配到合适的岗位上
C. 通过估算成本来调整项目资源计划
D. 资源计划是挣值管理的基础

144 » 某个团队成员同时在几个项目上兼职，他抱怨说自己弄不清楚哪个项目更加重要。应该由谁来决定各项目之间的优先顺序？（　　）

A. 项目发起人　B. 高级管理层　C. 项目经理　D. 项目相关方

145 » 运营经理提出要给即将交付的共享单车加装一个监控零件，会少量增加项目成本，但是会极大减少运维成本，还可以在出现交通事故时方便使用者定位，这将使产品比市面其他产品更具优势。项目经理应该怎么做？（　　）

A. 协商产品交付后再安装此零件
B. 考虑对项目交付日期的影响
C. 遵循变更管理计划
D. 同意运营经理的要求

146 » 你长期在某公司人力资源部从事人事管理工作，是一个资深人事管理专家。你最近被分派到一个新组建的项目团队中，参与员工绩效考评和薪酬系统开发项目。项目团队成员来自公司的人力资源部和其他职能部门。这个项目的项目章程应该由谁发布？（　　）

A. 项目经理　　　　　　　　　B. 人力资源部门经理
C. 项目团队之外的高级管理者　D. 权力高于人力资源经理的 PMO 成员

147 » 你所在的组织推行项目化管理不久，不少项目在执行过程中遇到了许多困难。如果不尽快解决这些困难，项目化管理可能无法继续推行。高级管理层知道你是一个有丰富经验的项目管理专家，请你帮助解决所存在的问题。你应该做什么？（　　）

A. 会见每一个项目经理，了解存在的问题
B. 发一封正式备忘录给所有项目经理，索要他们的项目计划
C. 与高级管理层面谈，并帮助他们开发一个追踪系统来管理众多项目
D. 审核所有项目的项目章程和进度计划

148» 你们公司决定为市场开发一种新的高科技产品，要求你起草项目章程。你在起草项目章程时，发现有一些制约因素对项目实施构成了限制，项目的成功也需要落实一些重要的前提条件。你应该把这些因素和条件写入哪个文件？（   ）

　　A. 项目章程　　　B. 制约因素日志　　C. 假设日志　　　D. 风险登记册

149» 你正在从事新药开发项目，该药具有改善人类睡眠和促进身高增长的作用。新药产品即将进行临床试验。这时，产品试验被更加详细地分为三个阶段，即三次第一阶段试验和四次第二阶段试验以及五次第三阶段试验。这种做法是以下哪一种情况的实例？（   ）

　　A. 产品生命周期中的质量功能展开　　B. 依据工作分解结构来定义项目活动
　　C. 谨慎的风险应对　　　　　　　　　D. 项目生命周期中的渐进明细

150» 项目团队由一个集中办公的本地团队和一个远程办公的外国团队组成。这两个团队的所在地存在 10 小时时差。本地团队习惯在当天早上向远程团队提出问题。这样一来，经常要 24 小时后才能看到远程团队的回复，大量时间被浪费在等待上。作为项目经理，你应该如何解决这个时差问题？（   ）

　　A. 变更工作流程，要求本地团队采用追逐太阳的方式提出问题
　　B. 要求本地团队两班倒，以便能与虚拟团队及时沟通
　　C. 要求虚拟团队适应本地团队的工作时间，随时在线解答问题
　　D. 由虚拟团队和本地团队协商一个可以同时工作的时段

151» 多年来，你公司一直都是聘用承包商为遍布世界各地的分工厂设计和建造生产线。公司内部有个工程师刚晋升为项目经理，他请求你给予指导，他问道：项目的合同收尾和项目收尾，究竟是什么关系？（   ）

　　A. 合同收尾总是包含在项目收尾过程中
　　B. 项目的每个阶段结束时都要做合同收尾
　　C. 合同收尾通常要进行多次，而项目收尾只进行一次
　　D. 每当结束一个合同，也就会结束一个项目

152» 项目经理把控制账户设置在 WBS 的第二层。一名团队成员向项目经理反映，他负责的一个工作包截至目前已经成本超支。项目经理查阅了截至目前的项目绩效数据，显示该工作包所属控制账户的成本符合预算。项目经理应该如何行动？（   ）。

　　A. 把控制账户下调，对该团队成员的工作包进行监控
　　B. 要求更加频繁地测量成本绩效
　　C. 提醒该成员加强对该工作包的成本管理

D. 分析该工作包对该控制账户下其他工作包的影响

153» 你作为项目管理团队的成员，负责项目工作绩效数据的收集工作。随着项目的进展，在你提交的工作绩效数据中包含了可交付成果的状态、进度进展情况、已发生的成本、已批准的变更请求的实施状态、已取得的技术绩效。项目经理在查看了工作绩效数据之后，指出其中还应该包括更多的内容。他指的内容最有可能是（　　）。

A. 正在进行的活动的实体完成百分比
B. 已经完成的活动的进度偏差和成本偏差
C. 纠正措施建议
D. 已经完成的活动的工作绩效报告

154» 某团队成员向你倾诉，糟糕的人际关系已经让他无法与其他人合作完成项目工作。他说话并没有什么恶意，但让大家不太愉快，他也不知道问题出在哪里。你应该给他什么建议？（　　）

A. 私下找每个人沟通，以便化解矛盾
B. 注意说话的方式与肢体动作
C. 申请调整岗位，选择沟通较少的工作岗位
D. 尽量采取电话或在线沟通的方式，避免面对面沟通

155» 项目经理刚刚完成了对项目团队成员的一次培训。他向团队成员讲授了知识管理中的 DIKW 模型（数据 – 信息 – 知识 – 智慧模型）。他要求团队成员一定要在工作中应用这个模型。根据这个模型，项目团队最不应该向高级管理层提供（　　）。

A. 工作绩效信息　　　　　　B. 工作绩效数据
C. 工作绩效报告　　　　　　D. 各种临时报告

156» 项目负责研发一种新产品，已经进入关键阶段。市场行情变化得非常快，新产品可能尚未上市就已过时。而发起人需要通过融资获取剩余的资金，资金投入不一定能跟上产品开发的速度。项目经理应该怎么办？（　　）

A. 项目的风险太大，向发起人建议提前终止这个项目
B. 排列工作的优先级，优先完成最具有商业价值的工作
C. 把融资作为项目的主要风险进行管理
D. 与发起人协商调整项目的成功标准

157» 你所在的组织刚刚完成一个小项目的启动工作，你作为项目经理将要负责编制项目计划。这时，一个项目相关方要求查看项目进度基准和成本预算。你应该对她怎样说？（　　）

A. 可以在已发布的项目章程中找到进度基准和项目预算

B. 在计划编制阶段完成之前，无法确定进度基准和项目预算

C. 这是个小项目，所以项目计划中将只有成本预算，而没有进度基准

D. 高级管理层负责编制进度基准和成本预算

158. 面对多变的市场局面，客户希望多个成果能更快地进入市场。团队成员彼得第一次参与该类型的项目，他在迭代开始时要求第一个选取任务，以便争取到自己擅长的软件测试方面的工作。项目经理应该怎么做？（　　）

A. 确定彼得所需的能力并制订辅导方案

B. 给彼得随机分配任务，使其精通各个任务

C. 要求彼得征求其他团队成员的同意

D. 根据彼得的特长，分配软件测试方面的任务

159. 本项目和你实施的上一个项目极为相似，你以上一个项目的实际成本数字为基础，采用类比估算技术制定了当前项目的成本基准。项目已经处于执行阶段。在每月项目状态评审会议上，新加入公司的财务经理对成本基准提出了质疑，因为他认为用类比估算技术不可能得出较为准确的成本基准。你本应该如何避免这种情况的发生？（　　）

A. 更新相关方参与计划，尽早与新加入的相关方进行沟通

B. 更新风险登记册，评估相关方更换对项目目标的影响

C. 把成本基准报给新的财务经理审批

D. 在新的财务经理的指导下重新编制成本基准

160. 有一种激励理论认为，真正能激励人的是工作本身，包括工作中的责任感、职业发展和自我实现等，而不是工作所带来的经济收入。这种激励理论是（　　）。

A. 戴明的 PDCA 循环理论　　　　B. 麦克利兰的成就动机理论

C. 马斯洛的需求层次理论　　　　D. 赫兹伯格的双因素理论

161. 一名谈判专家加入项目团队，你了解到他曾经出过 2 本谈判方面的著作。该专家经常向其他团队成员传授谈判方面的心得，颇受大家欢迎。然而在一次现场谈判中，该专家的表现却让你很失望，甚至由于太紧张忘掉了之前就策划好的好人坏人策略。你应该如何评价该专家的表现？（　　）

A. 沟通能力不足　　　　　　　　B. 对谈判对手缺乏了解

C. 沟通胜任力不足　　　　　　　D. 谈判技能不足

162. 项目已经完成，但是客户拒绝对可交付成果进行最终验收，从而导致项目无法顺利移交。项目经理应该怎样做？（　　）

A. 将该情况报告给管理层　　　B. 寻求项目团队的协助
C. 将该情况记录下来　　　　　D. 把该情况提交仲裁

163. 团队采用敏捷方法为客户开发一个订票软件。客户很关注剩余工作的进展，要求能及时发现每一天的进度偏差，并预测可完成日期，以确保项目在春运开始前完成。项目经理应该要求创建哪个文件？（　　）

A. 工作绩效报告　B. 甘特图　　C. 迭代燃尽图　　D. 未完项清单

164. 项目进入了收尾阶段。项目发起人与客户组成的项目验收小组认为其中的一个可交付成果不符合验收标准。项目管理团队经过分析后，也认为的确是不符合验收标准。如果下列哪个过程做得更好，就可以避免这个问题？（　　）

A. 创建 WBS　　B. 收集需求　　C. 确认范围　　D. 控制质量

165. 某人已经被委派为项目经理，负责产品总装线的设计与建设项目。今天，他接到了一个重要相关方的询问。公司生产部门经理想了解用于配合该总装线的一个设施的建设是不是本项中的建设内容。为了给出准确的答复，项目经理应该查看在以下哪个过程中开发的文件？（　　）

A. 估算活动持续时间　　　　B. 确认范围
C. 定义范围　　　　　　　　D. 制订进度计划

166. 管理层批准了一个为期 2 年的项目，6 个月之后，项目延误并严重超支。经过分析之后，项目经理发现可以用赶工的方法使项目在工期目标内完成，但这会导致成本进一步超支。项目经理应该怎么做？（　　）

A. 立即开始赶工，以便赢得一些时间
B. 基于累计 CPI 计算 ETC，了解为保证按期完成，未来还要花多少钱
C. 坚持要在原定的工期和成本目标内完成项目
D. 综合考虑累计 CPI 和 SPI，计算 EAC，申请用 EAC 取代 BAC

167. 你是公司的项目管理办公室（PMO）主任，高层要求你负责消减各项目部的管理成本。你正在练习仆人式领导风格，以下哪种做法更符合仆人式领导风格？（　　）

A. 询问各项目，你需要做什么才能帮助改善项目成本
B. 要求各项目承诺可消减的成本比例
C. 与 PMO 的成员分析可消减成本的地方
D. 要求各项目部提供管理开支的各种报表

168 » 项目经理与主题专家一起估算项目任务。主题专家认为某项活动最有可能花 45 小时完成。在项目团队会议上，相同的活动估计需要花 70 小时。而有些团队成员认为这项活动最短能在 32 小时内完成。项目经理应该怎么估算这项活动的持续时间？（   ）

  A. 45 小时   B. 47 小时   C. 32 小时   D. 70 小时

169 » 在整个项目过程中，获得客户对已完项目范围及其相应可交付成果的正式验收，属于下列哪个过程的工作？（   ）

  A. 结束项目或阶段   B. 控制采购
  C. 控制质量   D. 确认范围

170 » 项目团队正在根据质量管理计划、质量测量指标、质量控制测量结果和其他相关资料，编制综合性的质量报告。他们所做的工作属于以下哪个项目管理过程？（   ）

  A. 规划质量管理过程   B. 管理质量过程
  C. 实施质量保证过程   D. 控制质量过程

171 » 因为所有的预算已经花光，发起人要求项目经理停止项目，项目经理应该怎么做？（   ）

  A. 准备变更请求，更新项目范围 B. 记录项目情况，准备最终报告
  C. 寻找新的发起人，更新项目章程 D. 与客户洽谈，继续完成剩余任务

172 » 你是一个 IT 项目的项目经理。项目拥有完整、经批准的范围基准，包括项目范围说明书、工作分解结构和 WBS 词典。项目团队中一位编程专家在工作过程中发现增加某个小功能，可以大大提高系统的运行速度。他自行增加了这个小功能，没有给项目进度带来负面影响，也没有增加额外的费用。你应该采取什么措施？（   ）

  A. 他改善了产品功能，且没有对进度和成本带来不利影响，应该受到表扬
  B. 把这个改进作为项目的重要经验加以推广
  C. 批评这位专家，因为他的行为可能给整个项目带来负面影响
  D. 由于这项变更已经做了，因此就需要准备一份变更追踪表用来追踪变更效果

173 » 一位项目经理刚刚被派到一个新项目上，并得到了一份项目范围说明书。这个项目经理必须做的第一件事是（   ）。

  A. 创建 WBS 和 WBS 词典，建立项目范围基准

B. 确认项目范围说明书已经全面反映了相关方的需求
C. 建立项目管理团队
D. 制订项目管理计划

174 » 公司决定启动 PMO 组建项目，并任命你为项目经理。你知道公司高级管理者和各职能部门经理都是很重要的项目相关方。为了获得他们的大力支持，你应该怎么做？（　　）

A. 用增量方式实现 PMO 对他们的价值　B. 按世界一流 PMO 的标准来组建 PMO
C. 请公司副总裁兼任 PMO 主任　　　　D. 让 PMO 直接管理公司的每一个项目

175 » 同样的工作，如果给他一个月的时间，他可以完成；如果给他两个月的时间，他就需要两个月才能完成。这种"工作总是要拖到最后才完成"的现象，最符合以下哪个说法？（　　）

A. 彼得定律　　B. 学生综合征　　C. 墨菲定律　　D. 帕金森定律

176 » 国外的通信基站被破坏，紧急维修任务被派遣给你的团队。而当地有较大的恐怖主义活动威胁，你希望组织一次额外的反恐安全培训。项目没有多余的培训经费，维修任务又非常紧急，你应该如何行动？（　　）

A. 用岗位安全警示教育代替反恐安全培训
B. 请在该地区实施过项目的人分享安全方面的经验教训
C. 向高级管理层申请动用管理储备
D. 向项目管理办公室求助

177 » 公司正在向敏捷转型，某团队成员获得了一次敏捷实操培训的机会。回到团队后，他发现每日站会的时间很长，因为团队人数太多了。他建议把项目团队分解成三个更小的小组来开展工作。项目经理应该如何回应？（　　）

A. 削减团队成员的总人数，使之符合敏捷理念
B. 向产品负责人请示
C. 征得团队成员同意，重组为三个工作小组
D. 减少汇报内容，缩短每日站会的时间

178 » 供应商的产品交付延期，按约定支付了 3% 的合同款作为罚款。供应商称因罚款导致没有足够的现金支付工人工资，工人们声称一周内将集体罢工。项目团队内部有不同的意见，项目经理应该如何行动？（　　）

A. 冲突已经被感知，分析可能的冲突解决方案

B. 冲突已经呈现，需马上采取应对罢工的行动

C. 冲突在潜伏期，等冲突呈现后再决定如何行动

D. 冲突在潜伏期，要求该供应商自行做好罢工风险的应对

179》公司专门为你的项目招聘了一批大学生。他们都毕业于某重点大学，年龄在24岁左右，英语水平不错，还有一些学生会的管理经验。你知道团队成员多样化的必要性，应该采取什么样的行动？（   ）

A. 对他们开展性格和能力测试，分配到项目的各小组上

B. 让他们通过虚拟团队的方式为项目工作，避免正面冲突

C. 建议公司把他们分派到各个项目上，不要都派往你的项目

D. 跟踪这些人的绩效，向公司证明多样化的必要性

180》根据下表，如果活动F的历时变为8周，会对项目产生什么影响？（   ）

活动	紧前活动	估算历时/周
开始		0
C	开始	3
D	C	6
A	C	8
E	D	4
B	A、E	5
F	E	3
结束	B、F	0

A. 对关键路径没有影响

B. 关键路径的历时变成16周

C. 关键路径改变了

D. 导致活动A出现在关键路径上

181》分析行业数据后，你意识到本行业知识更新太快。为了确保完成项目，在项目期间必须经常对团队成员开展培训。关于如何对团队成员开展培训的安排，应该被写入（   ）。

A. 项目成本管理计划

B. 项目相关方参与计划

C. 项目沟通管理计划

D. 项目资源管理计划

182》在监控项目时，预测项目将不能在规定的日期完工。项目无法获得额外的资源。本项目是低风险的，效益成本比预计是2.0，活动之间依赖关系主要是根据团队的偏好确定的。这些情况下，最好应该（   ）。

A. 把资源从选择性依赖关系调往外部依赖关系
B. 削减活动的资源
C. 使更多活动同时进行
D. 从项目中取消一项工作

183 » 在项目状态评审会议上，大家热烈地交流信息，讨论问题和风险。两位原本就存在私人矛盾的参会者，在讨论项目中发生的一个问题时，发生了激烈的争吵，导致会议逐渐偏离原定议程。面对这种情况，会议主持人应该怎么办？（ ）

A. 宣布立即休会，另找时间继续开会
B. 建议大家一起帮助他们解决私人矛盾
C. 充当他们的调解人，让他们吵清楚，以便以后有效合作
D. 要求他们停止争吵，让会议回归原定议程

184 » 一项活动的历时为 6 天，最早开始日期为 2 月 1 日，最迟开始日期为 2 月 5 日，没有非工作日。根据以上信息，可以总结出（ ）。

A. 该活动的总浮动时间是 4 天
B. 该活动的最早完成日期是 2 月 7 日
C. 该活动的最晚完成日期是 2 月 11 日
D. 如果给该活动分配双倍的资源，就可以在 3 天完成该活动

185 » 在供应商 A 完成了 2 个阶段可交付成果之后，客户决定改由供应商 B 来承接后续的工作，完成剩余的可交付成果。供应商 A 的项目经理应该怎么做？（ ）

A. 完成与客户的财务结算
B. 与供应商 B 协商提供分包服务
C. 更新所有相关文档
D. 向客户移交可交付成果的所有权

186 » 在管理项目时，你发现预计的项目完工时间将超出期望的日期，你首先应该（ ）。

A. 向项目增加资源
B. 评估同时进行更多活动的可能性
C. 向管理层要求延长工期
D. 对项目进行赶工

187 » 你作为公司的首席项目官，目前有许多项目向你汇报项目进展状况。它们采用了不同的报告格式，使你无法对这些项目的状态进行横向比较，从而无法从更高层面做出决策。你要求 PMO 尽快出台项目进展报告编制的标准化指南。PMO 启动这个标准化指南开发项目，是因为以下哪个理由？（ ）

A. 符合法律法规
B. 执行公司的业务战略
C. 满足社会需求
D. 满足相关方需求

188. 在本迭代期的演示会上,产品负责人拒绝接受团队的成果,因为上次会议上他提出的质量缺陷未被解决。若要避免再次出现这种情况,应该怎么做?(   )

    A. 审查团队能力并确定所需的辅导

    B. 确保该质量缺陷被列入未完项清单中

    C. 在下一次迭代规划会上专门讨论质量问题

    D. 在回顾会上实施根本原因分析

189. 某项目经理刚刚完成项目预算的编制工作。根据现在确定的预算,他估计项目实际成本超过该预算的可能性大约为 20%。根据他给出的信息,你能够做出如下判断:(   )。

    A. 预算高于平均值　　　　　　B. 预算低于平均值

    C. 预算等于平均值　　　　　　D. 预算高于中位数

190. 一名能力很强的新成员加入项目。为了优先完成个人业绩,他拒绝帮助其他团队成员。项目经理与他谈话,他解释说在以前的公司中鼓励这种内部竞争关系,年终奖只考虑个人绩效,而不考虑团队的任务是否完成。项目经理应该如何指导他?(   )

    A. 告知他本项目的绩效考核标准

    B. 召集团队会议,确保大家始终了解团队的基本规则

    C. 再次与他沟通,要求他帮助其他团队成员

    D. 在个人绩效优秀的情况下,忽略他的行为

191. 公司在业界一直有良好的口碑,"次品可以出现在车间,但绝对不能出现在柜台"是公司的宣言。以下哪个是对这个宣言的最好诠释?(   )

    A. 外部失败成本必须为零

    B. 内部失败成本必须为零

    C. 一次把质量做合格,以便质量检查成本为零

    D. 必须使用统计抽样的方法来检查质量

192. 作为一个创新型项目的项目经理,你招聘了一批年轻的团队成员。他们都极具个性,导致内部冲突不断,第一年的团队离职率很高。你应该如何行动?(   )

    A. 个性差异是造成冲突的主要原因,尽量招聘个性相同的团队成员

    B. 等待团队成员渡过震荡阶段

    C. 强调团队章程中的共同价值观,明确可接受的行为

    D. 清晰界定每个团队成员的职责,防止工作交叉

193 » 你负责公司的办公楼建设项目。这是一个内部项目，你需要经常和未来管理办公楼的物业经理打交道，以确保办公楼的建设成本和运营成本综合最优。按影响方向进行分类，你应该把物业经理归为哪类相关方？（　　）

A. 向上相关方　　B. 向下相关方　　C. 向外相关方　　D. 横向相关方

194 » 约翰是建筑施工项目的项目经理。在出席 PMI 的全球项目管理大会时，他发现一位 IT 行业的项目经理所报告的项目配置管理做法对建筑施工项目很有借鉴意义。回到工作岗位后，他组织项目团队学习和应用这种配置管理做法。他们是在应用以下哪一项技术？（　　）

A. 标杆对照　　B. 头脑风暴　　C. 焦点小组　　D. 访谈

195 » 一个 ICT 项目正在策划中。项目产品的功能包括基础级功能、日常级功能和高层级功能，需要按顺序开发。要开发的基础级功能已经基本明确，但日常级和高层级功能都尚不明确。在选择项目的生命周期类型时，你认为以下哪种最合适？（　　）

A. 预测型　　B. 迭代型　　C. 增量型　　D. 反复型

196 » 项目团队正在实施新能源汽车研发项目，需要从外部采购一种核心部件。团队向三大潜在供应商发出了邀请招标函。为了确保整车的可装配性及维修方便，团队希望供应商能分享他们的专业知识。项目经理接下来应该怎么办？（　　）

A. 项目结束时，要求供应商提交一份完善的运营支持文件
B. 签合同前，开展关于知识转移方面的采购谈判
C. 在合同条款中规定供应商必须为项目团队提供相关的培训
D. 把知识转移计划作为供方的选择标准之一

197 » 你所管理的一个大型软件开发项目正在执行阶段，进展良好。团队编码组的一个成员过去一直工作得很好，但现在他的工作进度开始有所延误，工作质量也开始出现问题。你应该怎么办？（　　）

A. 向公司的人力资源部门报告这个情况，要求撤换该成员
B. 让该程序员去休假，并把他的工作重新分配给其他团队成员
C. 用非正式的方式会见该成员，了解问题的原因
D. 请求该成员的职能经理提供协助

198 » 项目经理为新入职的杰克安排了有针对性的培训，杰克的技能得到了很大提升，但他不乐意与团队成员分享学到的新知识。项目经理希望提升整个团队的绩效，应该如何行动？（　　）

A. 为杰克制订一个团队合作方面的培训计划
B. 指定杰克负责更新项目的经验教训登记册
C. 在项目例会上,请团队成员轮流分享个人的经验
D. 把分享知识列为考核团队成员的新指标

199 » 在项目状态评审会议上,一个重要相关方要求了解前 10 个严重的单个风险的当前状态,以及整体项目风险从项目启动以来的变化情况。你应该向他提供哪一份资料?(　　)

A. 工作绩效报告　　　　　　　B. 项目风险登记册
C. 项目风险报告　　　　　　　D. 项目文件

200 » 项目团队在研发一种治疗心脏病的药物的过程中,意外地发现该药物可能对治疗癌症也有重要作用。为此,在报经项目发起人批准后,项目团队新增了一项临床试验工作,测试该药物对癌症的治疗效果。如果确证了治疗效果,项目的效益就会有巨大提高。这是采取了以下哪种策略?(　　)

A. 单个项目风险的转移策略　　　B. 单个项目风险的接受策略
C. 整体项目风险的规避策略　　　D. 整体项目风险的开拓策略

主　编　汪小金
副主编　易洪芳
参　编　戴朝昕　胡晶晶　龙小丰

汪博士详解
PMP® 模拟题（第5版）

详解部分

机械工业出版社
CHINA MACHINE PRESS

目 录
Contents

第三篇 《PMBOK®指南》分章练习题详解

第1章 引论 ·· 002
第2章 项目运行环境 ··· 014
第3章 项目经理的角色 ··· 026
第4章 项目整合管理 ··· 038
第5章 项目范围管理 ··· 051
第6章 项目进度管理 ··· 064
第7章 项目成本管理 ··· 077
第8章 项目质量管理 ··· 090
第9章 项目资源管理 ··· 103
第10章 项目沟通管理 ··· 116
第11章 项目风险管理 ··· 129
第12章 项目采购管理 ··· 143
第13章 项目相关方管理 ··· 157

第四篇 综合模拟试题详解

综合模拟试题一 ·· 172
综合模拟试题二 ·· 216

附 录

附录A 高效学习，成功通过PMP®考试 ····················· 260
附录B 实践，升华，反哺，PMP®发展有你一份 ······ 262
附录C 左手《PMBOK®指南》，右手"汪博士丛书" ······ 264
附录D 享受学习的过程 ··· 266
附录E 分章练习题参考答案 ··· 268
附录F 综合模拟试题参考答案 ····································· 270

第三篇 《PMBOK® 指南》分章练习题详解

01 / 第 1 章 引 论

1» **A. 正确答案**。项目经理和项目管理团队应该根据项目的具体需要，对《指南》中的知识和做法进行裁剪，即：具体情况具体分析。
   B. 《指南》是指导性的，并不是强制性的。
   C. 《指南》所概述的是通用的项目管理知识，需要结合各行业项目的特点加以运用。
   D. 《指南》只是项目管理知识体系的一部分，即：大多数时候适用于大多数项目的，被公认为良好做法的那一部分。
   考点与页码：《指南》的总体概念，"裁剪"的含义。《指南》第 2 页，《解读》第 2 页。

2» **A. 正确答案**。《指南》描述了可用于管理单个项目的标准。
   B. 关于项目集管理，PMI 另有《项目集管理标准》。
   C. 关于项目组合管理，PMI 另有《项目组合管理标准》。
   D. 关于项目管理工作者的专业行为规范，PMI 另有《道德与专业行为规范》。
   考点与页码：《指南》的对象。《指南》第 3 页。

3» A. 项目虽然需要创造商业价值，但不一定直接创造利润。
   B. 项目要创造独特的产品、服务或成果。
   C. 正确答案。项目应该推动组织变革，即从当前状态转变到将来状态。
   D. 项目是必须按时开始、按时结束的临时性工作，而非持续开展的重复性工作。
   考点与页码：项目的概念，项目的特点。《指南》第 4~7 页，《解读》第 9~13 页。

4» **A. 正确答案**。通用项目生命周期包括开始项目、组织与准备、执行项目工作、结束项目四个阶段。
   B. 监控项目不属于通用项目生命周期的阶段。
   C. 缺少组织与准备阶段，且监控项目不属于通用项目生命周期的阶段。
   D. 关闭采购合同不属于通用项目生命周期的阶段。

考点与页码：通用项目生命周期。《指南》第 18~20 页。

5» A. 未体现项目的特征，尽管这个说法并不错。

B. 未体现项目的特征，尽管这个说法并不错。

C. 正确答案。体现项目的临时性。

D. 未体现项目的特征，尽管这个说法并不错。

考点与页码：项目的四大特点：临时性、独特性、变革驱动性和创造商业价值。《指南》第 4~7 页，《解读》第 9~13 页。

6» **A. 正确答案。在生命周期的早期阶段就可以确定项目的范围、时间和成本，适合使用预测型生命周期。**

B. 迭代型生命周期，项目范围通常在项目生命周期早期制定，但时间及成本估算将随着项目团队对产品理解的不断深入而定期修改。

C. 增量型生命周期，在预定的时间区间内，渐进增加一系列重复的循环活动来开发产品。

D. 适应型生命周期，适用于项目生命周期早期范围不确定的情况。

考点与页码：预测型生命周期。《指南》第 19 页，《解读》第 41~42 页。

7» A. 大量生产标准化产品，无须启动项目，只需开展运营。

B. 不停地生产相同的产品，属于运营，而非项目。

C. 正确答案。只有启动生产线改造项目，才能达到新环保法律的要求。

D. 在标准化的生产线上生产，属于运营，而非项目。

考点与页码：启动项目的背景和理由。《指南》第 7~9 页。

8» A. 这是预测型项目管理方法的适用范围。

B. 正确答案。敏捷项目管理方法正是为了适应需求不明确或需求容易变化，且产品可以一部分一部分交付的项目。

C. 是否采用敏捷项目管理方法与本项目的性质相关，与项目的重要性无关。

D. 是否采用敏捷项目管理方法与本项目的性质相关，与企业的类型无关。

考点与页码：敏捷型项目管理方法的适用范围。《指南》第 666 页，《解读》第 298 页。

9» **A. 正确答案。《指南》图 1-5 的上半部分清楚地展示了这一点。**

B. 项目管理过程组与项目生命周期阶段之间并非严格的一一对应关系。

C. 在项目生命周期的任一阶段都可以根据需要开展启动过程组。

D. 在项目生命周期的任一阶段都可以根据需要开展收尾过程组。

考点与页码：项目管理过程组与项目生命周期的关系。项目管理过程组不等同于项目阶段。《指南》第 18 页图 1-5。

10. A. 项目集管理旨在采取正确的方式完成一系列相互关联的项目，以获得更大利益。
    B. 项目管理旨在采取正确的方式完成单个项目，实现项目目标。
    C. 项目组合管理要选择最有利于实现战略目标的项目集和项目（即正确的项目）去做。
    D. 正确答案。包含了 A、B、C 选项的内容。

    考点与页码：项目组合管理、项目集管理和项目管理。《指南》第 12 页，《解读》第 13~15 页。

11. A. 由于需求不确定，无法在项目开始前就确定每个迭代期的任务。
    B. 产品负责人提出的新需求不一定就是下个迭代期的任务，要先对任务进行优先级排序。
    C. 回顾性审查是当前迭代期结束时的回顾总结。
    D. 正确答案。处于适应型生命周期的项目每次只规划一个迭代期的任务，在每个迭代期开始时。

    考点与页码：适应型生命周期的特点。《指南》第 19、670~671 页，《解读》第 302 页。

12. **A. 正确答案**。说反了，应该是在项目开始时，运营资源被转移到项目中；而随着项目趋于结束，项目资源被转移到运营中。
    B. 战略的实现需要运营，也需要项目，二者相辅相成。
    C. 当运营需要在更高水平进行时，就需要把相关工作构建成项目。项目完成后，就会实现更高的运营水平。
    D. 除此之外，还包括相关资源的转移。

    考点与页码：项目与运营辨析。《指南》第 16 页，《解读》第 8~9 页。

13. A. 项目范围不是与组织战略直接相关的，尽管不无联系。
    B. 项目集范围不是与组织战略直接相关的，尽管不无联系。
    C. 正确答案。项目组合的范围与组织战略直接相关。
    D. 子项目范围不是与组织战略直接相关的，尽管不无联系。

    考点与页码：组织战略与项目组合。注意：A、B、D 三个选项并不是绝对错误的；相比较而言，项目组合范围最直接地受组织战略变化的影响。《指南》第 13 页，《解读》第 13~14 页。

14» **A. 正确答案**。阶段审查又称为阶段关口,在项目阶段结束时进行。

　　B. 项目阶段不同于项目管理过程组。

　　C. 多阶段管理有利于管控项目。

　　D. 项目阶段划分需要考虑具体项目的具体需要。

　　考点与页码:项目阶段及其与项目管理过程组的关系。《指南》第21~23页。

15» **A. 正确答案**。在项目执行阶段,就是做项目,不与运营发生直接关系。

　　B. 在项目收尾阶段,需要把项目产品移交给运营。

　　C. 在产品更新改造时,需要从运营中开始项目。

　　D. 可以通过项目来提高运营水平。

　　考点与页码:项目与运营的关系。两者相互支持,相互交叉。《指南》第16页,《解读》第8~9页。

16» A. 项目存在三重制约,而 A、B、C 三项构成了项目的新三重制约。这些都是必须考虑和平衡的要素。

　　B. 解释同 A。

　　C. 解释同 A。

　　D. 正确答案。解释同 A。

　　考点与页码:项目新三重制约。注意:广义的新三重制约有两个说法。一个是范围、时间、成本、质量、资源、风险;另一个是范围、时间、成本、质量、相关方需求、风险。《指南》第542页,《解读》第17~18页。

17» **A. 正确答案**。这是对混合型项目生命周期的正确描述。

　　B. 迭代型和增量型生命周期的组合是适应型生命周期。

　　C. 杜撰出来的说法。

　　D. 杜撰出来的说法。

　　考点与页码:对项目生命周期的理解。《指南》第19页,《解读》第41~42页。

18» A. 项目组合管理是为实现战略目标而选择一系列正确的项目来做。

　　B. 多项目管理,不是《指南》中的专业术语。

　　C. 正确答案。项目集管理旨在实现分别管理每一个项目所不能实现的效益。

　　D. 项目管理办公室管理的项目不一定直接相互关联。

　　考点与页码:项目集管理。选项 B 和 D 并非绝对错误,只是不如 C 那么准确。《指南》第13~14页,《解读》第14页。

19» A. 项目目标达成,项目正常结束。

B. 项目无法达成目标，只能提前结束项目。及时发现并尽早结束此类项目，也是一种成功。

C. 正确答案。某个关键相关方不支持项目，不一定就要终止项目。项目经理可以对其进行有效引导和管理。

D. 项目需求不复存在，项目提前结束。及时发现并尽早结束此类项目，也是一种成功。

考点与页码：项目结束的原因。《指南》第5页，《解读》第10页。

20. A. 生产线的维护工作是持续不断的，同时要保持生产线的稳定性，故不具备项目的临时性和独特性。

    B. 项目集强调项目之间的联系，实现分别管理单个项目所不能实现的效益。

    C. 项目组合强调服务于组织战略，对项目进行优先级排序，实现组织资源价值最大化。

    D. 正确答案。生产线维护追求持续性和稳定性，更适合被当作运营来做。

    考点与页码：项目、项目集、项目组合和运营的区别与联系。《指南》第11~16页，《解读》第8~9页。

21. A. 发起人组织商业论证的制定和维护，项目经理参与。

    B. 项目经理以提建议的方式参与商业论证的编制。

    C. 项目效益管理计划应该在项目启动之前的前期准备阶段制订。

    D. 正确答案。项目经理应该确保项目管理方法有利于实现商业文件的意图。

    考点与页码：项目商业论证、项目效益管理计划。《指南》第29~30页。

22. A. 尽管这个说法并不错，但不如B更准确。

    B. 正确答案。直接服务于执行组织战略目标的项目，肯定能获得执行组织的大力支持。

    C. 尽管这个说法并不错，但不如B更准确。

    D. 与题干的关联度很小。

    考点与页码：项目与战略计划。《指南》第7~9页，《解读》第5~6页。

23. A. 适应型项目允许根据情况不断调整计划，不限定在某个预定的时间点。

    B. 项目开始前只做高层级计划，计划随着项目的开展而不断调整。

    C. 正好相反，这类项目需要边执行边调整，用于执行的时间比管理的时间更多。

    D. 正确答案。适应型项目会不断对任务进行优先级排序，以便优先完成最有价值的工作。

考点与页码：适应型项目的特点。《指南》第 668 页，《解读》第 298~299，307~308 页。

24. A. 未体现项目的本质，尽管这个说法并不错。
    B. 未体现项目的本质，而且项目并不以产生收益为主要目的。
    C. 项目不是持续性而是临时性的事业。运营才是以不断满足客户或市场需求为目的的持续性事业。
    D. 正确答案。符合《指南》中的项目定义。
    考点与页码：项目的定义。注意"项目"与"运营"的区别。《指南》第 4 页，《解读》第 8~9 页。

25. A. 某些过程而非每个过程只在预定义时点开展。
    B. 某些过程而非每个过程需要在整个项目期间持续开展。
    C. 某些过程而非每个过程需要在整个项目期间定期开展。
    D. 正确答案。各项目管理过程在一个项目上的开展频率往往是不同的。
    考点与页码：《指南》规定了三类开展频率不同的项目管理过程。《指南》第 22 页。

26. A. 这个说法太主观、太随意，完全忽视了项目组合管理的科学性。
    B. 极少数项目可以不隶属于任一项目组合，如调整战略目标的项目。
    C. 正确答案。同一个项目组合中的所有项目都服务于同一个战略目标。
    D. 项目组合通常没有规定的结束时间，因为需要随战略目标的动态调整而不断补充或剔除所属项目。
    考点与页码：项目组合的概念，项目组合与项目集、项目的区别。《指南》第 11~13 页，《解读》第 6~8 页。

27. A. 开发生命周期只是项目生命周期的重要组成部分。
    B. 正确答案。在一个项目生命周期中可以有一个或多个开发生命周期。
    C. 产品生命周期通常比开发生命周期长得多。
    D. 解释同 A。
    考点与页码：项目生命周期、开发生命周期、产品生命周期。《指南》第 19 页，《解读》第 50~51 页。

28. A. 该答案有一定的道理，但不如 B 那么贴合题干。项目管理办公室的功能因组织而异。
    B. 正确答案。项目之间没有内在联系，只适合当作项目组合进行管理。
    C. 项目之间没有内在联系，通常不可能用项目集管理来获取额外利益。

D. 作战室是项目内的集中办公场所，用于团队建设，不是管理多个项目的机构。

考点与页码：项目组合和项目集的区别。《指南》第 14～15 页，《解读》第 6 页表 1–1。

29. A. 缺乏针对性。PMO 为项目工作提供支持，有三种不同类型的 PMO。

   B. 正确答案。项目组合强调服务于组织战略，对项目进行优先级排序，实现组织资源价值最大化。

   C. 项目集也支持组织战略，但不是直接的，而是通过项目组合。

   D. 项目也通过项目组合来支持组织战略的实现。

   考点与页码：项目组合管理的关注重点。《指南》第 15 页，《解读》第 13～14 页。

30. **A. 正确答案**。每一个过程都由输入、工具与技术、输出构成。

   B. 《指南》中没有强调某个过程应该由谁来开展。

   C. 这个说法不是绝对错误的，但不如 A 那么准确。

   D. 这个说法不是绝对错误的，但不如 A 那么准确。

   考点与页码：项目管理过程的构成和作用。《指南》第 22 页。

31. A. 这些是通用项目生命周期的内容。

   B. 前期准备不是项目管理五大过程组的内容。

   C. 正确答案。项目管理五大过程组：启动、规划、执行、监控、收尾。

   D. 商业论证不是项目管理五大过程组的内容。

   考点与页码：项目管理五大过程组的构成。《指南》第 23 页，《解读》第 4～5 页。

32. A. 工作绩效信息不是原始资料，而是经过加工整理的资料。

   B. 正确答案。工作绩效数据是随同项目工作执行而收集的原始资料。

   C. 工作绩效报告是基于项目计划和工作绩效信息而编制的报告，不是原始资料。

   D. 经验教训登记册记录的是经验教训总结，而不是原始资料。

   考点与页码：工作绩效数据、工作绩效信息、工作绩效报告、经验教训登记册。《指南》第 26 页，《解读》第 63～64 页。

33. A. 广义上讲，项目管理中所产生的各种计划和文件也是可交付成果。

   B. 正确答案。批量生产的汽车零配件不是项目所产生出来的结果，而是运营得到的产品。

   C. 学校新开发的课程是课程开发项目所产生的独特的可交付成果。

   D. 研究课题所发现的新知识是研究项目所产生的独特的可交付成果。

   考点与页码：项目创造的独特的可交付成果。《指南》第 4 页，《解读》第 11 页。

34 » A. 这是项目组合管理的工作。

B. 关注各项目所共享的资源,这是项目管理办公室的工作。

C. 正确答案。符合《指南》中项目集管理的具体措施举例。

D. 这是项目组合管理的工作。

考点与页码：项目集管理、项目组合管理、项目管理办公室。《指南》第 14~15 页,《解读》第 13~14 页。

35 » A. 项目管理旨在采取正确的方式完成单个项目,实现项目目标。

B. 项目集管理旨在采取正确的方式完成一系列相互关联的项目,获得更大效益。

C. 项目组合管理要选择最有利于实现战略目标的项目集和项目（即正确的项目）去做。

D. 正确答案。为了使项目符合组织的战略业务目标,对项目组合、项目集和项目进行系统化管理,可考虑应用组织级项目管理。

考点与页码：组织级项目管理。《指南》第 17 页,《解读》第 15~16 页。

36 » A. 培训课程通常不会直接形成某种服务职能。

B. 正确答案。培训课程将导致员工知识水平的提高,这就是独特的成果。成果通常要被转化成服务或产品,才能直接给公司带来效益。

C. 培训课程通常不会生产出某种有形的产品。

D. 不符合项目的定义。

考点与页码：可交付成果的三种形态：独特的产品、服务或成果。《指南》第 4 页,《解读》第 11 页。

37 » A. 临时性不是进行裁剪的根本原因。

B. 目标性不是进行裁剪的根本原因。

C. 正确答案。因为每个项目都是独特的,所以项目经理应该对项目管理过程进行裁剪。

D. 虽然裁剪与渐进明细有一定的关系,但是渐进明细性不是进行裁剪的根本原因。

考点与页码：对项目管理方法进行裁剪。《指南》第 28 页。

38 » A. 维护和连续运营不是项目的一部分。

B. 维护和连续运营是运营经理及其部门的事情,不是项目团队的事情。

C. 正确答案。维护和连续运营不是项目的一部分,但需要在项目执行中加以考虑。

D. 维护和连续运营不是项目的一部分。

考点与页码：项目和运营。尽管项目与运营之间有许多联系,但是两者之间的区别也是很明显的。运营不是项目的一部分。《指南》第 16 页,《解读》第 8~9 页。

39 » A. 卫星与地面站的设计与建造、卫星发射以及系统整合,其中任何一个都可以作为一个项目来实施。

B. 大型项目是纯粹从项目规模角度出发考虑的。

C. **正确答案**。建立一个新的通信卫星系统，适合作为项目集来进行管理。

D. 项目组合管理关注资源价值最大化、投资回报最大化。

考点与页码：项目集管理。《指南》第 14 页，《解读》第 14 页。

40. A. 项目经理，不包括在效益管理计划中，而是包括在项目章程中。

B. **正确答案**。这些都是效益管理计划的主要内容。

C. 业务需求是商业论证文件而非效益管理计划的主要内容，虽然效益管理计划也会涉及业务需求。

D. 项目可交付成果不是效益管理计划的主要内容，虽然其中也会涉及可交付成果。

考点与页码：项目效益管理计划的主要内容。《指南》第 33 页。

41. A. 项目和运营都受制于有限的资源。

B. 项目会因目标的实现而结束，运营不会因目标的实现而结束，而是用新目标取代旧目标，持续开展下去。

C. 项目的持续时间不一定很短。临时性不一定是时间短。

D. **正确答案**。项目生产独特的可交付成果，而运营重复生产同样的结果。

考点与页码：项目与运营的区别。《指南》第 16 页，《解读》第 8～9 页。

42. A. 可能需要做，但不是设置阶段关口的主要目的。

B. 与作为阶段结束点的阶段关口完全没有关系。

C. **正确答案**。这是《指南》中直接提及的。

D. 可能需要做，但不是设置阶段关口的主要目的。

考点与页码：阶段审查（阶段关口）及其意义。A 和 D 也是可能需要做的事情，但不是《指南》中直接提及的。《指南》第 21 页。

43. A. 项目不一定隶属于项目集。项目可以独立存在，不隶属于任何项目集。

B. 项目不一定隶属于项目组合，比如少数旨在调整或重建组织战略目标的项目。

C. 项目不一定都归项目管理办公室管理。

D. **正确答案**。项目可以是不包括在项目组合或项目集中的独立项目。

考点与页码：项目、项目集与项目组合。一个项目可以采用三种不同的模式进行管理：作为一个独立项目（不包括在项目组合或项目集中）、在项目集内或在项目组合内。那些专门研究或调整组织战略的项目就可以作为独立项目。《指南》第 11 页，《解读》第 7 页。

44. A. 解释同 C。

B. 解释同 C。

C. **正确答案**。属于业务过程改进的示例。

D. 解释同 C。

考点与页码：项目背景的分类。实施精益六西格玛是为了过程改进。《指南》第 7~9 页。

45. A. 项目采购管理中没有启动过程组和收尾过程组的过程。

B. 项目相关方管理中没有收尾过程组的过程。

C. 项目进度管理中没有启动、执行和收尾过程组的过程。

D. **正确答案**。项目整合管理知识领域有五大过程组的过程。

考点与页码：项目管理知识领域与过程组的关系。《指南》第 25 页。

46. A. 这些知识和做法不适用于所有项目，而是适用于大多数项目。

B. 其价值和有效性已获得一致认可，而不是大多数人认可。

C. 解释同 D。

D. **正确答案**。《指南》中的这些知识和做法适用于大多数项目，并且其价值和有效性已获得一致认可。

考点与页码：《指南》的普遍认可性。《指南》第 2 页，《解读》第 2 页。

47. A. 虽然项目的范围、时间、成本和质量要求是很重要的成功评价标准，但还有其他的评价标准。

B. 不应由高级管理层单方面确定项目的成功评价标准。

C. **正确答案**。符合《指南》中的说法。

D. 项目经理只是参与确定项目的成功评价标准，而不是单方面确定。

考点与页码：项目成功的评价。《指南》第 34 页。

48. A. 项目章程在项目开始（启动）阶段编制。

B. 项目管理计划在组织与准备阶段编制。

C. 需求文件在组织与准备阶段编制，是规划过程组的收集需求过程的输出。

D. **正确答案**。在前期准备阶段，应编制需要评估、商业论证和效益管理计划。

考点与页码：项目的前期准备阶段。请注意需要评估（Needs Assessment）和需求文件（Requirements Documentation）的区别。《指南》第 29~30 页。

49. A. **正确答案**。全球项目管理业界定义的最重要的价值观是责任、尊重、公正和诚实。

B. 公平不属于全球项目管理业界定义的最重要的价值观。

C. 善良、公平、公开都不属于全球项目管理业界定义的最重要的价值观。

D. 善良、公平、诚实都不属于全球项目管理业界定义的最重要的价值观。

考点与页码：道德与专业行为规范。《指南》第 3 页。

50 » A. 不局限于有形效益，还有无形效益。

B. **正确答案**。符合《指南》中的说法。

C. 不局限于无形效益，还有有形效益。

D. 虽然项目所在组织是很重要的相关方，但是不应局限于此。

考点与页码：项目创造的商业价值。《指南》第 7 页。

51 » A. 这是工作绩效数据的主要作用。

B. 这是工作绩效信息的主要作用。

C. 这是项目计划的主要作用。

D. **正确答案**。工作绩效报告的主要作用是：便于制定决策、提出问题、采取行动或引起关注。

考点与页码：工作绩效数据、工作绩效信息和工作绩效报告。《指南》第 26 页，《解读》第 63~64 页。

52 » A. 表述片面，独特的产品属于一种独特的可交付成果。

B. 表述片面，独特的服务属于一种独特的可交付成果。

C. 表述片面，独特的成果属于一种独特的可交付成果。

D. **正确答案**。表述全面，独特的可交付成果包括：独特的产品、服务或成果。

考点与页码：项目的独特性。在片面与全面的选项中，必须选全面的。《指南》第 4 页，《解读》第 11 页。

53 » A. 《指南》中未提及阶段类型。

B. 每个阶段都是必须经过的，不存在所谓的"可选"阶段。

C. 项目阶段没有主次之分。

D. **正确答案**。阶段属性包括：名称、数量、持续时间、资源需求、准入标准、退出标准。

考点与页码：项目阶段及其属性。《指南》第 20 页。

54 » A. 这是迭代规划会要做的事情。

B. **正确答案**。回顾性审查有团队建设的作用，可以通过审查团队的能力确定所需的辅导。

C. 这是**迭代评审会**要做的事情。

D. 这是每日站会要做的事情。

考点与页码：迭代回顾会。注意区分迭代评审会（Sprint Review）和迭代回顾会（Sprint Retrospective）。《指南》第 670 页，《解读》第 302 页。

55 » A. 临时性的项目也可以持续很长时间。

B. 临时性与重要性无关。

C. 项目成果也许有很长的使用寿命。

D. 正确答案。 符合项目的定义。

考点与页码： 项目的定义，项目的临时性。《指南》第 5 页，《解读》第 10～11 页。

56. A. 独特性的项目中可能存在重复的元素。
    B. 独特性的项目可以由相同或不同的人开展。
    C. 独特性的项目可以采用相同或不同的材料。

    D. 正确答案。 解释同 A。

    考点与页码： 项目的独特性。《指南》第 4 页，《解读》第 11 页。

57. A. 项目集和项目组合的顺序颠倒了。

    B. 正确答案。 符合《指南》图 1-3。

    C. 项目组合和组织战略的顺序颠倒了。
    D. 项目集、项目组合和组织战略的顺序都颠倒了。

    考点与页码： 从组织战略、项目组合到项目集、项目。《指南》第 12 页图 1-3，《解读》第 15 页。

58. A. 属于有形效益。
    B. 属于有形效益。

    C. 正确答案。 属于无形效益。

    D. 属于有形效益。

    考点与页码： 商业价值，有形效益。《指南》第 7 页。

59. A. 只依靠团队成员的能力不能有效降低不确定性，C 更全面。
    B. 由于不确定性和变化太多，相关方无法在执行前就达成高度共识。

    C. 正确答案。 项目团队、客户、产品负责人等众多相关方的持续参与才能有效降低不确定性。

    D. 只依靠客户不能有效降低不确定性，C 更全面。

    考点与页码： 适应型项目的特点。《指南》第 666、669 页，《解读》第 300 页。

60. A. 油气、供电、供水、道路、铁路和机场，其中每一个都可以作为一个项目来实施。
    B. 大型项目是纯粹从项目规模角度出发考虑的。
    C. 项目集管理着重考虑项目之间的依赖关系，创造分别单独管理所无法实现的协同效益。

    D. 正确答案。 以"投资回报最大化"为战略目标的某基础设施公司，计划把油气、供电、供水、道路、铁路和机场等打包，适合作为项目组合管理。

    考点与页码： 项目组合管理。《指南》第 15 页，《解读》第 13～14 页。

第 2 章　项目运行环境

1. A. 每个阶段结束时必须要做组织过程资产更新，不如 D 全面。
   B. 重要的里程碑完成时要做组织过程资产更新，不如 D 全面。
   C. 项目结束时必须做组织过程资产更新，不如 D 全面。
   D. 正确答案。在整个项目期间，项目团队成员都要对组织过程资产进行更新和增补。
   考点与页码：组织过程资产的更新。《指南》第 39 页，《解读》第 36~37 页。

2. A. 项目经理通常无权直接更新组织过程资产中的工作程序。
   B. 正确答案。更新组织过程资产中的工作程序不是项目工作的一部分，你只能向 PMO 提出更新建议。
   C. 工作程序是组织过程资产，也要不断优化和更新，只要组织同意就可以更改。
   D. 项目专家无权制定新的工作程序，只能提出建议。修改工作程序是组织的事。
   考点与页码：组织过程资产更新的责任。《指南》第 40 页，《解读》第 36 页。

3. A. 支持型 PMO 无权要求项目服从自己的要求，只是扮演支持角色。
   B. 正确答案。控制型 PMO 有权要求项目服从自己的要求，虽然并不直接管理项目。
   C. 指令型 PMO 直接管理和控制项目。
   D.《指南》中上没有这种类型的 PMO。
   考点与页码：PMO 的类型。《指南》第 48 页，《解读》第 31~32 页。

4. **A. 正确答案**。组织知识库（包括问题与缺陷管理数据库）的更新由项目团队负责。
   B. 职能经理不参与项目的具体执行工作。
   C. PMO 主要负责组织过程资产中的过程、政策和程序的更新。
   D. 项目团队包括了项目经理，A 更全面。
   考点与页码：组织过程资产更新的责任。《指南》第 40~41 页，《解读》第 36 页。

5. A. 这个说法本身不太合理，而且与题意相距甚远。

B. 这个说法有一定的道理，但不足以直指本质。

C. 正确答案。强矩阵下，项目经理拥有较大的职权和较多的全职团队成员；弱矩阵下，项目经理的职权很小，全职团队成员很少。

D. 这个说法有一定的道理，但不足以直指本质。

考点与页码：强矩阵和弱矩阵的区别。《指南》第 47 页表 2–1，《解读》第 28～30 页。

6. A. 这不是对项目管理有帮助的组织过程资产。
   B. 关税非常高，不具不确定性，不是风险。
   C. 制约因素是对项目执行有影响的各种内外部制约或限制条件，例如，事先确定的预算、强制性进度里程碑、合同条款等。制约因素要比事业环境因素更加具体。

   D. 正确答案。这是组织外部的事业环境因素中的财务考虑因素。

   考点与页码：事业环境因素。《指南》第 39 页，《解读》第 34 页。

7. A. 项目管理办公室是一个对所辖项目进行集中协调管理的永久性办公室，不是针对某个或某些项目而设立的临时的项目办公室。

   B. 正确答案。符合《指南》中项目管理办公室的定义。

   C. 除了被集中管理之外，项目管理办公室所支持或管理的项目不一定彼此关联。
   D. 项目管理办公室所支持或管理的项目不一定彼此关联，项目管理办公室是职能部门而非项目部门。

   考点与页码：项目管理办公室。《指南》第 48 页，《解读》第 31 页。

8. A. 职能型的组织不利于完成跨部门的工作。
   B. 紧密式矩阵其实是集中办公，而不是一种组织形式。

   C. 正确答案。跨部门的项目通常应该采用矩阵型组织。

   D. 项目型组织适用于规模很大或者工期很紧的项目（项目经理需要最大程度地控制资源）。题意中没有相关的信息。

   考点与页码：组织结构，矩阵型组织。《指南》第 47 页，《解读》第 28～30 页。

9. **A. 正确答案**。写项目总结，总结完经验教训后，项目才可以关门。
   B. 收尾阶段应该编制最终项目绩效报告，不再需要更新问题日志。
   C. 总结经验教训仍要由团队成员去完成，现在还不能遣散。
   D. 总结完经验教训后，再举办庆功宴。

   考点与页码：组织过程资产的更新。《指南》第 39 页，《解读》第 36 页。

10. A. 指南和标准是由 PMO 或其他职能部门来更新的。

B. 工作流程是由 PMO 或其他职能部门来更新的。

C. 工作政策是由 PMO 或其他职能部门来更新的。

D. 正确答案。项目档案是由项目团队更新的。

考点与页码：组织过程资产更新的责任。《指南》第 40 页，《解读》第 36 页。

11. A. 没有"灵活型组织"这个说法。

    B. "适应型组织"不是《指南》中的一个术语。

    C. 正确答案。符合《指南》中的规定。

    D. 不符合题意。

    考点与页码：组织结构，混合型组织。《指南》第 47 页，《解读》第 28 ~ 30 页。

12. A. 这是指系统是可以不断完善的。

    B. 这是指对某个或某些组件的过分优化会损害系统整体的功能。

    C. 这是指各组件的状态、组件之间的关系以及整个系统的状态都是不断变化的。

    D. 正确答案。符合《指南》中的描述。

    考点与页码：组织是一个系统，系统的原则。《指南》第 42 页。

13. A. 项目完全由所在的职能部门开展。

    B. 许多职能部门都参与项目工作。

    C. 虽然项目团队的大多数成员是全职为项目工作，但仍然需要职能部门的参与。

    D. 正确答案。由全职的项目团队成员独立开展项目，基本不需要职能部门的参与。

    考点与页码：组织结构，项目型组织。《指南》第 47 页，《解读》第 28 ~ 30 页。

14. A. 这是指令型 PMO 的职责，不是所有类型 PMO 的职责，因此不是 PMO 的基本职责。

    B. 这是控制型 PMO 的职责，不是所有类型 PMO 的职责。

    C. 正确答案。无论是支持型、控制型还是指令型 PMO，都需要为项目提供咨询和指导，这是 PMO 最基本的职责。

    D. 解释同 A。

    考点与页码：PMO 的职责。《指南》第 48 页，《解读》第 31 页。

15. A. 干扰选项。无"项目指挥部组织"这个说法。

    B. 正确答案。项目型组织中，几乎全部项目成员都在项目上全职工作，都只有项目经理一个老板。

    C. 在矩阵式组织中，项目经理控制项目，但不一定控制资源。许多资源由职能经理控制。

D. 在矩阵式组织中，项目经理控制项目，但不一定控制资源。许多资源由职能经理控制。

考点与页码：组织结构，项目型组织。《指南》第 47 页，《解读》第 28～30 页。

16. A. **正确答案**。多部门型，也就是事业部型，每个产品或服务部门就是一个事业部。

    B. 该公司并没有按项目来划分部门，故不是项目型组织。

    C. 题干没有说是按职能来设立部门。

    D. 干扰选项。

    考点与页码：组织结构，事业部型组织。《指南》第 47 页，《解读》第 28～30 页。

17. A. 这是项目经理应该关注的。

    B. **正确答案**。PMO 负责制定组织的项目管理规章制度。

    C. PMO 对所辖各项目共享的人力资源进行管理。

    D. PMO 是常设的永久职能部门，不同于临时的项目部。

    考点与页码：项目管理办公室的职责。《指南》第 49 页，《解读》第 31 页。

18. A. 这是启动和规划过程组要利用的组织过程资产。

    B. 这是收尾过程组要利用的组织过程资产。

    C. 这是事业环境因素。

    D. **正确答案**。需要为开展变更管理而利用变更控制程序。

    考点与页码：组织过程资产与事业环境因素。《指南》第 40 页。

19. A. 客户参与工作的优先级排序，对提升满意度有一定作用，但 C 更直接。

    B. 对提升团队应变能力有帮助，但 C 更直接。

    C. **正确答案**。随着新需求和变更的出现，工作优先级可能发生变化，频繁排序是为了优先完成对相关方最有价值的工作。

    D. 虽然有助于避免项目完全失败，但不如 C 直接。

    考点与页码：敏捷项目的特点。敏捷项目中，对工作进行优先级排序，是为了首先完成最具商业价值的工作。即使项目被提前终止，很可能已经形成具有一定价值的成果。《指南》第 671 页，《解读》第 307～308 页。

20. A. 个人工作总结不如组织过程资产全面。应该提倡多参考组织的经验而非个人的经验。

    B. 这个问题通过查阅组织过程资产就可以解决。

    C. **正确答案**。应该查阅组织过程资产，吸取上一个项目的教训。

D. 利用组织过程资产就可以解决的问题，不需要额外的培训。

考点与页码：利用组织过程资产帮助项目成功。必须假设项目所在组织有完善的组织过程资产。《指南》第39页，《解读》第35~36页。

21. A. 系统的功能要远大于各要素的功能之和。
    B. 系统和组件不能同时优化，某个组件的过分优化会损害系统的整体功能。
    C. 系统和组件都可以优化。
    D. 正确答案。

    考点与页码：系统与组件的关系。《指南》第78页，《解读》第24~25页。

22. A. 个人和互动优先于流程和工具，敏捷项目更强调各相关方的频繁互动。
    B. 可用的软件优先于详尽的文档，敏捷项目主张去掉不必要的文档。
    C. 正确答案。这是敏捷宣言中的价值观。
    D. 响应变化优先于遵循计划，敏捷项目欢迎变更，及时把变更融入项目。

    考点与页码：敏捷宣言的四大价值观。《解读》309页。

23. **A. 正确答案。一类是过程、政策与程序，一类是组织知识库。**
    B. 项目管理信息系统属于事业环境因素。
    C. 基础设施属于事业环境因素。
    D. 不符合《指南》中的分类方法。

    考点与页码：组织过程资产的两大类别。《指南》第39页，《解读》第35~36页。

24. **A. 正确答案。这是典型的简约型组织结构形式。**
    B. 没有划分职能部门，不是职能型。
    C. 没有职能部门和项目部，因此不是矩阵型，更不能判断是弱矩阵。
    D. 紧密型不是一种组织结构形式。

    考点与页码：组织结构，简约型组织。《指南》第47页，《解读》第28页。

25. A. 正确说法，良好的环境会对项目产生积极的影响。
    B. 正确说法。
    C. 正确说法。
    D. 正确答案。获取资源、建设团队和管理团队三个管理过程会导致事业环境因素的更新。

    考点与页码：事业环境因素更新。《指南》第38页，《解读》第32~34页。

26. A. 项目治理框架不会直接影响项目沟通管理的方式。

B. 项目治理框架不会直接影响项目风险管理的方式。

C. 项目治理框架不会直接影响项目目标的设定和实现方式。

D. 正确答案。 组织治理框架会直接影响组织目标的设定和实现方式、风险监控和评估方式、绩效优化方式。

考点与页码： 组织治理框架。注意区分组织治理与项目治理。《指南》第 43 页，《解读》第 25 页。

27. A. 这份清单对项目经理开展项目工作有帮助作用，不是事业环境因素。

B. 解释同 A。

C. 正确答案。 预先批准的供应商清单是组织过程资产中的流程与程序的一种。

D. 解释同 C。

考点与页码： 组织过程资产。《指南》第 40 页，《解读》第 35 ~ 36 页。

28. A. 不符合简约型的特点。

B. 职能经理有 100% 的绩效打分权，可以判断没有项目部，不是矩阵型。

C. 正确答案。 职能型组织下，项目经理是兼职的，没有头衔，完全由他所在职能部门的领导对他进行绩效打分。

D. 不是通过网络开展工作的，不是虚拟型。

考点与页码： 组织结构，职能型组织。《指南》第 47 页，《解读》第 28 ~ 29 页。

29. A. 项目治理需要通过恰当的治理结构来实现，而非将权力集中在项目经理手中。

B. 公司 CEO 负责对公司的管理，并不一定直接承担项目治理的任务。

C. 项目治理考虑的重要问题之一，就是是否把项目划分成两个甚至更多的阶段。阶段划分与控制是项目治理的重要内容。

D. 正确答案。 项目治理给项目提供高级别的指导、支持、监督与控制。

考点与页码： 项目治理。《指南》第 44 页，《解读》第 25 页。

30. A. 从题干中不能判断是职能型。

B. 从题干中不能判断是简约型。

C. 正确答案。 绝大多数成员平时通过互联网远程办公，是虚拟型组织结构的典型特点。

D. 从题干中不能判断是混合型。

考点与页码： 组织结构，虚拟型组织。《指南》第 47 页，《解读》第 28 页。

31. A. PMO 的职责范围可大可小。

B. PMO 还可以管理其他项目。

C. PMO 不同于为特定项目而设的项目部。

D. **正确答案**。符合《指南》中的描述。

考点与页码：PMO 的职责。《指南》第 48 页。《解读》第 31 页。

32. A. 有职能部门也有项目部，起码判断是矩阵型，不是职能型。

B. **正确答案**。从绩效考核权来看，职能经理的权力要远大于项目经理，这是弱矩阵的特点。一般组织的绩效考核权和所采取的组织结构形式应该是一致的。

C. 项目经理握有的考核权小，不是强矩阵型。

D. 没有显示是网上虚拟办公的组织，不是虚拟型。

考点与页码：组织结构，弱矩阵型组织。《指南》第 47 页，《解读》第 28 页。

33. A. **正确答案**。这是对系统动态性的描述。

B. 开放性是指系统会与环境互动。

C. 可优化性是与动态性有关的，是指系统可以在与环境的互动、各组件的互动中不断优化。

D. 与题干无关。

考点与页码：系统的特性。《指南》第 42～43 页，《解读》第 24 页。

34. A. 有机型不一定由项目经理管理项目预算。

B. 事业部型由职能经理（事业部经理）管理项目预算。

C. 平衡矩阵型由项目经理和职能经理共同管理项目预算。

D. **正确答案**。符合《指南》中的描述。

考点与页码：不同组织结构的特点。《指南》第 47 页，《解读》第 28～30 页。

35. A. 题干中提到的是事业环境因素，不是组织过程资产。

B. **正确答案**。资源可用性是事业环境因素的例子。

C. 流程和程序是组织过程资产的一大类别。

D. 经验教训知识库是组织过程资产的组成部分。

考点与页码：事业环境因素与组织过程资产。《指南》第 38～41 页，《解读》第 32～35 页。

36. A. 解释同 B。

B. **正确答案**。质量政策和质量标准被归为组织过程资产中的"过程、政策和程序"这一大类。

C. 经验教训知识库是组织过程资产中的"组织知识库"中的一种。

D. 以往项目档案是组织过程资产中的"组织知识库"中的一种。

考点与页码：组织过程资产。组织过程资产分为两大类：（1）过程、政策和程序，（2）组织知识库。特定的组织标准，包括各种政策（质量政策、采购政策、人力资源政策等）属于第（1）类。《指南》第39～41页，《解读》第35～36页。

37» A. 有可能是项目型，但是 D 更有针对性。

B. 有可能是强矩阵型，但是 D 更有针对性。

C. 从题干中看不出是混合型。

D. **正确答案**。PMO 型组织结构中，PMO 作用巨大，是最核心的职能部门。

考点与页码：组织结构，PMO 型组织。《指南》第47页，《解读》第28页。

38» A. 支持型 PMO 没有这么大权力。

B. 控制型 PMO 对项目有一定掌控权，但是不能直接管理项目。

C. **正确答案**。指令型 PMO 可以直接管理和控制项目，对项目的控制程度很高。

D. 没有这种类型的 PMO。

考点与页码：PMO 的类型。《指南》第49页，《解读》第31～32页。

39» A. 标准化的工作指南属于组织过程资产。

B. 过程测量数据库属于组织过程资产。

C. **正确答案**。工作授权系统属于事业环境因素。

D. 配置管理知识库属于组织过程资产。

考点与页码：组织过程资产与事业环境因素。《指南》第38～41页，《解读》第32～36页。

40» A. PMO 只管理各项目的共享资源，不是全部资源。

B. **正确答案**。PMO 管理所辖项目的共享资源，如共享的专家资源。

C. 每个项目使用的特定稀缺资源不由 PMO 直接管理，除非这些稀缺人才在各项目上共享。

D. 每个项目的实物资源不由 PMO 直接管理，除非这些实物资源在各项目间是共享的。

考点与页码：PMO 的管理范围。《指南》第49页，《解读》第31页。

41» A. 项目型组织中，项目团队成员永久集中办公。

B. 多部门型（事业部型）组织与临时集中办公没有直接关系。

C. **正确答案**。虚拟型组织中，团队成员平时远程办公，只在特定时间临时集中办公。

D. PMO 型不一定是远程办公的虚拟型组织。

考点与页码：虚拟型组织需要临时集中办公。《指南》第 47 页，《解读》第 28 页。

42. A. 这是 PMO 向项目经理提供支持的方式之一。

    B. 对项目开展监督，也提供指导，这些都是 PMO 向项目经理提供支持的方式。

    C. 正确答案。PMO 的主要职能就是通过各种各样的方式向项目经理提供支持。

    D. 这是发起人的作用。一些组织内部的项目，指令型 PMO 可以作为发起人。

    考点与页码：PMO 的主要职能。《指南》第 49 页，《解读》第 31~32 页。

43. A. 职能型组织中，几乎所有项目成员都是在职能部门内兼职做项目，他们不用担心项目完工后的去处。

    B. 矩阵型组织中，许多项目成员是从职能部门借调的，他们可以在项目完成后回到职能部门，也就不需要担心项目完工后的去处。

    C. 正确答案。项目型组织中，几乎所有项目成员全职在项目上工作，他们比较担心项目完工后的去处。

    D. 弱矩阵下，大多数项目成员都在项目与职能部门之间兼职，职能部门是他们的"家"，他们不用担心项目完工后的去处。

    考点与页码：组织结构，项目型组织。《指南》第 47 页，《解读》第 28~30 页。

44. A. 解释同 D。

    B. 解释同 D。

    C. 解释同 D。

    D. 正确答案。项目治理涉及四个领域，即：一致性、风险、绩效和沟通。每个领域都要履行这四大职能：监督、控制、整合与决策。

    考点与页码：项目治理的主要领域和职能。《指南》第 44 页，《解读》第 25~26 页。

45. A. 题干中已经暗示有专门的项目部（项目经理权力大，使用全职的项目员工）。

    B. 题干中已经暗示有分管项目的高层领导。

    C. 正确答案。没有 PMO，就没有专门机构负责协调跨项目的沟通。

    D. 从题干中看不出这一点。

    考点与页码：PMO 的职责和功能。协调跨项目的沟通，是 PMO 的主要职责之一。《指南》第 49 页，《解读》第 31~32 页。

46. A. 这是简约型组织结构的特点，决策权高度集中于老板。

    B. 强矩阵型组织里，并不是项目经理一人说了算。

    C. 正确答案。只要是矩阵型组织，项目经理都必须跟提供团队成员的职能经理合作。

D. 这是简约型组织结构的特点，书面规章制度少，大家商量着办。

考点与页码：组织结构，简约型和矩阵型组织。矩阵型组织需要大量规章制度。《指南》47 页，《解读》第 28 页。

47》 A. 管理模式在很大程度上受组织文化的影响，C 更准确。

B. 领导风格也会受到组织文化的影响，C 更准确。

C. 正确答案。组织文化是组织无形的软规则，决定了组织所有人的行为方式，短期很难改变，对变革的影响最大。

D. 技能不足可以通过学习和培训解决，不是变革的最大障碍。

考点与页码：组织文化。《指南》第 38 页，《解读》第 33 页。

48》 A. 这是控制型 PMO 对项目的要求。

B. 这是控制型 PMO 对项目的要求。

C. 正确答案。这是指令型 PMO 对项目的要求。

D. 这是控制型 PMO 对项目的要求。

考点与页码：PMO 的类型。《指南》第 48 页，《解读》第 31 页。

49》 A. 组织过程资产是执行组织所特有并使用的计划、过程、政策、程序和知识库。

B. 组织过程资产可来自任何项目执行组织。

C. 组织过程资产包括来自组织以往项目的经验教训和历史信息。

D. 正确答案。组织过程资产只来自项目执行组织的内部。

考点与页码：组织过程资产。来自项目执行组织外部的都是事业环境因素。《指南》第 39~41 页，《解读》第 35~36 页。

50》 **A. 正确答案**。历史资料和经验教训是组织过程资产的组成部分。

B. 组织文化和组织结构是事业环境因素。

C. 项目管理信息系统是事业环境因素。

D. 人事管理制度和人力资源现状是事业环境因素。

考点与页码：事业环境因素和组织过程资产。《指南》第 38~41 页，《解读》第 32~36 页。

51》 A. 这是亨利·法约尔的 14 条一般管理原则中强调的，要求严格按管理层次开展上下级沟通。但项目管理中更鼓励横向沟通。

B. 正确答案。

C. 说法错误，沟通必须适度，否则会浪费资源，也不利于项目目标的实现。

D. 没有这种说法。

考点与页码：组织作为一个系统，管理要素或管理原则。《指南》第45页，《解读》第27页。

52» **A. 正确答案**。允许团队成员兼职以及各职能部门参与项目，有利于充分利用资源。
B. 这是矩阵式组织的缺点。
C. 这是职能式组织的优点。
D. 这是项目式组织的优点。
考点与页码：组织结构，矩阵型组织。《指南》第47页，《解读》第28~30页。

53» A. 这不是16条基本管理原则中的内容。
B. 解释同A。
C. 正确答案。这是16条基本管理原则中的内容。
D. 解释同A。
考点与页码：组织中的管理要素或管理原则。《指南》第45页，《解读》第27页。

54» **A. 正确答案**。四个治理领域是：一致性、风险、绩效和沟通。
B. 质量不包括在治理领域中。
C. 资源不包括在治理领域中。
D. 整合不包括在治理领域中。
考点与页码：四个治理领域。《指南》第44页。

55» A. 与职能型组织相比，平衡式矩阵中的项目经理的权限更大，项目工作更受重视。
B. 紧密式矩阵是集中办公的另一个说法，并不是一种组织结构。
C. 正确答案。职能型组织中的大部分工作都属于运营，职能工作容易优先于项目工作，项目在职能型组织中最容易被忽略。
D. 项目型组织中项目经理几乎拥有对项目工作的全部权力，项目受重视程度最高。
考点与页码：组织结构，职能型组织。《指南》第47页，《解读》第28~30页。

56» A. 选择组织结构要考虑物理位置因素，包括办公方式。
B. 某种组织结构所需要的管理成本是必然要考虑的。
C. 如何分配职责也是需要考虑的。
D. 正确答案。设计应具灵活性，组织结构要灵活，可以根据不同情况调整。
考点与页码：组织结构选择的考虑因素。《指南》第46页，《解读》第28~30页。

57» A. 统一命令是人对人的，即：对于一项行动，仅由一个人向另一个人发布指示。
B. 正确答案。统一方向，是人对事或事对事的，要求由一个人或用一份计划指挥一组活动朝同一个方向努力。

C. 这是指共同遵守纪律，不太切题。

D. 这是指开展组织分派的工作任务，不太切题。

考点与页码：组织中的管理要素或管理原则。注意区分统一命令与统一方向。《指南》第 44 页，《解读》第 27 页。

58» A. 这是弱矩阵的特点。

B. 正确答案。项目型组织中的团队成员基本都是全职在为项目工作。

C. 这是弱矩阵的特点。

D. 这是强矩阵的特点。

考点与页码：组织结构，项目型组织。《指南》第 47 页，《解读》第 28～30 页。

59» **A. 正确答案**。组织通常允许并要求项目管理团队对某些组织过程资产进行裁剪。

B. 事业环境因素无法裁剪。

C. 项目执行组织的组织结构是事业环境因素。

D. 项目执行组织的组织文化是事业环境因素。

考点与页码：裁剪组织过程资产。即便把 C 和 D 理解成是本项目团队的，那也不存在所谓的"裁剪"问题。《指南》第 40 页。

60» A. 市场条件是项目执行组织外部的事业环境因素。

B. 不如 D 那么直接相关。

C. 不如 D 那么直接相关。

D. 正确答案。员工贡献的价值观和信念都是组织文化中的重要内容。

考点与页码：事业环境因素，组织文化。《指南》第 38 页，《解读》第 33 页。

第 3 章　项目经理的角色

1. **A. 正确答案**。项目经理可能需要参与前期的准备工作，但通常不是主要负责人。
   B. 项目经理不负责组织商业论证的编写，可能会被要求参与其中。
   C. 在项目章程正式发布之前，项目经理通常需要根据发起人的授权，操办项目立项手续。
   D. 项目经理可能被要求介入项目后的效益管理工作，但不是负责。
   考点与页码：项目经理的职责。《指南》对项目经理的职责做了扩展，项目经理可能被要求介入项目前和项目后的相关工作。《指南》第 51、73 页。

2. A. 项目经理需要了解技术，但不必是技术方面的专家。
   B. 说法不错，但不如 C 全面。
   C. 正确答案。项目经理是组织大家做事的人，要协调项目团队成员和其他相关方来完成项目工作。
   D. 说法不错，但是太片面。
   考点与页码：项目经理的角色和职责。《指南》第 52~53 页，《解读》第 48~49 页。

3. A. 项目经理应该授权敏捷团队自行安排工作。
   B. 不如 D 直接和本质。
   C. 这是交易型领导风格的典型特点。
   D. 正确答案。服务型项目经理应该为团队扫除妨碍工作进展的障碍。
   考点与页码：领导风格，服务型。《指南》第 65、670 页，《解读》第 47~48 页。

4. A. 这是领导者采用的方法，这种项目不需要鼓励大家挑战现状。
   B. 这是领导者采用的方法，创新在这种传统的预测型项目中用得比较少。
   C. 正确答案。在这种项目上，项目经理更应该是管理者而非领导者，按制度办事是管理手段之一。
   D. 这是领导者采用的方法，这种要求苛刻的项目仅靠关系不行。
   考点与页码：领导与管理。《指南》第 64 页，《解读》第 47~48 页。

5. A. 杰克能带领团队完成项目目标，作为管理者是合格的。
   B. **正确答案**。虽然完成了项目目标，但是没有处理好与团队的关系，大家不愿意再次与他一起做项目，作为领导者他是失败的。
   C. 杰克是合格的管理者，但不是优秀的领导者。
   D. 与题干无关。
   考点与页码：领导与管理。《指南》第 64 页，《解读》第 47~48 页。

6. A. 项目经理不应也无权这样要求。
   B. **正确答案**。符合《指南》中的描述。
   C. 这是处理与所在行业的关系。
   D. 这不是积极主动的做法。
   考点与页码：项目经理的影响力范围，处理项目与组织的关系。《指南》第 54~55 页。

7. A. PMI 人才三角中的关键技能包括：项目管理专业技能、领导力、战略和商务管理。项目经理应该掌握并能够应用项目管理知识和技术。
   B. 项目经理要具备强大的领导力，能够指导和激励团队成员去达成项目目标。
   C. 项目经理要掌握一定的战略和商务管理知识，去取得高级管理层和职能部门的支持。
   D. **正确答案**。影响力是项目经理需要具备的技能，但不是 PMI 人才三角中提到的关键技能。
   考点与页码：PMI 的人才三角。影响力是包含在领导力之中的。《指南》第 56 页，《解读》第 45 页。

8. A. **正确答案**。对于高度创新型项目和能力很强的人，可以对他们进行松散式管理。
   B. 服务型通过为团队成员提供服务来使他们愿意跟随自己。
   C. 交易型通过给团队成员奖励来激励他们。
   D. 交互型是交易型、变革型和魅力型的混合体，与题干不符。
   考点与页码：领导风格，放任型。虽然 B 和 C 也有一定道理，但是 A 最切题。《指南》第 65 页，《解读》第 47~48 页。

9. A. 需要考虑自身的特点，如价值观。
   B. 需要考虑团队成员的特点，如价值观。
   C. 不同的团队组织结构，可以用不同的领导风格。
   D. **正确答案**。项目规模的大小与选择哪种领导风格没有必然联系。

考点与页码：领导风格的选择。《指南》第 65 页，《解读》第 47~48 页。

10. A. 变革型是用项目将实现的变革来激励大家，不切题。
    B. 服务型是通过为团队成员提供服务来使他们愿意跟随自己，不切题。
    C. 正确答案。交易型通过给团队成员奖励来激励他们，与题干情景最符合。
    D. 魅力型是以个人魅力来领导大家，不切题。
    考点与页码：领导风格，交易型。《指南》第 65 页，《解读》第 47~48 页。

11. A. 魅力型领导风格，是用个人的专家权力和性格魅力来激励团队成员的。
    B. 充满自信和有影响力，这是人格魅力。
    C. 魅力型领导应该善于热情地说服他人一起为实现项目目标而努力。
    D. 正确答案。这是放任型领导风格的做法。
    考点与页码：领导风格，放任型。《指南》第 65 页，《解读》第 47~48 页。

12. A. 没有敏捷型这种领导风格。
    B. 正确答案。这是典型的服务型领导风格。
    C. 交易型是通过给团队成员奖励来激励他们。
    D. 交互型是交易型、变革型和魅力型的混合体。
    考点与页码：领导风格，服务型。《指南》第 65 页，《解读》第 47~48 页。

13. A. 放任型适用于创新型项目和高度自觉并能力很强的人，不是三种领导风格的结合。
    B. 服务型是通过为团队成员提供服务来使他们愿意跟随自己，不是三种领导风格的结合。
    C. 没有综合型这种领导风格。
    D. 正确答案。交互型是交易型、变革型和魅力型的混合体。
    考点与页码：领导风格，交互型。《指南》第 65 页，《解读》第 47~48 页。

14. **A. 正确答案**。项目早期团队成员刚刚认识，还不熟悉规则；收尾阶段团队成员都想着找下一份工作，不能安心工作。针对这两种情况，项目经理都要更多地使用独裁式管理风格。
    B. 项目早期和收尾阶段不能太民主，项目执行阶段可以使用民主式领导风格。
    C. 放任式适用于创新型项目和高度自觉并能力很强的人，当团队发展进入成熟阶段的时候可以使用。
    D. 服务型是通过为团队成员提供服务来使他们愿意跟随自己，更适合于敏捷项目。

考点与页码：领导风格或管理风格。领导风格和管理风格，经常无须严格区分，而是可以等同看待。《指南》第 65 页，《解读》第 47~48 页。

15. A. 敏捷项目要求拥有小规模全功能的团队，人员不足时，项目经理也可能要实施部分技术工作。

    B. 正确答案。项目经理引入新工具和技术，应用于项目工作中，是技术项目管理能力的体现。

    C. 亲自实施一部分技术工作，是敏捷项目的特点和当前项目情况决定的，不是领导力不足的体现。

    D. 战略和商务管理技能是获取高级管理层和组织其他各部门支持的能力。

    考点与页码：PMI 的人才三角，技术项目管理能力。《指南》第 56 页，《解读》第 45 页。

16. A. 这是独裁式管理风格的缺点。

    B. 这是放任式管理风格的缺点。

    C. 正确答案。民主式管理风格允许所有团队成员参与决策，每次决策都要征求大家的意见，决策速度相对较慢。

    D. 民主式管理风格不一定会带来高风险。

    考点与页码：领导风格或管理风格。《指南》第 65 页，《解读》第 47~48 页。

17. A. 执行整合必须把各个项目管理过程整合起来开展。

    B. 执行整合必须提高自己在每个知识领域的知识水平，实现知识层面的整合。

    C. 正确答案。没有这一说法。执行整合需要关注过程层面、认知层面和背景层面的整合。

    D. 执行整合必须动态了解与项目有关的大背景。

    考点与页码：三个层面的整合。《指南》第 66 页，《解读》第 49 页。

18. A. 应该参考《指南》中的项目管理过程。

    B. 不一定要采用适应型生命周期。

    C. 正确答案。项目执行组织的文化作为事业环境因素，会对项目有直接的影响。

    D. 不一定要尽量敏捷。

    考点与页码：基于合理的认知来选择适当的管理方法。《指南》第 67 页。

19. A. 独特性是指项目会产出独一无二的可交付成果，与题干无关。

    B. 变革性是指项目会驱动组织变革，让组织从一个状态过渡到另一个状态，与题干无关。

C. **正确答案**。这是对复杂性的描述，项目因包含多个部分，每个部分有连接和交互作用而导致的复杂性。

D. 临时性是指项目有明确的开始和结束时间，与题干无关。

考点与页码：项目的复杂性。《指南》第 68 页，《解读》第 49 页。

20. A. 组织行为不属于复杂性的三个维度。

    B. 环境行为不属于复杂性的三个维度。

    C. 风险性不属于复杂性的三个维度。

    D. **正确答案**。项目复杂性的三个维度是指人类行为、系统行为、模糊性。

    考点与页码：项目复杂性的来源。《指南》第 68 页，《解读》第 49 页。

21. A. 专家权力是因拥有专业知识和经验而具备的权力，虽然也没有错，但不如 B 更契合题干情景。

    B. **正确答案**。欣赏某人，以某人为榜样不断改进，这是参考权力，也称为参照权力。

    C. 加压权力是指处于某职位的人有权限制下属的活动自由，与题干无关。

    D. 魅力权力是指因拥有个人魅力、吸引人而具备的权力，与题干无关。

    考点与页码：权力的种类，参考权力。《指南》第 63 页，《解读》第 45~46 页。

22. A. 不是最主要原因。

    B. **正确答案**。这是敏捷项目中需要客户频繁参与的最主要原因。

    C. 敏捷项目中，项目团队和客户共同制定决策。

    D. 不如 B 全面。本选项已经包含在 B 的"提供反馈"中。

    考点与页码：项目经理的影响力范围。《指南》第 53、671 页，《解读》第 303~304 页。

23. A. 为取得项目成功，项目经理应该主动寻求权力，而不是坐等组织授权。

    B. 有些权力是与职位无关的，比如与人身有关的专家权力。

    C. **正确答案**。行使权力的方式有很多，项目经理可以根据自身特点和项目情况自行决定。

    D. 为了项目成功，项目经理需要合理地与领导套近乎，谋求合理的迎合权力和关系权力。

    考点与页码：权力的种类。项目经理不应局限于使用某一种或几种权力。《指南》第 63 页，《解读》第 45~46 页。

24. A. 正式权力是指处于某职位的人有权做出相关决定的权力。

B. 参考权力又称为参照权力，即别人信任你、欣赏你，以你为榜样的权力。

C. **正确答案**。情境权力是在危机等特殊情况下获得的权力。

D. 信息权力是通过获取、掌握和分发信息来影响他人的权力。

考点与页码：权力的种类，情境权力。参考权力是长时间拥有的，而情境权力是临时拥有的。《指南》第 63 页，《解读》第 46 页。

25 » A. 题干中没有提及技术牛人的职位，故与正式权力（职位权力）无关。

B. 题干中没有提及技术牛人的个人性格或榜样魅力，故与参考权力无关。

C. 情境权力只是特定情境下暂时拥有的权力，不如 D 切题。

D. **正确答案**。专家权力是因拥有专业知识和经验而具备的权力。

考点与页码：权力的种类，专家权力。《指南》第 63 页，《解读》第 46 页。

26 » A. 对于高管，项目经理不可能使用正式权力。

B. 项目经理建立与高管的良好关系，会对其他人产生关系权力。

C. **正确答案**。项目经理迎合了高管打高尔夫球的兴趣，对高管行使了迎合权力。

D. 专家权力是因拥有专业知识和经验而具备的权力。

考点与页码：权力的种类，迎合权力。项目经理对高管行使了迎合权力，而不是关系权力。《指南》第 63 页，《解读》第 46 页。

27 » A. 情况不明就向高层汇报，太消极。

B. 是否中止项目应当由发起人决定。

C. 项目目标是否应当调整，由管理层和（或）发起人决定。

D. **正确答案**。尽早记录并弄清楚冲突情况，有助于及时采取措施，抓住解决问题的最佳时机。

考点与页码：战略和商务管理技能。《指南》第 58 页。

28 » A. 领导者关注长期愿景，而管理者关注近期目标。

B. **正确答案**。项目经理不管是作为管理者还是领导者，都要实现项目目标。

C. 更多的正式权力对于管理者有必要，但对于领导者不是必需的。

D. 领导者需要引导创新，但管理者更多的是按流程和计划把项目做成功。

考点与页码：领导与管理。《指南》第 64 页，《解读》第 47～48 页。

29 » A. 项目经理可能是项目团队的直线经理，也可能不是（团队成员可能还向职能经理汇报）。

B. 这个说法不合逻辑。

C. 这个说法不正式。

D. **正确答案**。无论如何，项目经理都是项目团队的领导者。

考点与页码：项目经理的定义。《指南》第52页。

30. A. 专家权力是因拥有专业知识和经验而具备的权力，在题干中并没有充分体现这一点。
    B. 正式权力是指处于某职位的人有权做出相关决定的权力，与题干无关。
    C. **正确答案**。说服权力是指提供证据，说服别人做或不做某件事的权力，与题干最相符。
    D. 加压权力是指处于某职位的人有权限制下属的活动自由，与题干无关。

    考点与页码：权力的种类，说服权力。《指南》第63页，《解读》第45~46页。

31. A. **正确答案**。回避权力是拒绝参与某件事的权力。
    B. 情境权力是在危机等特殊情况下获得的权力。
    C. 加压权力是指处于某职位的人有权限制下属的活动自由。
    D. 专家权力是因拥有专业知识和经验而具备的权力，题干中专家并没有刻意行使这个权力。

    考点与页码：权力的种类，回避权力。《指南》第63页，《解读》第45~46页。

32. A. 回避权力是指拒绝参与某件事的权力。
    B. 情境权力是在危机等特殊情况下获得的权力。
    C. **正确答案**。加压权力是指处于某职位的人有权限制下属的活动自由的权力。
    D. 专家权力是因拥有专业知识和经验而具备的权力。

    考点与页码：权力的种类，加压权力。《指南》第63页，《解读》第45~46页。

33. A. 正式权力是指处于某职位的人有权做出相关决定的权力。
    B. **正确答案**。奖励权力是指能够给予表扬、金钱或其他奖励的权力。
    C. 没有独裁权力的说法。
    D. 参考权力又称为参照权力，即别人信任你、欣赏你，以你为榜样的权力。

    考点与页码：权力的种类，奖励权力。《指南》第63页，《解读》第45~46页。

34. A. 虽然与职位权力有关，但是C更直接。
    B. 说服权力是指提供证据，说服别人做或不做某件事的权力。
    C. **正确答案**。直接给予纪律处分，这是在使用处罚权力。
    D. 加压权力是指处于某职位的人有权限制下属的活动自由。

    考点与页码：权力的种类，处罚权力。选择权力种类时，应该选择与题干中的情景最直接相关的。指南《指南》第 63 页，《解读》第 45~46 页。

35» A. 专家权力是因拥有专业知识和经验而具备的权力，专家并没有刻意行使这个权力。

B. 说服权力是指提供证据，说服别人做或不做某件事的权力。

C. **正确答案**。愧疚权力是指用特殊言行促使对方产生某种愧疚感，从而不得不去做或不做特定事情。

D. 加压权力是指处于某职位的人有权限制下属的活动自由。

考点与页码：权力的种类，愧疚权力。《指南》第 63 页，《解读》第 45~46 页。

36» A. **正确答案**。弱矩阵中项目经理正式权力不足，而这三个权力是与人身有关的权力，不依赖于正式职位。

B. 加压权力是与职位有关的权力，弱矩阵中的项目经理不能很好地使用该权力。

C. 处罚权力是与职位有关的权力，弱矩阵中的项目经理不能很好地使用该权力。

D. 这三个都是与职位有关的权力，弱矩阵中的项目经理不能很好地使用这三个权力。

考点与页码：权力的种类，与人身直接关联的权力。《指南》第 63 页，《解读》第 45~46 页。

37» A. 敏捷项目中，团队成员通常是一群自觉且有能力的人，项目经理以服务团队为主，更像一个领导者而非严格的管理者。

B. **正确答案**。采用敏捷方法的项目上，项目经理更像领导者。

C. 这是说法并不错，但不如 B 更全面。领导者也应该把自己视为团队中的一员，为团队的共同目标而努力。

D. 这是管理者的角色。

考点与页码：领导与管理。越是需要敏捷和创新的项目，项目经理就越应是领导者。《指南》第 64 页，《解读》第 47~48 页。

38» A. 通过沟通来解决问题，是领导者管理冲突的方式。

B. **正确答案**。建设性冲突对项目是有益的，需要有适当数量的冲突。

C. 为实现项目目标而做适当妥协，是领导者管理冲突的方式。

D. 在相关方之间寻求共识，是领导者管理冲突的方式。

考点与页码：领导者的品质和技能。《指南》第 61 页。

39» A. **正确答案**。项目经理 90% 的时间都花在沟通上。

B. 不是极端的 100%。

C. 解释同 A。

D. 解释同 A。

考点与页码：领导者的品质和技能。《指南》第 61 页。

40. A. 简单地批评他和要求他反思，不是建设性反馈。

B. 应该及时给予团队成员反馈，不能等到以后再说。

C. 正确答案。应该给予团队成员建设性反馈，比如分析他哪里做得不好，告诉他如何改进才能做得更好。

D. 这不是积极的做法。

考点与页码：领导者的品质和技能。《指南》第 61 页。

41. A. 管理者更关注利用职位权力，领导者更加关注利用人身权力和人际权力。

B. 管理者更加关注正确地做事。

C. 正确答案。领导者更加关注做正确的事。

D. 管理者更关注严格控制，领导者更关注启发成员。

考点与页码：领导技能。《指南》第 64 页，《解读》第 47~48 页。

42. A. 顶尖的项目经理一般展现出超凡的人际关系和沟通技能，以及积极的态度。

B. 解释同 A。

C. 解释同 A。

D. 正确答案。项目经理如果善于利用组织过程资产，就可以弥补自身经验的不足。

考点与页码：项目经理的能力。《指南》第 53 页。

43. A. 与有影响力的领导建立非正式的人际关系，有利于实现项目目标。

B. 正确答案。项目经理发展、维护和培养非正式人际关系更加重要，比如与领导建立良好的个人关系。

C. 与其他项目经理互动可以产生积极影响，比如可以协调资源的冲突，从技术或资源方面互相帮助。

D. 与主题专家建立良好的人际关系，借助他们的专业知识更有利于实现项目目标。

考点与页码：项目经理的人际关系技能。《指南》第 54 页。

44. A. 解释同 D。

B. 解释同 D。

C. 解释同 D。

D. 正确答案。为实现整合，项目经理必须处理好五大关系：项目内部关系，项目与组织、与行业、与项目管理职业及与其他职业之间的关系。

考点与页码：项目经理的影响力范围。《指南》第 52~56 页，《解读》第 49~50 页。

45 » A. 项目经理要了解自己和团队成员所具备的知识技能。

  B. 正确答案。项目经理不可能成为所有方面的专家，不可能仅依靠自己的知识技能去实现项目目标。

  C. 要有效利用专家的知识技能来实现项目目标。

  D. 要寻找能够提供团队所欠缺知识技能的其他专业人员。

  考点与页码：PMI 的人才三角，项目管理专业技能。《指南》第 58 页。

46 » A. 这是要求项目经理具备战略和商务管理技能才能出色完成的任务。

  B. 这是要求项目经理具备战略和商务管理技能才能出色完成的任务。

  C. 这是要求项目经理具备战略和商务管理技能才能出色完成的任务。

  D. 正确答案。这是要求项目经理具备领导力技能才能出色完成的任务。

  考点与页码：PMI 的人才三角，战略和商务管理技能。《指南》第 58~59 页。

47 » A. 非正式的人际关系建立更加重要，领导不一定有时间参加项目的每次会议。

  B. 正确答案。项目经理要试图与有影响力的领导建立非正式的人际关系，以便通过良好的个人关系协助解决项目资源调配的问题。

  C. 可以起到一定的作用，但良好的人际关系更有利于解决问题。

  D. 人际关系的建立需要一段时间，不能等问题出现再去建立关系。

  考点与页码：项目经理的人际关系技能。《指南》第 54 页。

48 » **A. 正确答案**。这是领导的行为。

  B. 管理是要求一群人按既定的规则去行动，不切题。

  C. 题干中没有"命令"的成分。

  D. 虽然有激励的成分，但激励不如 A 全面。激励仅是领导中的一项内容。

  考点与页码：领导的内涵。《指南》第 64 页，《解读》第 47~48 页。

49 » A. 没有好或不好的个性，应该重视不同个性的团队成员，以便优势互补。

  B. 正确答案。项目经理应该重视不同的个性，个性的多样性对团队是有好处的。

  C. 解释同 A。

  D. 组织文化只能统一成员的价值观，无法也不应该统一个性。

  考点与页码：项目经理该如何对待个性差异。《指南》第 66 页。

50 » A. 需要与团队专家开展合作，但 C 是最应该密切合作的。

  B. 需要与发起人开展合作，但 C 是最应该密切合作的。

C. **正确答案**。项目最终成果要交付给运营，应该与具备运营专业知识的运营经理展开密切合作。

D. 需要与团队成员开展合作，但 C 是最应该密切合作的。

考点与页码：战略与商务管理技能，与运营经理合作。《指南》第 59 页。

51 » A. 他们都要领导不同专业的人员。

B. 他们都要使用书面沟通技术。乐队指挥需要使用乐谱。

C. **正确答案**。符合《指南》中的描述。

D. 他们都要使用非口头沟通技术。项目经理与团队成员面对面沟通中，也要使用形体沟通技术。

考点与页码：项目经理的角色。《指南》第 51~52 页。

52 » A. 越是大型复杂的项目，项目经理越没有时间亲自做事。

B. **正确答案**。越是大型复杂项目，项目经理越要学会借助团队的力量去实现项目目标。广义的项目团队包括团队成员、团队专家、高级管理层等。

C. 需要高层的帮助，B 里广义的项目团队包括了高层。

D. 需要团队专家的帮助，B 里广义的项目团队包括了团队专家。

考点与页码：项目经理的定义。《指南》第 52 页。

53 » A. 不如 D 完整。

B. 不如 D 完整。

C. 错误的定义，项目经理不是亲自执行项目的人。

D. **正确答案**。项目经理是受组织委派，领导项目团队实现项目目标的个人。

考点与页码：项目经理的定义。《指南》第 52 页。

54 » A. 过程层面的整合要协调开展各种项目管理过程，与题干无关。

B. **正确答案**。了解与项目有关的大背景并加以利用，这是在做背景层面的整合。

C. 认知层面的整合要提高自己的知识水平并综合利用各领域知识，与题干无关。

D. 没有这个说法。

考点与页码：背景层面的整合。《指南》第 67 页。

55 » A. **正确答案**。在评审变更时，关注各过程和各知识领域之间的相互影响，这是在做过程层面的整合。

B. 背景层面的整合要动态了解与项目有关的背景，与题干无关。

C. 认知层面的整合要提高自己的知识水平并综合利用各领域知识，与题干无关。

D. 没有这个说法。

考点与页码：过程层面的整合。《指南》第 67 页。

56. A. 说法正确。
    B. 说法正确。
    C. 说法正确。
    D. 正确答案。项目范围不是项目经理独自决定的。

    考点与页码：领导者的品质和技能，如何关注最重要的事情。《指南》第 62 页。

57. A. 这是人才三角中对项目管理专业技能的要求。
    B. 这是人才三角中对领导力的要求。
    C. 正确答案。战略和商务管理技能包括了解和应用相关行业知识，以便向高管人员、运营经理和职能经理宣传项目的必要性。
    D. 这是人才三角中对项目管理专业技能的要求。

    考点与页码：PMI 的人才三角，战略和商务管理技能。《指南》第 58 页。

58. A. 可以授权进度工程师管理项目进度。
    B. 正确答案。项目整合管理必须由项目经理亲自执行，绝对不能授权出去。
    C. 可以授权财务人员管理项目预算。
    D. 可以授权风险经理管理项目风险。

    考点与页码：项目经理的整合责任。项目经理最重要的角色是整合者。《解读》第 48 页。

59. A. 人事部只负责提供资源，你最好先与另一名项目经理沟通，不起作用时再请组织帮忙。
    B. 虽然需要考虑专家本人的意愿，但是现在还不是时候。
    C. 正确答案。你首先应与另一名项目经理见面，积极沟通并建立关系，也许能够解决资源冲突问题，而且对扩展人际网络也有好处。
    D. 内部如果能够协商解决，就不需要到外部花钱购买资源。

    考点与页码：项目经理与其他项目经理的互动。《指南》第 54 页。

60. A. 不用于一般意义上的"能力"，"胜任力"专门针对特定岗位或特定工作而言。
    B. 正确答案。
    C. 权力是指一个人影响他人、使他人按自己的意愿去行动或不行动的能力。
    D. 职责是指为完成某个工作而必须履行的工作和承担的责任。

    考点与页码：胜任力。注意区分特定的胜任力与一般的能力。《解读》第 45 页。

# 第 4 章　项目整合管理

1. A. 不完整，只是项目整合管理的内容之一。
   B. 不完整，只是项目整合管理的内容之一。
   C. 不完整，只是项目整合管理的内容之一。
   D. 正确答案。比较全面。只要有结合部（界面）就需要整合。

   考点与页码：项目整合管理的概念。《指南》第 69 页，《解读》第 79 页。

2. A. 控制采购过程仅关闭单次采购合同并总结单次采购的经验教训。
   B. 正确答案。全部单次采购的合同都关闭之后，在关闭整个项目之时再对合同收尾工作做总结回顾，这是结束项目或阶段过程。
   C. 没有结束采购这个过程，49 个管理过程中只有一个收尾过程。
   D. 监控项目工作过程是对项目工作进行的整体监控，与题干无关。

   考点与页码：结束项目或阶段过程。《指南》第 123 页，《解读》第 94~95、268 页。

3. A. 发起人负责为项目提供资源，项目经理对整个项目承担最终责任。
   B. 项目经理可以把部分执行工作授权给团队成员，不需要亲自执行所有项目工作。
   C. 整合管理的责任不能授权给团队成员，更不能让他承担最终责任。
   D. 正确答案。项目经理必须亲自承担项目整合管理的责任，不能把整合管理的工作授权给其他人去做。

   考点与页码：项目经理的整合责任。《指南》第 72 页，《解读》第 80 页。

4. A. 项目经理只解释高层级的目标，授权团队成员自行安排具体工作。
   B. 产品负责人提供需求，但不指定工作的开展方式和整合方式。
   C. 正确答案。敏捷环境下，项目团队用最能实现目标的方式，自行安排具体工作。
   D. 相关方的范围太大，C 更具体。

   考点与页码：敏捷环境下的团队特点。《指南》第 74、670~671 页，《解读》第 302~303 页。

5. A. 知识管理同时管理显性和隐性知识，隐性知识通常由人开展交流和互动来分享。

B. **正确答案**。知识管理是利用已有的组织知识为本项目服务，同时把本项目的知识加以总结为组织以后的项目或运营服务。

C. 知识管理也要基于现有知识的使用，在实践中生成新知识。

D. 显性知识和隐性知识的管理都很重要。

考点与页码：知识管理的有关说法。《指南》第 98、100 页。

6 » A. **正确答案**。授权项目经理动用资源开展活动，是项目章程的核心作用之一。

B. 项目管理计划是关于如何开展项目管理工作的安排。

C. 协议是制定项目章程过程的输入，其中不一定包括对项目经理的正式任命和授权。

D. 范围太广，针对性不强。项目文件是不属于项目管理计划但会影响项目管理工作的各种文件的统称。

考点与页码：项目章程的内容和作用。《指南》第 81 页，《解读》第 85~86 页。

7 » A. 已完成的可交付成果，必须经过控制质量和确认范围过程，才能被提交给结束项目或阶段过程办理移交手续。

B. **正确答案**。只有经控制质量过程核实，并通过确认范围过程验收的可交付成果，才能在结束项目或阶段过程中被移交。

C. 核实的可交付成果是控制质量过程的输出，确认范围过程的输入。

D. 没有这个提法。而且最终产品、服务或成果移交是结束项目或阶段过程的输出。

考点与页码：结束项目或阶段过程的输入。注意区分：核实的可交付成果、验收的可交付成果与可交付成果移交。《指南》第 124~126 页，《解读》第 82 页。

8 » A. 先评估商业论证报告目前是否仍然合理和有效，再据此编制项目章程。

B. 对项目经理的正式任命，要等项目章程编制完成。

C. **正确答案**。商业论证报告是 2 年前完成的，也不是项目经理亲自主持的，应该先开展必要的评估。

D. 项目经理无权修改商业论证报告，发现问题只能提出修改建议。

考点与页码：项目启动与商业论证。《指南》第 77~78 页，《解读》第 83 页。

9 » A. 审批变更请求时需要使用专家判断。

B. 需要召开会议讨论项目变更。

C. 需要使用各种变更控制工具。

D. **正确答案**。虽然在本过程中需要进行变更评审，但《指南》中并未列出这个工具与技术。

考点与页码：实施整体变更控制的工具。《指南》第 118~120 页，《解读》第 95~96、100 页。

10. » **A. 正确答案。结束项目或阶段过程也适用于项目提前终止的情况。**

   B. 项目提前终止与指导与管理项目工作过程无关。

   C. 即便在项目管理计划编制阶段就需要提前终止项目，也应该通过结束项目或阶段过程来调查和记录原因。

   D. 在项目正式启动之后，无论在什么阶段提前终止，都需要通过结束项目或阶段过程来办理提前终止手续。

   考点与页码： 结束项目或阶段过程，项目提前终止。《指南》第 123 页。

11. » A. 解释同 B。

   B. 正确答案。召开开工会议是规划过程组的最后一项工作，它的召开意味着规划到此结束，执行马上开始。

   C. 解释同 B。

   D. 解释同 B。

   考点与页码： 项目开工会议。《指南》第 86 页，《解读》第 96 页。

12. » A. 还需要开展项目外部的整合管理，比如项目目标与组织战略目标之间的整合。

   B. 整合管理要确保各知识领域之间的一体化和整合，而不是孤立地对待每一个知识领域。

   C. 正确答案。项目越复杂，结合部越多，就越需要整合。

   D. 只要有结合部的地方就需要整合，需要跨专业协作的项目都需要整合，即便并不复杂。

   考点与页码： 项目整合管理。PMP®考试中的项目，均指跨专业的项目。《指南》第 72 页，《解读》第 79 页。

13. » A. 通过与团队成员交流项目情况，有利于确认全部项目活动都已完成，有利于总结项目经验。

   B. 做项目，就是要向客户提交项目成果，故在收尾阶段必须获得客户对项目成果的接受。

   C. 确保项目文档的完整性，是收尾阶段的重要工作。

   D. 正确答案。项目收尾阶段不需要也不能更新项目管理计划，但是需要更新项目文件，把项目文件更新为最终版本。

   考点与页码： 结束项目或阶段过程。《指南》第 127～128 页，《解读》第 94～95 页。

14. » A. 问题日志是管理团队过程的输入之一，不是输出。

   B. 正确答案。问题日志在指导与管理项目工作过程被首次创建，边执行边收集问题。

C. 问题日志是结束项目或阶段过程的输入之一，不是输出。

D. 问题日志是监控项目工作过程的输入之一，不是输出。

考点与页码：指导与管理项目工作过程的输出，问题日志。《指南》第 96 页，《解读》第 82 页。

15» **A. 正确答案**。变更无论大小，都必须经过实施整体变更控制过程的审批。

B. 不是所有变更都需要由变更控制委员会审批。

C. 项目变更不一定是坏事。

D. 任何人都可以提出变更请求。

考点与页码：项目变更管理。所有变更都必须经过实施整体变更控制过程的审批，尽管不是所有变更都需报给变更控制委员会。《指南》第 117 页，《解读》第 100 ~ 105 页。

16» A. 采取预防措施不会影响项目基准，而是确保不偏离基准。

B. 这属于采取纠正措施，不会影响项目基准。

C. 这属于缺陷补救，不会影响项目基准。

D. 正确答案。工作分解结构是范围基准的组成部分。修改工作分解结构，肯定会导致范围基准的变更，也可能导致进度基准和成本基准的相应变更。

考点与页码：四种变更请求的影响。《指南》第 117 页，《解读》第 104 ~ 105 页。

17» A. 项目管理计划中包括项目成本基准和风险管理计划。但是，成本基准并不等同于预先批准的财务资源，风险管理计划中也不会专门描述整体项目风险。

B. 正确答案。项目章程的内容包括了预先批准的财务资源和整体项目风险。

C. 项目文件的涉及面太宽，针对性差。

D. 项目计划的覆盖面太宽，针对性差。

考点与页码：项目章程的主要内容。《指南》第 81 页，《解读》第 85 页。

18» A. 经验教训登记册是管理项目知识过程的输出。

B. 参与项目工作的个人和团队等相关方，都要参与记录经验教训。

C. 项目结束时，经验教训登记册的内容会被归入经验教训知识库，成为组织过程资产的一部分。

D. 正确答案。经验教训登记册可以包括与情况相关的建议和行动方案。

考点与页码：经验教训登记册。《指南》第 104 页。

19» **A. 正确答案**。符合《指南》中的解释。

B. 分析配置项不是《指南》中直接提到的配置管理活动。

C. 不符合《指南》中的描述。

D. 不符合《指南》中的描述。

考点与页码：配置管理的主要活动。《指南》第 118 页，《解读》第 105 ~ 106 页。

20. A. **正确答案**。信息管理是用于促进显性知识分享的各种具体方法的统称。

    B. 知识管理有利于分享隐性知识，是集成各种知识以及创造新知识的各种具体方法的统称。

    C. 项目管理信息系统（PMIS）是信息管理使用的具体方法之一，不如 A 全面。

    D. 数据收集是各种数据收集技术的统称，比如头脑风暴、核对单等，不如 A 有针对性。

    考点与页码：管理项目知识过程的工具，信息管理。《指南》第 103 页，《解读》第 100 页。

21. A. 项目管理计划中包括各种分项管理计划。

    B. 项目管理计划中包括各种项目基准。

    C. 项目管理计划中包含项目生命周期。

    D. **正确答案**。项目进度计划是项目文件而非项目管理计划的组成部分。

    考点与页码：项目管理计划的内容。《指南》第 86 ~ 88 页，《解读》第 86 ~ 87 页。

22. A. **正确答案**。这是 CCB 的定义。

    B. 不会影响项目基准的较小变更，无须报给 CCB 审批。

    C. CCB 的成员不局限于某一个执行组织的高级管理人员。

    D. 项目经理通常不是 CCB 的领导者。

    考点与页码：项目变更控制委员会的组成与作用。注意：《指南》中对 CCB 的描述并不完整。《指南》第 115 页，《解读》第 105 页。

23. A. 预测是指在监控阶段所做出的对未来情况的预计，不是规划阶段所编制的计划。

    B. 本过程按计划做事，与预测无关。

    C. 本过程对变更请求进行审批，与预测无关。

    D. **正确答案**。在监控项目工作过程中，对进度预测（控制进度的输出）和成本预测（控制成本的输出）进行综合分析，并把分析结果写入工作绩效报告，确定是否需要采取预防措施。

    考点与页码：监控项目工作过程的输入和输出。《指南》第 108 页。

24. A. **正确答案**。这是知识管理的具体方法之一。

    B. 这是信息管理的具体方法之一。

C. 这是信息管理的具体方法之一。
D. 这是信息管理的具体方法之一。

考点与页码：知识管理的具体方法。《指南》第 103 页，《解读》第 99~100 页。

25» A. 解释同 C。

B. 解释同 C。

C. 正确答案。 假设日志中应该记录所有的假设条件和制约因素，包括高层级和低层级的假设条件和制约因素。其中高层级的假设条件和制约因素，也可以同时写入项目章程。

D. 解释同 C。

考点与页码：假设日志。《指南》第 81 页。

26» A. 本阶段要开展，但是不全面。

B. 本阶段要开展，但是不全面。

C. 本阶段要开展，但是不全面。

D. 正确答案。 从组织的角度看，希望知识管理持续开展，贯穿整个产品生命周期，让知识得到最广泛的应用。

考点与页码：知识管理的持续开展。《指南》第 100 页。

27» **A. 正确答案。** 这个答案太绝对。变更请求包括对正式受控（经过批准）的项目文件或计划的调整，不针对非受控的项目文件或计划。而且，并非所有的"更新"都属于"变更"。

B. 变更请求包括纠正措施。

C. 变更请求包括预防措施。

D. 变更请求包括缺陷补救建议。

考点与页码：变更请求。注意区分广义的变更请求与狭义的变更请求。《指南》中采用了广义的变更请求，除非上下文另有要求。《指南》第 96 页，《解读》第 100~101 页。

28» A. 需要把实际绩效和计划做对比，寻找偏差。

B. 这是监控项目工作过程的工作之一。

C. 正确答案。 这是指导与管理项目工作过程的活动之一。

D. 监控项目工作过程需要做出预测，并对成本与进度信息进行更新。

考点与页码：监控项目工作过程。《指南》第 107 页。

29» A. 任何相关方都可提出变更请求。

B. 变更请求可以是相关方自选的或法律强制的。

C. 变更请求可以是直接或间接的。

D. 正确答案。变更请求必须是正式提出的。

考点与页码：变更请求，即便口头提出，也必须以正式的方式。如在项目状态评审会上，参会者口头提出变更请求。口头提出的变更请求，必须尽快被书面记录。《指南》第115页，《解读》第102页。

30. A. 这是工作绩效数据的内容之一。
    B. 这是工作绩效数据的内容之一。
    C. 这是工作绩效数据的内容之一。

    D. 正确答案。项目的累计成本偏差，应该记录在工作绩效信息和工作绩效报告中。

    考点与页码：工作绩效信息。注意区分工作绩效数据、工作绩效信息与工作绩效报告。《指南》第26、95页。

31. A. 团队和产品负责人先评审补救方案并达成一致，再决定放到未完项清单中还是在当前迭代期就执行。
    B. 解释同A。
    C. 每日站会上没有时间分析补救方案。

    D. 正确答案。补救方案是一种变更，需要团队与产品负责人达成一致。

    考点与页码：敏捷项目的变更。敏捷项目允许频繁变更，但项目团队和产品负责人必须就变更达成一致。《指南》第671页，《解读》第302，307~308页。

32. A. 项目管理过程完成时会产出可交付成果。
    B. 项目阶段完成时会产出可交付成果。
    C. 在整个项目完成时会产出可交付成果。

    D. 正确答案。在项目管理过程、项目阶段或整个项目完成时都会产出可交付成果。D最全面。

    考点与页码：可交付成果的产生。项目管理过程完成时所形成的文件，也是可交付成果。题目中的"可交付成果"是广义的，不同于指导与管理项目工作过程的输出"可交付成果"。《指南》第95页。

33. A. 这是缺陷补救的概念。
    B. 这是预防措施的概念。

    C. 正确答案。纠正措施针对已经发生的偏差。

    D. 这属于变更中的"更新"。

    考点与页码：变更的具体形式。《指南》第96页，《解读》第100页。

34 » A. 这是项目结束时需要更新的组织过程资产之一。

B. 这是项目结束时需要更新的组织过程资产之一。

C. 这是项目结束时需要更新的组织过程资产之一。

D. 正确答案。经验教训登记册是项目文件，这是项目结束时对项目文件的更新。

考点与页码：结束项目或阶段过程，组织过程资产更新。《指南》第 128 页。

35 » A. 每日站会上没有时间分享和管理知识。

B. 迭代规划会是编制本迭代期计划的会议。

C. 正确答案。迭代回顾会相当于团队在每个迭代期后的经验教训总结会，可以及时分享和管理知识。

D. 问题解决会是为了讨论如何解决问题，知识分享不是该会议的主题。

考点与页码：敏捷项目的会议类型，管理项目知识过程。《指南》95、670 页，《解读》第 302~303 页。

36 » A. 显性知识和隐性知识是知识管理的对象，而非知识管理活动。

B. 工作跟随和跟随指导仅用于分享隐性知识。

C. 文献搜索和图书馆服务仅用于分享显性知识。

D. 正确答案。符合《指南》中的描述。

考点与页码：知识管理的关键活动。《指南》第 100 页。

37 » A. 不全面，整体变更控制针对所有变更，目的是使变更加有序化。

B. 正确答案。实施整体变更控制过程旨在审查所有变更请求。

C. 不全面，变更控制委员会只负责审批会影响项目基准的变更。

D. 不全面，对项目计划的变更只是所有项目变更中的一部分。

考点与页码：实施整体变更控制过程。《指南》第 113 页。

38 » A. 绩效测量基准中没有质量基准。

B. 正确答案。通常将范围、进度和成本基准合并为绩效测量基准，被用于挣值测量中。

C. 《指南》中没有质量基准。

D. 没有风险基准这个说法。

考点与页码：绩效测量基准。《指南》第 88 页，《解读》第 87 页。

39 » **A. 正确答案**。管理层提出的变更请求也需要审批，而不能直接实施。

B. 指导与管理项目工作过程就是要实施已计划好的项目活动，来实现项目目标。

C. 在执行过程中需要常规地收集工作绩效数据。

D. 作为项目整合管理的过程之一，它需要管理各种接口（结合部）。

考点与页码：指导与管理项目工作过程。《指南》第 92 页，《解读》第 91~92 页。

40. A. 工作绩效信息是监控项目工作过程的输入。

    B. 不全面。项目状态报告只是工作绩效报告的一种。

    C. 正确答案。工作绩效报告是监控项目工作过程的输出。

    D. 不全面。异常情况报告只是工作绩效报告的一种。

    考点与页码：监控项目工作过程的输出，工作绩效报告。《指南》第 112 页。

41. **A. 正确答案**。项目启动会在启动阶段由发起人主持召开，主要是发布项目章程和介绍项目经理，宣布项目正式立项。

    B. 项目开工会在规划阶段末、执行开始前召开，主要是介绍项目目标和项目管理计划。

    C. 在实施整体变更控制过程中，需要召开变更控制会。

    D. 在指导与管理项目工作过程中，需要召开项目状态评审会。

    考点与页码：项目启动会议。《解读》第 96~97 页。

42. A. 合同中记录结束本次合同关系的约定，而不针对关闭或取消整个项目。一个项目可能要签订多个合同。

    B. 项目管理计划用于指导整个项目的执行、监控和收尾，不包含此内容。

    C. 正确答案。项目章程中记录了项目的退出标准。

    D. 商业文件包括商业论证和效益管理计划，不包含此内容。

    考点与页码：项目章程的内容。《指南》第 81 页，《解读》第 85 页。

43. A. 配置控制关注项目的技术规范，而不是项目的进度和成本基准。一般的变更控制则关注项目的范围、进度和成本基准。

    B. 正确答案。配置控制关注项目的技术规范。

    C. 配置控制与资源配置没有关系。

    D. 配置控制与人力资源配置没有关系。

    考点与页码：项目变更控制与配置控制的区别。配置控制关注项目的技术参数，而普通的变更控制关注项目的绩效测量基准（包括范围、进度和成本基准）。《指南》第 118 页，《解读》第 105~106 页。

44. A. 需要采购工作说明书，但不如 D 全面。

    B. 需要招标文件，但不如 D 全面。

C. 需要采购策略，但不如 D 全面。

D. **正确答案**。采购文档包括了招标文件、采购工作说明书、独立成本估算、供方选择标准，包含了用于管理采购过程的最全面的支持性文件。

考点与页码：结束项目或阶段过程的输入，采购文档。《指南》第 125 页，《解读》第 82 页。

45. A. 效益管理计划是对创造、提高和保持项目效益的过程进行定义的书面文件。

    B. 商业论证决定项目是否值得投资。

    C. 项目章程正式任命项目经理，授予项目经理动用组织资源的权力，宣告项目的正式启动。

    D. **正确答案**。项目管理计划指导项目执行、监控和收尾，因此，所有执行、监控和收尾过程组中的过程都要用到项目管理计划或其子计划作为输入。

    考点与页码：项目管理计划。《指南》第 86 页。

46. A. 项目管理计划中的变更管理计划等内容有助于对变更的审批。

    B. 对变更请求进行审批时，需要参考工作绩效报告。

    C. **正确答案**。工作绩效数据只是原始资料，过于繁杂，不适合直接用于对变更的评审。

    D. 实施整体变更控制过程旨在对变更请求进行审批。

    考点与页码：实施整体变更控制过程的输入。可采用排除法，A 和 D 肯定是实施整体变更控制过程的输入，首先排除；然后在 B 和 C 中选择。《指南》第 116~117 页。

47. A. **正确答案**。在正式启动项目之前，需要确定业务需要、项目总体策略和项目成功标准。业务需要最先出现在商业论证中，而后写入项目章程中。项目成功标准是《指南》中明确提到的项目章程的内容之一。项目的总体策略也应该包括在项目章程中，尽管《指南》中没有明确提到这一点。

    B. 规划阶段应对产品描述进行细化，也可对项目成功标准进行细化。

    C. 明显错误的选项。

    D. 明显错误的选项。

    考点与页码：项目启动。因为强调要尽早确定产品描述、项目成功标准和项目策略，所以选 A。即便仅凭"产品描述"和"项目成功标准"无法锁定 A，那么根据"项目总体策略"就可锁定 A。项目总体策略是高层次的，不可能到规划阶段才来确定。《指南》第 81 页，《解读》第 83~84 页。

48. A. 没有项目章程，项目地位就不合法，可能无法有效调配组织内资源去完成合同任务。

B. 项目章程和合同不一样，比如项目章程中没有承诺报酬。

C. **正确答案**。签订合同确保在法律上合法。制定项目章程则有利于建立组织内部的合作关系，以确保正确交付合同内容。两者缺一不可。

D. 做项目必须有项目章程。

考点与页码：项目章程与合同。《指南》第 77 页。

49. A. 但凡管理计划都是关于"How"的文件，不记录具体的"What"。

B. 解释同 A。

C. **正确答案**。变更请求无论批准与否，都要记录在变更日志中。

D. 问题日志用于记录各种问题、问题解决责任人、问题解决时间要求、问题状态等。

考点与页码：变更日志。注意：变更日志和问题日志的区别。《指南》第 120 页。

50. A. 项目管理计划是规划阶段才编制的。

B. 项目章程是项目正式启动的标志，不是依据。

C. **正确答案**。需要依据商业论证来决定是否投资项目。

D. 项目范围说明书是规划阶段才编制的。

考点与页码：商业论证的作用。《指南》第 77 页。

51. A. 协议是实施采购过程的输出，不是输入。

B. 规划采购管理过程是为签协议做准备。

C. 创建工作分解结构过程与协议不直接相关。

D. **正确答案**。有两种主要情况：一是两个或多个发起组织之间签署合作协议，作为制定项目章程的依据；二是买卖方的协议（合同），作为卖方制定项目章程的依据。

考点与页码：协议与项目章程。《指南》第 78 页，《解读》第 82 页。

52. A. **正确答案**。项目经理可以参与启动过程，但不起领导作用。项目经理在项目正式启动之后才正式领导项目。

B. 项目管理办公室可能有权启动一个项目，并能为项目提供所需资源，如指定项目经理。

C. 一个项目可以作为项目集的一部分被启动。

D. 一个项目可以作为项目组合的一部分被启动。

考点与页码：项目经项目团队以外的人员批准后，才能正式启动。《指南》第 77 页，《解读》第 84 页。

53 » A. 对变更请求的评估必须是综合性的，不能只评审对进度的影响。

B. 正确答案。 应综合评审对项目各个目标的综合影响。

C. 对变更请求的评估必须是综合性的，不能只评审对成本的影响。

D. 对变更请求的评估必须是综合性的，不能只评审对风险的影响。

考点与页码：对变更的综合评审。《指南》第 113 页，《解读》第 93~94 页。

54 » A. 面对面互动最有利于建立知识管理所需的信任关系。

B. 这是有利于知识管理的行动。

C. 知识管理最重要的就是营造良好氛围，激励人们分享或关注他人的知识。

D. 正确答案。 只使用最好的工具与技术，而没有建立信任关系和营造良好的氛围，不能起到良好效果。而且信息管理针对显性知识。

考点与页码：知识管理。《指南》第 100、103 页。

55 » A. 只有基准相关的变更才需要提交给变更控制委员会处理。

B. 正确答案。 可以返回给提出者要求补充资料，然后再决策。

C. 没有否决的充分理由。

D. 已经评估完成，需要对变更请求做出批准、推迟或否决的决策。

考点与页码：变更请求的三种处理方式。《指南》第 115 页，《解读》第 102~103 页。

56 » A. 这是项目整合管理的工作之一。通过制定项目章程过程以及结束项目或阶段过程，把项目与日常运营联系起来。

B. 这是项目整合管理的工作之一。需要确保项目文件与项目管理计划相协调。

C. 这是项目整合管理的工作之一。需要把各种项目管理过程协调在一起，来实现项目目标。

D. 正确答案。 根据《指南》，A、B、C 都是项目整合管理所包括的工作。

考点与页码：项目整合管理。《指南》第 69 页，《解读》第 79 页。

57 » A. 完全不合逻辑的说法。合同收尾与每一个合同对应，不与整个项目或阶段对应。

B. 不全面。

C. 不全面。

D. 正确答案。 符合《指南》中的说法。

考点与页码：结束项目或阶段过程。注意：虽然《PMP®考试大纲》中将财务收尾、法律收尾和行政收尾并列，但在《指南》中未提到财务收尾和法律收尾，只提到行政收尾。可以把《指南》中的"行政收尾"理解成包括了财务收尾和法律收尾。

《指南》第 123 页。

58. A. 与 B 相比，"之后"不够准确。项目经理在启动阶段指定和任命，在项目章程发布时正式宣布。

    B. 正确答案。项目经理通常要在项目计划编制开始之前被任命。

    C. 项目经理一般在启动阶段指定和任命，在项目章程中宣布。

    D. 规划阶段才任命项目经理有些过晚。

    考点与页码：项目经理的任命时间。《指南》第 77 页。

59. A. 这是项目整合管理的过程之一，项目章程确立了项目在组织中的合法地位。

    B. 正确答案。没有规划整合管理这个过程。正确的过程是制订项目管理计划。

    C. 这是项目整合管理的过程之一，它是对项目执行和监控过程中提出的所有变更请求进行综合评审，并给予批准或否决。

    D. 这是项目整合管理的过程之一，旨在正式关闭项目或项目阶段。

    考点与页码：项目整合管理的过程。《指南》第 70 页，《解读》第 81 页。

60. A. 引导技术只是制定项目章程和制订项目管理计划过程的工具与技术。

    B. 正确答案。专家判断是项目整合管理各过程共同采用的工具与技术。

    C. 分析技术只是监控项目工作和结束项目或阶段过程的工具与技术。

    D. 项目管理信息系统仅在指导与管理项目工作和监控项目工作过程中使用，未出现在整合管理的其他过程中。

    考点与页码：项目整合管理的工具。《指南》第 71 页，《解读》第 95～99 页。

05 / 第 5 章　项目范围管理

1»　A. 需求必须是具体且可测量的,"高档"不够具体,不能测量。
　　B. "便捷"不够具体,不能测量。
　　C. 正确答案。具体且可测量的要求才可列作项目的需求。
　　D. "足够"不够具体,不能测量。
　　考点与页码：需求的定义。《指南》第 140 页,《解读》第 113 页。

2»　A. 由于资源有限,资源只能用来做必须做的事。如果尽可能多做,会造成资源浪费。
　　B. 正确答案。项目范围管理要求人们做且只做项目范围内的工作。
　　C. 提供额外的产品功能,是"镀金",会耗费更多资源,造成资源的机会成本很高。"镀金"的项目是失败的。
　　D. 太片面。不仅要弄清不包括在项目范围内的工作,更要明确项目范围内的工作。
　　考点与页码：项目范围管理的目的。《指南》第 129 页,《解读》第 108 页。

3»　A. 这是用投票来决策,但投票技术又包括三种,B 更具体。
　　B. 正确答案。因为超过 50% 的人反对,从而做出重新排序的决策,这是采用了大多数同意的决策技术。
　　C. 相对多数同意在选项超过 2 个时使用,根据相对多数人的意见做出决策。
　　D. 独裁型决策制定是由一个人代表大家做出决定。
　　考点与页码：决策,投票（大多数同意）。《指南》第 144 页,《解读》第 124 页。

4»　A. 不一定是底层的要素。控制账户（Control Account）是工作分解结构某个层次的要素,可以是工作包（Work Package）,也可以是比工作包更高层次上的要素。
　　B. 规划包（Planning Package）是控制账户之下,工作包之上的某个要素,不是底层的要素。
　　C. 规划要素（Planning Component）是对控制账户和规划包的总称。
　　D. 正确答案。工作包是工作分解结构底层的要素。
　　考点与页码：工作包。规划包未被分解成工作包之前,是临时的底层要素。工作包是永久的底层要素。《指南》第 161 页，《解读》第 117~118 页。

5. A. 原型是每个迭代期产出的可用模型，是已经实现的需求。
   B. 产品未完项中包括用户故事，即 C 包括 B。
   C. **正确答案**。适应型生命周期的项目，用产品未完项记录当前需求。
   D. 产品未完项中包括产品需求，即 C 包括 D。

   考点与页码：产品未完项。在《指南》第 131、145、147 页，《解读》第 303 页。

6. A. 规划范围管理时，还没有需求跟踪矩阵。
   B. 定义范围时，还不需要跟踪需求的实现情况。
   C. 创建 WBS 时，还不需要跟踪需求的实现情况。
   D. **正确答案**。需求跟踪矩阵用于确认范围和控制范围过程，来跟踪需求的实现情况。

   考点与页码：控制范围过程的输入。《指南》第 169 页，《解读》第 110~112 页。

7. A. 这是第一步。
   B. 这是第二步。
   C. 这是第三步。
   D. **正确答案**。编码是倒数第二步，最后一步就是核实可交付成果分解的程度是否恰当。

   考点与页码：创建 WBS 的基本步骤。《指南》第 158 页。

8. A. 这是收集需求过程的主要作用。
   B. **正确答案**。规定了范围定义、确认和控制的具体方法。注意区分"奠定基础"和"提供指南和方向"。
   C. 这是定义范围过程的主要作用。
   D. 这是控制范围过程的主要作用。

   考点与页码：范围管理各过程的主要作用。《指南》第 129 页。

9. A. 规划范围管理旨在明确范围管理的方法，创建范围管理计划。
   B. 定义范围给项目范围划定边界。
   C. 确认范围是对可交付成果的可接受性的验收。
   D. **正确答案**。题干即为控制范围的主要工作内容。

   考点与页码：控制范围过程的主要任务。《指南》第 167 页，《解读》第 120 页。

10. A. **正确答案**。通过 100% 规则，确保 WBS 中的要素是必要且充分的。
    B. 没有这个规则。WBS 可以是不对称的。

C. 没有这个规则。尽管 WBS 的每一个要素都需要有编号。

D. 没有这个规则。并不是非要一次分解到位才可。分解可采用滚动式规划方法。

考点与页码：工作分解结构的100%规则。《指南》第161页，《解读》第116页。

11 » A. 此项是需求管理计划的内容。

B. 此项是需求管理计划的内容。

C. 正确答案。如何制定项目范围说明书是范围管理计划的内容。

D. 此项是需求管理计划的内容。

考点与页码：需求管理计划。《指南》第137页，《解读》第113页。

12 » A. 确认范围是监控过程组的过程。

B. 正确答案。确认范围是监控过程组的过程。

C. 对每个可交付成果的实质性验收是在监控过程组完成的，收尾过程组的验收是整体验收和形式上的验收。

D. 没有"验收过程组"这个说法。

考点与页码：确认范围过程。注意区分监控过程组的验收和收尾过程组的验收。《指南》第163页，《解读》第120页。

13 » A. 在编制项目范围说明书时，还没有工作分解结构。

B. 工作分解结构中只列出组件的名称以及组件之间的从属或并列关系。

C. 正确答案。工作分解结构词典（WBS词典）会对WBS的每个组件进行详细解释。

D. 编制项目范围管理计划时，还没有工作分解结构。

考点与页码：《工作分解结构词典》。《指南》第162页，《解读》第117页。

14 » **A. 正确答案**。一对一的访谈有利于深入了解相关方的具体需求。

B. 问卷和调查不利于深入了解相关方的具体需求。

C. 焦点小组不是逐一进行的，而是把众多成员集中在一起进行。

D. 引导不是逐一进行的，而是把跨职能相关方召集在一起进行。

考点与页码：收集需求过程的工具，数据收集，访谈。《指南》第142~147页，《解读》第122页。

15 » A. 确认范围属于监控过程组，而审核项目范围基准应该是在规划过程组实施的工作。

B. 审核工作分解结构和工作分解结构词典的正确性，应该是创建工作分解结构过程的工作之一。

C. 审核项目范围说明书的正确性，应该是定义范围过程的工作之一。

D. 正确答案。确认范围旨在把已完成的可交付成果与计划进行比较，以便正式验收。

考点与页码：确认范围过程。确认范围属于监控过程组，而 A、B、C 三个选项都是对范围基准的审核，它们与确认范围过程有着本质的不同。《指南》第 163 页，《解读》第 120 页。

16. A. 正确答案。控制质量过程得到"核实的可交付成果"，再把"核实的可交付成果"交给确认范围过程验收。

B. 通常先控制质量，后确认范围。

C. 通常先控制质量，后确认范围。

D. 质量控制由项目团队开展，范围确认由客户开展。

考点与页码：控制质量与确认范围的关系。《指南》第 164 页，《解读》第 120 页。

17. A. 解释同 C。

B. 解释同 C。

C. 正确答案。一旦完成数据迁移，就不再需要这个功能，所以是临时性的过渡和就绪需求。

D. 解释同 C。

考点与页码：需求的分类。《指南》第 148 页，《解读》第 114 页。

18. A. 这不是设立控制账户的本质目的，虽然也应为控制账户指定责任人或责任小组。

B. 正确答案。控制账户是项目经理对项目的管理控制点，以便针对控制账户进行挣值管理，计算相关的指标。

C. 不准确，控制账户可以是工作包，也可以是高于工作包的要素。

D. 不全面，汇总项目的成本数据只是开展挣值管理所需的基础工作之一。

考点与页码：控制账户。《指南》第 161 页，《解读》第 117~118 页。

19. A. 正确答案。这是最先该做的事情。

B. 这是第二步的工作，不是最先要做的。

C. 只有在缺陷补救建议被批准后，才能实施缺陷补救。

D. 涉嫌违反职业道德。

考点与页码：如何处理不符合验收标准的可交付成果。注意：A、B、C 都是该做的事情，必须选择最先该做的事情。《指南》第 166 页。

20. A. 引导式研讨会邀请不同背景、部门或领域的相关方参加，有利于收集跨界需求。

B. 正确答案。这是使用"观察和交谈"技术的好处。

C. 和分别召开会议相比，引导式研讨会能尽早发现并解决问题。

D. 共同谈论需求的方式，对协调需求矛盾有帮助。

考点与页码：收集需求过程的工具，人际关系与团队技能，引导。《指南》第 145 页，《解读》第 122～123 页。

21. **A. 正确答案**。

    B. WBS 的第二层不能是项目部门。WBS 中不能出现项目部门。
    C. WBS 的第二层不能是项目活动。
    D. WBS 的第二层不能是项目部门或项目活动。

    考点与页码：工作分解结构的分解标准。注意区分工作分解结构与组织分解结构（以组织结构图表示），注意区分工作分解结构与活动清单（定义活动过程的输出）。《指南》第 159 页，《解读》第 115 页。

22. A. 需求文件只能说明需求是什么。

    B. 正确答案。需求跟踪矩阵把具体需求和高层目标联系起来，为管理产品范围变更提供了框架。

    C. 变更日志中主要记录变更的提出和审批情况。
    D. 项目范围说明书用来明确项目的范围边界。与题干无关。

    考点与页码：需求跟踪矩阵。《指南》第 148～149 页，《解读》第 113 页。

23. A. 范围管理计划和需求管理计划都是规划范围管理过程的输出。
    B. 在《指南》中不存在需求识别文件。
    C. 需求管理计划是规划范围管理过程的输出。

    D. 正确答案。需求文件和需求跟踪矩阵都是收集需求过程的输出。

    考点与页码：收集需求过程的输出。《指南》第 147～148 页，《解读》第 113 页。

24. A. 范围管理计划规定将如何开展范围管理，它本身并不明确项目范围。
    B. 项目范围说明书虽然会记录项目的整个范围，但并不对范围内的工作进行组织和定义。

    C. 正确答案。工作分解结构不仅定义项目的总范围（100% 规则），而且对范围内的工作进行有效组织。

    D. 需求文件是进一步明确产品范围和项目范围的基础，不能定义项目的详细范围。

    考点与页码：工作分解结构。项目范围说明书的作用是明确项目的范围边界，为编制工作分解结构奠定基础。《指南》第 161 页，《解读》第 116 页。

25. A. 这是指导与管理项目工作过程的输出。

    B. 正确答案。工作绩效信息主要包含了偏差分析结果和预测结果。

C. 这是监控项目工作过程的输出。

D. 这是控制质量过程的输出。

考点与页码：控制范围过程的输出。《指南》第 170~171 页。

26. **A. 正确答案**。项目按计划（如项目范围说明书）完成了，但客户对结果不满意，很可能是项目计划（如项目范围说明书）中没有体现客户的需求。

    B. 题干中没有信息表明是确认范围（验收）过程出了问题。

    C. 题干中没有信息表明是项目质量的问题。

    D. 没有这一过程。

    考点与页码：定义范围的作用。《指南》第 150 页，《解读》第 114~115 页。

27. A. 头脑风暴是指大家集思广益，想出尽可能多的主意的一种方法。不包含投票和排序。

    B. 正确答案。名义小组技术包含投票和排序，最后通过投票来排列主意的优先顺序。

    C. 亲和图是根据想法的相似性对各种想法进行归类的技术，既没有投票，也没有排序。

    D. 思维导图是用来找到各种需求之间关系的图形，不包含投票。

    考点与页码：收集需求的工具，人际关系与团队技能，名义小组技术。《指南》第 144~145 页，《解读》第 122 页。

28. A. 控制范围的工具，用于将实际范围管理的结果与范围基准进行比较，识别偏差。

    B. 正确答案。题干所述的是产品分析的主要功能。

    C. 收集需求的工具，通过审核和评估项目文件来识别需求。

    D. 识别风险的工具，通过对项目的优势、劣势、机会和威胁进行分析以识别风险。

    考点与页码：产品分析的作用。《指南》第 153 页。

29. A. 需要范围管理计划，但它不是项目文件。

    B. 不需要参考需求管理计划。

    C. 正确答案。项目范围说明书定义了项目的外边界线，创建 WBS 过程中，据此来细化项目范围内需要开展的详细工作。

    D. 在确认范围和控制范围两个监控过程才需要使用需求跟踪矩阵。

    考点与页码：创建 WBS 过程的输入。项目范围说明书，在成为范围基准的组成部分之前，是一种项目文件。之后就成为项目管理计划的组成部分。《指南》第 157 页，《解读》第 111 页。

30. A. "工作范围"不符合《指南》对范围的定义，它不是《指南》中规范的术语。

B. **正确答案**。产品范围是指项目产品应具有的功能，项目范围是指为完成项目产品而必须做的工作。

C. "管理范围"不是《指南》中规范的专业术语，不符合《指南》对范围的定义。

D. "需求范围"不是规范的专业术语，不符合《指南》对范围的定义。

考点与页码：产品范围与项目范围。《指南》第 131 页，《解读》第 109 页。

31. A. **正确答案**。系统交互图是对产品范围的图形描述，不是对项目范围的描述。

B. 正确说法。

C. 说法正确，但不完整。系统交互图既显示系统的输入和输入提供者，也显示输出和输出接收者。

D. 解释同 C。

考点与页码：收集需求过程的工具，系统交互图。《指南》第 146 页，《解读》第 123 页。

32. A. 工作分解结构并不直接指出项目的边界。

B. **正确答案**。项目范围说明书用于明确项目的边界，为评审新工作是否超出边界提供基准。

C. 项目范围管理计划是项目管理计划的一部分，为项目范围管理工作提供指南，但并不直接指出项目的边界。

D. 工作分解结构词典并不直接指出项目的边界。

考点与页码：项目范围说明书。《指南》第 154 页，《解读》第 114~115 页。

33. A. **正确答案**。明确了产品范围后，就能确定为提交产品而必须做的工作，以便确保提交符合要求的产品。只有项目范围实现了，产品范围才能实现。

B. 不是必然会引起变化，例如，增加某项辅助性的项目工作，可能对产品的功能没有任何影响。

C. 不是必然会引起变化，尽管很可能引起变化。

D. 这个说法不符合逻辑。应该是，产品范围决定项目范围。

考点与页码：项目范围与产品范围。《指南》第 131 页，《解读》第 109 页。

34. A. 访谈是通过直接与相关方交谈获取需求的技术，通常采用一对一的方式。题干针对同一领域相关方，人数又比较多，所以 C 更适合。

B. 问卷和调查是通过发送问卷的方式来了解需求，而不是召开座谈会。

C. **正确答案**。焦点小组技术可以用来收集同一领域相关方的需求，比如题目中说的每个部门。

D. 先用焦点小组技术收集每个部门的需求，再召开引导式研讨会讨论和协调跨部门的需求。

考点与页码：收集需求过程的工具，数据收集，焦点小组。《指南》第 142 页，《解读》第 122 页。

35. A. 与题干无关，备选方案分析可用于设计和分析能实现既定产品功能的不同项目方案。
    B. 与题干无关，且没有"可交付成果分析"这个说法。
    C. 系统工程、价值工程等是产品分析的技术，与项目制约因素分析无关。
    D. **正确答案**。产品分析的目的是弄清楚产品的范围，而系统工程、价值工程、价值分析等都是产品分析的技术。

考点与页码：产品分析的具体形式。价值工程、价值分析等技术都是与产品范围有关的技术，追求性价比最优。只有 D 与产品范围直接相关。《指南》第 153 页。

36. A. 范围管理计划的内容之一。
    B. 范围管理计划的内容之一。
    C. **正确答案**。属于需求管理计划的内容。
    D. 范围管理计划的内容之一。

考点与页码：范围管理计划和需求管理计划的内容。《指南》第 137 页，《解读》第 113 页。

37. A. 偏差分析用于将实际结果和基准进行比较，以确定偏差是否大到需要提出变更请求的程度。
    B. **正确答案**。通过趋势分析审查项目绩效随时间的变化情况，以判断绩效是正在改善还是正在恶化。
    C. 回归分析用于建立与项目结果有关的不同项目变量之间的统计量化关系。
    D. 挣值分析用于评价偏离初始项目基准的程度。

考点与页码：控制范围过程的工具，数据分析，趋势分析。《指南》第 170 页，《解读》第 125 页。

38. A. 这是控制范围过程输出的工作绩效信息中记录的内容。
    B. 这是控制范围过程输出的工作绩效信息中记录的内容。
    C. 这是控制范围过程输出的工作绩效信息中记录的内容。
    D. **正确答案**。确认范围过程是对可交付成果的正式验收，输出的工作绩效信息会写明哪些可交付成果已经被验收，哪些未通过验收及原因。

考点与页码：确认范围过程的输出，工作绩效信息。确认范围和控制范围两个监控过程都会得到工作绩效信息，但是内容不一样。《指南》第 166 页。

39 » A. 业务需求是组织的高层次需要，表明组织为什么要做某个项目。

B. 相关方需求表明相关方为什么想要某种产品或服务。

C. **正确答案**。属于解决方案需求，包括功能需求和非功能需求。

D. 项目需求是项目需要满足的各类条件。

考点与页码：需求的分类。《指南》第 148 页，《解读》第 114 页。

40 » A. 定义活动过程才得到活动。

B. 解释同 A。

C. 《指南》中没有"工作任务"这个术语。

D. **正确答案**。工作分解结构是以可交付成果为导向的，因此这里的"工作"是指工作产品或可交付成果。

考点与页码：工作分解结构。《指南》第 157 页，《解读》第 115 页。

41 » A. 学习型组织是一个能熟练地创造、获取和传递知识的组织，跟原型法不直接相关。

B. 原型法需要相关方的参与，但这不是其最大特点。

C. **正确答案**。原型法通过新原型对旧原型的迭代，不断明确客户需求，体现了渐进明细的理念。

D. PMI 解决众多相关方冲突时，以终端客户利益至上为原则，但跟原型法不直接相关。

考点与页码：收集需求过程的工具，原型法。《指南》第 147 页，《解读》第 123 页。

42 » A. 这是质量功能展开（QFD）的作用。

B. **正确答案**。这是软件行业常用的引导式研讨会方法；制造业则用 QFD。

C. 这是用户故事会的做法。

D. 这是系统交互图的作用。

考点与页码：人际关系与团队技能，引导（联合应用开发）。《指南》第 145 页，《解读》第 122 ~ 123 页。

43 » A. 项目初期只能定义高层级范围，以后再一次针对一个迭代期明确详细范围，是一个逐渐细化的过程。

B. 需求不确定，无法一次确定多个迭代期的详细范围。

C. 解释同 A。

D. **正确答案**。敏捷项目在每次迭代期开始时召开迭代规划会，定义本迭代期的详细范围。

考点与页码：敏捷项目，定义范围。《指南》第 131、151 页，《解读》第 305 页。

44. A. 名义小组技术是一种结构化的头脑风暴法，通过投票来排列最有用的创意。
    B. 思维导图是把创意合成一张图，找到各种创意之间的关系并激发新创意的图形。
    C. 流程图较多应用于质量管理中，用于完整分析某个质量问题产生的全过程。
    D. 正确答案。亲和图是数据表现技术的一种，用于对大量创意进行归类。

    考点与页码：收集需求过程的工具，数据表现，亲和图。《指南》第 144 页，《解读》第 124 页。

45. A. 解释同 C。
    B. 完成移交手续是收尾过程组的事。先在监控过程组完成正式验收，再在收尾过程组办理移交手续。
    C. 正确答案。发起人或客户可以自己参与确认范围过程来正式验收可交付成果，也可以授权相关方去正式验收。
    D. 解释同 C。

    考点与页码：确认范围过程是由主要相关方对可交付成果进行正式验收。《指南》第 131、166 页。

46. A. 估算的准确度应该增加，而不是降低。
    B. 正确答案。工作分解结构是把大的目标逐层分解成更小的成果，这种分解能提高估算的准确性。
    C. 细分可以提高管理的效果，但会增加管理工作量，导致管理工作本身的成本增加。因此，分解并不是越细越好。
    D. 与题意没有必然的联系。

    考点与页码：工作分解结构。注意：不要把题目中的"自上而下"与"自上而下估算方法"混淆。《指南》第 161 页，《解读》第 115 页。

47. A. 确定质量标准是规划质量管理过程的工作。
    B. 正确答案。了解客户声音是第一步工作。
    C. 这是第二步工作。
    D. 这是第三步工作。

    考点与页码：人际关系与团队技能，引导（质量功能展开）。《指南》第 145 页。

48. A. 相关方数量很少时，"可以"观察，但不是"应该"观察。
    B. 这个选项指的是原型法。
    C. 正确答案。如果相关方不愿或不能说明他们的需求，就只能去观察。

D. 组建焦点小组，是要进行一对多的访谈，而不是进行观察。

考点与页码：收集需求过程的工具，人际关系与团队技能，观察和交谈。《指南》第 145 页，《解读》第 122 页。

49. A. 这是项目进度管理的工作。

    B. **正确答案**。确认范围过程旨在及时对已完的可交付成果进行验收，以便确保后续工作都是基于合格的前期成果的。即便在验收中发现问题，人们也有时间去解决问题。

    C. 这是控制质量过程的目的之一。

    D. 尽管验收过程中需要听取不同的意见，但这不能反映确认范围过程的本质。

    考点与页码：确认范围过程。《指南》第 163 页，《解读》第 120 页。

50. A. 过细的分解会导致管控难度增加，使管控更无效。

    B. 过细的分解会让 WBS 的层数太多，使各层进行数据汇总时更加困难。

    C. **正确答案**。过细的分解会导致管理工作量大幅增加，降低管理和实施的效率。

    D. 适度分解更有利于责任的明确。

    考点与页码：适度分解的理念。《指南》第 160 页，《解读》第 117 页。

51. A. 阐明范围定义、确认和控制的方法。

    B. 阐明需求管理的方法。

    C. 说明相关方都有哪些单一的需求。

    D. **正确答案**。需求跟踪矩阵是一份连接需求和需求源、需求与相应可交付成果的文件。

    考点与页码：需求跟踪矩阵。《指南》第 148~149 页，《解读》第 113 页。

52. A. **正确答案**。对照项目计划对可交付成果进行检查，并在必要时运用决策技术来决定可交付成果的可接受性。

    B. 虽然也需要做偏差分析，但重点不是关注偏差的大小，而是关注可交付成果能否被接受。

    C. 决策和投票只是其中一部分，没有 A 全面。

    D. 核对单是制订项目管理计划、管理质量、控制质量和识别风险几个过程使用的工具与技术。

    考点与页码：确认范围过程的工具，检查和决策。《指南》第 166 页，《解读》第 125 页。

53. A. 范围管理计划与题意相距较远。

B. **正确答案**。在需求管理计划中确定关于哪些需求属性应该列入需求跟踪矩阵。

C. 需求文件用来记录相关方的具体需求。

D. 需求管理计划确定了哪些需求属性应该列入需求跟踪矩阵后，就需要在需求跟踪矩阵中实际列出这些需求属性。

考点与页码：需求管理计划的内容。《指南》第 137 页。

54. A. 这是收集需求过程的输入。

B. **正确答案**。需求是项目范围的基础。

C. 这是之后创建 WBS 过程的输出。

D. 这是确认范围和控制范围过程的输入，但不是定义范围过程的输入。

考点与页码：定义范围过程的输入。注意需求文件与需求跟踪矩阵的区别。需求跟踪矩阵是用于监控（跟踪）需求的实现情况的。《指南》第 152 页，《解读》第 111 页。

55. A. 范围蔓延是未经批准但事实上已发生的范围不合理延伸。

B. 解释同 A。

C. 经过批准的范围变更是项目的合法变更，不是范围蔓延。

D. **正确答案**。符合《指南》中的范围蔓延定义。

考点与页码：范围蔓延。范围包括项目范围和产品范围，正确答案应该涉及这两种范围，而答案 A 和 B 都只与项目范围或产品范围有关，仅从这一点上分析，就可排除 A 和 B。C 是正常的范围变更。《指南》第 168 页，《解读》第 108 页。

56. A. 说法错误，每次迭代期开始时都要定义和批准详细的范围，每个迭代期内不能随意变更范围。

B. **正确答案**。这是适应型生命周期中的范围管理的特点，每个迭代期都会创建可交付成果，项目团队要持续开展控制范围，发起人和客户要及时成果进行正式验收。

C. 这是预测型项目中的范围管理的特点。

D. 这个说法不错，但没有针对题干中的"适应型生命周期"。

考点与页码：适应型生命周期与范围管理。《指南》第 305 页。

57. A. 规划范围管理过程需要输入质量管理计划而非质量报告。在项目中实施组织的质量政策、方法和标准的方式会影响管理项目和产品范围的方式。

B. 定义范围过程不需要输入质量报告。

C. **正确答案**。确认范围过程要对可交付成果开展正式验收，验收产品时要查看质量报告。

D. 控制范围过程不需要输入质量报告。

考点与页码：确认范围过程的输入，项目文件，质量报告。《指南》第 165 页，《解读》第 112 页。

58» A. 检查是指通过开展测量、审查与确认等活动，来判断工作和可交付成果是否符合需求和产品验收标准。

B. 正确答案。通过偏差分析确定实际绩效和计划（基准）的差异程度和原因。

C. 产品分析用于把高层级的产品描述转变为有形的可交付成果。

D. 通过分析现有文件，识别与需求相关的信息，来挖掘需求。

考点与页码：控制范围过程的工具，数据分析，偏差分析。《指南》第 170 页，《解读》第 125 页。

59» **A. 正确答案**。通过有形的实物原型让相关方体验产品，提出对需求的反馈，有利于明确需求。

B. 可以提升客户的参与度，但不是使用原型的主要目的。

C. 可以提高最终产品通过验收的可能性，但不是使用原型的主要目的。

D. 可以改进开发过程，但不是使用原型的主要目的。

考点与页码：收集需求过程的工具，原型法。《指南》第 145、147 页，《解读》第 123 页。

60» A. 除"项目进度里程碑"之外都是项目范围说明书的内容。进度里程碑是项目章程的内容之一，也是项目进度计划的内容之一。

B. "项目组织图"不是项目范围说明书的内容，而是资源管理计划的内容。

C. 正确答案。符合《指南》对项目范围说明书的描述。

D. "项目审批要求"是项目章程的内容之一，"假设条件"不是项目范围说明书的内容，应该写入假设日志中。

考点与页码：项目范围说明书的内容。《指南》第 154 页，《解读》第 115 页。

第 6 章　项目进度管理

1. A. 正确的顺序是：制订进度管理计划→把工作包分解成活动→弄清楚活动之间的逻辑关系→估算每个活动需要多长时间→把前述过程的成果整合成项目进度计划→根据计划来做进度控制。

    B. 正确答案。解释同 A。

    C. 解释同 A。

    D. 估算活动资源是项目资源管理知识领域的过程。

    考点与页码：项目进度管理过程顺序。《指南》第 173 页，《解读》第 128~129 页。

2. A. 不全面，挣值分析是数据分析的一种技术。

    B. 不全面，偏差分析是数据分析的一种技术。

    C. 不全面，趋势分析是数据分析的一种技术。

    D. 正确答案。最全面的选项，其中包括了 A、B、C 及其他可用的技术。

    考点与页码：控制进度过程的工具，数据分析。《指南》第 226~227 页，《解读》第 149 页。

3. A. 这是指学生综合征（拖延症）。

    B. 正确答案。这是对帕金森定律的描述。

    C. 这是指收益递减规律。

    D. 因为收益递减规律和其他因素的干扰而出现的情况，与帕金森定律无关。

    考点与页码：帕金森定律。《指南》第 197 页，《解读》第 151~152 页。

4. A. 解释同 B。

    B. 正确答案。三角分布下，期望工期 =（18 + 6 + 9）/3 = 11 天，标准差 =（18 - 6）/6 = 2 天，9 到 13 天的完成概率，就是问在正负一个标准差之内完成的概率，是 68.26%。

    C. 解释同 B。

    D. 解释同 B。

考点与页码：三点估算。《指南》第 201 页，《解读》第 140～141 页。

5. A. 规划进度管理主要制订进度管理计划。
   B. **正确答案**。定义活动就是识别和记录为完成项目可交付成果而必须采取的具体行动。
   C. 排列活动顺序主要是确定活动之间的逻辑关系。
   D. 创建 WBS 是把可交付成果分解为较小的、更易于管理的部分，得到的不是具体活动。
   考点与页码：定义活动过程。《指南》第 183 页，《解读》第 132～133 页。

6. A. 进度网络图是表示活动之间逻辑关系的工具，不等于进度计划。进度计划包括的内容更多。
   B. 进度网络图只表示活动之间的逻辑关系，为项目时间管理的后续过程提供基础，无法显示项目进展情况。也不能用网络图向管理层汇报，因为网络图不够通俗易懂。
   C. **正确答案**。进度网络图就是用来表示活动之间的逻辑关系的，仅此而已。
   D. 传统的横道图不用来表示活动之间的逻辑关系，所以不是进度网络图。注意：逻辑横道图是进度网络图的一种。
   考点与页码：进度网络图及其与进度计划、横道图之间的区别。《指南》第 194 页，第 217～219 页，《解读》第 132～133 页，137～138 页。

7. A. 这样赶工式的学习过程，效果并不好，不符合学习曲线的规律。
   B. 学习过程有间断，不符合学习曲线的规律。
   C. 这是典型的学生综合征，即拖延症。
   D. **正确答案**。根据学习曲线的规律，应该每天保持不间断学习，这样才能熟能生巧，提高学习效果和效率。
   考点与页码：参数估算方法，学习曲线。《指南》第 197 页，《解读》第 135 页，139～140 页。

8. A. 时间盒的长度是固定的，不允许根据进度调整一个时间盒的长度。
   B. **正确答案**。这是正确的说法。
   C. 在编制发布计划（而不是迭代计划）时规定每次迭代的长度，即时间盒的长度。
   D. 时间盒通常都很短，最短几天，最长一个月。
   考点与页码：时间盒。时间盒是一个很短的时间周期，长度相同。规定时间盒是为了促使团队成员在规定的时间内开发出既定的功能，《指南》第 177，216 页，《解读》第 305 页。

9 » **A. 正确答案**。新增资源后，新资源与老资源之间的协调会存在一些问题，老资源需要花时间教新资源，就可能导致活动延误更长时间。

B. 太绝对。延误的时间不一定能被赶回，因为造成延误的原因不一定是缺少资源。
C. 太绝对。活动效率不一定能提高。
D. 太绝对。活动生产率不一定能提高。

考点与页码：赶工与布鲁克斯定量。布鲁克斯定律：对一个已经延误的工作新增资源，会导致该工作进一步延误。《指南》第 199 页。

10 » **A. 正确答案**。定义活动过程使用分解技术把 WBS 中的工作包进一步分解为具体的活动，而创建 WBS 就是把项目目标分解成工作包。

B. 估算活动资源过程未使用分解技术，尽管有资源分解结构这个输出。
C. 识别风险过程也不需要分解技术。
D. 《指南》中不存在制定资源分解结构过程，尽管有资源分解结构这个输出（估算活动资源过程的输出）。

考点与页码：定义活动过程的工具，分解。《指南》第 185 页，《解读》第 137 页。

11 » **A. 正确答案**。快速跟进会增加风险，且只能针对软逻辑关系。由于是低风险项目，适当增加风险也没有关系，不会超出风险承受力。

B. 赶工与题干无关。
C. 资源平衡往往导致工期延长。
D. 资源优化技术包括资源平滑和资源平衡，通常不能缩短工期。

考点与页码：进度压缩的方法，快速跟进。《指南》第 215 页，《解读》第 147~148 页。

12 » **A. 正确答案**。按里程碑进行过程控制，可以及时发现进度问题。

B. 有一定效果，但是与题干"监控"无关。
C. 制定风险应对措施有一定效果，但最有效的是采取预防措施，防止进度滞后问题出现。
D. 缩短迭代周期与进度控制没有必然关系。

考点与页码：对供应商的进度控制。《指南》第 224 页。

13 » A. 活动清单是定义活动过程的输出之一。把 WBS 中的工作包进一步分解，就可得到为提交工作包所需开展的各项活动。

B. 活动属性是定义活动过程的输出之一。活动属性是活动清单的配套文件，用于扩展对各项活动的描述。

C. **正确答案**。在定义活动时，还不需要排列活动顺序。随后会专门有一个排列活动顺序过程，能够得到项目进度网络图，即活动顺序的图示表达。

D. 里程碑清单是定义活动过程的输出之一。里程碑是活动清单中的重要事件。

考点与页码：定义活动过程的输出。《指南》第 185 ~ 186 页，《解读》第 132 ~ 133 页。

14. A. 假设条件和制约因素分析是指分析假设条件和制约因素中可能存在的错误等，是识别风险过程的工具与技术。

B. **正确答案**。这是假设情景分析的典型假设问题。

C. 往往通过蒙特卡罗分析来实现。

D. 通过多种分析技术，如关键路径法、建模技术和资源优化技术等，来计算项目活动未完成部分的最早和最晚开始日期，以及最早和最晚完成日期。这个选项面太宽，没有针对性。

考点与页码：制订进度计划过程的工具，数据分析，假设情景分析。注意：从广义上讲，假设情景分析也可以用蒙特卡罗分析的方法来实现，也就是说这两种方法存在较大程度上的交叉。《指南》第 213 ~ 214 页，《解读》第 148 页。

15. A. 关键路径是项目路径中最长的那条路径。

B. 项目的最短工期就是关键路径的时间。

C. **正确答案**。关键路径一定存在，可能有一条，也可能有多条。

D. 关键路径已经是历时最长的一条路径，它上面的每个活动不能有任何延误。

考点与页码：关键路径的概念。《指南》第 210 页，《解读》第 144 ~ 145 页。

16. A. 里程碑是项目中的重要事件或时点。

B. 里程碑通常是项目上的关键事件，标志着项目的实质性进展。

C. 强制性的，例如合同规定的；选择性的，例如项目团队根据最佳实践来确定的。

D. **正确答案**。里程碑持续时间为零，只是一个时间点，即达成既定成果的那个时间点。

考点与页码：里程碑清单。《指南》第 186 页，《解读》第 136 页。

17. A. 开始 - 完成关系是只有紧前活动开始，紧后活动才能完成的逻辑关系。与题目不符。

B. **正确答案**。只有紧前活动完成，紧后活动才能开始，这是完成 - 开始关系。

C. 开始 - 开始关系是只有紧前活动开始，紧后活动才能开始的逻辑关系。与题目不符。

D. 完成－完成关系是只有紧前活动完成，紧后活动才能完成的逻辑关系。与题目不符。

考点与页码：活动之间的逻辑关系。《指南》第 190 页。

18. A. 版面设计工作提前 3 天开始，应该是提前量，而不是滞后量。另外，也不是开始到开始关系。

    B. 正确答案。文件编写结束前 3 天就开始后续的工作，这是带时间提前量的完成到开始关系。

    C. 如果没有提前量，正常的顺序是文件编写完成后开始版面设计，为了赶进度，在文件编写完成前就开始版面设计。很明显，逻辑关系不是开始到开始关系。

    D. 应该是提前量，而不是滞后量。

    考点与页码：活动之间的逻辑关系。《指南》第 190，192~193 页，《解读》第 133 页。

19. A. 在敏捷方法中，项目范围在两个迭代期之间通常发生变化。

    B. 这应该是控制成本过程的工作。

    C. 这是规划资源管理过程的工作。

    D. 正确答案。每个迭代期结束后，都需要对剩余工作（未完项）重新进行优先级排序。

    考点与页码：敏捷方法与控制进度过程。《指南》第 224 页。

20. **A. 正确答案**。这种情况下，项目浮动为负数，关键路径上的浮动时间也为负数。

    B. 完工日期不能用逆推法计算。

    C. 这种情况下，项目浮动为正数，关键路径上的浮动时间不会是负数。

    D. 解释同 B。

    考点与页码：进度计划中的浮动时间。《指南》第 210 页，《解读》第 145 页。

21. A. 快速跟进是指把本来有先后顺序的工作调整为部分平行。无法更改强制性的先后顺序关系。

    B. 正确答案。选择性依赖关系需要充分发挥团队成员的创造力来发掘，这类的活动适用于快速跟进。

    C. 外部依赖关系不一定是选择性的。

    D. 内部依赖关系不一定是选择性的。

    考点与页码：确定和整合依赖关系。《指南》第 191~192 页。

22. A. 滚动式规划虽然符合渐进明细的理念，但 C 更有针对性。

B. 分解是将工作包进一步分解为完成它所需的具体行动。

C. **正确答案**。滚动式规划是对近期工作详细规划，远期工作粗略规划的迭代式规划技术。

D. 专家判断即找专家寻求相关意见。

考点与页码：滚动式规划。《指南》第 185 页，《解读》第 137 页。

23. A. **正确答案**。下次活动开始与本次活动结束之间的时间称为时间滞后量，不应该包括在被估算的活动持续时间中。

B. 活动持续时间就是完成某项活动所需的工作时段数。

C. 在估算活动持续时间时，可以指出一定的变动区间，比如某项活动的持续时间是 2 周 ±2 天。

D. 可以指出在既定时间内完成活动的概率，如某项活动的持续时间估算为 3 周，概率为 80%。

考点与页码：估算活动持续时间。《指南》第 203 页，《解读》第 135 页。

24. A. 考虑资源的价格是估算成本过程的事情。

B. **正确答案**。持续时间估算是估算活动持续时间过程的输出。

C. 估算活动资源过程（项目资源管理中）会得到资源需求和资源分解结构。

D. 这是一项工具与技术，不是输出。

考点与页码：估算活动持续时间过程的输出。《指南》第 203~204 页，《解读》第 135 页。

25. A. 需要收集最可能时间、最乐观时间和最悲观时间。

B. **正确答案**。平均时间是三点法估算所计算出的结果。

C. 需要收集最可能时间、最乐观时间和最悲观时间。

D. 需要收集最可能时间、最乐观时间和最悲观时间。

考点与页码：三点估算技术。《指南》第 201 页，《解读》第 140 页。

26. A. 专家判断即找专家寻求意见。

B. 自下而上估算是一种从下到上逐层汇总估算的方法。

C. **正确答案**。本质上而不是表面上类似，适合类比估算，估算结果最为可靠。

D. 三点估算通过考虑估算中的不确定性和风险，提高持续时间估算的准确性。

考点与页码：估算活动持续时间过程的工具，类比估算。类比估算是专家判断的一种方法，但专家判断不局限于类比估算，故 C 更符合题意。《指南》第 200 页，《解读》第 139 页。

27. A. 这是在使用德尔菲技术，最终要得到众多专家的一致意见，而非少数专家的个人意见。

   B. 正确答案。这是在使用德尔菲技术，匿名方式可以防止某个权威专家对其他专家结果的影响。

   C. 德尔菲技术要开展多轮，因此不是最快的决策方法。

   D. 估算活动持续时间是以最熟悉某活动的团队成员为主，专家提供支持和协助，并不能因此就减少团队成员的工作量。

   考点与页码：德尔菲技术。《解读》第 142~143 页。

28. **A. 正确答案。项目启动阶段，由于项目详细信息不足，很难采用其他的估算技术，通常采用类比估算法。类比估算的准确度比较低。**

   B. 规划阶段的早期可以用类别估算，但中后期就不应该用类别估算法。

   C. 执行阶段不需要进行持续时间和成本估算。

   D. 监控阶段不需要进行持续时间和成本的估算。

   考点与页码：类比估算。C 和 D 首先排除，因为执行和监控阶段不需要进行估算。规划阶段需要进行准确度较高的估算，所以类比估算就不是最好的方法。《指南》第 200 页，《解读》第 139 页。

29. A. 进度数据因应用领域不同而不同，但至少包括进度里程碑、进度活动等信息。

   B. 正确答案。应该是把进度计划看成因变量，进度数据看成自变量。

   C. 资源直方图、现金流预测等可以被用作支持性信息，也是进度数据。

   D. 可把进度数据看成自变量，进度计划看成因变量，进度模型看成联系自变量和因变量的函数。有了进度数据和进度模型，就可以方便地更新项目进度计划。

   考点与页码：进度数据、进度模型与进度计划。《指南》第 176、220 页。

30. A. 项目经理是项目的领导者，不一定熟悉项目中的各种活动。

   B. 正确答案。不同的项目工作由不同的人负责，他们熟悉所负责的工作，由他们估算的持续时间会比较准确。

   C. 不全面，职能经理有可能估算某些活动的持续时间，但不可能估算全部活动的持续时间。

   D. 不准确，应该是项目管理团队中最熟悉具体活动的人。

   考点与页码：活动持续时间估算。《指南》第 196 页。

31. A. 维护进度模型维护是进度管理计划中的内容之一，其中包含了更新进度计划。

   B. 这些都是进度管理计划中的内容。

   C. 正确答案。这些实际的进度计划是制订进度计划过程的输出。

D. 这些都是进度管理计划的内容。

考点与页码：进度管理计划的内容。《指南》第 182 页，《解读》第 132 页。

32. A. 这是类比估算的准确度基础。

    B. 正确答案。参数估算需要用模型来模拟实际项目情况。

    C. 这是自下而上估算的准确度基础。

    D. 这是三点估算的准确度基础。

    考点与页码：各类估算方法的准确度依据。《指南》第 200～201 页，《解读》第 139～140 页。

33. A. 解释同 C。

    B. 解释同 C。

    C. 正确答案。只有机器组装完毕，才能对其进行测试，这是一种强制性依赖。因为两项工作都是团队内部做的，这也是一种内部依赖。所以是一种内部强制性依赖。

    D. 解释同 C。

    考点与页码：排列活动顺序过程的工具，确定和整合依赖关系。《指南》第 191～192 页。

34. A. 定义活动过程确定的是提交可交付成果所需要的活动，可交付成果在定义活动过程之前就已经被确定了。

    B. 正确答案。定义活动的结果是确定实现项目目标必须实施的活动。

    C. 工作包是定义活动的基础，它们在定义活动过程之前就已经被确定。

    D. 工作任务不是《指南》中规范的专业词汇。

    考点与页码：定义活动过程就是确定必须实施的活动，以便实现项目目标。可交付成果和工作包在定义活动过程之前就已经被确定，首先排除，而工作任务不是一个规范性术语，也排除。《指南》第 183 页，《解读》第 132 页。

35. A. 应急储备是为了应对进度方面的不确定性而设定的时间储备，随着项目的进展，越来越多的活动结束，项目的不确定性减少，所以应急储备通常不应该增加，而应该逐渐减少。

    B. 正确答案。随着项目不确定性的减少，项目应急储备也应该减少甚至取消。

    C. 应该随项目进展动态分析并调整项目的应急储备，使应急储备保持在合理水平。

    D. 应急储备应该在项目文件中清楚地列出，而不能被隐藏。

    考点与页码：应急储备。《指南》第 202 页，《解读》第 141 页。

36 » A. 总浮动时间是指一项活动可以延误，但不影响项目完成日期的时间。
　　B. 在项目日历中列出可以开展进度活动的时间段，与时间盒无关。
　　C. 时间盒指固定的迭代期长度而非项目总工期。
　　D. 正确答案。时间盒通常都很短且长度固定，最短几天，最长一个月。每个迭代期都是一个固定的时间盒。

考点与页码：迭代性进度计划，时间盒。《指南》第 177 页，《解读》第 305 页。

37 » A. 外部依赖关系不一定都是强制性的。如果是选择性的，就不是非遵守不可。
　　B. 选择性依赖关系不是必须遵守的，它是需要团队成员基于最佳实践或某些项目特性而积极构建的逻辑关系。
　　C. 内部依赖关系不一定都是强制性的。如果是选择性的，就不是非遵守不可。
　　D. 正确答案。硬逻辑关系是绝对不能违反的。如果违反了，就会使相关活动无法开展。

考点与页码：硬逻辑关系、软逻辑关系和外部依赖关系。《指南》第 191～192 页，《解读》第 133～134 页。

38 » A. 关键路径法中的完工日期是计算出来的理论上的日期，不是事先强加的。
　　B. 与关键路径法无关。
　　C. 正确答案。关键路径法是在不考虑资源限制的条件下计算各活动理论上的开始和结束时间。
　　D. 与关键路径法无关。

考点与页码：关键路径法。《指南》第 210 页，《解读》第 144～145 页。

39 » A. FS 关系是最常用的一种逻辑关系。
　　B. FF 关系并不是最不常用的逻辑关系。
　　C. SS 关系并不是最不常用的逻辑关系。
　　D. 正确答案。SF 关系是很少被使用的逻辑关系。这种逻辑关系往往是因为资源的制约造成的，而传统的网络图基本不考虑活动对资源的依赖关系。

考点与页码：节点法下的活动之间的逻辑关系。《指南》第 190 页，《解读》第 133 页。

40 » **A. 正确答案**。排列活动顺序旨在将项目活动列表转化为项目进度网络图，为编制进度计划和制定进度基准做准备。
　　B. 估算活动持续时间是估算完成每项活动所需要的时间，在排列活动顺序之后开展。
　　C. 制订进度计划是综合前面几个过程的成果来编制项目进度计划的过程，在排列活动顺序之后开展。
D. 控制进度是对进度绩效进行监控。与题干无关。

考点与页码：排列活动顺序过程。《指南》第 188 页，《解读》第 132～133 页。

41. A. 三点估算是通过考虑估算中的不确定性和风险，提高持续时间估算的准确性。
B. 专家判断即找专家寻求意见。
C. 类比估算是凭经验进行的主观估算，不用统计关系作为依据。
D. **正确答案**。将电缆的长度乘以铺设每米电缆所需的工时来估算整个项目的工期，这是参数估算。

考点与页码：参数估算。《指南》第 200～201 页，《解读》第 139～140 页。

42. A. 版本计划规定每个版本（原型）的发布时间。
B. **正确答案**。发布计划规定每个版本的发布需要完成的迭代次数和每次迭代的时间。
C. 迭代计划规定一个迭代期内所需实现的用户故事和时间要求。
D. 没有原型计划的说法。

考点与页码：敏捷发布规则。需要掌握版本计划、发布规划和迭代计划的主要内容。《指南》第 216 页，《解读》第 149、306 页。

43. A. 这是排列活动顺序过程的输入之一。
B. 这是排列活动顺序过程的输入之一，活动属性能影响活动之间逻辑关系的确定。
C. 排列活动顺序时，需考虑范围基准中的 WBS、可交付成果、制约因素和假设条件。
D. **正确答案**。提前量和滞后量是排列活动顺序过程的工具与技术。

考点与页码：排列活动顺序过程的输入。《指南》第 188～189 页，《解读》第 131 页。

44. A. 杜撰出来的说法。
B. **正确答案**。对任何后续活动没有任何影响的时差是自由浮动时间。
C. 总浮动时间大于或等于自由浮动时间。总浮动时间是指一项活动可以延误，但不影响项目完成日期的时间（可能影响后续的某个或多个活动）。
D. 项目浮动时间是指一个项目可以延误而不影响外界要求的项目完工日期的时间。

考点与页码：自由浮动时间、总浮动时间和项目浮动时间。《指南》第 210 页，《解读》第 145 页。

45. A. 资源优化技术包括资源平衡和资源平滑，不如 B 有针对性。
B. **正确答案**。资源被过度分配，出现了资源短缺，需要进行资源平衡。
C. 当各个时间段内所需的资源数量起伏太大时，需要做资源平滑。

D. 进度压缩是针对历时比较长的项目所采取的赶工和快速跟进技术。

考点与页码：资源平衡。《指南》第 211 页，《解读》第 147 页。

46. A. 规划进度管理过程主要制订项目进度管理计划。

    B. 排列活动顺序过程主要是确定活动之间的依赖关系。

    C. 估算活动持续时间主要是估算单个活动或项目所需要的时间。

    D. 正确答案。制订进度计划过程，产生进度基准。

    考点与页码：制订进度计划过程的输出，进度基准。《指南》第 217 页，《解读》第 136 页。

47. A. 举拳头表示不支持，这代表所有人都不同意，没有达成共识。

    B. 正确答案。所有人都伸出三根以上手指，就表示全体达成共识，可以进入下一个决策。

    C. 解释同 B。

    D. 解释同 B。

    考点与页码：估算活动持续时间过程的工具，决策（敏捷项目常用的）。《指南》第 203 页，《解读》第 142 页。

48. A. 敏捷发布规划不是规划进度管理的工具与技术。

    B. 正确答案。敏捷发布规划是适用于敏捷项目的一种进度计划编制方法。

    C. 敏捷发布规划不是控制进度使用的工具与技术。

    D. 敏捷发布规划不是排列活动顺序的工具与技术。

    考点与页码：制订进度计划过程的工具，敏捷发布规划。《指南》第 216 页，《解读》第 149 页。

49. A. 解释同 B。

    B. 正确答案。按自由浮动时间的概念，A 活动不影响 B 活动最早在第 4 天早上上班开始，最多可以浮动 2 天。

    C. 解释同 B。

    D. 解释同 B。

    考点与页码：自由浮动时间的计算。《指南》第 210 页，《解读》第 145 页。

50. A. 说法正确。

    B. 说法正确。

    C. 正确答案。位于路径汇聚和分支处的活动是风险的叠加点，存在较大的风险。

    D. 说法正确。

考点与页码：项目进度网络图。《指南》第 194 页，《解读》第 134 页。

51. A. 这是赶工的方法。

B. 这个选项与快速跟进方法无关，与赶工有关。

C. 正确答案。 需要基于软逻辑关系。

D. 这个选项与快速跟进方法没有必然联系。

考点与页码：压缩项目进度的快速跟进方法。《指南》第 215 页，《解读》第 147 ~ 148 页。

52. **A. 正确答案。** 迭代燃尽图中显示实际剩余工作和理想（计划）剩余工作两条线，可以直观地看出它们的偏差。

B. 挣值管理的 S 曲线图才会显示已实现价值（挣值）和计划价值。

C. 迭代燃尽图只能看出本次迭代的剩余工作随天数的变化情况，不能预测需要几个迭代期才能完成未完项中的所有剩余工作。

D. 这是资源柱状图，与迭代燃尽图无关。

考点与页码：迭代燃尽图。《指南》第 226 页。

53. A. 在控制进度过程中，需要判断项目的进度情况。

B. 在控制进度过程中，需要确定进度变更是否已经发生。

C. 需要在进度变更实际发生时，对其进行管理。

D. 正确答案。 可能需要，但不是必须。从综合角度来看，"尽快完工"不一定是好事。

考点与页码：项目进度变更管理的主要工作。《指南》第 223 ~ 224 页，《解读》第 137 页。

54. A. 这不是进度管理知识领域的某一个过程，在项目资源管理中再估算活动资源。

B. 这是前一个过程，定义活动之后，才能对活动开展排序绘制网络图。

C. 正确答案。 目前正在排列活动顺序，进度管理的下一步是估算活动持续时间。

D. 还应该估算活动持续时间，然后才能制订进度计划。

考点与页码：项目进度管理的各个过程。《指南》第 173 页，《解读》第 128 ~ 129 页。

55. **A. 正确答案。** 这是制订进度计划和控制进度的工具与技术。

B. 专家判断属于规划进度管理的工具与技术。

C. 会议属于规划进度管理的工具与技术。

D. 备选方案分析是数据分析技术的一种，属于规划进度管理的工具与技术。

考点与页码：规划进度管理的工具。《指南》第 181 页，《解读》第 137 页。

56. A. 里程碑清单通常不需要逐渐细化。
    B. **正确答案**。活动属性需要随时间演进，越来越详细。
    C. 项目进度网络图通常不需要逐渐细化。
    D. 进度基准是经批准的高层级进度计划，不需要逐渐细化。
    考点与页码：活动属性随时间演进。《指南》第 186 页。

57. A. 资源日历记录特定资源的可用时间，不特别针对项目活动。
    B. 指南中没有这个说法。
    C. 自然日历记录自然流逝的时间，没有对时间性质进行区分。
    D. **正确答案**。在项目日历中列出可用于开展项目活动的时间段以及不可用于开展项目活动的时间段。
    考点与页码：项目日历。《指南》第 220 页。

58. A. **正确答案**。储备分析可以用于确定项目所需的应急储备和管理储备时间。
    B. 只能针对整个项目预留管理储备，而不能针对活动。
    C. 针对"已知-未知"风险，应该分析预留多少应急储备时间。
    D. 针对"未知-未知"风险，应该分析预留多少管理储备时间。
    考点与页码：数据分析，储备分析。《指南》第 202 页，《解读》第 141 页。

59. A. 活动之间的逻辑关系，在后续的排列活动顺序过程中才能得知。
    B. 活动资源需求，在项目资源管理估算活动资源过程中才能得知。
    C. **正确答案**。最先知道的就是 WBS 标识、活动名称和活动标识。
    D. 只有确定活动之间的逻辑关系后，才能知道哪个是紧前活动或紧后活动。
    考点与页码：定义活动过程的输出，活动属性。《指南》第 186 页。

60. A. 工作绩效数据产生于执行过程组，是项目执行过程中常规收集的信息，是指导与管理项目工作过程的输出。
    B. **正确答案**。在控制进度过程中，需要预测项目的完工时间。
    C. 工作绩效报告是监控项目工作过程的输出，是在工作绩效数据与工作绩效信息的基础上编制，与计划进行比较以后所形成的各种绩效报告。
    D. 质量控制测量结果是控制质量过程的输出。
    考点与页码：控制进度过程的输出。《指南》第 228～230 页，《解读》第 132 页。

第 7 章 项目成本管理

1. A. 假设项目已发生的成本偏差是典型的，此偏差还会在以后继续同样规模地发生，就采用这个公式。
   B. 假设项目已发生的成本偏差是非典型的，且原来预算的成本仍然有效，就采用这个公式。
   C. 按过去的成本绩效指数在考核时点重新估算完成项目所需成本。这个方法其实与 A 一样。
   D. **正确答案**。应该采用多种方法计算完工估算，以便相互比较，得出比较合理的完工估算。

   考点与页码：完工估算的计算。《指南》第 265 页，《解读》第 166 页。

2. A. 还清贷款与投资回收不是同样的概念，也不是可比的概念。
   B. **正确答案**。符合投资回收期的定义。投资回收期是指把项目投资收回来所需的时间，通常是项目建设期加上项目投产后的累计运营利润达到投资金额所需的时间。
   C. 干扰项，与题干无关。
   D. 时间概念不清，而且"股权投资"与"项目投资"不可比。

   考点与页码：项目的投资回收期。《解读》第 154 页。

3. A. 这是对规划成本管理过程的解释。
   B. **正确答案**。这是对估算成本过程的解释。
   C. 这是对制定预算过程的解释。
   D. 这是对估算成本过程的不完整的解释。

   考点与页码：估算成本过程。估算成本过程不只是估算单个活动的成本。D 不如 B 完整。《指南》第 240 页，《解读》第 160 页。

4. A. 机会成本与成本超支无关。
   B. **正确答案**。任何已经发生的成本，与是否合理无关。沉没成本是无法收回来的。在决策是否继续某个项目时，不应该考虑该成本。

C. 固定成本与成本超支或节约无关。

D. 间接成本与成本超支或节约无关。

考点与页码：沉没成本的含义。《解读》第 155 页。

5. A. 不能判断，还需要对关键路径上的 SPI 进行单独分析。

B. **正确答案**。SPI 测量的是项目的总工作量，SPI < 1 说明已完成的总工作量未达到计划的要求。

C. SPI 是测量进度效率的指标，不能看出成本和进度的匹配情况。

D. SPI 是测量进度效率的指标，不能看出成本绩效。

考点与页码：进度绩效指数 SPI。《指南》第 263 页，《解读》第 166 页。

6. A. **正确答案**。TCPI 越小，意味着项目资金压力越小。

B. 这种情况，TCPI = 2.0。

C. TCPI 与时间没有直接关系。

D. 解释同 C。

考点与页码：完工尚需绩效指数（TCPI）。《指南》第 266 页，《解读》第 166 页。

7. A. 用加速折旧法，每年提取的折旧数不等。年份越早，提取的折旧数越多。

B. 杜撰出来的说法。

C. **正确答案**。这是直线折旧法的典型做法。

D. 年数总和法是加速折旧法的一种。

考点与页码：折旧的计算方法。《解读》第 156 页。

8. A. 无法用资源直方图表现累计成本计划。

B. **正确答案**。成本基准是经过批准的、按时间段排列的累计成本计划，可用 S 曲线表示。

C. 虽然控制图可用于监督累计成本的发生情况，但与题意的相关性很小。

D. 说法不合逻辑。

考点与页码：成本基准与 S 曲线。《指南》第 254 ~ 255 页，《解读》第 161 ~ 162 页。

9. A. **正确答案**。如果成本超支且进度落后，又必须在规定日期完工，就要使用这个公式。

B. 用这个公式意味着以后需要以成本增加为代价去赶工。进度提前，无须赶工。

C. 赶工通常需要更多的成本，所以不能在这种情况下使用。

D. 进度提前，无须赶工。

考点与页码：完工尚需估算的计算方法。完工尚需估算可用多种方法得出，应该掌握各种方法的适用条件。《指南》第 265 页,《解读》第 166~167 页。

10 » **A. 正确答案**。分析在整个项目层面放多少管理储备,是制定预算过程的活动,对应急储备的分析是在估算成本过程。

B. 考虑应急储备时间是项目进度管理的事情。
C. 这是控制成本过程中的储备分析的作用。
D. 这是监督风险过程中的储备分析的作用。
考点与页码:数据分析(储备分析)。本题总结了整本指南各过程储备分析的作用。《指南》第 252 页,《解读》第 164 页。

11 » A. 先用轻量级估算方法粗略估算项目成本,在每个迭代期再进行详细估算。
B. 不值得投入大量时间去估算成本。
C. 正确答案。对于范围未明确、易变性又高的项目,只能先使用轻量级估算方法粗略估算成本。

D. 易变性高且范围未完全明确,很难确定与之类似的项目。
考点与页码:敏捷项目的成本估算。注意:对易变性高、范围并未完全明确、经常发生变更的项目,详细的成本估算可能没有太大帮助。《指南》第 234 页。

12 » A. 这是规划成本管理过程的主要作用。
B. 这是估算成本过程的主要作用。
C. 正确答案。成本基准是制定预算过程的输出之一。

D. 这是控制成本过程的主要作用。
考点与页码:成本管理各过程的主要作用。注意估算成本过程和制定预算过程的区别。估算成本是在项目早期,大致估算整个项目的成本,或估算活动和工作包的成本。制定预算过程是汇总成本,对汇总结果进行验证调整并报高层批准,得到项目成本基准的过程。《指南》第 248 页,《解读》第 161 页。

13 » A. 这是完工尚需估算,在不同时点很可能不同。
B. 正确答案。这是完工预算,通常保持不变。

C. 这是完工估算,在不同时点可能不同。
D. 这是完工尚需绩效指数,在不同时点可能不同。
考点与页码:挣值指标的计算时点。《指南》第 263~266 页,《解读》第 165~167 页。

14 » A. 项目经理有权决定直接成本的开支。
B. 项目经理有权决定固定成本的开支。

C. 项目经理有权动用应急储备。

D. 正确答案。项目经理通常无权决定动用管理储备，必须经管理层的批准。

考点与页码：项目经理对成本开支的权力。《指南》第 252 页，《解读》第 167 页。

15. A. 这是实际成本 AC。

B. 这是挣值 EV。

C. 正确答案。EAC（Estimate At Completion）是项目完工时预期的总成本。

D. 这是完工尚需估算 ETC（Estimate To Completion）。

考点与页码：完工估算的含义。《指南》第 267 页，《解读》第 166 页。

16. A. 这是传统 EVM 所使用的进度偏差计算公式。

B. 这是传统 EVM 所使用的进度绩效指数计算公式。

C. 正确答案。挣得进度理论用这个公式计算进度偏差。

D. 挣得进度理论用这个公式计算进度绩效指数，而不是进度偏差。

考点与页码：挣得进度。《指南》第 233 页，《解读》第 170 页。

17. A. 这是成本绩效指数，CPI = EV/AC = 300 000/355 000 = 0.85。

B. 错误的计算结果。

C. 错误的计算结果。

D. 正确答案。SPI = EV/PV = 300 000/370 000 = 0.81。

考点与页码：进度绩效指数的计算。《指南》第 263 页，《解读》第 166 页。

18. A. 用什么单位表示成本，与估算的准确性没有关系。

B. 正确答案。如果通货膨胀比较严重，不同时期的货币成本就不可比较，而用人日数、人时数等表示的成本却仍可比较。

C. 与题干无关。

D. 与题干无关。

考点与页码：成本的计量单位。《指南》第 238 页，《解读》第 160 页。

19. A. 对项目总成本做粗略估算是项目启动阶段的工作。

B. 正确答案。虽然这并不是对估算成本过程的完整解释，但是比其他三个选项更好。

C. 未能全面反映估算的成本项。估算的活动成本中肯定包括直接成本，但也可能包括间接成本。

D. 未能全面反映应估算的成本项。除人工费以外，还应估算其他各种成本，如材料、设备成本。

考点与页码：估算成本过程。《指南》第 240~241 页，《解读》第 160 页。

20» A. **正确答案**。顺推计算法用来计算活动的最早开始时间和最早结束时间。

B. 这是《指南》中直接提到的方法。某个里程碑实现了，就算完成了总工作量的百分之几。

C. 这是《指南》中直接提到的方法。如 50/50 规则，就是固定公式法的一种。

D. 这是《指南》中直接提到的方法。由相关工作的负责人自行计算已经完成的工作量及相应百分比。

考点与页码：计算挣值的不同方法。《指南》第 239 页，《解读》第 168 页。

21» A. 仅反映进度无偏差，与是否完工没有关系。

B. 仅反映成本无偏差，与是否完工没有关系。

C. **正确答案**。当挣值等于完工预算时，说明项目的总计划价值已被完全挣回，项目已经完工。

D. 计划价值等于完工预算，只能说明项目应该完工，不能反映实际是否完工。

考点与页码：数据分析，挣值分析。项目完工时，累计 EV = 累计 PV = BAC。《指南》第 261 页，《解读》第 165 页。

22» A. 项目早期可以进行粗略量级估算。

B. 信息比较详细时就不应该开展粗略量级估算。

C. **正确答案**。项目早期，信息比较少的时候，可以使用粗略量级估算，准确度为 $-25\% \sim +75\%$。

D. 成本基准要求采用确定性估算，准确度是 $-5\% \sim +10\%$。

考点与页码：粗略量级估算。《指南》第 241 页，《解读》第 160 页。

23» A. **正确答案**。EV = 24000，AC = 22000，CV = EV - AC = 24000 - 22000 = 2000，表示成本节约。

B. 不符合计算结果。

C. 不符合计算结果。

D. EV = 24000，PV = 30000，SV = EV - PV = 24000 - 30000 = -6000，进度落后。

考点与页码：数据分析，挣值分析。《指南》第 261 页，《解读》第 166 页。

24» A. **正确答案**。管理储备是项目预算的组成部分，批准动用的部分才会成为成本基准的组成部分。

B. 管理储备本来就是项目预算的组成部分。

C. 管理储备本来就是项目资金需求的组成部分。

D. 应急储备与管理储备是两种不同的储备。

考点与页码：管理储备与成本基准。《指南》第 252 页，《解读》第 170 页。

25. A. 预先批准的项目总体预算是项目章程的内容。

    B. 正确答案。

    C. 估算依据是一个单独的项目文件，不包含在成本管理计划中。

    D. 预先批准的项目总体预算是项目章程的内容。

    考点与页码：成本管理计划的内容。《指南》第 238～239 页，《解读》第 160 页。

26. A. 参数估算的准确度取决于参数模型的成熟度和基础数据的可靠性。

    B. 类比估算的准确度取决于历史信息和团队成员的专业程度。

    C. 自上而下估算在 PMP® 考试中通常指的就是类比估算。

    D. 正确答案。上述方法中，最准确的就是自下而上估算，其估算结果经批准后，可以作为项目基准。

    考点与页码：估算方法。各类估算方法的准确性依次是：最准确的自下而上估算，参数估算，最不准确的类比估算（自上而下估算）。《指南》第 244～245 页，《解读》第 163 页。

27. A. 偏差分析是监控项目工作、结束项目或阶段、控制范围、控制进度、控制成本过程使用的数据分析技术中的一种具体技术。

    B. TCPI（完工尚需绩效指数）是控制成本过程的工具与技术。

    C. 挣值分析是控制成本过程的工具与技术。

    D. 正确答案。质量成本是估算成本和规划质量管理过程的工具与技术。

    考点与页码：项目监控的工具。《指南》第 266 页、第 687～688 页，《解读》第 74～77 页，第 164～166 页。

28. A. 需要考虑将向项目收费的全部资源的成本。

    B. 应该包括直接成本，可以包括间接成本。

    C. 针对整个项目估算成本，应该包括应急储备，也包括应对计划外工作的管理储备的估算。

    D. 正确答案。

    考点与页码：成本估算的构成。《指南》第 246 页，《解读》第 161 页。

29. **A. 正确答案。挣值（EV）是截止到某时点，实际已完成的工作的预算价值。**

    B. 计划价值（PV）是截止到某时点，计划要完成的工作价值。

C. 实际成本（AC）是截止到某时点，实际已发生的成本。

D. 成本偏差（CV）是截止到某时点，发生多少成本偏差。

考点与页码：挣值 EV 的概念。《指南》第 261 页，《解读》第 165 页。

30. A. 相关方登记册不是制定预算过程的输入。

    B. 正确答案。这是制定预算过程的主要输入。

    C. 《指南》中没有质量基准。

    D. 成本基准不是制定预算的输入，而是输出。

    考点与页码：制定预算的输入。《指南》第 250~251 页，《解读》第 159 页。

31. **A. 正确答案**。题干描述的是项目的进度和成本方面的制约因素。

    B. 题目中进度和成本方面的制约是真实存在的，没有不确定性，不是项目风险。

    C. 假设条件是假设为真实的前提条件，题目中进度和成本方面的制约是真实存在的，不是假设的。

    D. 这是对项目进度和成本方面的具体约束，是制约因素，但也可能是事业环境因素之一。

    考点与页码：制约因素。《指南》第 247 页。

32. A. 虽然不错，但不如 D 更加本质。

    B. 虽然不错，但不如 D 更加本质。

    C. 不能反映成本超支或节约的原因。

    D. 正确答案。它表明每花 1 元钱做了价值多少钱的事情。

    考点与页码：成本绩效指数的含义。《指南》第 263 页，《解读》第 166 页。

33. A. 可以在成本发生时进行成本核算。

    B. 可以在实际支付时进行成本核算。

    C. 可以在实际交货时进行成本核算。

    D. 正确答案。不同的相关方会在不同的时间，用不同的方法核算项目成本。

    考点与页码：项目成本核算的时间。进行成本核算的时间，取决于组织的财务会计制度。《指南》第 233 页。

34. A. 三点估算与历史数据没有直接关系。

    B. 类比估算虽然需用到历史数据，却是定性的专家判断方法，不做统计分析。

    C. 自下而上估算是从具体活动的成本估算开始，再到工作包、控制账户和整个项目，不一定与相关变量之间的历史统计关系有关。

D. 正确答案。可以根据相关变量之间的历史统计关系进行参数估算，如回归分析。

考点与页码：估算成本过程的工具。《指南》第 244 页，《解读》第 163 页。

35» A. 正确答案。准时制是指不事先库存，需要时立即送来。

B. 易变的项目，很难提前知道需要什么资源。

C. 很难知道该库存什么资源，库存资源会导致浪费。

D. 很难事先就准确知道需要什么替代资源。

考点与页码：敏捷项目的资源供应方法。《指南》第 234 页，《解读》第 306 页。

36» A. 确定性估算不是一种估算方法，是估算准确程度（-5% ~ +10%）的表示。

B. 三点估算是考虑最好、一般和最坏三种情况下的计算平均成本的估算方法，一般用于活动层面的成本估算。

C. 正确答案。类比估算是基于以往类似项目经验，对项目进行的粗略估算，准确度是 -25% ~ +75%。

D. 参数估算是指利用历史数据之间的统计关系和其他变量，进行成本估算的方法。

考点与页码：类比估算。《指南》第 241、244 页，《解读》第 160、163 页。

37» A. 这是规划成本管理过程需要使用的专家判断技术。

B. 这是在做备选方案分析，选择符合特定融资方式要求的成本管理方法。

C. 这是规划成本管理过程需要使用的会议技术。

D. 正确答案。这是估算成本过程需要使用的质量成本技术，在规划阶段制订成本管理计划时不需要考虑。

考点与页码：规划成本管理过程的工具。《指南》第 237 ~ 238 页，《解读》第 163 页。

38» A. 题干的含义是资金支出晚于成本产生。"尽量拖延"不合理。

B. 与题干无关。

C. 与题干的相关性很小。

D. 正确答案。在某个时点，成本发生数与资金支出数之差就是应付未付款（债务）。

考点与页码：成本基准与资金支出。注意：成本的产生时间与资金的支出时间不一定相同。《指南》第 254 ~ 255 页，《解读》第 162 页。

39» A. 应该考虑项目期间的决策对运营成本的影响。

B. 正确答案。不仅要考虑项目成本，而且要考虑项目投产后的运营成本。

C. 应该由项目团队进行决策，决策时可以考虑运营部门的意见。

D. 图纸设计如果不合理，可以提出变更。

考点与页码：关注产品生命周期成本。考虑项目决策对产品的使用成本、维护成本和支持成本的影响。《指南》第 233 页，《解读》第 153 页。

40 » **A. 正确答案**。项目成本控制的重点是考虑资金支出与所完成工作价值的对应关系。

B. 这只是项目成本控制的工作之一，不是重点。

C. 这只是项目成本控制的工作之一，不是重点。

D. 这只是项目成本控制的工作之一，不是重点。

考点与页码：项目成本控制的重点。《指南》第 259 页。

41 » A. 估算依据中的内容。

B. 估算依据中的内容。

C. 正确答案。绩效测量规则属于成本管理计划的内容。

D. 估算依据中的内容。

考点与页码：估算成本过程的输出，估算依据。《指南》第 247 页。

42 » A. 如果项目实际成本低于预算太多，也说明成本管理有问题。

B. 很难做到花掉的钱正好等于批准的预算，一般是在允许的成本偏差范围内。

C. 正确答案。良好的成本管理是使项目在批准的预算内完工。

D. 成本管理计划中规定允许的成本控制临界值不一定是 ±10%。

考点与页码：项目成本管理的要求。《指南》第 231 页，《解读》第 153 页。

43 » **A. 正确答案**。基于贝塔分布的预期成本 =（最乐观成本 + 4 × 最可能成本 + 最悲观成本）/6 = 1033 万元。

B. 这是基于三角分布的预期成本 =（最乐观成本 + 最可能成本 + 最悲观成本）/3 = 1067 万元。

C. 错误结果。

D. 错误结果。

考点与页码：估算成本过程的工具，三点估算。《指南》第 244 页，《解读》第 163 页。

44 » A. 规划成本管理过程不开展具体的融资活动。

B. 正确答案。制定预算过程需要使用融资技术为项目获取资金。

C. 制定项目章程过程会得到预先批准的财务资源，但不会实际使用融资工具为项目分阶段获取资金。

D. 控制成本过程是对整个成本管理过程的监控，与题干无关。

考点与页码：制定预算过程的工具，融资。《指南》第 253 页，《解读》第 164 页。

45. **A. 正确答案**。资金限制平衡是在既定的资金限制下，确保项目各阶段、各部位和整个项目都有足够的资金。

B. 这是资源平衡的作用。

C. 这与资金限制平衡无关。

D. 这是赶工的作用。

考点与页码：资金限制平衡。资金限制平衡可能导致对进度计划甚至范围基准的相应修改。《指南》第 253 页，《解读》第 164 页。

46. **A. 正确答案**。CV = EV − AC = 100 − 120 = −20。

B. 这是进度偏差。

C. 错误选项。

D. 错误选项。

考点与页码：挣值分析中的指标计算。《指南》第 262 页，《解读》第 166 页。

47. A. 总资金需求等于成本基准加管理储备。

B. 项目资金通常是一笔一笔以非连续且不一定均衡的方式拨付到项目上。

C. 项目资金需求是一种文件，但并未被归入"项目文件"。其主要用途是向发起人申请资金。

D. 正确答案。项目总资金需求就是项目预算，包含了管理储备。

考点与页码：项目资金需求。《指南》第 256 页，《解读》第 162 页。

48. A. SV 和 CV 是做偏差分析时，测量进度和成本偏差的指标。

B. CPI 和 SPI 是做偏差分析时，测量成本和进度绩效的指标。

C. EAC 是做趋势分析时使用的预测指标。

D. 正确答案。计划价值（PV）、挣值（EV）和实际价值（AC）是用于挣值分析的三个关键指标。

考点与页码：挣值分析的三个关键指标。《指南》第 261 页，《解读》第 165 页。

49. **A. 正确答案**。CV、SV 大于 0 为好，CPI、SPI 大于 1 为好。

B. 解释同 A。

C. 解释同 A。

D. 解释同 A。

考点与页码：挣值计算。《指南》第 262~263 页，《解读》第 166 页。

50» A. 解释同 D。

B. 解释同 D。

C. 解释同 D。

D. 正确答案。 只知道实际成本 AC = 5000 万美元；计划价值 PV = 4000 万美元，不知道挣值 EV，无法判断当前项目状态。

考点与页码：数据分析，挣值分析。不知道挣值，肯定无法开展挣值指标的计算和相应的挣值管理。《指南》第 262~263 页，《解读》第 166 页。

51» A. 项目经理无权决定使用管理储备。

B. 正确答案。 这对当地来说是未知 – 未知风险，向高层申请动用管理储备。

C. 应该用管理储备来应对。

D. 因为要动用管理储备，团队成员也无权决定。

考点与页码：申请管理储备应对未知 – 未知风险。《指南》第 254 页。

52» **A. 正确答案。** 成本管理计划的内容之一是绩效测量规则，其中最重要的又是挣值管理规则，包括：控制账户、计算挣值的方法、跟踪绩效的方法等。

B. 质量管理计划是规划质量管理的输出，与挣值管理无关。

C. 挣值管理的规则通常在成本管理计划和进度管理计划中。

D. 解释同 C。

考点与页码：成本管理计划的内容，绩效测量规则。《指南》中，进度管理计划和成本管理计划的内容非常相似。《指南》第 239 页，《解读》第 160 页。

53» A. 类比估算多在项目早期信息不详细时使用，考虑了一定的风险，但不如三点估算技术考虑全面。

B. 正确答案。 三点估算技术考虑了估算时的不确定性和风险，估算了风险影响下的最乐观、最悲观和最可能三种情况的平均工期。

C. 确定性估算不是一种估算技术，代表估算的准确度。

D. 参数估算没有考虑风险的影响。

考点与页码：三点估算。《指南》第 244 页，《解读》第 163 页。

54» A. 启动会议是项目启动阶段的会议。

B. 正确答案。 通常要召开规划会议来编制成本管理计划和其他管理计划。

C. 开工会议是规划阶段结束时的会议。

D. 本选项的含义不清。

考点与页码：规划成本管理过程的工具。《指南》第 238 页，《解读》第 163 页。

55. **A. 正确答案**。完工估算等于实际成本加完工尚需估算。由于实际成本是已知的，只要算出完工尚需估算即可。由项目管理团队对 ETC 进行自下而上估算，最麻烦，但也最准确，因为要开展实际调查。

B. 此方法假设所有剩余工作都将按预算单价完成。

C. 这种方法假设项目将按截至目前的绩效水平继续进行。

D. 如果截至目前的成本绩效和进度绩效都不理想，又须按期完工，则用关键比率来估算。

考点与页码：完工尚需估算的计算。注意：后三种方法比较方便，但不一定能较好地反映项目后续时期的实际情况。《指南》第 264~265 页，《解读》第 166 页。

56. A. 使用进度绩效指标评估进度绩效，SPI = EV/PV。大于 1 表示进度超前，小于 1 表示进度落后。700/900 = 0.78，进度落后。

B. 解释同 A。500/900 = 0.56，进度落后。

C. 正确答案。1100/900 = 1.22，表明项目截至目前日期进度超前，最有可能提前完成。当然还要测算关键路径上的 SPI 才能确定。

D. 三个项目的进度绩效不同，不太可能同时完成。

考点与页码：进度绩效指数。《指南》第 263 页，《解读》第 166 页。

57. A. 使用成本绩效指标评估成本绩效，CPI = EV/AC。大于 1 表示成本结余，小于 1 表示成本超支。700/500 = 1.4，成本结余。

B. 解释同 A。500/700 = 0.71，成本超支。

C. 正确答案。1100/700 = 1.57，成本结余，最有可能在预算内完成。

D. 乙项目成本是超支的，不太可能在预算内完成。

考点与页码：成本绩效指数。不选 A 的理由：成本绩效不如 C，而且未来可能需要花钱去赶工（因为进度落后）。《指南》第 263 页，《解读》第 166 页。

58. A. 人工成本是成本的重要组成部分。

B. 材料成本是成本的重要组成部分。

C. 估算成本时，可考虑通货膨胀的风险，并准备相应的应急储备。

D. 正确答案。做决策时需要考虑机会成本，但机会成本不是实际会发生的成本，不应计入活动成本估算中。

考点与页码：成本估算、成本种类。《指南》第 241 页，《解读》第 161 页。

59. A. 这是需要在组织内各项目分摊的间接成本，不能直接计到某一个项目上。
    B. 各项目共享专家的费用也应该分摊，是间接成本。
    C. 正确答案。直接为本项目投入的购买办公设备的成本是直接成本。
    D. 公司举办年会的费用，不能直接计入某一个项目上，不是直接成本。
    考点与页码：直接成本与间接成本。《解读》第 155 页。

60. A. 这是自下而上的估算方法。
    B. 与参数估算无关。
    C. 正确答案。回归分析是参数估算方法的典型代表。
    D. 利用专家判断，这是类比估算的方法。
    考点与页码：参数估算方法。《指南》第 244 页。

第 8 章　项目质量管理

1. A. 项目工程师只负责部分项目工作，只需对所从事的工作质量负责任。
   B. 正确答案。项目经理是项目的唯一责任人，对项目的质量负有最终责任。
   C. 质量经理只负责项目的质量管理工作，不对整个项目负责。
   D. 团队成员就自己所承担的工作负责。
   考点与页码：项目的质量责任。《解读》第 174 页。

2. A. 属性抽样只关心产品质量合格或不合格。
   B. 变量抽样会关心产品质量合格的程度。
   C. 变量抽样会指出实际检测结果在连续量表上所处的位置。
   D. 正确答案。可以从产品质量测量结果所处的位置（变量抽样）判断产品质量是否合格（属性抽样）。
   考点与页码：属性抽样和变量抽样。《指南》第 274 页，《解读》第 191 页。

3. **A. 正确答案**。为引导变更，敏捷方法要求在整个项目期间频繁地开展质量检查。
   B. 解释同 A。
   C. 解释同 A。
   D. 解释同 A。
   考点与页码：敏捷项目的质量管理。《指南》第 276 页，《解读》第 306 页。

4. A. 项目经理负责质量管理工作，但是不如 C 全面。
   B. 组织中的质量保证部门只是为项目团队履行职责提供支持，大部分质量管理活动仍需项目团队共同参与。
   C. 正确答案。质量管理是所有人的共同职责，尤其在相关方参与程度很高的敏捷项目中，所有项目团队成员都要密切参与质量管理的执行工作。
   D. 质量管理专家要参与质量管理的活动，但是不如 C 全面。
   考点与页码：敏捷项目的质量管理。《指南》第 290 页，《解读》第 178 页。

5 » A. 等级偏低不一定是个问题，质量偏低、未达到要求肯定是个问题。

B. 正确答案。这是对质量的正确定义。

C. 含义不清。

D. 功能的多少是由项目范围决定的。

考点与页码：质量、范围与等级。《指南》第 274 页，《解读》第 172~173 页。

6 » A. 该过程输出的质量管理计划虽然包括质量审计的频率和方法，但不会实际开展质量审计。

B. 质量审计旨在总结经验教训，以便过程改进。与控制质量无直接关系。

C. 正确答案。质量审计旨在过程改进，是管理质量过程的重要工作。

D.《指南》中未提及"改进质量过程"。

考点与页码：管理质量过程的工具，审计。《指南》第 294~295 页，《解读》第 185 页。

7 » **A. 正确答案**。敏捷项目通过定期检查和循环回顾来检查质量管理的效果。

B. 无论采取敏捷型方法还是预测型方法，质量都必须合格。

C. 敏捷型方法在每个迭代期结束后都会总结经验教训，迭代期时间短且迭代数量多，更利于开展持续改进。

D. 敏捷型项目在每个迭代期都可以实施质量改进，质量管理水平在持续提升。

考点与页码：敏捷项目的质量管理。《指南》第 276 页，《解读》第 307 页。

8 » A. 只有低等级是设计意图。

B. 正确答案。通常低等级是设计意图，而低质量则是执行不到位造成的。

C. 低质量一般不是设计意图。不会故意在产品中设计出缺陷。

D. 低质量一般是执行不到位造成的，而低等级往往是故意设计的。

考点与页码：质量与等级的差别。低质量，是指存在技术缺陷，而不是日常生活中所说的"质量水平低"。《指南》第 274 页，《解读》第 190~191 页。

9 » A. 工作绩效报告是管理沟通、管理团队、监督风险、实施整体变更控制过程的输入。

B. 工作绩效信息是监控项目工作过程的输入。

C. 正确答案。质量控制测量结果是管理质量的输入，即：根据过去的质量绩效情况来重新评价质量管理体系的合理性，并提出必要的变更请求。

D. 可交付成果是控制质量过程的输入，检查每个可交付成果的质量是否合格，是控制质量过程的活动。

考点与页码：管理质量过程的输入。《指南》第 290~291 页，《解读》第 176 页。

10. A. **正确答案**。B、C、D 也有利于实现过程改进，但"计划 – 实施 – 检查 – 行动"循环和"六西格玛"是最常用的两种质量改进工具。
    B. 这是精益生产和六西格玛的结合。
    C. 全面质量管理的内容太广，与题干中的"工具"不匹配。
    D. 这是软件开发行业使用的，不适用于其他行业。
    考点与页码：最常用的两种质量改进工具。《指南》第 296 页，《解读》第 185 页。

11. A. 问题日志是控制质量过程的输出。
    B. 质量测量指标是规划质量过程的输出。
    C. **正确答案**。让相关方相信项目可以达到质量要求，是管理质量过程的活动。质量报告是管理质量过程的输出文件。
    D. 审计是管理质量过程的工具，而非输出。
    考点与页码：管理质量过程。增强相关方对质量的信心的活动开展情况，需要写入质量报告。《指南》第 288 页，《解读》第 177~178 页。

12. A. 质量测量指标中同时包括指标及其使用方法。
    B. 这是二者重要差别之一。
    C. **正确答案**。核对单不能用于考察合格或不合格的程度。
    D. 两者在管理质量和控制质量过程都使用。
    考点与页码：质量测量指标（输入），核对单（工具）。《指南》第 291、292 页，《解读》第 176、184 页。

13. A. 项目管理计划包括了质量管理计划，但不如 B 更有针对性。
    B. **正确答案**。质量管理计划中写明了谁应该对质量承担什么责任，即质量角色和职责。
    C. 质量控制测量结果是对质量控制活动的结果的书面记录，不包括质量角色与职责。
    D. 质量报告是描述管理质量和控制质量过程发现的各种质量管理问题的综合文件，不包括质量角色与职责。
    考点与页码：质量管理计划的内容。《指南》第 286 页，《解读》第 177 页。

14. A. 流程图是展示一个过程如何从开始走到结束的图形技术，有助于分析哪个环节最容易出现问题。与题干无关。
    B. **正确答案**。逻辑数据模型是一种可视化技术，表示概念之间的逻辑关系，有利于防止数据不完整。

C. 矩阵图是用于考察各种质量指标之间相关性强弱的图，与题干无关。

D. 思维导图是一种用于可视化组织信息的绘图法，不能确保数据的完整性。

考点与页码：数据表现，逻辑数据模型。《指南》第 284 页，《解读》第 183 页。

15» A. 做到符合质量要求，可以降低返工的概率。

B. 正确答案。符合质量要求会减少问题的出现，但不一定能减少风险。

C. 做到符合质量要求，可以降低返工需要花费的成本。

D. 做到符合质量要求，可以有效提升相关方满意度。

考点与页码：数据分析，成本效益分析。《指南》第 282 页，《解读》第 181 页。

16» **A. 正确答案**。帕累托图是一种特殊的直方图，用于识别造成大多数问题的少数重要原因。它的基本原理是二八定律，强调抓少数的关键问题。

B. 这是因果图的作用。

C. 这是流程图的作用。

D. 这是控制图的作用。

考点与页码：数据表现，帕累托图。《解读》第 186 页。

17» A. 直方图是一种展示各种问题分布情况的柱状图，不能用于挖掘原因。

B. 正确答案。鱼骨图也叫因果图、石川图，通过沿鱼骨不断问"为什么"来挖掘各种根本原因。

C. 控制图旨在监督某个过程是否稳定，不能说明不稳定的原因。

D. 散点图旨在寻找两个变量之间的关系，不用于挖掘根本原因。

考点与页码：数据表现，因果图。在因果图的各条鱼骨上多次出现的原因，很可能就是根本原因。《指南》第 293 页，《解读》第 185 页。

18» A. 这是效果最差的方法。

B. 质量首先是规划和设计出来的。这是有效的质量管理做法，但是不如 C 的效果更好。

C. 正确答案。这是最有效的方法，让每个人在质量文化的熏陶下都能自觉地确保质量。

D. 在交付成果前，必须进行适当的检查并发现和纠正缺陷，但是不如 B 和 C 效果好。

考点与页码：5 种质量管理水平。《指南》第 275 页，《解读》第 173 页。

19» A. 连续 7 点落在均值线的同一侧，意味着过程失控，必须采取行动予以纠正。

B. 只要没有超出规格线，产品质量就是合格的。过程失控的情况，通常不需要通知客户。

C. 由于产品质量仍然是合格的，所以不需要停产。

D. 正确答案。 及时查明导致过程失控的原因，并在出现结果失控（质量不合格）前尽快解决。

考点与页码：数据表现，控制图。《指南》第 304 页，《解读》第 186~188 页。

20. A. 直方图是控制质量过程的数据表现技术，不是数据收集技术。

B. 正确答案。 核查表又称计数表，可用来收集关于缺陷的量化数据。

C. 散点图是寻找两个变量之间关系的工具技术，是一种数据表现技术。

D. 控制图是监控过程是否稳定的工具技术，是一种数据表现技术。

考点与页码：控制质量过程的工具，数据收集，核查表。《指南》第 302 页，《解读》第 186 页。

21. A. 质量管理计划可以是正式的，也可以是非正式的。

B. 工期短的小项目，可以不必制订非常详细的质量管理计划。

C. 正确答案。 质量管理计划的详细程度取决于项目的具体需要。

D. 尽管编制质量管理计划时要考虑客户的需求，但计划的详细程度主要取决于项目的具体情况。

考点与页码：编制质量管理计划的要求。《指南》第 286 页，《解读》第 177 页。

22. A. 管理质量的覆盖面更广，包括了质量保证的有关活动。两者不是一回事。

B. 管理质量覆盖面相对更广。

C. 管理质量的工作属于质量成本框架中的一致性成本。

D. 正确答案。 管理质量过程包括但不限于所有传统的质量保证活动。

考点与页码：管理质量和质量保证的区别。《指南》第 289 页，《解读》第 179~180 页。

23. **A. 正确答案。** 题干中所提及的指标都是控制图中的指标。

B. 标杆对照指用其他项目的最佳实践作为本项目的标杆。不是控制质量过程的工具与技术，也与题干无关。

C. 用流程图分析哪个环节最容易出问题。不是控制质量过程的工具与技术，与题干无关。

D. 直方图是一种展示各种问题分布情况的柱状图。与题干无关。

考点与页码：数据表现，控制图。《指南》第 304 页，《解读》第 186~188 页。

24. A. 这是其中 P 的含义。

B. 这是其中 D 的含义。

C. 这是其中 C 的含义。

D. 正确答案。PDCA 循环中的 A 是指采取纠偏或改进行动。

考点与页码：PDCA 循环。即便实施未出现不可接受的偏差，也需要采取行动去持续改进生产过程。《指南》第 275 页，《解读》第 56 页。

25. A. 不符合"预防胜于检查"的理念。

B. 正确答案。在质量成本中，应该是预防成本最多，评估成本第二，内部失败成本第三，外部失败成本最少。

C. 解释同 B。
D. 解释同 B。

考点与页码：数据分析，质量成本。《指南》第 282～283 页，《解读》第 181～182 页。

26. A. 矩阵图用于考察各种质量指标之间相关性强弱。与题干无关。
B. 散点图用于寻找两个变量之间是否有密切关系。与题干无关。
C. 控制图用于考察一个过程是否稳定。与题干无关。

D. 正确答案。思维导图把质量要求写在中心，然后沿着几大方向画分支做发散性思考，有助于快速收集项目质量要求、制约因素、依赖关系和联系。

考点与页码：规划质量管理过程的工具，数据表现，思维导图。《指南》第 284 页，《解读》第 184 页。

27. A. 非增值活动虽然是不直接增加价值的活动，但并非都可以消除。有些可以消除，有些必须保留。
B. 说法错误，管理者对质量管理负主要责任（85%），不是全部责任。
C. 说法错误，全面质量管理要求对整个生产过程的每一个环节都开展质量管理。

D. 正确答案。全面质量管理强调全员参与质量管理和全过程开展质量管理。

考点与页码：全面质量管理理念。《解读》第 174 页。

28. **A. 正确答案。通过持续改进过程，使生产过程更加稳定，有利于降低缺陷率。**

B. 测试成品只能发现缺陷，不能减少缺陷，质量不是检查出来的。
C. 这个选项不无道理。如果质量标准定得比较合理，缺陷率自然可以降低。
D. 干扰项，与题干无关。

考点与页码：质量管理强调持续改进。注意：A、C 两个选项都有道理，由于 C 的意思不很明确（没有说明怎样定义质量标准），故选 A。《指南》第 275 页，《解读》第 174 页。

29. A. 因果图旨在激发思维，发掘潜在问题，寻找根本原因。
    B. 控制图旨在判断某个过程或变量是否受控。
    C. 正确答案。探寻两个变量之间的关系时应用散点图。
    D. 流程图从流程角度发现问题，寻找原因，也可用于计算质量成本。

    考点与页码：数据表现，散点图。题干暗示要寻找一个因变量（缺陷率）与一个自变量（特定因素）之间的关系，只有散点图符合这个要求。《指南》第 293 页，《解读》第 185 页。

30. A. 管理者对质量负 85% 的责任，而工人只负 15% 的责任。
    B. 不符合"第一次就把事情做对"的理念。
    C. 不符合"持续改进"的理念。经常开展显著的改进，通常是不可能的。
    D. 正确答案。与供应商建立互利合作关系，有利于保证质量。

    考点与页码：质量管理的理念和做法。《指南》第 275 页，《解读》第 174 页。

31. A. 实施整体变更控制过程负责审批变更请求，得到"批准的变更请求"这个输出。
    B. 与题干无关。
    C. 正确答案。"批准的变更请求"是控制质量过程的输入，对其实施的完整性、正确性进行确认。
    D. 没有"确认质量"这个过程。

    考点与页码：控制质量过程的工作。《指南》第 301 页，《解读》第 178 页。

32. A. 散点图是寻找两个变量之间是否有密切关系。
    B. 正确答案。其他项目可以来自本组织内部或外部，也可以来自本应用领域内部或外部。
    C. 这个选项过于笼统。
    D. 统计抽样与题干无关。

    考点与页码：数据收集，标杆对照。注意：用于标杆对照的项目，不局限于本组织或本行业内。任何项目，只要与本项目在某个局部可比，就可作为本项目的标杆。《指南》第 281 页，《解读》第 181 页。

33. A. 规划质量管理的主要作用是为整个项目中如何管理和核实质量提供指南和方向。
    B. 管理质量的主要作用是提高实现质量目标的可能性，以及识别无效过程和导致质量低劣的系统原因。
    C. 正确答案。只有经控制质量过程核实为质量合格的可交付成果，才能交给确认范围过程，由主要相关方进行正式验收。

D. 确认范围旨在对可交付成果进行正式验收。

考点与页码：控制质量的主要作用。《指南》第 298 页，《解读》第 178 页。

34 » A. 回顾会议旨在总结质量管理中的经验教训，为组织过程资产添砖加瓦。

B. 解释同 A。

C. 解释同 A。

D. 正确答案。 单独召开会议时可审查已批准的变更请求的实施情况。

考点与页码：控制质量过程的工具，会议。《指南》第 305 页，《解读》第 189 页。

35 » A. 为避免产品不合格的质量成本是一致性成本，不包括非一致性成本中的内部失败成本。

B. 为避免产品不合格的质量成本是一致性成本，不包括非一致性成本中的外部失败成本。

C. 正确答案。 为避免产品不合格的质量成本是一致性成本，包括预防成本和评估成本。

D. 产品不合格所导致的成本是非一致性成本，包括内部和外部失败成本。

考点与页码：数据分析，质量成本。《指南》第 282～283 页，《解读》第 181～182 页。

36 » **A. 正确答案。** 控制上限和下限是系统（生产过程）正常运行时的变异区间。

B. 规格上限和下限代表"客户的声音（Voice of Customer）"。

C. 七点规则是用来判断系统是否失控的一个统计学规则，与题干无关。

D. 客户的要求是规格上限和下限，是"客户的声音"。

考点与页码：控制图中的控制限和规格限。《指南》第 304 页。《解读》第 187 页。

37 » **A. 正确答案。** 由于过程的运行正常，当然不需要调整。

B. 通常对受控的过程不应该调整。尽管质量管理中也强调过程改进，但过程改进的目的并不是提高产品质量，而是减少非增值活动。

C. 对受控的过程不需要调整，继续运行即可。

D. 增加工作的挑战性，通常不是调整过程的理由。

考点与页码：数据表现，控制图。《指南》第 304 页，《解读》第 186～188 页。

38 » **A. 正确答案。** 应该在规划质量管理的时候就考虑，使用"测试与检查规划"这一工具技术，确定如何测试和检查。

B. 在管理质量过程中把质量管理计划中的测试与检查安排细化成"测试与评估文件"。

C. 在控制质量过程中按照质量管理计划中的规定开展测试与检查。
D. 与题干无关。

考点与页码：规划质量管理过程的工具，测试与检查规划。《指南》第 285 页，《解读》第 181 页。

39. A. 管理质量的工作之一。

    B. 正确答案。检查特定可交付成果的质量是控制质量的工作。

    C. 管理质量的工作之一。
    D. 管理质量的工作之一。

    考点与页码：管理质量与控制质量的区别。《指南》第 288～290 页、第 298～300 页，《解读》第 177～178 页。

40. A. 控制质量应该在整个项目期间开展，不仅是项目开始阶段。

    B. 正确答案。控制质量过程应该在整个项目期间开展，以确保达到验收标准。

    C. 控制质量应该在整个项目期间开展，不仅是执行阶段。
    D. 通用的项目生命周期框架是：开始项目、组织与准备、执行项目工作、结束项目，没有"监控"阶段。

    考点与页码：控制质量过程，项目阶段。《指南》第 298～300 页，《解读》第 178 页。

41. A. 这是管理质量的目的之一。
    B. 这是管理质量的目的之一。

    C. 正确答案。检查可交付成果的质量是否合格，并对不合格的可交付成果进行纠正，这是控制质量的工作。

    D. 这是管理质量的目的之一。

    考点与页码：管理质量的目的。《指南》第 288～290 页，《解读》第 177～178 页。

42. A. 早期对质量管理计划进行评审，有助于确认质量政策的正确性和质量标准的合理性。
    B. 预防胜于检查。

    C. 正确答案。再好的计划也不能保证不出现变更，同时，因为项目自身的渐进明细性，必要的变更在所难免。

    D. 通过对质量管理计划的评审更好地明确项目的价值定位。

    考点与页码：质量管理计划。《指南》第 286 页，《解读》第 177 页。

43. A. 石川图旨在激发思维，发现潜在问题和根本原因。
    B. 控制图旨在监控某个过程是否稳定。

C. **正确答案**。《指南》中指出，"通过工作流的逻辑分支及其相对频率来估算为交付符合要求的输出而需要开展的一致性工作和非一致性工作的预期货币价值"。这里的"预期货币价值"就是质量成本。

D. 散点图旨在探寻两个变量之间的联系。

考点与页码：数据表现，流程图。只有流程图会包括一个过程从输入到输出的所有环节，有利于估算该过程的质量成本。《指南》第 284 页，《解读》第 183 页。

44 » A. 总结经验教训并不是问题解决技术中的一个步骤。

B. 分析根本原因是问题解决技术的第二个步骤。

C. **正确答案**。问题解决步骤是：定义问题→分析根本原因→生成可能的解决方案→选择最佳解决方案→执行解决方案→验证解决方案的有效性。

D. 生成解决方案是问题解决技术的第三个步骤。

考点与页码：管理质量过程的工具，问题解决。必须检查一下问题是否真正得以解决了。《指南》第 295 页，《解读》第 185 页。

45 » A. 质量报告中需要记录管理质量过程中发现的质量管理问题。

B. 质量报告需要依据控制质量过程输出的质量控制测量结果来编制，记录监控过程反馈的问题。

C. 质量报告中包含针对过程、项目和产品的改善建议。

D. **正确答案**。针对某个具体可交付成果的缺陷补救建议属于变更请求，不会逐一写入质量报告。

考点与页码：质量报告的内容。《指南》第 296 页，《解读》第 176 页。

46 » A. 这是规划质量管理的工作。

B. 这是管理质量的工作。

C. **正确答案**。符合《指南》中的描述。

D. 这是在开展质量审计，是管理质量的工作。

考点与页码：控制质量过程。在控制质量过程中对质量进行检查，是项目团队的工作。在确认范围过程中对可交付成果进行验收，是发起人或客户要做的。《指南》第 299 页，《解读》第 178 页。

47 » A. 因果图旨在发现根本原因，与题目不符。

B. 散点图旨在找出两个变量之间的联系，与题目不符。

C. **正确答案**。直方图是一种显示各种问题分布情况的柱状图，每根柱子代表一个问题，柱子的高度代表问题出现的次数。帕累托图是一种按问题出现的次数从高到低排列柱子的特殊的直方图。

D. 矩阵图用于考察各种质量指标之间相关性强弱，与题目不符。

考点与页码：数据表现，直方图，帕累托图。《指南》第 293 页，《解读》第 185 ~ 186 页。

48 » A. 说法正确。使用这一技术既可以追求产品的最优化，也可以重点改进产品的某个特性。

B. 说法正确。可以针对某种特性进行优化设计。

C. 说法正确。优化和重点改进产品的某个特性后，会带来客户满意度的提升。

D. 正确答案。面向 X 的设计，与质量成本的提高或降低没有直接关系。

考点与页码：面向 X 的设计。《指南》第 295 页，《解读》第 185 页。

49 » A. 返工为非一致性成本。

B. 正确答案。质量培训属于一致性成本中的预防成本。

C. 废品为非一致性成本。

D. 保修费用为非一致性成本中的外部失败成本。

考点与页码：数据分析，质量成本。《指南》第 282 ~ 283 页，《解读》第 181 ~ 182 页。

50 » A. 所有的流程图都会显示活动、决策点和处理顺序。

B. 正确答案。流程图中不一定显示每个活动的责任人，尽管也可以显示。

C. 所有的流程图都会显示活动、决策点和处理顺序。

D. 所有的流程图都会显示活动、决策点和处理顺序。

考点与页码：数据表现，流程图。《指南》第 284 页，《解读》第 183 页。

51 » A. 亲和图是按各种创意之间的亲近关系对创意进行归类，不会排序。

B. 矩阵图只指出变量之间的相关性强弱，不对变量排序。

C. 活动网络图用于排列活动的先后顺序，而不是备选方案的优先顺序。

D. 正确答案。通过排序、加权和打分，计算出总得分，根据总得分排列备选方案的优先顺序。

考点与页码：规划质量管理过程的工具，决策（优先矩阵）。注意区分矩阵图与优先矩阵。《指南》第 283 页，《解读》第 182 ~ 183 页。

52 » A. 朱兰强调质量是适合使用，提出质量与等级的区别，提出质量管理三部曲。

B. 正确答案。克劳斯比提出零缺陷和"一次性把事情做对"的理念。

C. 戴明的主要贡献包括戴明环、质量管理 14 条、持续改进、预防胜于检查等。

D. 田口玄一提出质量损失函数，提出稳健设计方法，提出实验设计方法。

考点与页码：质量管理大师及其理念。《解读》第 190 页。

53 » A. 说法正确。

B. 说法正确。

C. 说法正确。

D. 正确答案。统计抽样的频率不是一种质量测量指标，而是用于检查质量的一种手段。

考点与页码：质量测量指标。《指南》第 287 页，《解读》第 177 页。

54 » A. 基于过程分析的结果，可以找到需要改进的具体环节。

B. 过程分析是管理质量过程中使用的一种数据分析技术。

C. 需要分析问题、制约因素和非增值活动，制定改进措施。

D. 正确答案。过程分析旨在实现过程的持续改进，把产品做得符合要求与适合使用。

考点与页码：数据分析，过程分析。过程分析和过程改进不是为了把产品质量做得超过要求。《指南》第 292 页，《解读》第 184 页。

55 » **A. 正确答案。早期进行小批量开发，有利于尽早发现和解决质量问题。**

B. 虽然有利于降低开发成本，但这个不是直接目的。

C. 小批量试开发可以降低整体变更代价，但不能避免以后不发生变更。

D. 虽然在试开发中团队成员能够得到锻炼，但这个不是主要目的。

考点与页码：敏捷项目的质量管理。《指南》第 276 页，《解读》第 306 页。

56 » **A. 正确答案。为修补问卷调查中外部客户发现的缺陷所需要的成本是外部失败成本。**

B. 在交付客户之前，项目团队识别的缺陷的相关成本才是内部失败成本。

C. 外部失败成本可能给组织带来的不仅仅有金钱上的损失，还可能包括信誉损失，这种影响会超出成本本身。

D. 沉没成本是已经花掉的钱，与成本花在哪方面无关，也与题干无关。

考点与页码：控制质量过程的工具，数据收集，问卷和调查。质量成本的概念和构成。《指南》第 303 页，《解读》第 186 页。

57 » A. 检查是为了保证错误不落到客户手中。

B. 正确答案。预防就是提前采取措施，保证过程中不出错。

C. 评估是检查有没有出现错误，与题意无直接关系。

D. 补救是出现错误以后才采取的行为，不符合题意。

考点与页码：预防与检查的辨析。《指南》第 274 页，《解读》第 174 页。

58 » A. 三重制约会影响质量，但这个选项不符合质量的定义。

B. 正确答案。尽管这个选项并不全面（缺少适合使用），但比其他三个选项更全面。

C. 项目产品只要符合要求和适合使用即可，不一定要优于同类产品。

D. 功能多少与项目范围有关，与产品等级有关，而与质量没有直接关系。

考点与页码：质量的定义。《指南》第 274 页，《解读》第 172 页。

59》 A. 项目质量管理既关注产品的质量，也关注管理的质量。

B. 项目质量管理既关注结果的质量，也关注过程的质量。

C. 项目质量管理的方法适用于所有项目，但产品质量的测量技术与方法会因项目的不同而不同。

D. 正确答案。质量管理的目的是保证项目满足其预定的需求。高质量的产品是符合要求的适用产品，而不是超过要求的优质产品。

考点与页码：项目质量管理的概念。《指南》第 273 页，《解读》第 172~173 页。

60》 A. 检查是对照之前确定的书面标准开展检查，也可以发现产品的质量问题，但不如 C 客观。

B. 审计是确定活动是否遵守了质量政策、过程和程序的结构化审查，并不针对具体的产品质量问题。

C. 正确答案。测试或产品评估是一种结构化的方法，通过测试直接找出产品存在的质量问题，提供有关被测产品的客观信息。

D. 统计抽样是选取部分样本进行质量检查，并推论出全部产品的质量。不如 C 客观。

考点与页码：测试或产品评估。需要区分各种技术具备的不同的客观性。《指南》第 303 页，《解读》第 188 页。

第 9 章　项目资源管理

1». A. 在获取资源过程中，被用于本项目的资源会导致组织中的可用资源数量减少，造成事业环境因素的更新。
   B. 在建设团队过程中，需要更新组织人力资源档案中的人员培训记录，造成事业环境因素的更新。
   C. 在管理团队过程中，需要把团队成员的表现反馈给执行组织的人力资源管理部门，更新人力资源档案，造成事业环境因素的更新。
   D. 正确答案。控制资源过程是对实物资源的获取、分配和使用情况的监控，不会对事业环境因素造成更新。

   考点与页码：事业环境因素的更新。《指南》第 308 页，《解读》第 196 页。

2». A. 工作分解结构是以可交付成果为导向的工作层级分解，工作分解结构定义项目的全部范围。但通常不会列出负责工作包的部门。
   B. 资源分解结构是根据项目需要的资源类别和类型，对资源进行分类的层级结构。它与组织部门没直接联系。
   C. 风险分解结构是按风险类别来排列已识别风险的一种层级结构图，类别的划分标准可以是风险所属的项目阶段或部位，或者风险的共同原因。它与工作包、组织部门都没有直接联系。
   D. 正确答案。组织分解结构是对项目组织的一种层级描述，可在每个部门下列出其所负责的工作包。

   考点与页码：组织分解结构。《指南》第 316 页，《解读》第 200 页。

3». A. 团队章程是对指导团队建设的高层次文件，包括了团队共同认可的价值观。
   B. 团队章程中要写明团队沟通有关的高层次要求，即沟通指南。
   C. 团队章程要对团队的工作给出指南，包括会议指南。
   D. 正确答案。团队建设是资源管理计划的内容，写明建设团队的方法。

   考点与页码：团队章程的内容。《指南》第 319 页，《解读》第 197 页。

4». A. 按列来看，可以发现与每个人有关的所有活动。

B. 从行来看，可以发现与每个活动有关的所有人。

C. 每项工作都只能由一个人负责，以免混乱。

D. 正确答案。责任分配矩阵为每一项工作指定唯一责任人，但每个人可能同时对几项工作负责。

考点与页码：数据表现，责任分配矩阵。《指南》第 317 页，《解读》第 200 页。

5. A. 敏捷项目中提倡拥抱变更，变更数量不会因此减少。

   B. 如果团队具备通用技能，可能会减少所需人力资源数量，但不如 C 更本质。

   C. 正确答案。这种团队结构对易变性高且快速变化的项目取得成功至关重要。

   D. 可能会提高决策的效率，但不一定能降低决策的难度。

   考点与页码：敏捷项目的资源管理。《指南》第 311～312 页，《解读》第 302 页。

6. A. 高效项目团队应该以工作任务和结果为导向（而不是以领导为导向），并且有能力提交出完全符合要求的项目结果。

   B. 正确答案。高效的团队应该以工作任务和结果为导向，即把完成工作任务放在第一位，而不是把取悦老板或其他事情放在第一位。

   C. 集中办公有助于项目团队建设，但虚拟团队也可能是高效的。

   D. 电子网络只是团队成员之间联络的一种方法，并不能直接决定团队是否高效。

   考点与页码：高效的项目团队。《解读》第 199 页。

7. A. 应该根据资源管理计划来安排培训，也应该通过管理团队中的观察、交谈，根据项目绩效评估的结果，来开展必要的计划外培训。

   B. 项目经理无权动用管理储备，应该向管理层申请并获得批准。

   C. 正确答案。经过评估如需开展计划外培训，应该由组织承担培训费用，因为团队成员获得的技能有利于开展组织未来的项目。

   D. 这不是一个好方法，必要的培训及培训经费不得压缩。

   考点与页码：培训。《指南》第 342 页，《解读》第 202 页。

8. **A. 正确答案**。在项目规划（特别是规划阶段的早期）与收尾阶段，项目经理需要更多地运用命令式领导风格。

   B. 在执行阶段，项目经理可以更多地采用教练型领导风格。

   C. 在执行阶段，项目经理可以更多地采用支持型领导风格。

   D. 在执行阶段，项目经理可以更多地采用授权型领导风格。

   考点与页码：项目不同阶段的领导风格。《解读》第 198～199 页。

9. A. 不如 D 全面。

B. 不如 D 全面。

C. 不如 D 全面。

D. **正确答案**。最全面的答案。让全体项目团队成员尽早参与项目规划和决策有利于项目取得成功。

考点与页码：项目团队成员参与规划和决策。《指南》第 309 页，《解读》第 192 页。

10 » A. 认可与奖励应考虑文化差异。

B. **正确答案**。认可与奖励应该在整个项目生命周期中做，而不是等到项目结束之后才去做。

C. 有效的奖励应是满足被奖励者的某个重要需求的奖励。

D. 除了金钱奖励，还存在各种有效的无形奖励。

考点与页码：认可与奖励的方法。《指南》第 341~342 页，《解读》第 202 页。

11 » A. **正确答案**。敏捷团队的成员应该是通用的专才。

B. 敏捷团队成员不能是只懂某单个领域的主题专家。

C. 自组织团队是指不用集中管控而自行安排工作的团队，不是指自发形成的团队。

D. 这是虚拟团队的人员构成特点。

考点与页码：敏捷项目中的自组织团队。《指南》第 310~311 页，《解读》第 302 页。

12 » A. **正确答案**。资源管理计划中包含项目团队资源管理，其中写明了如何遣散项目团队资源。

B. 不应该提前遣散团队成员。

C. 有一定作用，但与题干的相关性不如 A。

D. 项目即将结束，通常不再需要培训。

考点与页码：资源管理计划。《指南》第 318~319 页，《解读》第 196~197 页。

13 » A. 提交投标文件时，投标人并未正式启动可能的承包项目。所以，其在投标文件向招标人承诺的人选是预分派的。

B. 必须先把这些人员预约好，才能正式启动项目。

C. 编写项目章程时，项目尚未正式启动。所以，在其中指定的人选是预分派的。

D. **正确答案**。这个选项与预分派没有关系。

考点与页码：预分派。预分派是指在项目正式启动前就指定或预约某些重要人员。《指南》第 333 页，《解读》第 201 页。

14 » A. **正确答案**。项目经理与高级管理层不是平级的，所以不具备谈判的条件。

B. 项目经理需要与职能经理谈判，确保在适当的时候获得适当的人员，并确保这些人员能够在项目所需要的时间段一直为项目工作。

C. 项目经理需要与其他项目经理谈判，因为其他项目经理可能与本项目经理争夺同一人力资源。

D. 项目经理需要与外部资源供应商谈判，以获取执行组织内部所缺少的人力资源。

考点与页码：谈判与人力资源获取。《指南》第 332 页，《解读》第 201 页。

15. A. 说法错误，团队成员之间难以分享知识和经验，是虚拟团队面临的挑战之一。

    B. 说法错误，难以跟进项目进度和生产率，是虚拟团队面临的挑战之一。

    C. 正确答案。这是采用虚拟团队的主要优势之一。

    D. 虽然是正确说法，但题目问的是虚拟团队的优势，不是劣势。

    考点与页码：虚拟团队的优势。《指南》第 311、333 页，《解读》第 201 页。

16. A. 解释同 C。

    B. 说法错误。团队成员曾经共事过，可以让团队建设跳过某个阶段，而不是停滞在某个阶段。

    C. 正确答案。由于团队成员曾经在上个项目共事过，相互了解，团队建设可以跳过震荡阶段。

    D. 说法错误。团队成员曾经共事过，可以让团队建设跳过某个阶段，而不是退回至某个阶段。

    考点与页码：团队发展的五阶段模型。《指南》第 338 页，《解读》第 198～199 页。

17. A. 因成员个性引起的冲突是非常少的，大多数冲突都有其他更具体的原因。

    B. 进度优先级排序引起的冲突，没有资源稀缺引起的冲突多。

    C. 解释同 A 和 B。

    D. 正确答案。冲突的主要来源包括资源稀缺、进度优先级排序和个人工作风格的差异。

    考点与页码：冲突的常见来源。《指南》第 348 页，《解读》第 205 页。

18. A. 组织分解结构可以把部门和项目活动或工作包联系起来，是层级型的一种。信息不如文本型详细。

    B. 责任分配矩阵展示项目资源在各个工作包中的任务分配，是矩阵型的一种。信息不如文本型详细。

    C. RACI 矩阵是一种常用的责任分配矩阵，用 R、A、C、I 四个字母表示不同职责。信息不如文本型详细。

    D. 正确答案。四个选项都能够描述团队成员的角色与职责，其中文本型更适合详细记录每个人的职责。

考点与页码：记录团队成员角色与职责的三种格式：层级型、矩阵型、文本型。《指南》第 316～317 页，《解读》第 200 页。

19» A. 领导力是带领和激励团队做好工作，实现目标的能力。
B. 决策能力是通过谈判制定决策的能力，或是对组织或项目团队施加影响制定决策的能力。
C. 冲突管理能力是以建设性方式及时解决冲突的能力。
D. **正确答案**。影响力是指不依靠正式权力而使他人服从自己的能力，在项目经理职权很小的情况下，影响力更有效。

考点与页码：人际关系与团队技能，影响力。四个选项都有一定的道理，D 最符合"很小的命令职权"。《指南》第 350 页，《解读》第 203 页。

20» A. X 理论是基于人性本恶的假设前提去管理人，不是现代管理理论所提倡的，不适合管理高素质团队。
B. 解释同 A。
C. **正确答案**。Y 理论和赫兹伯格的激励因素理论，适合管理和有效激励高素质团队。
D. 赫兹伯格的保健因素理论与题干中的团队特性不太契合。

考点与页码：激励理论。越是高素质的人才，就越需要用激励因素而不是保健因素去激励他们。《解读》第 210 页。

21» A. 矩阵式组织中，项目经理与职能经理打交道主要靠谈判。
B. 应该尽可能使用执行组织内部的人力资源。只有在内部的人力资源不足时，才从外面招聘。
C. 项目经理通过与职能经理谈判，确保项目在需要时获得具备适当能力的人员。
D. **正确答案**。项目经理要依靠谈判从职能部门获取人力资源。

考点与页码：矩阵式组织中项目经理与职能经理的关系。注意：在项目期间，项目经理主要依靠谈判与职能经理打交道。《指南》第 332 页，《解读》第 201 页。

22» A. **正确答案**。完全符合《指南》中的描述。
B. 项目经理的权威加强，这不是评价团队有效性的直接指标。
C. 项目业绩提高，这不是评价团队有效性的直接指标。注意：项目绩效评估是管理项目团队过程的工具与技术。
D. 解释同 C。

考点与页码：评价团队绩效有效性的指标。《指南》第 343 页。

23 » A. 团队成员应该参与团队章程的编制，而不是项目经理制定后发给团队执行的。
B. 团队章程应该定期审查和更新。
C. 应该尽早编制团队章程，在规划资源管理过程就应开始。

D. 正确答案。团队章程对团队成员的可接受行为做出了规定，有利于新成员融入团队。

考点与页码：团队章程。团队章程是规划资源管理过程的输出，而不是建设团队过程的输出。《指南》第 319～320 页，《解读》第 197 页。

24 » **A. 正确答案**。控制资源过程的作用是确保资源适时适地用于项目，且在不需要时被释放。

B. 建设团队过程是提高工作能力，促进团队互动，改善整体氛围的过程，以提高项目绩效。
C. 没有管理资源这一过程。
D. 估算活动资源是估算项目所需的人力资源和实物资源的类型和数量。

考点与页码：控制资源。《指南》第 353 页，《解读》第 199～200 页。

25 » A. 项目团队的覆盖面太宽，不具有题干所要求的针对性。

B. 正确答案。符合《指南》中虚拟团队的定义。

C. 虚拟团队不等于虚假团队。而且，没有"虚假团队"这个术语。
D. 项目管理团队的覆盖面太宽，不具有题干所要求的针对性。

考点与页码：项目团队和虚拟团队。《指南》第 333 页，《解读》第 201 页。

26 » A. 资源需求是对每个活动或工作包所需资源的说明，但不是用层级分解结构展示。
B. 估算依据是对资源估算的支持信息做补充说明的文件，不是层级分解结构。

C. 正确答案。资源分解结构是按资源的类别和类型做的层级分解结构。

D. 责任分配矩阵是用来把工作与负责的团队联系起来的表格，与题干无关。

考点与页码：资源分解结构。《指南》第 326 页，《解读》第 197 页。

27 » **A. 正确答案**。不仅要求项目经理是项目的唯一责任人，而且要求项目中的每一项工作都有唯一责任人。

B. 不符合唯一责任人的要求。
C. 不符合唯一责任人的要求。
D. 不符合唯一责任人的要求。

考点与页码：责任分配矩阵。在常见的 RACI 矩阵中，每项工作都只能出现一个 A（Accountable），但可以出现两个或以上的 R（Responsible）、C（Consulting）或 I

(Informing)。《指南》第 317 页,《解读》第 209 页。

28. **A. 正确答案**。在形成阶段,团队成员开始相互认识和了解,对项目具体目标和问题还缺少了解。由于还没有相互配合开展工作,目前矛盾并不突出。

  B. 在震荡阶段,团队会出现磨合和争吵,与题目不符。

  C. 在规范阶段,团队成员开始围绕具体目标协同工作、建立信任,与题目不符。

  D. 在成熟阶段,团队能够像一个整体一样高效工作,与题目不符。

  考点与页码:塔克曼的团队建设五阶段模型。《指南》第 338 页,《解读》第 198 ~ 199 页。

29. A. 资源需求是估算活动资源过程的输出。

  B. 资源分解结构是估算活动资源过程的输出。

  C. 正确答案。规划资源管理过程得到资源管理计划,其中包括项目团队中需要设立的角色和职责。

  D. 这是团队章程的内容。

  考点与页码:资源管理计划的内容。《指南》第 318 ~ 319 页,《解读》第 196 ~ 197 页。

30. A. 冲突的当事人最了解他们为什么会产生冲突,应该由他们自己先想办法沟通解决。

  B. 必要时项目经理要提供帮助,防止冲突影响项目目标。

  C. 如果冲突长期得不到有效解决,可能进一步影响项目目标,就必须采取正式程序。

  D. 正确答案。三个步骤递进式处理冲突是最佳的。

  考点与页码:解决冲突的基本原则。《指南》第 348 页,《解读》第 206 页。

31. A. 解释同 B。

  B. 正确答案。这是管理团队过程的相关工作,西式思维强调管理者不能从外人的角度去监控团队成员,应该作为他们的一员共同为项目目标努力,管理团队被列入执行过程组。

  C. 解释同 B。

  D. 解释同 B。

  考点与页码:管理团队过程。项目资源管理中,控制资源过程是监控过程组开展的,但它关注的是实物资源的管理。管理团队过程是执行过程组开展的,关注对团队成员的管理。《指南》第 25、345 页,《解读》第 199 页。

32. A. 必须有横轴，用于表示时间。

　　B. 必须有柱子，其高度代表所需的资源数量。

　　C. 应该画一条横线，表示可用的最大资源数量，以便发现资源过度分配。

　　D. 正确答案。

　　考点与页码：资源直方图。《指南》第 713 页，《解读》第 211 页。

33. A. 先估算活动所需资源，再按要求去获取资源。

　　B. 先估算活动所需资源，搞清楚所需要的人力资源，再去组建项目团队（这也是获取资源过程的工作）。

　　C. 正确答案。题目显示已经完成了规划资源管理过程，下一个过程是估算活动资源，即确定完成项目所需的资源种类、数量和特性。

　　D. 定义活动过程的作用是把工作包分解为活动，是项目进度管理中的管理过程。

　　考点与页码：估算活动资源过程。《指南》第 320 页，《解读》第 197 页。

34. A. 虚拟团队无法进行永久的集中办公。

　　B. 正确答案。虚拟团队平时不集中办公，在特殊时间可以临时集中办公，如项目阶段开始或结束时。

　　C. 这不利于团队建设。

　　D. 备选方案分析不是建设团队过程的工具。

　　考点与页码：建设团队过程的工具，集中办公。《指南》第 340 页，《解读》第 201 页。

35. **A. 正确答案**。虚拟团队特别需要沟通规划，如要求每一个人在收到其他人的电子邮件后，必须在 24 小时内回复。

　　B. 文化差异对虚拟团队的影响不很大，因为成员不面对面办公。

　　C. 尽管应该鼓励面对问题，但这个选项不如 A 与题干更匹配，更积极全面。

　　D. 沟通规划中可以为虚拟团队指定联络员，此选项已包括在 A 中。

　　考点与页码：虚拟团队特别需要沟通规划。《指南》第 333 页，《解读》第 201 页。

36. A. 合作或解决问题是双赢的解决办法。

　　B. 妥协是双输的解决办法。

　　C. 撤退/回避是双输的解决办法。

　　D. 正确答案。强制是赢输的解决办法。

　　考点与页码：5 种常见的冲突解决方法。《指南》第 349 页，《解读》第 207 页。

37. A. 个人和团队评估是用来让项目经理了解团队成员的优势和劣势的工具与技术（建

设团队过程），不是项目文件。

  B. 正确答案。团队绩效评价中，评价团队有效性的第一个指标就是：个人技能的改进。

  C. 项目团队派工单是写明团队成员的岗位信息的成员名录。

  D. 工作绩效报告全面综合反映项目的有关情况，但不会记录每个人的技能是否得到了提升和改进这类详细信息。

  考点与页码：团队绩效评价。《指南》第 343 页。

38. A. 自组织团队将自主安排工作任务，不用项目经理发布命令和分配任务。

  B. 正确答案。"项目经理"主要为自组织团队创造环境、提供支持并信任团队可以完成工作。

  C. 客户提供需求，而非项目经理。

  D. 自组织团队无需集中管控。

  考点与页码：敏捷项目的资源管理。《指南》第 310 页，《解读》第 301~302 页。

39. A. 解释同 B。

  B. 正确答案。甲乙双方都做出了一些让步，是妥协。

  C. 解释同 B。

  D. 解释同 B。

  考点与页码：冲突解决方法，妥协。《指南》第 349 页，《解读》第 207 页。

40. **A. 正确答案**。符合《指南》中的描述。

  B. 影响力是指不依靠正式权力而使他人服从自己的能力。

  C. 领导力是指启发和激励项目团队做好工作，实现目标的能力。

  D. 沟通能力是与他人打交道的能力，不如 A 直接。

  考点与页码：情商的定义。《指南》第 349 页，《解读》第 203 页。

41. A. 规划资源管理过程主要是编制资源管理计划和团队章程。

  B. 正确答案。估算活动资源过程会得到资源需求。

  C. 资源需求是获取资源过程的输入，是获取资源的依据之一。

  D. 没有组建团队这个管理过程。

  考点与页码：估算活动资源过程的输出，资源需求。《指南》第 325 页，《解读》第 197 页。

42. A. A 不如 B 具体、有针对性。

B. 正确答案。把成员姓名插入项目管理计划的相关部分，这是项目团队派工单的内容之一。

C. 与题干不相关。

D. 团队绩效评价是建设团队过程的输出。

考点与页码：获取资源过程的输出，项目团队派工单。《指南》第 334 页，《解读》第 198 页。

43» A. 正确答案。在团队具备开展工作的技能前，项目经理要充当教练的角色，在工作中提供必要的辅导或组织培训。

B. 解释同 A。

C. 解释同 A。

D. 可以在工作中提供辅导或培训，使团队逐渐具备技能，不一定要暂停项目工作。

考点与页码：敏捷项目的团队管理、培训。《指南》第 342、670 页，《解读》第 202~203 页。

44» A. 认可与奖励对加强团队建设有用，但与题意不符。

B. 正确答案。召开面对面的团队建设会议，有利于团队建设。这也是临时集中办公的一种形式。

C. 培训对加强团队建设有用，但与题意不符。

D. 沟通技术对加强团队建设有用，但与题意不符。

考点与页码：建设团队过程的工具，会议或集中办公。《指南》第 340 页，《解读》第 201 页。

45» A. 项目团队还在磨合期，有大量冲突存在，团队成员还不能良好合作，此时授权效果并不好。

B. 在规划阶段，团队开始相互合作，协同工作，但是刚刚开始，不如成熟阶段授权效果好。

C. 正确答案。在成熟阶段，团队成员已经能作为一个整体开展工作，能高效解决项目问题，这时可以进行大量授权。

D. 在解散阶段，团队成员都在为以后找出路，可能不会安心为项目工作，此时授权效果并不好。

考点与页码：团队建设 5 阶段与授权。《指南》第 338 页，《解读》第 198~199 页。

46» A. 不一定能在项目所在城市招募到符合要求的专家。

B. 不如 C 完善。

C. 正确答案。附带临时集中办公的虚拟团队，可能是比较有效的解决办法。

D. 与题意不符。

考点与页码：获取资源过程的工具，虚拟团队。《指南》第 333 页，《解读》第 201 页。

47» A. **正确答案**。个人和团队评估有助于了解团队成员的优势、劣势、喜好和厌恶等。

B. "认可与奖励"是针对优良行为和业绩的，不符合题意。

C. "集中办公"是为了让团队成员在一个物理地点集合办公，有利于团队建设。

D. "沟通技术"有利于开展正式和非正式的沟通，可以解决团队建设方面的问题；但不如 A 符合题意。

考点与页码：建设项目团队过程的工具，个人和团队评估。《指南》第 342 页，《解读》第 203 页。

48» A. 虽然需要考虑自己的喜好，但是不能主要凭自己的喜好。

B. 这种事不应该去麻烦高级管理层。

C. 项目团队应该具有一定的多样性（成员之间的差异性），以便成员之间能够互补。

D. **正确答案**。应该用多种标准进行综合评估，选择最合适的成员。

考点与页码：获取资源过程的工具，决策（多标准决策分析）。《指南》第 332 页，《解读》第 198、201 页。

49» A. 资源需求记录活动、工作包和整个项目所需的资源的类型和数量，通常达不到题目所要求的那种详细程度。

B. **正确答案**。实物资源分配单记录了项目将使用的材料、设备和用品的详细信息。

C. 资源日历规定了在项目期间团队和实物资源何时可用，可用多久，不如 B 详细。资源日历也通常不针对材料。

D. 资源分解结构是按资源类别和类型，对团队和实物资源的层级列表，不包括其他详细信息。

考点与页码：实物资源分配单。《指南》第 333 页，《解读》第 198 页。

50» A. 如有必要，可以包括在变更请求中。

B. 如有必要，可以包括在变更请求中。

C. **正确答案**。人员转派导致无法按原来的项目计划执行，就需要提出变更请求。

D. 如有必要，可以包括在变更请求中。

考点与页码：管理团队过程的输出，变更请求。《指南》第 350 页。

51» A. **正确答案**。麦克利兰的成就动机理论，也就是三种需要理论。

B. 与题干无关。

C. 与题干无关。
D. 与题干无关。

考点与页码：激励理论。《解读》第 210 ~ 211 页。

52. A. 项目经理要建立规章制度和流程，让团队成员遵守，这是作为管理者角色要做的事。

    B. 正确答案。建立良好的团队氛围以促进合作，这是领导者应该具备的软技能。

    C. 项目经理要有能力带领团队提供给相关方需要的成果，这是作为管理者角色要做的事。
    D. 按管理过程做事，这是作为管理者角色要做的事。

    考点与页码：人际关系与团队技能，领导力。《指南》第 64、350 页，《解读》第 192 页。

53. A. 即使选择虚拟团队，也要优先选择签订了集体劳资协议的供应商。
    B. 如果组织已经选择某个供应商签订了集体劳资协议，就不得到市场上随意采购。
    C. 太消极了。

    D. 正确答案。项目经理可能因为组织的集体劳资协议而不得不使用某些资源。

    考点与页码：获取资源过程。《指南》第 329 页，《解读》第 198 页。

54. **A. 正确答案**。因为一个人在某个方面表现好，人们就理所应当地认为他在其他方面也表现好，这就是光环效应。

    B. 边际福利是每个成员都可享受的福利，与题干无关。
    C. 额外待遇是用于奖励优秀成员的，与题干无关。
    D. 成就理论是一种激励理论，与题干无关。

    考点与页码：光环效应。《解读》第 211 页。

55. A. 最终责任不能也无法随授权而转移出去。
    B. 项目经理不能把整合管理的工作授权出去。

    C. 正确答案。把工作授权给下级去做，只是向下级转移了执行的责任，而无法转移对工作的最终责任。

    D. 不能打着授权的借口，把自己不想做的工作授权给下级。

    考点与页码：授权。《解读》第 209 ~ 210 页。

56. **A. 正确答案**。合作/解决问题能真正解决冲突，是双赢的方法。

    B. 妥协强调双方都各让一步，是能真正解决冲突的方法。
    C. 强制不能真正解决冲突，是最消极的解决方法。

D. 撤退/回避是一方或双方从冲突中撤退出来，只能暂时起作用，不能真正解决冲突。

考点与页码：5 种常见的冲突解决方法的特点。《指南》第 349 页，《解读》第 207 页。

57 » A. 马斯洛需求层次理论中，最低层的是生理需求。

B. 马斯洛需求层次理论中，最高层的是自我实现需求。安全需求是倒数第二层的。

C. 正确答案。马斯洛理论中的较高层次需求相当于赫兹伯格理论中的激励因素。

D. 通常，人们只有在低层次需求得到满足后，才会追求较高层次的需求。

考点与页码：激励理论。《解读》第 210 页。

58 » A. 撤退只指一方或双方从冲突中撤退出来，把问题留到以后去解决，与题干无关。

B. 妥协是双方都主动做出让步的冲突解决方法，与题干无关。

C. 正确答案。必要时项目经理会采用强迫措施，命令双方停止争吵，防止影响项目目标。

D. 沟通不是一种冲突解决方法，充分的沟通可以化解不必要的冲突。

考点与页码：冲突解决方法，强迫。《指南》第 349 页，《解读》第 207 页。

59 » A. 有效的团队建设可以预防和减少不利冲突，但并不能也不应该避免所有冲突。

B. 正确答案。通过开展多种多样的团队建设活动，就是为了让团队成员建立信任，相互了解，以便像一个整体一样协同工作。

C. 集中办公是团队建设的手段，而不是目的。

D. 团队建设的主要目的不是激励。

考点与页码：团队建设的目的。《指南》第 341 页，《解读》第 198、202 页。

60 » **A. 正确答案**。资源需求是估算活动资源过程的输出，识别了各个工作包或活动所需的资源类型和数量，并进行汇总。

B. 估算依据是资源估算所需的各种支持信息。

C. 资源分解结构是资源按类别和类型的层级分解结构，不如资源需求文件内容详细。

D. 资源日历是获取资源过程的输出，规定了在项目期间团队和实物资源何时可用，可用多久。

考点与页码：估算活动资源过程的输出，资源需求。《指南》第 325 页，《解读》第 194 页。

第 10 章 项目沟通管理

1. A. 虽然应该考虑读者的需求,但是这个不是 5C 原则中直接列出的。
    B. **正确答案**。5C 是:正确的语法和拼写,简洁的表述,清晰的目的和表述,连贯的思维逻辑,受控的语句和想法承接。
    C. 这个不是 5C 原则的内容。
    D. 虽然需要考虑篇幅,但这个不是 5C 原则中直接列出的。
    考点与页码:沟通中的 5C 原则。《指南》第 363 页,《解读》第 214 页。

2. A. **正确答案**。每日站会在每天早上上班时召开,时间为 10~15 分钟,交流昨天做了什么、今天要做什么及有什么困难。
    B. 这是迭代规划会上讨论的内容。
    C. 这是每个迭代期结束后的回顾会议上讨论的内容。
    D. 每日站会时间有限,只展示问题,问题在会后解决。
    考点与页码:敏捷项目的每日站会。《指南》第 364 页,《解读》第 302 页。

3. A. 确保信息的完整接收和正确理解,是信息接收者的责任。注意:信息发送者有责任"确认"(根据接收者的反馈)信息已被完整接收和正确理解,不是"确保"。
    B. 信息接收者赞同信息的内容,这不是发送者能决定的。
    C. 未体现信息发送者编码工作的本质,虽然本说法并不错。
    D. **正确答案**。信息发送者的主要职能是正确编码和正确发送信息。
    考点与页码:信息发送者的编码责任。《指南》第 372 页,《解读》第 221 页。

4. A. **正确答案**。这是沟通风格评估的作用。
    B. 这是政治意识的作用。
    C. 这是文化意识的作用。
    D. 刚好相反,该工具常用于评估不支持项目的相关方的沟通需求。
    考点与页码:规划沟通管理过程的工具,人际关系与团队技能,沟通风格评估。《指南》第 375~376 页,《解读》第 223 页。

5. A. 这是沟通管理计划的内容，不同的项目相关方对项目信息有不同的要求。

   B. 正确答案。这是项目章程和项目进度计划中的内容。

   C. 这是沟通管理计划的内容，明确了项目信息应该向谁传递。

   D. 这是沟通管理计划的内容，明确了项目信息应该在相关方需要的时候被传递。

   考点与页码：沟通管理计划的内容。《指南》第 377 页，《解读》第 218~219 页。

6. A. 工作绩效数据是监督沟通过程的输入。

   B. 工作绩效信息是监督沟通过程的输出，监控项目工作过程的输入。

   C. 正确答案。工作绩效报告是管理沟通过程的输入。在管理沟通过程中把工作绩效报告发送给项目相关方。

   D. 项目章程是规划沟通管理过程的输入。

   考点与页码：管理沟通过程的输入。《指南》第 382 页，《解读》第 218 页。

7. A. 沟通风格有助于针对不同的人和事，选择最合适的沟通风格。

   B. 正确答案。理解组织战略，了解谁能行使权力和施加影响，以及培养与这些相关方沟通的能力，都属于政治意识的范畴。

   C. 文化意识指理解个人、群体和组织之间的差异，并据此调整项目的沟通策略。

   D. 人际交往是通过与他人互动交流信息，建立联系。

   考点与页码：人际关系与团队技能，政治意识。政治氛围可能决定了不在正式职位上的某个人能够对项目施加巨大影响。《指南》第 376 页，《解读》第 223 页。

8. A. 在项目沟通活动中，项目经理可能是信息发送者，也可能是接收者，而两者在沟通活动中承担不同的责任。

   B. 正确答案。根据沟通模型，信息发送者需要对拟传递的信息进行整理，以使信息清楚、明确和完整。

   C. 信息接收者的责任是对信息进行解码，确保完整地接收信息、正确地理解信息，并向信息发送者进行反馈。

   D. 此答案包括信息接收者和信息发送者，而信息接收者无法履行这种责任。

   考点与页码：信息发送者的责任。《指南》第 372 页，《解读》第 221 页。

9. A. 解释同 D。

   B. 项目报告发布是指收集和发布工作绩效报告，可用于有效收集和发布信息，但不能监控项目的沟通情况。

   C. 解释同 D。

D. **正确答案**。项目管理信息系统是管理沟通过程和监督沟通过程的工具与技术，既有助于有效收集和发布信息，也有助于有效地监控沟通情况。

考点与页码：管理沟通、监督沟通过程的工具，项目管理信息系统。《指南》第 385、392 页，《解读》第 223~224 页。

10. A. 与题干无关。
    B. 不如 C 答案好。
    C. **正确答案**。各种干扰信息编码、传送、接收和解码的因素都是噪声，会导致沟通不能取得应有效果，应减少噪声。
    D. 沟通渠道的数量取决于团队成员人数，与题干无关。

考点与页码：沟通中的噪声。《指南》第 372 页，《解读》第 221 页。

11. A. **正确答案**。沟通技能是管理沟通过程的工具与技术，包括沟通胜任力、反馈、非口头技能、演示。
    B. 沟通技术是规划沟通管理过程的工具与技术，指相关方传递信息的技术，如会议、书面文件和数据库。
    C. 沟通方法是规划沟通管理过程的工具与技术，指相关方用于分享信息的方法，如交互式、推式和拉式沟通。
    D. 沟通模型是规划沟通管理过程的工具与技术，描述了发送方与接收方参与沟通的过程。

考点与页码：规划沟通管理过程的工具。《指南》第 366、384 页，《解读》第 220~223 页。

12. A. 会议管理是采取步骤确保会议有效并高效达到预期目标。
    B. 政治意识用于了解相关的政治氛围。
    C. 文化意识用于了解相关的文化氛围。
    D. **正确答案**。人际交往是通过与他人互动交流信息，建立联系。有利于通过非正式组织解决问题，影响相关方的行动。

考点与页码：人际关系与团队技能，人际交往。《指南》第 386 页，《解读》第 224 页。

13. A. 虽然需要考虑可用的时间和资金，但这不是沟通需求分析的最主要的目的。
    B. **正确答案**。沟通需求分析的主要目的就是要确定相关方对信息的需求。例如，他们需求什么信息、喜欢这些信息以什么方式和格式传递、为什么需要这些信息等。
    C. 在选择沟通技术时才加以考虑。
    D. 尽管应该确定沟通渠道的多少，但这不是沟通需求分析的最主要的目的。

考点与页码：沟通需求分析的目的。《指南》第 369~370 页，《解读》第 221 页。

14» A. **正确答案**。相关方数量增加，导致沟通渠道增加，沟通管理的难度加大。

B. 新成员不一定来自不同文化背景。

C. 新成员不一定是沟通中的阻碍者。

D. 冲突增加与新成员加入没有直接关系。

考点与页码：沟通渠道与沟通管理的难度。《指南》第 370 页，《解读》第 221~222 页。

15» A. 项目管理信息系统是用于收集、存储、发布和检索信息的自动化系统。不如 B 有针对性。

B. **正确答案**。项目报告发布，除了收集和发布工作绩效报告（监控项目工作过程的输出），也可以编制和发布临时报告、博客。

C. 会议技术不能用于收集和发布工作绩效报告。与题干无关。

D. 沟通技术不能用于收集和发布工作绩效报告。与题干无关。

考点与页码：管理沟通过程的工具，项目报告发布。《指南》第 385 页，《解读》第 223 页。

16» A. 有些敏感性信息和保密性信息不宜列入沟通管理的公开文件中。

B. **正确答案**。应该采取适当保护措施，并选择最合适的沟通技术。

C. 答案 B 是更积极有效的处理方法。

D. 有些敏感性信息和保密性信息不宜拿出来与客户沟通。

考点与页码：沟通中对敏感性和保密性信息的处理方式。《指南》第 371 页。

17» A. **正确答案**。规划沟通管理中要借助该矩阵，分析相关方参与项目程度的不足，规划如何开展沟通。

B. 这是监督沟通过程使用该矩阵的目的。

C. 这是规划相关方参与过程使用该矩阵的目的。

D. 这也是监督沟通过程使用该矩阵的目的。

考点与页码：规划沟通管理过程的工具，数据表现，相关方参与度评估矩阵。《指南》第 376、392、521~522 页，《解读》第 223 页。

18» A. 明显与题意不合。

B. 前者应该是有效果的沟通，后者是有效率的沟通。

C. 明显与题意不合。

D. **正确答案**。向正确的人提供正确的信息，就能使信息发挥应有的作用，因此就有效果；只提供所需要的信息，就可防止浪费资源，因此沟通就有效率。

考点与页码：沟通的效率与效果。《解读》第 220 页。

19» **A. 正确答案**。交互式沟通的特点是沟通者多方位地及时交互信息，符合题意。

B. 推式沟通中，沟通者之间没有实时多向信息交换。

C. 拉式沟通中，沟通者之间没有实时多向信息交换。

D. 电话沟通是交互式沟通的其中一种具体形式。

考点与页码：规划沟通管理过程的工具，沟通方法。《指南》第 374 页，《解读》第 223 页。

20» A. 目的明确（Clear Purpose），基于自己和对方需求，确定明确的沟通目的。

B. 表达正确（Correct Expression），用词、语法、方式和方法正确。

C. 逻辑连贯（Coherent Logic），在书面表达中可用标点、标题明示各部分的逻辑。

D. 正确答案。关心对方（Care for Each Other），5C 原则不包括此项。

考点与页码：沟通的 5C 原则。《指南》第 362～363 页，《解读》第 214 页。

21» A. 沟通模型是规划沟通管理时使用的一种结构化的模型，由诸多要素组成的一个循环。与题干无关。

B. 推式沟通是一种沟通方法，用于向信息的接收方推送信息。与题干无关。

C. 正确答案。沟通工件是由人工编制或机器生成的任何类型的信息载体，比如电子邮件。

D. 沟通渠道一般需要用数字来表示，反应沟通的复杂程度。与题干无关。

考点与页码：沟通工件。《指南》第 375 页，《解读》第 214 页。

22» **A. 正确答案**。组织文化是事业环境因素之一。

B. 标准化的工作流程是组织过程资产，而非事业环境因素。

C. 沟通管理计划模板是组织过程资产，而非事业环境因素。

D. 经验教训文档是组织过程资产，而非事业环境因素。

考点与页码：事业环境因素与规划沟通管理过程。《指南》第 368 页。

23» **A. 正确答案**。会议必须不跑题。

B. 应该处理会议中产生的所有冲突，但不一定都要解决。与会议主题无关的冲突，不应该在会议上解决，而应该留到会后解决。

C. 只能邀请有关者参加会议。

D. 这是会议之后的事情。会议管理的最后一步是：记录所确定的行动及其责任人。

考点与页码：人际关系与团队技能，会议管理。《指南》第 386 页，《解读》第 224 页。

24 » A. 这样沟通的代价太大，效率太低。

B. **正确答案**。敏捷项目需要更频繁和更快速的沟通，最好是面对面的互动式沟通。

C. 敏捷项目提倡减少不必要的文档。

D. 任何类型的项目，沟通的效果和效率都同样重要。

考点与页码：敏捷项目的沟通管理。《指南》第 365、374 页，《解读》第 303、309 页。

25 » A. 与题干无关。

B. **正确答案**。监督沟通过程是把实际沟通情况与计划要求做比较，发现偏差，并提出纠偏建议。

C. 与题干无关。

D. 与题干无关。

考点与页码：监督沟通过程。《指南》第 388~389 页，《解读》第 220 页。

26 » A. 规划沟通管理过程属于需定期开展的过程，而不是只开展一次或只在预定义时点开展的过程。

B. 应该根据项目的具体情况，决定信息发布的合理方式，不能千篇一律。

C. **正确答案**。沟通规划不当会导致各种问题。

D. 应该尽早开展沟通规划工作。

考点与页码：规划沟通管理过程。《指南》第 366~367 页，《解读》第 54、218~219 页。

27 » A. 不适用，交互式沟通适于在双方或多方之间进行即时的信息交换。

B. 项目绩效报告通常应该以正式的方式发布。

C. **正确答案**。一般情况下，项目经理可用推式沟通把绩效报告发送给需要了解项目绩效的特定相关方。

D. 拉式沟通适用于信息量很大或受众很多的情况，不适用于本题情况。

考点与页码：沟通方法，推式沟通。《指南》第 374 页，《解读》第 223 页。

28 » A. 根据沟通渠道计算公式，28 是 8 个关键项目相关方时的沟通渠道数。注意看清题目。

B. **正确答案**。根据沟通渠道计算公式，沟通渠道增加了：$[10 \times (10-1)/2] - [8 \times (8-1)/2] = 17$。

C. 错误的计算结果。

D. 根据沟通渠道计算公式，45 是 10 个相关方时的沟通渠道数。注意看清题目。
考点与页码：全通道沟通模式下的沟通渠道数量计算，公式为：$n(n-1)/2$。这个公式从《指南》中去掉了，但考到的可能性还是比较大。《解读》第 221~222 页。

29. A. 编码是把思想或想法转化为他人能理解的语言。根据情景不能判断他编码能力差。

    B. **正确答案**。解码是对信息进行理解，把信息还原成有意义的思想或想法。该团队成员正是缺乏这方面的能力，解码能力较差。

    C. 根据情景不能看出来他没有反馈意识。

    D. 根据情景不能看出来他没有沟通意识。

    考点与页码：沟通模型及其关键要素，解码。《指南》第 371 页，《解读》第 220~221 页。

30. A. 应该选择与沟通管理有关的知识领域。

    B. **正确答案**。这是在进行沟通需求分析，是规划沟通管理过程的工作。

    C. 管理沟通是按沟通管理计划，生成、收集、发布、存储、利用和最终处置项目信息的过程。

    D. 监督沟通是监督项目沟通情况，发现、记录和分析沟通工作中的偏差，提出变更请求的过程。

    考点与页码：规划沟通管理过程。《指南》第 369~370 页，《解读》第 220~221 页。

31. A. 管理沟通过程使用该技术管理和分发项目信息，确保相关方及时便利获取所需信息。

    B. 监督沟通过程使用该技术监控系统中的信息，以评估沟通的有效性。

    C. 管理团队过程使用该技术来管理和调配人力资源。

    D. **正确答案**。规划沟通管理过程不需要使用项目管理信息系统作为工具技术。

    考点与页码：项目管理信息系统。《指南》第 360 页。

32. A. 解释同 D。

    B. 解释同 D。

    C. 解释同 D。

    D. **正确答案**。沟通管理计划要满足所有相关方对信息的需求，而不仅仅是满足发起人、项目经理和项目团队的信息需求。

    考点与页码：沟通管理计划的内容。《指南》第 377 页，《解读》第 218~219 页。

33. A. 信息的数量也许对沟通技术的选择有一定影响，但主要影响对沟通方法的选择。

B. **正确答案**。信息需求的紧迫性会直接决定采用哪种沟通技术，如电子或传统邮寄技术。

C. 相关方数量也许对沟通技术的选择有一定影响，但主要影响对沟通方法的选择。

D. 组织结构会直接影响相关方的沟通需求，但对选择沟通技术无直接影响。

考点与页码：影响沟通技术选择的因素。注意区分沟通技术与沟通方法。《指南》第370、383页，《解读》第222页。

34» A. 交互式沟通，就是互动式沟通，如你一言我一语的会谈。

B. 官网属于正式沟通。

C. 推式沟通适合于沟通对象不多的情况，如发送邮件。

D. **正确答案**。建立电子网站，属于拉式沟通。拉式沟通适用于沟通对象很多或者要沟通的信息很多的情况。

考点与页码：沟通方法，拉式沟通。《指南》第374页，《解读》第223页。

35» A. 经验教训登记册中应该记录：问题的原因、所选纠正措施的理由，以及其他与沟通有关的经验教训。

B. 解释同A。

C. 解释同A。

D. **正确答案**。变更请求状态更新在变更日志中完成，而变更日志是实施整体变更控制过程的输出（隐含在"批准的变更请求"中）。

考点与页码：项目文件更新，经验教训登记册。《指南》第393页。

36» A. **正确答案**。集中办公与分散办公下的沟通需求，肯定有较大不同。

B. 先确定沟通需求，再确定收集和发布信息的方法。

C. 先确定沟通需求，再确定需要收集的信息种类。

D. 先确定沟通需求，再确定发布信息的频率。

考点与页码：规划沟通管理过程，根据具体情况，确定沟通需求。《指南》第369~370页，《解读》第221页。

37» A. 层级沟通又包括向上沟通、向下沟通和横向沟通，选B更具体。

B. **正确答案**。这是层级沟通中的向上沟通，针对高层。

C. 向下沟通针对执行项目工作的团队成员或其他人员。

D. 横向沟通针对项目经理或团队的同级人员。

考点与页码：沟通的种类。《指南》第361页，《解读》第216页。

38» A. 解决冲突或批评别人，最好采用非正式的口头沟通。如不起作用，再用正式书面沟通。

B. 解释同 A。

C. 解释同 A。

D. 正确答案。 解释同 A。

考点与页码： 各种沟通方式的适用性。《解读》第 222 页。

39. A. 相关方参与度评估矩阵通常不用于评估团队成员的参与度。这个矩阵也与工作绩效无关。

    B. 项目管理信息系统通常不会针对每一个团队成员进行绩效记录。

    C. 正确答案。 符合《指南》中的描述。

    D. 会议虽然也可以起到这方面的作用，但不是每天都可以用。

    考点与页码： 监督沟通过程的工具，人际关系与团队技能，观察和交谈。《指南》第 392 页。

40. **A. 正确答案。** 工作绩效报告是管理沟通过程的输入，不是监督沟通过程的输入。

    B. 项目沟通记录（包含在项目文件中）是监督沟通过程的输入。

    C. 问题日志（包含在项目文件中）是监督沟通过程的输入。

    D. 工作绩效数据是监督沟通过程的输入。

    考点与页码： 监督沟通过程的输入。《指南》第 390~391 页，《解读》第 218 页。

41. A. 不是相关方需要的信息，就算是签名，也不会认真阅读和执行。

    B. 正确答案。 可能信息不是团队成员需要的内容或文件类型，项目经理应分析问题后，适当调整沟通管理计划。

    C. 应先分析原因，再根据具体情况决定如何改进。

    D. 不分析问题就惩罚，只会适得其反。

    考点与页码： 沟通管理计划。《指南》第 377 页，《解读》第 218~219 页。

42. A. 这是口头语言传达的信息量。

    B. 这是口头语言中所说的内容所传达的信息量。

    C. 正确答案。 在口头沟通时，口头语言只能传达全部信息的 45%，而大约 55% 的信息是通过"非口头语言"传达的。

    D. 这是口头语言中说话的方式所传达的信息量。

    考点与页码： 口头沟通中，口头语言和非口头语言所传达的信息量。《解读》第 222 页。

43. A. 不能在未经评审的情况下就决定赶工。

B. **正确答案**。问题可能是由于该相关方不了解项目实际情况引起的，应先与该关键相关方沟通。

C. 项目经理应该是积极主动的，不应立即求助于公司领导。

D. 项目经理应该先沟通、分析，采取必要的措施，而不是一开始就提出延期申请。

考点与页码：出现问题应该先检查沟通是否有问题，很多问题都是由于沟通不充分或沟通中的误解引起的。《解读》第 216 页。

44» A. 不是所有会议都需要请专业的主持人。不如 D 好。

B. 会议按时开始和结束，并不会影响会议的效果。

C. 会议中一切井然有序，没有显示出现了太多冲突。

D. **正确答案**。如果必要的参与者没有出席，会议的效果不会好。

考点与页码：人际关系与团队技能，会议管理。《指南》第 386 页。

45» A. 解码是信息接收者把信息还原成有意义的思想或想法。

B. 编码是信息发出者把思想或想法转化为能理解的语言。

C. 反馈是接收方在对信息进行解码和理解的基础上，向发送者做出的回复。

D. **正确答案**。确认已收到表示接收方已经收到信息，但是不一定赞同信息的内容。

考点与页码：沟通模型的各要素。注意区分确认已收到与反馈。这两个环节也可以同时完成。《指南》第 371～372 页，《解读》第 220～221 页。

46» A. 沟通能力是对某人沟通方面能力的综合性评价，不如 B 更有针对性。

B. **正确答案**。针对特定客户群体的具体沟通能力，用沟通胜任力来评估。

C. 沟通模型是反映沟通过程的模型。与题干无关。

D. 太宽泛，不如 B 更有针对性。

考点与页码：管理沟通过程的工具，沟通技能，沟通胜任力。《指南》第 384 页，《解读》第 225 页。

47» A. **正确答案**。是口头语言沟通与非口头语言沟通的含义。

B. 口头沟通是以口头语言进行的沟通，书面沟通是以书面形式进行的沟通。

C. 纵向沟通是指不同级别的人之间的沟通，横向沟通是指同一级别的人之间的沟通。

D. 内部沟通是指项目团队内部的沟通，外部沟通是指项目团队与外部相关方的沟通。

考点与页码：沟通的种类。《指南》第 361 页，《解读》第 216 页。

48» A. **正确答案**。不同时代人群（年轻人与老年人，70 后与 90 后）沟通障碍。

B. 这是指不同专业人群沟通障碍。

C. 这是指不同国家人群沟通障碍。

D. 这是指不同工作方式方法人群沟通障碍。

考点与页码：沟通模型中的噪声。《指南》第 373 页。

49》 A. 会议按时结束并不一定能高效解决问题。

B. 开会之前发布的会议议程中已经明确定义了问题。

C. 正确答案。规划会议的步骤是：准备会议议程，确保按时开始和结束，确保适当参会者出席，切题，处理问题和冲突，记录行动方案并分配行动责任人。

D. 制定决策有利于问题解决，但是解决问题的责任要落实到人。

考点与页码：人际关系与团队技能，会议管理。《指南》第 386 页。

50》 A. 不如 D 全面。

B. 不如 D 全面。

C. 不如 D 全面。

D. 正确答案。只有管理好每一个环节中的噪声，才能降低信息损耗，提高沟通效果。

考点与页码：沟通中的障碍，即噪声。《指南》第 372~373 页，《解读》第 221 页。

51》 A. 题目是与沟通有关的情景，与管理相关方参与无关。

B. 规划沟通管理是搞清楚信息需求，编制沟通管理计划的过程。与题干无关。

C. 管理沟通是按计划生成、收集、发布、存储、利用和最终处置项目信息的过程。与题干无关。

D. 正确答案。通过审查相关方参与度评估矩阵中的变化，来确定沟通是否起到了应有的作用，这是监督沟通过程。

考点与页码：监督沟通过程。《指南》第 389、392 页，《解读》第 220 页。

52》 **A. 正确答案**。开会、打电话、网络在线即时沟通都是交互式沟通的例子。

B. 由于有"讨论"，就不是单纯地把信息"推出去"。

C. 不属于拉式沟通。

D. 没有"虚拟沟通"这个说法。

考点与页码：沟通方法，交互式沟通。杜撰出来的说法通常都是错误的。《指南》第 374 页，《解读》第 223 页。

53》 A. 正常情况下，官方沟通所传达的信息最能反映组织的真实意思。

B. 解释同 A。

C. 解释同 A。

D. **正确答案**。解释同 A。

考点与页码：沟通的种类。《指南》第 361 页，《解读》第 216 页。

54. A. **正确答案**。沟通管理计划中写明了谁有权发布机密信息。

B. 不是所有的高级管理者都有权发布所有的机密信息，也不是所有机密信息都必须由高级管理者发布。

C. 不一定是项目发起人。

D. 不一定是项目经理。

考点与页码：沟通管理计划的内容。《指南》第 377 页。

55. A. 项目其他成员收到计划后试图理解其内容，才是解码。

B. **正确答案**。信息发送者把自己的思想转化成语言，是沟通中的编码。

C. 项目其他成员收到计划并理解其内容后，才能对信息发送者进行反馈。

D. 通过适当的沟通媒介发送信息，才是传递信息。

考点与页码：沟通模型，编码。《指南》第 371～372 页，《解读》第 220～221 页。

56. A. 目的明确，是指基于自己和对方的需求，确定明确的沟通目的。与题干无关。

B. **正确答案**。语句不通顺，有错别字，是表达不正确。

C. 表达简洁，是尽可能用简单的词语和句子。与题干无关。

D. 逻辑连贯，是指使用了标题来明示各部分的逻辑关系。与题干无关。

考点与页码：沟通的 5C 原则。《指南》第 363 页，《解读》第 214 页。

57. A. 你还没有理解邮件内容，不应立即反馈。

B. 即便无法给予反馈，也应该立即告诉对方已收到邮件。

C. **正确答案**。对于较复杂的信息，接收者需要一定时间来消化，可以在收到信息后及时"告知收悉"，一段时间后再"告知理解"。

D. 应该先花点时间解码，再给对方反馈。

考点与页码：沟通模型中的反馈。注意区分"告知收悉"和"给予反馈"。《指南》第 372 页，《解读》第 221 页。

58. A. 客户满意度调查和整理经验教训能监督与客户沟通的实际效果，发现问题并加以改进。

B. 监督团队沟通的实际情况和项目中的问题，及时发现偏差，有利于监督沟通。

C. 定期评估相关方参与度评估矩阵中的变化（如某相关方从抵制变为支持），是监督相关方沟通实际情况和发现问题的有效方法。

D. 正确答案。这是错误做法，监督沟通是检查沟通的效率和效果是否达到了沟通管理计划的要求，而不是以监督的名义限制沟通。

考点与页码：监督沟通过程。《指南》第 389 页，《解读》第 220 页。

59. A. 没有"执行沟通"这个过程。
    B. 需要通过沟通与相关方打交道，但是管理相关方参与的内容不局限于沟通。这个选项的针对性不够。
    C. 正确答案。管理沟通过程旨在按沟通管理计划收集和发布信息。
    D. 监督沟通过程旨在监督、记录和分析沟通实际情况，发现和分析偏差，提出变更请求。

考点与页码：管理沟通过程。《指南》第 379 页，《解读》第 219 页。

60. A. 项目沟通记录，是管理沟通的输出，记录已经执行完成的相关沟通工作。
    B. 正确答案。沟通管理计划中包括为沟通活动所分配的时间和预算。如果项目需要使用项目管理软件，也要写入沟通管理计划中。
    C. 成本管理计划中不会写明需要使用哪个项目管理软件。
    D. 沟通需求分析是规划沟通管理过程的工具和技术，不是一种文件。

考点与页码：沟通管理计划的内容。《指南》第 377 页。

第 11 章　项目风险管理

1»　A. 应该根据风险的重要程度来制定与之匹配的风险应对措施。
　　B. 风险应对措施要由一名责任人具体负责。每个风险都需要唯一的责任人。
　　C. 正确答案。需要获得全体相关方的同意，不仅是项目经理的同意。
　　D. 风险应对措施在规划风险应对过程中制定。
　　考点与页码：风险应对措施。《指南》第 439 页，《解读》第 238 页。

2»　A. 按风险来源分类，这是技术风险。
　　B. 按风险来源分类，这是商业风险。
　　C. 按风险来源分类，这是外部风险。
　　D. 正确答案。按风险来源分类，可以分成技术风险、管理风险、商业风险和外部风险。资源调配的不确定性是管理类的风险。
　　考点与页码：风险分解结构 RBS。《指南》第 406 页。

3»　**A. 正确答案**。定性风险分析本来就是比较主观的分析，不太可靠；如果其所依据的数据质量很差，就会使分析结果毫无用途。
　　B. 实施定量风险分析过程使用专家判断、数据收集、人际关系与团队技能、不确定性表现方式、数据分析等工具。
　　C. 规划风险应对过程使用专家判断、数据收集、人际关系与团队技能、威胁应对策略、机会应对策略、应急应对策略、整体项目风险应对策略、数据分析、决策等工具。
　　D. 监督风险过程使用数据分析、审计、会议等工具。
　　考点与页码：实施定性风险分析过程的工具。《指南》第 423 页，《解读》第 241 页。

4»　A. 风险分解结构是风险管理计划中用来确定风险类别的。
　　B. 正确答案。通过识别风险过程识别出来的风险清单和风险描述，是初步风险登记册的内容。
　　C. 风险责任人将在实施定性风险分析过程中确定，识别风险过程可以识别潜在风险应对责任人。

D. 风险应对措施将在规划风险应对过程中制定，识别风险过程可以识别出初步（潜在）的应对措施。

考点与页码：识别风险过程的输出。《指南》第 417 页，《解读》第 235 页。

5. A. 不全面，不光要管理单个风险，也要管理整体项目风险。
   B. 不全面，不光要管理整体风险，也要管理单个项目风险。
   C. 不全面，风险管理不仅针对威胁，也针对机会。
   D. 正确答案。最全面的说法。

考点与页码：项目风险管理的对象。几乎每一个项目管理过程都会或多或少涉及风险，风险管理知识领域则专用于管理未被其他知识领域覆盖的风险。《指南》第 397 页。

6. A. 错误说法，单个风险也可能会对多个项目目标产生影响。
   B. 这是管理整体项目风险的目的。
   C. 正确答案。整体项目风险是已经识别出来的所有单个项目风险，加未识别出来的全部其他不确定性来源。
   D. 即便把全部的单个风险都识别出来了，这个说法也是错误的，因为没有考虑单个风险之间的相互影响。

考点与页码：单个项目风险和整体项目风险。《指南》第 397 页，《解读》第 226 ~ 227 页。

7. **A. 正确答案**。应急储备是应对"已知-未知"风险的，针对"未知-未知"风险应该预留充足的管理储备。
   B. 这是提高项目韧性的有效方法之一。
   C. 这是提高项目韧性的有效方法之一。
   D. 这是提高项目韧性的有效方法之一。

考点与页码："未知-未知"风险的管理。"未知-未知"风险通常无法预防，只能通过提高项目韧性（抵抗"未知-未知"风险的能力）来减轻万一发生的后果。《指南》第 399 页，《解读》第 229 页。

8. A. 与题干无关，储备分析是指比较剩余应急储备与剩余风险量，从而确定剩余储备是否仍然合理。
   B. 正确答案。符合《指南》中对风险审计的描述。审计是监督风险过程的工具。
   C. 风险审查会只是用于开展风险审计的一种形式。风险审计不局限于在风险审查会上开展。
   D. 与题干无关，技术绩效分析是用来监控项目的技术风险的工具，用于比较实际取得与计划要求的技术成果。

考点与页码：监督风险过程与审计。《指南》第 456 页，《解读》第 245 页。

9. A. 根本原因分析有助于识别出项目相关的威胁和机会。
   B. 假设条件和制约因素分析，可以从假设条件和制约因素的分析中识别机会和威胁。
   C. SWOT 分析可有效识别组织和项目的优势、劣势、机会和威胁。
   D. **正确答案**。敏感性分析是实施定量风险分析过程的工具。它用来确定某一变量的单位变化对项目的影响程度。

   考点与页码：风险识别过程的工具，数据分析技术。《指南》第 415 页，《解读》第 240 页。

10. A. **正确答案**。450 万美元 = −200 万美元 + 0.5 × 1000 万美元 + 0.3 × 500 万美元。
    B. 未考虑项目投资。
    C. 错误的计算结果。
    D. 因为各条分支的概率之和必须等于 1，所以其余情况的概率为 20%。

    考点与页码：数据分析，决策树分析。《指南》第 435 页，《解读》第 242 页。

11. A. **正确答案**。风险接受是指承认威胁的存在，但不主动采取措施，适用于题目所述的威胁。
    B. 风险转移是指用一定的代价把消极风险转移给第三方，使第三方承担该风险的应对责任以及万一发生的部分或全部后果。
    C. 风险开拓是指消除与某积极风险相关的不确定性，确保机会 100% 出现。
    D. 风险规避是指改变项目计划，以便完全取消某个高风险的工作，或者使项目目标不受某风险的影响。

    考点与页码：威胁应对策略，接受。《指南》第 443 页，《解读》第 243 页。

12. A. 与题意不符。风险接受是指在机会发生时乐以利用，但不主动促进机会的发生。
    B. 与题意不符。风险提高旨在提高机会的发生概率或一旦发生的积极影响，如为项目增加人力资源，来提高项目提前完工的可能性。
    C. **正确答案**。题干中所描述的情况，是典型的风险开拓的例子。
    D. 与题意不符。风险分享是指与其他人合作，大家一起来促进机会的出现，并使大家都从机会的出现中受益。

    考点与页码：机会应对策略，开拓。注意提高与开拓的区别，前者不能确保机会出现，后者必须确保机会 100% 出现。《指南》第 444 页，《解读》第 243~244 页。

13 » A. 这个说法不符合逻辑。可以说，会使不能按期完工的概率提高。
    B. 不属于风险起因，而是风险触发条件。
    C. 这个说法不符合逻辑。

    D. 正确答案。风险触发条件也称为风险警告信号和风险症状，根据不同的情况，可表示风险即将发生、风险正在发生或风险已经发生。本题是指项目不能按期完工的风险即将发生。

    考点与页码：风险触发条件的定义。《指南》第 417、445 页。

14 » A. 风险类别是风险管理计划的内容，旨在为项目风险管理工作提供基本框架，使风险识别和分析工作能有的放矢。可用风险分解结构列出风险类别。

    B. 正确答案。风险清单是识别风险过程所得到的风险登记册中的内容。

    C. 风险管理计划通常包括概率和影响矩阵，以便在定性风险分析中据此对风险进行优先级排序。

    D. 风险管理计划通常包括风险概率和影响定义，以便提供对风险概率和影响划分层级的方法，减少主观偏见对风险分析的影响，提高定性风险分析的质量。

    考点与页码：风险管理计划的内容。《指南》第 405~408 页，《解读》第 234 页。

15 » A. 连通性是指某单个风险与其他单个项目风险存在关联的程度大小，与题干无关。
    B. 潜伏期是从风险发生到影响显现之间可能的时间段，与题干无关。

    C. 正确答案。今天就必须采取行动是指风险的紧迫性，1 个月后会影响项目目标是指风险的邻近性。

    D. 今天就必须采取行动是指风险的紧迫性，不是邻近性。潜伏期是从风险发生到影响显现之间可能的时间段，与题干无关。

    考点与页码：风险的紧迫性和邻近性。注意区分潜伏期和邻近性。潜伏期是风险影响产生到风险影响显现之间的时间，邻近性是从风险发生但未对目标有影响到对目标产生影响之间的时间。《指南》第 424 页。

16 » **A. 正确答案**。属于风险管理计划中的角色与职责部分。

    B. 风险登记册中会为每个风险指定责任人。题干中没有提到"针对每个风险"。
    C. 虽然资源管理计划中也可能写相关的角色与职责，但不如风险管理计划有针对性。
    D. 沟通管理计划会写与风险有关的沟通活动及其责任人，但不会全面写风险管理活动的领导者、支持者和参与者。

    考点与页码：风险管理计划的内容。注意：风险管理计划中的角色与职责不同于风险登记册中的风险责任人。《指南》第 405 页，《解读》第 234 页。

17» **A. 正确答案**。建立应急储备是风险接受中的主动接受策略。

B. 这是风险减轻的例子，采用不太复杂的方法可以降低风险发生的概率。

C. 这是风险减轻的例子，进行多次实验可以降低风险发生的概率。例如，高科技产品出厂前进行多次实验，可以减少产品质量风险发生的概率。

D. 这是风险减轻的例子，以便降低采购到不符合项目要求的产品的风险。

考点与页码：威胁应对策略，减轻和接受。《指南》第 443 页，《解读》第 243 页。

18» A. 定量风险分析是评估项目整体风险的可靠方法，分析后的结果包括此内容。

B. 定量分析会提出针对单个项目风险或整体项目风险的应对建议，这些建议将在规划风险应对过程中被进一步分析和确认。

C. 定量风险分析中会使用敏感性分析，确定最大影响的威胁或机会。

D. 正确答案。指定的风险责任人在实施定性风险分析过程确定。

考点与页码：实施定量风险分析过程的输出。《指南》第 436 页，《解读》第 237 页。

19» **A. 正确答案**。敏捷型项目通过每个迭代期对风险管理的不断改进，来适应快速变化的环境。

B. 敏捷型项目提倡拥抱变更，不能限制对需求的变更。

C. 敏捷型项目需求和范围在启动时不能确定，后期变更较多，无法在启动时进行全面的风险规划。

D. 不能有效识别和分析风险，就无法预留足够的风险储备，A 更好。

考点与页码：敏捷项目的风险管理。《指南》第 400 页，《解读》第 307 页。

20» A. 气泡图可以显示风险的概率和影响，但不局限于这两个参数。

B. 如果只需显示两个参数，就无须用气泡图。

C. 正确答案。气泡图用于显示风险的三个参数，如概率、影响和可监测性。

D. 错误的说法。

考点与页码：数据表现，层级图（气泡图）。《指南》图 11-10 只是气泡图的一个示例。气泡图中的风险参数并不局限于该图中的可监测性、邻近性和影响值。《指南》第 425~426 页，《解读》第 241 页。

21» A. 识别的风险（包括机会）都要记录在风险登记册中。

B. 正确答案。为赢得该机会的应对措施超出了本项目范围，又是对组织有利的机会，应该采取上报策略。

C. 上报后按组织的决策行动，也许组织愿意修改项目范围去赢取这个机会。

D. 这已经超出了项目经理的权限，应该向组织上报。

考点与页码：机会应对策略，上报。《指南》第 444 页，《解读》第 243~244 页。

22. » A. 提高是指提高作为机会的单个风险或整体风险发生的概率或影响,与题干无关。

   B. 正确答案。发掘和清理古董,是一项高收益的工作。在项目范围中增加这项工作,肯定会提高项目对相关方的价值或效益,这是开拓策略。

   C. 转移是针对负面的单个风险或整体风险太高时使用。

   D. 接受是按当前情况继续实施项目,不采取任何主动的应对措施。

   考点与页码:整体项目风险应对策略,开拓。《指南》第 445 页,《解读》第 244 页。

23. » **A. 正确答案**。龙卷风图使人一目了然地看出对结果影响很大的变量与对结果影响很小的变量之间的差异,常用来表现敏感性分析的结果。

   B. 根本原因分析常用因果图来表示。

   C. 决策树分析是预期货币价值计算的图示方法,与龙卷风图毫无关系。

   D. 模拟分析的结果常用概率分布图表示。用于表示模拟分析结果的概率分布图,参见《指南》第 433 页图 11 – 13。

   考点与页码:数据分析,敏感性分析。《指南》第 434 页,《解读》第 242 页。

24. » A. 这是风险分类的主要标准。借助工作分解结构对风险进行分类,可以明确每个 WBS 要素会受哪些风险的影响。

   B. 正确答案。它不是风险分类的主要标准(《指南》中没直接提到)。

   C. 这是风险分类的主要标准。根据风险根本原因对风险分类,有助于制定有效的风险应对措施。

   D. 也可以根据项目阶段对风险进行分类,明确项目不同阶段面临的风险情况。

   考点与页码:定性风险分析与风险分类。风险分类是定性风险分析的工具。《指南》第 425 页。

25. » A. 说法没有错,但是与 B 相比,不如 B 全面和有实质意义。

   B. 正确答案。得到风险的严重性指标后,可借助概率和影响矩阵从组织的角度判断风险属于哪个级别,从而确定风险的优先级顺序。它通常是由组织确定的,并被列入风险管理计划的标准化表格(客观标准)。

   C. 说法没有错,但不如 B 有实质意义。

   D. 概率和影响矩阵通常由项目所在的组织制定,而不是由项目管理团队制定。项目管理团队可以对概率和影响矩阵做适当调整(剪裁),并收入风险管理计划。

   考点与页码:数据表现,概率和影响矩阵。《指南》第 425 页。

26. » A. 敏感性分析在定量分析中用来确定某一变量的单位变化对项目的影响程度。

   B. 决策树分析在定量分析中用来计算各种备选方案的预期货币价值。

   C. 影响图可以建立与风险有关的情景,找出不确定性的各种因素,以便进一步使用模拟或敏感性分析来量化这些因素的影响。

D. 正确答案。这是实施定性风险分析过程使用的数据分析技术。

考点与页码：实施定量风险分析的工具，数据分析。《指南》第 433~436 页，《解读》第 241~242 页。

27. A. 减轻策略旨在采取措施，降低整体项目风险（威胁）的水平。
    B. 如果整体项目风险的级别很高，组织无法有效加以应对，可以使用转移策略让第三方代表组织对风险进行管理。
    C. 开拓是通过扩大项目范围，确保抓住即将出现的巨大机会。
    D. 正确答案。规避是通过取消某些高威胁的工作来降低整体项目风险。符合题意。

    考点与页码：整体项目风险应对策略，规避。《指南》第 445 页，《解读》第 244 页。

28. A. 实施定性风险分析过程是每个项目都必须开展的。
    B. 正确答案。只有大型复杂项目、具有战略重要性的项目或主要相关方有定量分析要求的项目，才需要做定量风险分析。
    C. 规划风险应对过程是每个项目都必须开展的。
    D. 监督风险过程是每个项目都必须开展的。

    考点与页码：项目风险管理过程。许多项目无须开展定量风险分析。《指南》第 429 页，《解读》第 237 页。

29. A. 开拓必须确保机会一定出现。而加大项目的资源投入并调整优先级，并不能确保一定赢取市场机会。
    B. 正确答案。采取措施提高整体项目目标出现正向变异的可能性（如抢占市场份额），是提高策略。
    C. 转移是针对负面的整体项目风险太高时使用。
    D. 接受是按当前情况继续实施项目，不采取任何主动的应对措施。

    考点与页码：整体项目风险应对策略，提高。《指南》第 446 页，《解读》第 244 页。

30. A. 发生的概率对风险优先级排序有重要影响。风险的严重性由风险发生的概率和后果联合决定。
    B. 风险发生的后果大小，是决定风险严重性的重要依据。
    C. 很快就要发生并处理的风险，需要排在比较靠前的位置。
    D. 正确答案。风险承受力是指组织能够承受多大的风险，与风险优先级排序无关。

    考点与页码：风险优先级排序的影响因素。注意：如果是针对不同的项目目标，风险承受力也会影响风险排序。例如，由于项目发起人在进度和成本方面的风险承受力的不同，某风险可能对于进度是很严重的风险，但对于成本是很轻的风险。《指南》第 420、424 页，《解读》第 235~236 页。

31. A. 风险数据质量评估是实施定性风险分析过程的工具与技术。
    B. 解释同 A。
    C. 正确答案。解释同 A。
    D. 解释同 A。
    考点与页码：数据分析，风险数据质量评估。《指南》第 423 页，《解读》第 241 页。

32. A. 解释同 C。
    B. 解释同 C。
    C. 正确答案。通过开发原型来降低风险发生的概率，这是威胁的减轻策略。
    D. 解释同 C。
    考点与页码：威胁应对策略，减轻。《指南》第 443 页，《解读》第 307 页。

33. A. 这个说法不够严谨。
    B. 正确答案。
    C. 次生风险不一定不重要。
    D. 次生风险与是否紧急发生没有直接关系。
    考点与页码：次生风险。《指南》第 448 页，《解读》第 238 页。

34. A. 新建的预期货币价值低于扩建，故不选择新建。
    B. 正确答案。扩建的预期货币价值大于新建，故选择扩建。
    C. 只要每个方案之下的各条分支的概率之和等于 100%，就可计算出预期货币价值。
    D. 决策树分析是一种风险中立的决策方法，与人们的风险态度无关。
    考点与页码：数据分析，决策树分析。《指南》第 435 页，《解读》第 242 页。

35. A. 严格地讲，风险是针对未来的。
    B. 正确答案。未来可能发生或不发生的事件，是风险。
    C. 解释同 A。
    D. 解释同 A。
    考点与页码：风险是未来可能发生或不发生的事件。《指南》第 397 页，《解读》第 226~227 页。

36. A. 这个工作应该已经在识别风险过程中完成。
    B. 应该在完成 D 之后，再做这个工作。

C. 这是监督风险过程中的工作。

D. **正确答案**。在定性风险分析中,应该使用风险概率和影响矩阵对风险进行排序。风险级别矩阵就是风险概率和影响矩阵。

考点与页码:实施定性风险分析过程。在重复开展定性分析时,也需要评估风险的发展趋势;但题目中没有提到"重复"。《指南》第 425 页,《解读》第 241 页。

37. A. 解释同 C。

B. 解释同 C。

C. **正确答案**。规划风险应对过程要考虑风险应对策略带来的效益和策略的实施成本之比,比率越高代表有效性越高。

D. 解释同 C。

考点与页码:规划风险应对过程,数据分析,成本效益分析。《指南》第 446 页,《解读》第 242 页。

38. A. 识别风险过程指定潜在风险责任人,实施定性风险分析过程最终确认风险责任人,这些都会写入风险登记册中。

B. **正确答案**。风险管理计划中包括风险管理方法论。

C. 在规划风险应对过程中,制定风险应对措施,并列入风险登记册和风险报告。

D. 风险登记册是识别风险过程的输出,并在后续的风险管理过程中得到完善。

考点与页码:规划风险管理过程的输出,风险管理计划。《指南》第 405 页,《解读》第 234 页。

39. A. 解释同 D。

B. 解释同 D。

C. 解释同 D。

D. **正确答案**。敏感性分析必须针对某个具体变量来做分析,可以是单个项目风险、易变的项目活动或具体的不明确性来源,而不能直接针对项目整体风险。

考点与页码:数据分析,敏感性分析和龙卷风图。《指南》第 434 页,《解读》第 242 页。

40. A. 识别风险过程需要编制核对单来更好地识别风险。

B. **正确答案**。核对单不是规划风险应对的工具。

C. 控制质量过程会使用核对单来打钩,检查哪些质量要求已经或没有达到。

D. 制订项目管理计划过程,核对单可以帮助检查项目管理计划是否包含了所需的全部信息。

考点与页码：识别风险过程的工具，数据收集，核对单。核对单是制订项目管理计划、管理质量、控制质量和识别风险四个管理过程都要用到的工具。《指南》第 414 页，《解读》第 240 页。

41. A. 头脑风暴也能较快识别风险，但不如 B 更能有效利用过去项目的经验教训快速识别。

    B. 正确答案。核对单是吸取已完成的类似项目的经验教训的有效方式，可以列出以前出现且可能与新项目有关的具体单个项目风险。

    C. 根本原因分析是指通过挖掘问题的根本原因来识别风险。

    D. 提示清单有利于识别风险来源的风险大类别，但 B 能更直接识别与过去项目类似的具体风险。

    考点与页码：数据收集，核对单。《指南》第 414 页，《解读》第 240 页。

42. A. 正确说法。

    B. 正确答案。未知风险是不能进行主动管理的，需要分配一定的管理储备。被接受的风险，也是没有主动管理的，可分配应急储备或不采取任何措施。

    C. 风险源自项目中的不确定性。

    D. 对项目范围、时间、成本和质量的任何一个方面都不会有任何影响的不确定性事件，就不是项目风险。

    考点与页码：风险的概念。《指南》第 397 页，《解读》第 226 ~ 227 页。

43. A. 已知－已知风险是已经识别出来并经过分析的风险，通常人们知道它发生的可能性和后果，可将计算出来的风险金额直接计入具体工作的直接成本中去，不动用应急储备。

    B. 正确答案。已知－未知风险是已经识别出来但其发生概率或后果还不清楚的风险，通常可以用应急储备（包括应急时间和资金）来应对。

    C. 未知－未知风险是完全未知的风险，用管理储备来应对。

    D. 与次生风险无关。

    考点与页码：常见的风险类别及应对措施。《解读》第 228 ~ 229 页。

44. A. 开拓是消除积极风险相关的不确定性，确保机会一定出现。

    B. 提高是指使积极风险发生的因素最大化，提高机会发生的概率。

    C. 正确答案。把应对机会的部分责任分配给有能力的第三方，这是分享机会。

    D. 转移是把威胁造成的影响连同应对责任一起转移给第三方的消极风险应对策略。

    考点与页码：机会应对策略。《指南》第 444 页，《解读》第 243 页。

45. A. 解释同 B。

    B. **正确答案**。通常由组织来设定概率和影响的各种组合，根据组织的偏好来设定高、中、低风险级别。

    C. 解释同 B。

    D. 解释同 B。

    考点与页码：概率和影响矩阵。《指南》第 408 页，《解读》第 234 页。

46. A. 规避策略可用于威胁应对和整体项目风险应对。

    B. 上报策略可用于威胁应对和机会应对。

    C. **正确答案**。接受策略可同时用于威胁应对、机会应对和整体项目风险应对。

    D. 分享策略可用于机会应对和整体项目风险应对。

    考点与页码：规划风险应对过程的工具。《指南》第 442~446 页，《解读》第 242~244 页。

47. A. **正确答案**。在识别风险过程中识别出的潜在风险应对措施，应记录到风险登记册。

    B. 整体项目风险来源，是识别风险过程得到的风险报告的内容。

    C. 已识别单个项目风险的概述信息，是识别风险过程得到的风险报告的内容。

    D. 风险紧迫性信息，是实施定性风险分析过程中风险登记册更新的内容。

    考点与页码：识别风险过程的输出，风险登记册。《指南》第 417 页，《解读》第 235 页。

48. A. 风险登记册中有观察清单，专门用来放这些需要监控的低概率和影响的风险。

    B. 目前低概率和影响的风险以后可能变大，应该保持密切监控，不能忽略不管。

    C. **正确答案**。应该列入风险登记册的观察清单中，保持监控。

    D. 应急储备针对所有已知–未知风险而预留，不需要专门针对低概率和影响的风险预留。

    考点与页码：管理低概率和影响的风险。《指南》第 423 页。

49. A. 成本效益分析仅考虑效益成本比，不符合题干中的"综合考虑多种特征"。

    B. 备选方案分析不一定会综合考虑各方案的多种特征。

    C. **正确答案**。多标准决策分析是用来做备选方案分析的一种具体技术。它从多种标准（特征）入手对多个方案进行排序，以选择靠前的方案。

    D. 敏感性分析用来确定某一变量单位变化对项目的影响程度。

    考点与页码：规划风险应对的工具，多标准决策分析。《指南》第 446 页。

50. **A. 正确答案。** 风险临界值是组织能承受风险的程度，低于该值不需要采取措施，高于该值必须采取措施。成本超支 5% 就必须采取措施，所以本题中成本的 5% 是风险临界值。

B. 风险承受力是组织能承受的最大风险，成本超支 15% 就终止项目，所以本题中成本的 15% 是风险承受力。

C. 与题干无关，风险偏好是组织为实现某个目标而愿意承受的风险。

D. 解释同 A。

考点与页码：风险临界值、风险偏好、风险承受力的概念区分。《指南》第 398 页，《解读》第 229 页。

51. **A. 正确答案。** 敏感性分析是常用的单因素分析，把其他因素固定在一个基准值，分析某因素变化对进度的影响，这样就可以知道哪个因素对进度影响最大，从而重点管理。

B. 根本原因分析是识别风险的技术之一（属于数据分析技术）。

C. 决策树分析用来分析备选的方案，与题干无关。

D. 过程分析是管理质量的技术，用于识别过程改进的机会。

考点与页码：数据分析，敏感性分析。《指南》第 434 页，《解读》第 242 页。

52. **A. 正确答案。** 符合弹回计划的定义。

B. 弹回计划只是备用的应急计划，而不是首选的应急计划。

C. 与题干无关，而且涉嫌违反职业道德。

D. 与题干无关。

考点与页码：风险应对，弹回计划。《指南》第 448 页，《解读》第 238 页。

53. A. 根本原因分析用于发现问题、找到深层原因并制定预防措施。

B. 文件分析通过对项目文件的结构化审查，来识别出其中的风险。

C. 假设条件和制约因素分析是分析假设条件和制约因素在项目中的有效性，并识别有关的风险。

D. 正确答案。 分析项目的优势和劣势以及外界的机会和威胁，有利于全面识别风险。

考点与页码：数据分析，SWOT 分析。以上几种都是识别风险的工具，要熟悉每种工具的作用和特点。《指南》第 415 页，《解读》第 240 页。

54. A. 不局限于项目团队成员。

B. 不局限于风险管理专家。

C. 不局限于项目经理和高级管理者。

D. **正确答案**。应该鼓励全体项目相关方参与风险识别。

考点与页码：风险识别。D 似乎太绝对了，但相对于其他三个选项，D 更好。风险识别，需要尽可能多的人参加。《指南》第 411 页，《解读》第 235 页。

55》 A. 单个项目风险可以用三角分布、正态分布、均匀分布等概率分布图表示。

B. **正确答案**。与活动无关的风险以及其他不确定性来源，都可以用概率分支表示。

C. 模型中如果不表示，就相当于忽略了某个风险。

D. 龙卷风图是敏感性分析的结果的图形展示方式，不是用于定量风险分析的模型。

考点与页码：不确定性表现方式。《指南》第 432 页，《解读》第 241 页。

56》 A. 风险转移并不能消除风险。

B. 把风险推给后续项目，不属于风险转移。

C. **正确答案**。风险转移是用一定的代价，把应对风险的责任与风险的后果，转移给第三方。

D. 风险转移通常需要支付费用。

考点与页码：威胁应对策略，转移。《指南》第 443 页，《解读》第 243 页。

57》 A. **正确答案**。该 S 曲线图显示了可能的最小成本与最大成本的区间，以及与每一个特定成本值相关的概率。

B. 敏感性分析得到的龙卷风图才能显示这两个。

C. 项目成本的 S 曲线图不可能显示进度情况。

D. 解释同 C。

考点与页码：数据分析，模拟（蒙特卡洛分析）。《指南》第 433 页，《解读》第 241～242 页。

58》 A. 根据题意，已经完成了定性风险分析。

B. **正确答案**。低风险区域内的风险对项目影响不大，可以不做定量风险分析，直接开始规划风险应对过程。

C. 跟踪已识别的风险是监督风险过程的内容，应先规划风险应对和实施风险应对，再进行监督风险过程。

D. 规划风险管理应该是实施定性风险分析过程之前就做的。

考点与页码：风险管理各过程之间的关系。《指南》第 429 页，《解读》第 236 页。

59》 A. **正确答案**。识别风险过程第一次创建风险报告。

B. 规划风险应对过程会对风险报告进行更新，不是第一次创建。

C. 监督风险过程会对风险报告进行更新,不是第一次创建。
D. 实施风险应对过程会对风险报告进行更新,不是第一次创建。

考点与页码：识别风险过程的输出,风险报告。《指南》第 418 页,《解读》第 235 页。

60. A. 核对单是列出过去类似项目曾出现的风险,判断在本项目上是否存在。
    B. 根本原因分析可用来挖掘问题原因,每个可能的原因就是一个风险。
    C. 文件分析可发现项目文件中存在的问题和不一致性,从而识别出风险。
    D. **正确答案**。提示清单（如使用风险分解结构的底层要素,使用 PESTLE 等战略分析框架）为团队识别风险提供出发点和框架。

考点与页码：识别风险的工具,提示清单。《指南》第 416 页,《解读》第 240 页。

第 12 章　项目采购管理

1. A. 价格固定的前提条件是：工作范围不变。如果工作范围变了，通常可调整合同价格。
   B. 要使用固定总价合同，买方必须准确定义所要采购的产品或服务。
   C. 买方承担工作范围变更引起的成本增加，但是，合同履行不好（如卖方成本控制不力）导致的成本增加，应该由卖方承担。
   D. 正确答案。工作范围发生了变更，可以相应调整合同价格。
   考点与页码：固定总价合同。《指南》第 471 页，《解读》第 250 页。

2. A. 分散式采购是由各项目分别向外采购各自需要的材料、设备或服务。
   B. 正确答案。由组织统一对外采购各项目所需的材料、设备或服务，是集中式采购。
   C. 竞争性采购是指公开发布招标广告，邀请潜在卖方提交投标文件，有很大竞争性。竞争性采购可以是集中式采购或分散式采购。
   D. 独有来源采购是指只有一家供应商有能力提供所需的产品或服务，买方要求该特定供应商报价，可以是集中式采购或分散式采购。
   考点与页码：集中式采购。注意区分采购方法的不同分类。《指南》第 462 页，《解读》第 260～261 页。

3. **A. 正确答案**。所需的合同条款应该包括在招标文件中，表示将来所签的合同中应该包括的条款。
   B. 合同价格应该是由潜在卖方根据招标文件估算的价格，不应该出现在招标文件中。
   C. 详细的施工方法由潜在卖方提供，在招标文件中只会出现总体项目要求。
   D. 详细的进度计划由潜在卖方在投标书中提供，在招标文件中只能规定里程碑的实现日期和整个项目的完工日期。
   考点与页码：招标文件的内容。《指南》第 477 页，《解读》第 257 页。

4. A. 项目经理不必是某个领域的专家（如采购或法律）。
   B. 解释同 A。

C. **正确答案**。虽然项目经理不必成为采购专家或法律专家，但应该对采购过程足够了解，以管理整个项目采购过程。

D. 项目经理通常无权签署对组织有约束力的法律协议，而应该由组织指派的专人签署。

考点与页码：采购管理中项目经理的角色。《指南》第 460 页。

5 » A. 并不能起到很好的效果。

B. **正确答案**。国际合作的项目，合同的可执行性会受到当地文化和法律的影响，这些因素在订立合同时就要考虑。

C. 要根据采购的实际情况选择合同类型，不一定适合用固定总价合同。

D. 不管合同规定得如何详细，当地文化和法律对合同的可执行性都会有较大影响。

考点与页码：文化和法律对采购的影响。《指南》第 461 页。

6 » A. 相关方登记册包含这些相关方的信息，但不会详细记录与采购有关的角色和职责。

B. 采购策略对采购管理计划中的信息进行具体化，主要包括交付方式、合同类型和采购阶段三部分内容，不包含角色与职责。

C. 合同中只会写合同当事人的权责，不会写参与采购的其他相关方的具体角色和职责。

D. **正确答案**。采购相关方的角色和职责，是采购管理计划的内容。

考点与页码：采购管理计划。《指南》第 475 页，《解读》第 257 页。

7 » A. 规划采购管理阶段尚没有投标人。

B. **正确答案**。实施采购过程中，召开投标人会议来澄清潜在卖方对招标文件的疑问，并使潜在卖方有机会考察现场。投标人会议是在潜在卖方购买招标文件之后、正式投标之前，由买方召集的一个正式会议。

C. 在《指南》中不存在卖方选择阶段。卖方选择是在实施采购过程中完成的。

D. 控制采购是在合同签订以后进行的，此时，中标的投标人已经成为真正的卖方。

考点与页码：实施采购过程的工具，投标人会议。《指南》第 487 页，《解读》第 263 页。

8 » A. 信息邀请书通常用于在早期收集更多信息，以便随后发布报价邀请书或建议邀请书。

B. 采购标准化产品或服务，通常用报价邀请书，不符合题意。

C. **正确答案**。采购非标准化的服务，主要依据技术方案来选择卖方，所以用建议邀请书。

D. 订购单用在非大量采购的标准化产品，由买方填写卖方提供的订货单，卖方照此供货。

考点与页码：招标文件在具体采购中的不同术语。《指南》第 477 页，《解读》第 257 页。

9» A. 合同总价不是由买方单方面确定的。

B. 采用固定总价合同的项目，通常工作范围清楚明确，合同执行中的变更就很少。

C. **正确答案**。只有工作范围非常清楚的采购，才能用固定总价合同。

D. 在固定总价合同下，卖方有很高的积极性控制项目成本，不需买方监督。

考点与页码：固定总价合同。《指南》第 471 页，《解读》第 250～252 页。

10» A. 工料合同按项目工作所花费的实际工时数和材料数，按事先确定的单位工时费用标准和单位材料费标准进行付款。从工作量上讲，工料合同具有成本补偿合同的特点；从单价固定上讲，工料合同具有总价合同的特点。

B. **正确答案**。这是成本补偿合同。

C. 由于工作量是放开的，所以无法明确规定合同的总价。

D. 由于缺少准确的工作说明书，采购的数量也就没有准确规定。

考点与页码：工料合同。《指南》第 472 页，《解读》第 253 页。

11» A. 规划采购管理阶段，买方还未与潜在供应商接触。

B. **正确答案**。实施采购过程是获取卖方应答、选择卖方并授予合同的过程，其中要使用投标人会议这个工具。题中所描述的现象是召开投标人会议。

C. 控制采购是以已签订的合同为基础的，而题目中的情况是还没有签订合同。

D. 采购管理中没有结束采购这一过程。

考点与页码：实施采购过程的工具，投标人会议。《指南》第 487 页，《解读》第 263 页。

12» A. **正确答案**。规划采购管理过程要了解市场情况，识别可能来投标的潜在卖方。

B. 召开投标人会议，回答卖方关于投标文件的问题，是实施采购过程开展的活动。

C. 签订书面合同，是实施采购过程开展的活动。

D. 这是卖方的工作，不是买方的工作。

考点与页码：规划采购管理过程的工具，数据收集，市场调研。《指南》第 473 页，《解读》第 262 页。

13》 A. 采购策略中规定了项目采用的交付方法，比如总承包方式、交钥匙方式。

B. 采购策略中规定了项目采用的合同类型，比如总价合同、成本补偿类合同。

C. 采购策略中规定了项目的采购阶段，如是否分阶段采购。

D. 正确答案。这是采购管理计划的内容之一。

考点与页码：采购策略。同一个项目上可能有多个甚至许多合同，用于考察采购工作绩效的采购测量指标，应该在各个合同之间保持一致，所以就写入采购管理计划。一个项目只有一份采购管理计划，每个单次采购都需要有一份采购策略。《指南》第476页，《解读》第257页。

14》 A. 该方法是直接选择报价最低者。

B. 该方法适用于只有一家能够提供所需产品或服务。

C. 该方法认为技术方案和成本都很重要，选择综合最优者。

D. 正确答案。符合题意，该方法在固定预算之内选择技术方案最优者。

考点与页码：供方选择分析，固定预算。《指南》第474页，《解读》第263页。

15》 A. 招标文件用于邀请潜在卖方提交投标书、建议书或报价。

B. 采购工作说明书是对即将外包出去的工作的书面描述。

C. 正确答案。采购管理计划包含拟使用的预审合格的卖方清单。

D. 经验教训登记册是针对项目过去情况的总结，与题干无关。

考点与页码：采购管理计划的内容。《指南》第475页，《解读》第257页。

16》 A. 采购工作说明书旨在详细定义拟采购的产品或服务，便于潜在卖方据此评估自己是否有能力提供。

B. 各潜在卖方都根据同样的采购工作说明书来报价，他们的报价之间才具有可比性。

C. 正确答案。采购工作说明书发出后，在签订合同前，买方可以对其进行修改、补充和完善。

D. 这是由采购工作说明书的本质决定的，任何采购都需要采购工作说明书。但是，采购工作说明书的繁简可以不同。

考点与页码：采购工作说明书。《指南》第477～478页，《解读》第257页。

17》 A. 解释同D。

B. 采购文档更新，只涉及本次采购的文档，不涉及更新预审合格卖方清单。

C. 解释同D。

D. 正确答案。预先批准的卖方清单从组织过程资产中获取，控制采购造成的组织过程资产更新里，包括对预审合格卖方清单的更新。

考点与页码：控制采购过程的输出，组织过程资产更新（预审合格卖方清单的更新）。《指南》第 501 页。

18. A. 有可能。双方估算的基础是相同的，差距可能来源于潜在卖方没有完全响应采购工作说明书，即某些工作没有被估算。
    B. 有可能。卖方可能误解采购工作说明书所规定的工作。
    C. 有可能。采购工作说明书可能存在缺陷，如对产品性能、质量等说明不够详细，导致双方的理解不一致，从而导致差距。
    D. 正确答案。在弄清楚卖方报价低的原因之前，不能如此简单地下结论。如果该潜在卖方中标，不一定能为买方节约成本，甚至可能使项目不能顺利进行。如果买方使用独立估算的建议书评价技术，就说明买方对自己的估算很自信，所以就应该选择最接近独立估算的报价中标。

    考点与页码：独立成本估算。《指南》第 479 页，《解读》第 257 页。

19. A. 材料涨价是风险，详细讨论工作范围无助于管理材料价格风险。
    B. 正确答案。即采用总价加经济价格调整合同，当材料价格上涨或下跌时，可以按约定的公式调价，对买卖双方都有好处。
    C. 材料价格的涨跌，主要取决于市场情况，而不是卖方的努力程度。
    D. 如果未来材料价格下跌，你就很不划算了。

    考点与页码：合同类型的选择，总价加经济价格调整合同。《指南》第 471～472 页，《解读》第 250 页。

20. A. 总价合同适用于需求明确，且不会出现重大范围变更的情况。
    B. 正确答案。成本补偿合同适用于范围预计在合同执行期内有重大变更的情况。
    C. 工料合同适用于工作性质清楚，但具体的工作量无法确定的采购。
    D. 《指南》中并没有提到这种合同，一般在大型土木工程中经常使用，买方按实际工程量和合同规定的综合单价向卖方付款。

    考点与页码：合同类型的选择，成本补偿合同。虽然相对于"客户"来说，题目中的"你"是卖方，但是在本次拟开展的采购中，"你"却是买方，打算把部分工作外包给分包商。采用哪种合同类型，一般由买方决定。《指南》第 472 页，《解读》第 252 页。

21. A. 不利于双赢，这不是实施采购中谈判的主要目的。

B. 正确答案。实施采购过程中的谈判，是为了澄清问题，对即将签订的合同达成共识。

C. 这是控制采购中谈判的目的。

D. 在通常的竞争性招投标中，谈判只是澄清问题，不能讨价还价。

考点与页码：实施采购过程的工具，人际关系与团队技能（谈判）。如果题目中没有说是哪种采购方法，就假设成是竞争性招标。非竞争性招标，谈判可以讨价还价；竞争性招标，则不能。《指南》第488页，《解读》第264页。

22» A. 你是卖方，在固定总价合同下，成本风险最高。

B. 作为卖方，工料合同下，需要承担工料单价的风险。

C. 正确答案。成本补偿合同下，卖方的成本风险最低。成本加固定费用合同的风险比成本加激励费用合同更低，因为无论如何卖方总是可以获得一笔固定的利润。

D. 在成本加激励费用合同下，卖方有一定的利润风险（机会和威胁）。

考点与页码：合同种类与风险分担。注意：此题假设你是卖方。采购管理的题目，如果没有特别指明，就是从买方的角度来问的。《指南》第472页，《解读》第252页。

23» **A. 正确答案**。120000美元 = 110000美元 + 100000美元 × 10%。

B. 在成本加固定费用合同下，费用不能随实际成本变化。

C. 这个选项不是按实际成本计算的。

D. 可以算出来。

考点与页码：合同价格的计算。《指南》第472页，《解读》第252页。

24» **A. 正确答案**。合同谈判应该对事不对人，将个人感情与事情理性分开。

B. 这一原则要求关注双方共同利益，而非自己的立场。

C. 这一原则要求通过谈判实现双赢，双方都受益。

D. 这一原则要求谈判时以客观标准作为依据，说明自己要求的合理性。

考点与页码：谈判的原则。《解读》第265页。

25» **A. 正确答案**。编制招标文件是规划采购管理过程的工作。

B. 在实施采购过程中，买方发出招标文件，获取卖方建议书，对建议书进行评审，确定中标者，授予合同。

C. 解释同B。

D. 解释同B。

考点与页码：实施采购过程。《指南》第482页，《解读》第257~258页。

26» A. 经济价格调整条款不用于应对工作范围变更的风险。

B. 经济价格调整条款不用于应对现场条件变化的风险。

C. **正确答案**。如果合同周期较长（跨年度），就可在合同中加入经济价格调整条款，来保护买方和卖方免受外界不可控情况（如通货膨胀）的影响。

D. 经济价格调整条款不用于应对生产率低下的风险。

考点与页码：总价加经济价格调整合同。《指南》第 471 页，《解读》第 250 页。

27. A. 总价合同往往需要较长时间的准备工作。

B. 解释同 A。

C. 解释同 A，而且题目中未提到服务期跨年度。

D. **正确答案**。由于情况紧急，不能编写详细的采购工作说明书，而且采购的规模不大，故可用工料合同。

考点与页码：工料合同使用的条件：①工作性质清楚，但工作量不易确定；②采购规模不大；③需要快速签合同。这三个条件需同时具备。《指南》第 472 页，《解读》第 253 页。

28. A. 这是成本加固定费用合同。

B. 这是成本加激励费用合同。

C. **正确答案**。在成本加奖励费用合同下，由买方完全凭自己的主观判断来决定给卖方支付的利润数。买方不需任何客观标准，卖方没有任何讨价还价的余地。

D. 不能反映成本加奖励费用合同的本质。

考点与页码：成本加奖励费用合同。注意：在考试时，为了区分成本加激励费用合同（Cost Plus Incentive Fee）与成本加奖励费用合同（Cost Plus Award Fee），应阅读英文原文，因为这两个词可能被反过来翻译。《指南》第 472 页，《解读》第 252 页。

29. A. 这样做对其他供应商不公平，应该避免私下见面和回答问题。

B. 不是有效的办法。

C. **正确答案**。会议纪要中会详细记录每个潜在供应商的提问，以及你的回答，这样最公平。

D. 不能因未参加投标人会议就被取消投标资格。未参加会议者，在以后的投标评审阶段要被视为已参会者而被同等对待。

考点与页码：投标人会议。《指南》第 487 页，《解读》第 263～264 页。

30. A. **正确答案**。在规划采购管理中，需要使用"供方选择分析"来确定将用什么方法来选择卖方。

B. 在规划阶段就确定用什么方法来选择卖方，不是实施采购过程。

C. 在规划阶段就确定用什么方法来选择卖方，不是控制采购过程。

D. 采购管理中没有结束采购这一管理过程。

考点与页码：规划采购管理过程的工具，供方选择分析。注意区分规划采购管理过程的"供方选择分析"与实施采购过程的"建议书评估"（属于数据分析技术）。《指南》第473~474页，《解读》第263页。

31. A. 由于项目的范围定义很不清晰，就不能使用工料合同。

    B. 由于项目的范围定义很不清晰，就只能采用成本补偿合同；但是成本加固定费用合同不能鼓励卖方节约成本。

    C. 因为项目范围定义很不清晰，肯定不能采用固定价格合同。

    D. 正确答案。成本加激励费用合同可以鼓励卖方节约成本，有利于降低买方的成本风险。

    考点与页码：合同类型与风险分担。《指南》第472页，《解读》第252页。

32. **A. 正确答案**。索赔的本质是要求赔偿损失，不带任何惩罚性质。

    B. 谈判是解决索赔和争议的首选办法。

    C. 不能以这种以牙还牙的方式处理违约索赔。

    D. 刚好相反，因为买方手中有工程款，所以一般买方向卖方索赔比较容易。

    考点与页码：索赔管理。《指南》第498页，《解读》第265~266页。

33. **A. 正确答案**。由于法规具有强制性，所以需要对合同做相应修改，以保持合同继续有效。

    B. 这种情况不属于合同变更。

    C. 这种情况不属于合同变更。

    D. 买方不能单方面决定合同变更。

    考点与页码：采购管理中的合同变更。在采购管理知识领域，已批准的变更请求，主要是指对合同的变更。《指南》第496页，《解读》第256页。

34. A. 应该先评估对其他供应商的影响。

    B. 项目团队应该负责沟通，而不是该供应商。

    C. 正确答案。在多供应商合作的项目中，项目团队应该注意某个卖方提出的变更对其他卖方造成的影响。

    D. 技术优化方案，不一定会造成合同条款的变更。

    考点与页码：多供应商的变更管理。买方有责任协调各个供应商在项目上的关系。《指南》第496页，《解读》第256页。

35. A. 不能这样做。

B. **正确答案**。买方应尽力保证每一个潜在卖方（参会者）都在投标人会议上得到相同的信息。

C. 通常项目经理应参加投标人会议，以便提供必要的协助。

D. 不能这样做。

考点与页码：投标人会议。项目经理应该参加投标人会议，虽然通常不是会议主持人。《指南》第487页，《解读》第263页。

36. A. **正确答案**。这是采购管理计划的内容。

B. 采购策略是对采购管理计划的内容的细化，包括支付方法、合同类型和采购阶段三方面内容，不包括如何采购的决策。

C. 招标文件发布之前就已经确定了如何招标的方案。

D. 采购工作说明书是对即将外包出去的工作的书面描述，不包括如何采购的决策。

考点与页码：采购管理计划的内容。《指南》第475页，《解读》第257页。

37. A. 这不是最有效的风险管理方法。

B. 为了更好地合作，应该开诚布公说明该风险。

C. 这是境外承包商无法分担的风险。

D. **正确答案**。国内的法规和技术规范变化是境外承包商无法掌控的风险，我方作为买方必须承担该风险。

考点与页码：采购中的风险管理原则。风险应该由最有能力对其加以管理的一方承担。《指南》第463页，《解读》第264页。

38. A. 这是采购关闭的要求之一。

B. 这是采购关闭的要求之一。

C. 这是采购关闭的要求之一。

D. **正确答案**。不一定需要发起人正式验收单次采购，通常由授权的采购管理员对采购进行验收，并发出合同已完成的正式书面通知。

考点与页码：采购关闭的要求。《指南》第499页，《解读》第261页。

39. A. 由于成本实报实销，卖方没有积极性控制成本。

B. **正确答案**。由于成本实报实销，卖方绝对不会亏本。

C. 对买方而言，项目是成本中心，不是利润中心，所以无所谓亏本与否。

D. 由于要经常核查卖方的成本，所以买方的合同管理工作比较复杂。

考点与页码：成本补偿合同的特点。《指南》第472页，《解读》第252页。

40. A. 需要包括对费用和保留金的规定。
   B. 需要明确规定是否允许分包以及应如何批准分包商。
   C. 需要明确规定合同变更的流程。
   D. 正确答案。合同中可能指定几个重要岗位的人员，但不会规定全部人员的名单。

   考点与页码：合同的主要内容。《指南》第489页，《解读》第249~250页。

41. A. 工作绩效数据只是原始的数据，没有经过分析，应该从经过整合的工作绩效信息中获得相关信息。
   B. 正确答案。控制采购过程的输出工作绩效信息。工作绩效信息中包括合同的履约情况，可以从中发现当前问题或潜在问题，支持后续索赔。
   C. 合同中不包括履约情况的信息。
   D. 招标文件中不包括履约情况的信息。

   考点与页码：控制采购过程的输出，工作绩效信息。《指南》第499页，《解读》第256页。

42. A. 错误说法，制定供方选择标准不是为了内定某个供应商。
   B. 有这个作用，但不是主要目的。
   C. 正确答案。这是制定供方选择标准的主要目的。
   D. 这也是目的之一，但不是最主要的。

   考点与页码：供方选择标准。《指南》第478页，《解读》第257页。

43. A. 按合同执行，尾款也应该支付。
   B. 按合同执行，应该及时给该供应商签发验收证书。
   C. 正确答案。采购管理员进行了验收，供应商按合同的约定提出申请，项目经理必须按合同执行。
   D. 与该供应商签合同时，没有考虑到各供应商的设备需要联合运转调试，这是本次采购的教训。应该先按合同执行，再总结经验教训，先C再D。

   考点与页码：按合同进行采购管理，合同收尾。《指南》第494页，《解读》第261页。

44. A. 协议也可称为合同、订购单、谅解备忘录。
   B. 解释同A。
   C. 解释同A。
   D. 正确答案。要约，又称为发盘或报价，是一方当事人向另一方当事人所做的、邀请订立合同的意向。要约不是协议，只是单方面的行为。

考点与页码：协议。《指南》第 461 页，《解读》第 248~250 页。

45» A. 解释同 D。

B. 解释同 D。

C. 解释同 D。

D. **正确答案**。激励费用 = 目标激励费用 + (目标成本 - 实际成本) × 卖方分担比例 = 3 万元 + (20 - 25) 万元 × 20% = 2 万元。支付总费用 = 实际成本 + 激励费用 = 25 万元 + 2 万元 = 27 万元。

考点与页码：成本加激励费用的合同计算题。《指南》第 472 页，《解读》第 252 页。

46» A. 工料合同适用于规模小、工期短、不复杂的工作。复杂工作使用工料合同，会让合同管理变得十分烦琐，导致管理成本不合理上升。

B. 使用成本补偿类合同，买方的成本风险最大，因为买方对卖方的成本要实报实销。

C. 固定总价合同的前提是范围固定，如果范围变化，允许调整价格。

D. **正确答案**。总价加激励费用合同会规定一个最高限价，付款总数不得超过最高限价。

考点与页码：合同类型。《指南》第 471~472 页，《解读》第 250~253 页。

47» A. **正确答案**。这种方式使得变更只针对适应型工作，不会对主体协议造成影响。

B. 适应型工作带来的变化，可能导致合同条款需要经常变更。

C. 固定总价合同不适合范围和需求经常变化的适应型工作。

D. 不利于将项目作为一个整体进行管理。

考点与页码：敏捷项目的采购管理。《指南》第 465 页，《解读》第 308 页。

48» A. 这个说法不错，但没有说明如何检查以及依据什么来付款。

B. **正确答案**。在合同中约定按项目输出及可交付成果来付款，可以更有效地开展采购控制。

C. 基于项目的输入（工时）来付款，就是按照已经完成的时间占项目总工期的百分比付款，没有考虑实际已经完成的工作量与时间的匹配关系，不是有效的方法。

D. 处罚不是最有效的方法。

考点与页码：控制采购过程。《指南》第 494 页，《解读》第 259 页。

49» A. 直接推荐，缺少必要审查。

B. **正确答案**。放到预先批准的卖方清单上的供应商，已经提前经过了组织的审查，可以简化一些采购步骤。

C. 即使上一次合作过的供应商，也需要再次审查。除非他就是预先批准的卖方清单上的供应商之一。

D. 不合法的做法。

考点与页码：预先批准的卖方清单。《指南》第 471 页。

50. A. 检查只针对本合同，与未来的合同无关。

B. 与题干无关。

C. 与题干无关。

D. **正确答案**。通过绩效审查，确定卖方的工作绩效是否令买方满意，以便决定该卖方是否有能力承接以后类似的工作。

考点与页码：控制采购过程的工具，数据分析，绩效审查。"绩效审查"的范围比"检查"更广。《指南》第 498 页，《解读》第 265 页。

51. A. **正确答案**。所有关于合同的修改都要通过书面形式记录下来，口头约定不行，未见到变更书面记录，就按合同执行。

B. 解释同 A。

C. 合同条款是可以变更的，要双方协商后以书面形式记录下来。

D. 不如 A 好。

考点与页码：合同条款的变更。《指南》第 496 页，《解读》第 248 页。

52. A. 最低成本一般适用于标准化产品的采购，选择报价最低的卖方。

B. **正确答案**。小型采购，不值得过多计较，直接选择具有所要求资质的卖方。

C. 固定预算针对有严格成本限制的采购，在固定预算之内选择技术方案最优的卖方。

D. 独有来源是指直接要求特定的卖方准备报价文件，针对没有竞争性的采购。

考点与页码：供方选择分析，仅凭资质。《指南》第 473~474 页，《解读》第 263 页。

53. A. 不能假设供应商会做坏事。

B. 太绝对了。

C. 供应商之间通常不需要签横向合作协议。

D. **正确答案**。买方应该协调好各供应商在项目上的工作关系。

考点与页码：控制采购过程，买方的义务。《指南》第 494 页。

54. A. **正确答案**。你正在进行的工作是自制或外购分析，是规划采购管理过程的内容。

B. 解释同 A。

C. 解释同 A。

D. 解释同 A。

考点与页码：数据分析，自制或外购分析。《指南》第 473 页，《解读》第 262 ~ 263 页。

55. A. 这是好的招标文件的特点之一。

    B. 正确答案。这是错误说法，招标文件要求足够详细而非非常详细，能让卖方做出一致且恰当的应答。

    C. 这是好的招标文件的特点之一。

    D. 这是好的招标文件的特点之一。

    考点与页码：招标文件的特点。《指南》第 477 页，《解读》第 257 页。

56. A. 项目经理需要参与合同谈判，但通常不主导合同谈判。

    B. 可以但不是必须由法务部的人主导。

    C. 可以但不是必须由采购部的人主导。

    D. 正确答案。谈判应该由采购团队中有签合同权利的人主导，项目经理和其他团队成员可以参加并提供帮助。

    考点与页码：采购谈判的责任人。《指南》第 488 页。

57. A. 既成事实策略就是坚持某个问题已有既定的解决方案，不需要再讨论。

    B. 正确答案。这是在设定一个达成协议的最后期限，采用了最后期限策略。

    C. 红脸白脸策略是参与谈判的成员中，一个人唱红脸，一个人唱白脸，与对方周旋。

    D. 权力有限策略是声称自己无权对某些问题做出决定，需要向领导请示。

    考点与页码：常见的谈判策略。《解读》第 264 ~ 265 页。

58. **A. 正确答案**。先谈判，如无效再尝试替代争议解决（ADR）方法（包括调解、仲裁）。诉讼是最后的方法。

    B. 仲裁和诉讼是相互排斥的。

    C. 顺序不对。

    D. 顺序不对。

    考点与页码：索赔和争议的解决办法。《指南》第 498 页，《解读》第 265 ~ 266 页。

59. A. 采购工作说明书可以包括：规格、所需数量、质量水平、绩效数据、履约期限和地点等。

    B. 解释同 A。

    C. 解释同 A。

D. **正确答案**。应答格式要求是招标文件的内容。

考点与页码：采购工作说明书的内容，注意与招标文件的内容进行区别。《指南》第 477~478 页，《解读》第 257 页。

60 » A. **正确答案**。在控制采购过程关闭单次采购的合同。

B. 《指南》第 6 版已经删去了"结束采购过程"。

C. 结束项目或阶段过程不用于关闭单次采购的合同。

D. 实施采购过程是为了签署合同，而不是关闭合同。

考点与页码：规划采购管理过程的输出，采购关闭。《指南》第 499 页，《解读》第 261 页。

第 13 章　项目相关方管理

1 » A. 在整个项目期间，要持续保持与相关方的沟通。
   B. 项目管理的宏观目标就是满足相关方在项目上的利益追求。
   C. 正确答案。对重要程度不同的相关方应该采取不同的管理策略，但不应该把相关方管理局限于最重要的相关方。
   D. 相关方的定义，正确的说法。
   考点与页码：相关方管理。相关方管理要尽量全面。《指南》第 505 页，《解读》第 269 页。

2 » **A. 正确答案。虽然在整个项目生命周期中都要识别相关方，但尽早尽可能全面地识别相关方特别重要。《指南》中把识别相关方过程归入启动过程组。**
   B. 解释同 A。
   C. 解释同 A。
   D. 解释同 A。
   考点与页码：尽早识别相关方。《指南》第 504 页，《解读》第 279 页。

3 » **A. 正确答案。适应型项目为了高效决策和讨论，提倡项目团队与相关方直接互动。**
   B. 按层级互动不利于适应型项目高效应对变更和制定决策。
   C. 可以这样做，但不如 A 更好。
   D. 可以这样做，但不如 A 更好。
   考点与页码：敏捷项目的沟通管理，敏捷项目提倡及时且充分的沟通，而不是按层级沟通。《指南》第 506 页，《解读》第 303 页。

4 » A. 识别相关方过程是要弄清楚有哪些相关方，并记录他们的情况和初步分类。
   B. 正确答案。规划相关方参与过程是基于对相关方的分析，根据相关方的需要、期望、利益和对项目的潜在影响，制定项目相关方参与项目的方法的过程。
   C. 管理相关方参与过程是根据相关方管理策略与相关方打交道。
   D. 监督相关方参与过程是对相关方参与项目情况进行监督，并提出变更请求。

考点与页码：规划相关方参与过程。《指南》第 516 页，《解读》第 279~280 页。

5» A. 身份信息是指相关方的姓名、职位、地点、联系方式及在项目中扮演的角色。

B. **正确答案**。相关方最能影响项目生命周期的哪个或哪几个阶段，应该写入相关方登记册的评估信息。

C. 相关方分类是用外部或内部，作用、影响、权力或利益、上级、下级、外围或横向等对相关方做分类。

D. 假设条件不是相关方登记册的内容。

考点与页码：相关方登记册。《指南》第 514 页。

6» A. **正确答案**。规划相关方参与需要考虑所有的事业环境因素，包括设施和资源的地理分布。

B. 经验教训知识库是组织过程资产，不是事业环境因素。

C. 组织对沟通的要求是组织过程资产，不是事业环境因素。

D. 政府或行业标准是事业环境因素，但对相关方管理的影响不如 A 那样直接，并未在《指南》中被直接列出。

考点与页码：规划相关方参与过程的输入，事业环境因素。《指南》第 519~520 页。

7» A. **正确答案**。最主要的目的是使相关方之间的不一致或不断变化的项目问题尽快浮现。

B. 可能降低沟通成本，但不如 A 更本质。

C. 可以提高决策效率，但不如 A 更本质。

D. 可能促进知识分享，但不如 A 更本质。

考点与页码：敏捷项目的相关方管理和沟通管理。《指南》第 506 页，《解读》第 303 页。

8» A. **正确答案**。处理尚未成为问题的相关方关注点，是管理相关方参与过程的活动之一。

B. 不属于识别相关方过程的工作。

C. 由于没有涉及相关方的实际参与情况与预计参与情况的比较，所以不属于监督相关方参与过程的工作。

D. 不属于规划相关方参与过程的工作。

考点与页码：管理相关方参与过程。《指南》第 524 页。

9» A. 识别相关方要尽早开展，是本知识领域第一个管理过程。

B. 没有"规划相关方管理"这个过程。

C. **正确答案**。这是项目相关方管理的正确顺序。

D. 没有"控制相关方参与"这个过程。

考点与页码：项目相关方管理的各个过程。《指南》第 503 页，《解读》第 276 页。

10》 A. **正确答案**。当众多项目相关方之间有不可协调的利益冲突时，通常按有利于客户的原则进行处理，如果有多个客户，又应以最终端客户的利益至上。

B. 解释同 A。

C. 解释同 A。

D. 解释同 A。

考点与页码：客户利益至上原则。在《指南》第 2 版中明确提到"客户利益至上"原则。这个原则并未过时。《解读》第 273 页。

11》 A. 发起人不会管这么多，也不能只是发起人要求的。

B. 不能由项目经理独自决定。

C. **正确答案**。相关方所需参与水平是项目团队评估出来的，是为了确保项目成功所必不可少的参与水平。

D. 不是每个相关方都会为项目成功而设定自己应该达到的参与水平。

考点与页码：数据表现，相关方参与度评估矩阵。《指南》第 522 页。

12》 A. 与题干无直接关系。给项目提供资金的只是项目发起人。

B. **正确答案**。相关方满意度是评价项目成功的一项关键指标。

C. 并不是最根本的原因。

D. 与题干的相关性太弱。

考点与页码：相关方满意度是一个关键的项目目标。《指南》第 505 页。

13》 A. 要尽早识别相关方。

B. **正确答案**。识别相关方不只是项目经理的事，应该鼓励相关方参与。例如，项目经理应该与现有的相关方一起识别出更多的相关方。

C. 识别相关方要全面，要包括所有正面和负面的相关方，防止遗漏重要相关方。

D. 在整个项目生命周期中，要持续不断地识别相关方，删去过时的相关方，增加新相关方。

考点与页码：识别相关方。《指南》第 504 页，《解读》第 279 页。

14》 A. 这是预测型项目管理方法的做法。

B. **正确答案**。项目相关方，特别是客户，需要频繁且深入地参与项目。

C. 不符合敏捷型项目管理方法的要求。

D. 会极大地限制敏捷项目所需的项目团队的创造性。

考点与页码：敏捷项目的相关方参与程度。《指南》第 506、669 页，《解读》第 303 页。

15» A. **正确答案**。相关方的外延在扩大，包括那些自认为会受到项目工作或成果影响的人。

B. 相关方既可以是某些个人，也可以是各种组织。

C. 相关方包括那些能主动影响项目以及被动受项目影响的人。

D. 相关方参与程度不同，可能给项目带来正面或负面价值。

考点与页码：相关方的定义。《指南》第 505 页，《解读》第 269 页。

16» A. 有这个作用，但不是最主要的。

B. **正确答案**。如何与相关方打交道，必须遵守事先制定的基本行为规范。

C. 项目团队制定的基本规则，通常约束不了项目团队以外的相关方。

D. 有这个作用，但不是最主要的。

考点与页码：管理相关方参与过程的工具，基本规则。《指南》第 528 页，《解读》第 283 页。

17» A. **正确答案**。假设日志中会记录影响与具体相关方互动的各种制约因素。

B. 变更日志中记录变更，以及变更的处理情况。

C. 问题日志中记录与相关方参与有关的问题。

D. 风险登记册中记录与相关方有关的风险。

考点与页码：假设日志。假设日志记录假设条件和制约因素。《指南》第 515 页，《解读》第 277 页。

18» A. **正确答案**。应该尽早听取意见，并做出适当变更。项目早期，相关方的影响力大，变更的代价小。

B. 这是非常消极的做法。

C. 这是推诿责任的做法。

D. 不能因为有负面的相关方就取消项目。

考点与页码：对负面相关方的管理。《解读》第 284 页。

19» A. **正确答案**。项目发起人也要签署项目章程，参与阶段末评审，游说更高层管理人员，但是他最重要的作用是为项目提供资金。

B. 解释同 A。

C. 解释同 A。

D. 解释同 A。

考点与页码：主要相关方及其作用。《解读》第 272 页。

20. A. 解释同 B。

    B. **正确答案**。权力是指有合法资格对项目施加影响，利益是指对项目成果的关心程度，作用是指施加影响后能在多大程度上导致项目做出变更。

    C. 解释同 B。

    D. 解释同 B。

    考点与页码：数据表现，权力利益方格、权力影响方格，作用影响方格。《指南》第 512 页，《解读》第 281 页。

21. A. 迭代型项目要求相关方定期参与项目，不如敏捷型项目参与程度高。

    B. **正确答案**。敏捷型项目要求相关方频繁且持续地参与项目工作。

    C. 增量型项目要求相关方定期参与项目，不如敏捷型项目参与程度高。

    D. 预测型项目要求相关方在特定的里程碑点参与项目，不如敏捷型项目参与程度高。

    考点与页码：敏捷项目的相关方参与程度。《指南》第 666 页，《解读》第 303 页。

22. A. 只重视高级管理层并不一定能把项目做成功，也需要其他相关方的参与。

    B. 更多投资并不一定能提高项目成功的可能性。

    C. 更多稀缺资源并不一定能提高项目成功的可能性。

    D. **正确答案**。有了所有相关方的参与，项目更容易取得成功。

    考点与页码：项目经理和团队正确识别并合理引导所有相关方参与的能力，能决定项目的成败。《指南》第 504 页。

23. A. 这是用于回顾昨天工作和安排今天工作的会议。

    B. 这是每个迭代期开始时的规划会议。

    C. 这是在迭代评审会议之后召开的经验教训总结会。

    D. **正确答案**。在迭代期结束时召开迭代评审会议，向客户演示所形成的产品原型。

    考点与页码：敏捷项目的相关方管理。《指南》第 670 页，《解读》第 302 页。

24. A. 识别相关方过程的主要工作是全面识别相关方并进行分析。

    B. **正确答案**。监督相关方参与过程要随着项目进展和环境变化，维持或提升相关方参与活动的效率和效果，并提出必要的变更请求。

    C. 管理相关方参与过程的主要工作是按计划与相关方打交道，引导相关方合理参与项目，并解决相关方之间的问题。

D. 规划相关方参与过程的主要工作是编制相关方参与计划，策划如何让相关方合理参与项目。

考点与页码：监督相关方参与过程。《指南》第 530 页，《解读》第 280 页。

25》 A. **正确答案**。负面价值是因为相关方未有效参与而造成的真实成本，包括了 B、C 和 D。

B. 相关方对项目的负面评价，是项目信誉损失的一部分。

C. 是负面价值，但是不如 A 全面。

D. 是负面价值，但是不如 A 全面。

考点与页码：相关方有效参与的重要性。《指南》第 505 页。

26》 A. **正确答案**。4 个过程都要用到会议这项技术。

B. 4 个过程中，监督相关方参与过程不使用专家判断这项技术。

C. 4 个过程中，管理相关方参与过程不使用数据分析这项技术。

D. 4 个过程中，管理相关方参与过程不使用数据表现这项技术。

考点与页码：各过程的工具。《指南》第 504 页。

27》 A. **正确答案**。这是规划相关方参与过程的活动之一。

B. 澄清和解决已识别出来的问题是管理相关方参与过程的活动之一。

C. 预测相关方未来可能出现的问题并尽早处理是管理相关方参与过程的活动之一。

D. 管理相关方的需要和期望是管理相关方参与过程的活动之一。

考点与页码：管理相关方参与过程的活动。《指南》第 524 页，《解读》第 280 页。

28》 A. **正确答案**。运用分类模型，进行相关方识别和分析，是识别相关方过程。

B. 与题干无关。

C. 与题干无关。

D. 与题干无关。

考点与页码：识别相关方过程。注意：识别相关方过程不局限于"识别"，也包括对相关方的分析和分类。只有分析和分类之后，才能有针对性地制订相关方参与计划（规划相关方参与过程）。《指南》第 512 页，《解读》第 279 页。

29》 A. **正确答案**。在不显著增加项目成本的前提下，相关方对项目的影响力在启动阶段最大。

B. 刚好说反了。

C. 解释同 A。

D. 应该鼓励相关方在启动阶段和规划阶段的早期对项目提出意见，包括不同意见，因为早期变更的代价比较小。

考点与页码：项目相关方管理：相关方的影响力随项目进展逐渐降低。《解读》第 279 页。

30. A. 这些不是问题，不应该记入问题日志。
    B. 首先记入相关方登记册，然后更新相关方参与计划。
    C. 正确答案。外部供应商是重要的相关方，他的基本信息应该被记入相关方登记册。
    D. 与题干不符。将本应自己做的工作外包出去，这属于变更。题干显示已经完成了变更审批并记入变更日志。现在要做的事——"记录外部供应商的基本信息"是由前述变更引起的项目文件（相关方登记册）更新。

    考点与页码：相关方登记册。《指南》第 514 页，《解读》第 279 页。

31. A. 需要评估退出造成的影响。
    B. 人员退出是一种普遍的项目风险。先把他从相关方登记册中去掉，再评估退出造成的影响。
    C. 正确答案。相关方退出，首先应该把他从相关方登记册中去掉。
    D. 先更新相关方登记册，再调整相关方参与计划。

    考点与页码：相关方登记册的定期更新。《指南》第 514 页，《解读》第 279 页。

32. A. 认知程度不是凸显模型中的一个维度。
    B. 支持程度不是凸显模型中的一个维度。
    C. 正确答案。凸显模型是根据相关方的权力（职权级别或对项目成果的影响能力）、紧迫性（需要立即关注）和合法性（有合法资格对项目施加影响），对相关方进行分类。
    D. 利益追求不是凸显模型中的一个维度。

    考点与页码：数据表现，凸显模型。《指南》第 513 页，《解读》第 282 页。

33. A. 这是消极的做法。不能局限于不反对，而要设法获得支持。
    B. 正确答案。分析差距产生的原因，主动采取措施加以解决。
    C. 不能随便降低。如果要降低，就需要修改相关方参与计划，必须走变更流程。
    D. 硬性要求，不是最好的做法。

    考点与页码：数据表现，相关方参与度评估矩阵。《指南》第 522 页，《解读》第 284 页。

34. A. 卖方不是通过某个认证过程而选定的，而是通过采购过程选定的。

B. 正确答案。例如，PMI 的注册教育机构（Registered Education Provider，即 R. E. P.）就是 PMI 的项目管理教育合作伙伴。

C. 职能部门不属于特指的"合作伙伴"。

D. 技术服务提供商是卖方的一种。

考点与页码：相关方的种类。《解读》第 275 页。

35 » **A. 正确答案**。管理相关方参与过程是直接与相关方打交道的过程。

B. 监督相关方参与过程是监督和纠偏。

C. 不如 A 那么直接。属于为 A 做准备。

D. 不如 A 那么直接。属于为 A 做准备。

考点与页码：管理相关方参与过程。注意题目中的"最直接地"。《指南》第 523 页，《解读》第 280 页。

36 » A. 不了解型：根本不了解项目，对项目无任何参与。

B. 抵制型：了解项目，但抵触项目。

C. 支持型：了解并支持项目，不一定多积极。

D. 正确答案。领导型：了解项目并积极促进项目成功。

考点与页码：相关方参与水平分类。注意支持型与领导型的细微差别。《指南》第 521 页，《解读》第 283 页。

37 » A. 为及时且高效进行讨论和决策，团队会直接与相关方互动，而不是通过层层管理级别。

B. 敏捷环境下提倡相关方动态互动，及时交换信息，通常能实现更高的相关方参与度。

C. 正确答案。敏捷环境下相关方互动更多，有利于尽早做出项目调整和降低风险，从而节约成本。

D. 敏捷环境下提倡信息共享，信息高度透明。

考点与页码：敏捷环境下项目相关方管理的特点。《指南》第 506 页。

38 » A. 对相关方分类的维度里，没有"参与度"这个维度。

B. 正确答案。在凸显模型中，可以用邻近性取代合法性，用以考察相关方与项目的关系密切程度。

C. 解释同 B。

D. 解释同 B。

考点与页码：数据表现，凸显模型。《指南》第 513 页，《解读》第 282 页。

39 » A. 不局限于启动项目阶段。

B. 不局限于组织与准备阶段。

C. 不局限于执行项目工作阶段。

D. 正确答案。需要在整个项目生命周期内与相关方持续沟通和协作，相关方应该在整个项目生命周期中参与项目工作。

考点与页码：管理相关方参与过程贯穿项目始终。注意：本题不是考查管理相关方参与过程属于哪个项目管理过程组。《指南》第 523 页。

40 » **A. 正确答案**。相关方登记册中应该包括相关方的身份信息、评估信息和相关方分类。

B. 管理策略不属于相关方登记册中的内容，而是相关方参与计划中的内容。

C. 相关方所在位置是相关方身份信息的一种。

D. 相关方在项目中的角色是相关方身份信息的一种。

考点与页码：相关方登记册的内容。《指南》第 514 页，《解读》第 279 页。

41 » A. 规划相关方参与属于规划过程组。

B. 没有"执行相关方管理"这个过程。

C. 正确答案。管理相关方参与属于执行过程组。

D. 监督相关方参与属于监控过程组。

考点与页码：过程与过程组。注意：《指南》中，凡是"管理×××过程"都属于执行过程组。《指南》第 25、523 页，《解读》第 271~272 页。

42 » A. 需求文件也是识别相关方的输入，但不如 D 更有针对性。

B. 从招标文件中主要识别与采购有关的相关方。

C. 可以用商业论证确定受项目影响的相关方最初清单，也可能涉及成果的受益人，但不如 D 更有针对性。

D. 正确答案。效益管理计划中可能指出将从项目成果交付中获益的相关方。

考点与页码：识别相关方过程的输入，商业文件，效益管理计划。《指南》第 509 页，《解读》第 277 页。

43 » A. 亲和图是用来对各种主意进行归类的技术，不符合题意。

B. 名义小组技术虽然是结构化的头脑风暴法，但是不符合题意。

C. 通常的头脑风暴是大家口头发言，主持人实时公开记录在白板上，而后再讨论。

D. 正确答案。头脑写作是头脑风暴的改良法，是识别相关方过程的工具与技术。

考点与页码：识别相关方过程的工具，数据收集，头脑风暴（头脑写作）。《指南》

第 511 页，《解读》第 280～281 页。

44. **A. 正确答案。考虑相关方的各种信息，对相关方进行分析之后，才能进行综合性的相关方优先级排序，区分出不同相关方的重要程度。**
    B. 需要考虑相关方的合法权利或道德权利。
    C. 需要考虑相关方能对项目做出的贡献。
    D. 需要考虑相关方对相关资产或财产的法定所有权。
    考点与页码：识别相关方过程的工具，数据分析，相关方分析。《指南》第 512 页，《解读》第 281～282 页。

45. **A. 正确答案。数据分析是监督相关方参与过程的工具与技术，其中包括相关方分析，用于确定相关方在项目某个时期的实际参与情况。**
    B. 专家判断是识别相关方、规划相关方参与、管理相关方参与这三个过程使用的工具与技术。
    C. 基本规则是管理相关方参与过程的工具与技术。
    D. 数据收集是识别相关方、规划相关方参与这两个过程的工具与技术。
    考点与页码：监督相关方参与过程的工具，数据分析，相关方分析。《指南》第 533 页，《解读》第 284 页。

46. A. 正确说法，因为沟通是用来与相关方打交道的重要手段。
    B. 正确说法。
    C. 正确答案。相关方参与计划可以是正式的，也可以是非正式的。
    D. 正确说法。
    考点与页码：相关方参与计划。注意：各分项管理计划可以是正式或非正式的，但整个项目管理计划必须是正式的。《指南》第 522 页，《解读》第 280 页。

47. A. 通常不可能一次就识别出全部的相关方。
    B. 正确答案。在识别相关方的过程中，对已识别的相关方进行访谈，可以识别出其他相关方，扩充相关方名单。
    C. 这是管理相关方参与过程做的，不是识别相关方过程。
    D. 评估相关方的能力，这不是识别相关方的方法。
    考点与页码：识别相关方过程。《解读》第 279 页。

48. A. 管理相关方参与过程的输出有变更请求、项目管理计划更新、项目文件更新。
    B. 正确答案。规划相关方参与过程的输出是相关方参与计划。
    C. 监督相关方参与过程的输出有工作绩效信息、变更请求、项目管理计划更新、项目文件更新。

D. 监督沟通的输出包括变更请求。

考点与页码：输入输出关系。在规划阶段，项目计划还没有最后确定，如果要修改计划，不需走正规的变更流程。只有定义活动、制订进度计划、规划风险应对、规划采购管理这 4 个规划过程会提出变更请求。《指南》第 522 页，《解读》第 69 页。

49. A. 首次开展识别相关方过程，不会提出变更请求。

B. 虽然项目计划被批准后还可以再识别相关方，但不能直到这时才做这项工作。

C. 必须尽早识别相关方。

D. 正确答案。首次开展识别相关方过程，不会提出任何变更请求。但重复开展本过程，就可能提出变更请求。

考点与页码：识别相关方过程的输出，变更请求。识别相关方，虽然是启动过程组的过程，但不是只需在项目开始阶段做，也需要在以后各阶段反复做。《指南》第 514 页，《解读》第 277 页。

50. A. 所有已识别出来的相关方都应该列入相关方登记册。

B. 正确答案。列入相关方登记册，并加以观察。

C. 项目早期就应该全面识别相关方，并列入相关方登记册。

D. 不如 B 答案好，项目经理应该自己先分析情况并做出判断。

考点与页码：识别相关方。《解读》第 279 页。

51. **A. 正确答案**。项目经理掌控着项目，但是不一定掌控着资源。往往需要从职能经理那里获取人力资源。

B. 为项目提供资金，是项目发起人的事情。

C. 职能经理不一定就是项目产品的直接使用者。

D. 出现利益冲突时要按有利于客户的原则处理。

考点与页码：项目的一些重要相关方及其作用。《解读》第 274 ~ 275 页。

52. A. 通过优先级排序，可以重点管理众多相关方中排序靠前的相关方。

B. 通过优先级排序，可以优先管理最重要相关方的变化。

C. 正确答案。某阶段先出现相关方肯定先管理，不需要排列优先级。

D. 通过优先级排序，可以确保抓住复杂关系中最重要的相关方。

考点与页码：数据表现，优先级排序。《指南》第 513 页，《解读》第 282 页。

53. **A. 正确答案**。项目经理如果担心自己的号召力不够，就应该请发起人来联合召集项目开工会议。

B. 团队成员通常不足以影响某些重要相关方参与会议。

C. 客户通常并非对所有重要相关方都有所需的足够影响力。

D. 职能经理通常没有所需的、对相关方的足够影响力。

考点与页码：相关方参与，开工会。项目经理负责调动各相关方参与项目，必要时可寻求项目发起人的帮助。《解读》第 91、272 页。

54. A. 也许可以用文献检索，但不如标杆对照切题。

B. 也许可以用图书馆服务，但不如标杆对照切题。

C. 也许可以用专家判断，但不如标杆对照切题。

D. 正确答案。标杆对照就是寻找一流做法，以此为标杆。

考点与页码：数据收集，标杆对照。《指南》第 520 页，《解读》第 282 页。

55. A. 不能简单地如此做。即便真不需要他参与了，也必须走变更流程，才能做出这个决定。

B. 不能不走变更流程就修改相关方参与计划。

C. 正确答案。开展备选方案分析，寻找和分析解决问题的多个备选方案，供进一步决策。

D. 不能不走变更流程就修改项目管理计划。

考点与页码：数据分析，备选方案分析。《指南》第 533 页，《解读》第 284 页。

56. A. 识别相关方过程是全面识别项目相关方，并对他们进行分析。

B. 管理相关方参与过程是根据相关方参与计划，实实在在地与相关方打交道，引导相关方积极主动参与项目工作，支持项目。

C. 正确答案。通过使用相关方参与度评估矩阵，发现相关方当前参与程度和所需参与程度的差距，再策划该如何提升相关方参与的程度。这些都是规划相关方参与过程的工作。

D. 监督相关方参与过程是监控项目团队和其他相关方之间的关系，以及其他相关方相互之间的关系，提出变更请求。

考点与页码：规划相关方参与过程和相关方参与度评估矩阵。《指南》第 521～522 页，《解读》第 279、283 页。

57. A. 这是相关方登记册中的内容。

B. 正确答案。相关方参与度评估矩阵用于直观地陈列当前参与程度与所需参与程度。

C. 这是相关方登记册中的内容。

D. 这是相关方参与计划中的内容。

考点与页码：数据表现，相关方参与度评估矩阵。注意区分相关方登记册、相关方参与度评估矩阵、相关方参与计划。《指南》第 522 页,《解读》第 283 页。

58 » A. 通常把高级管理层归为向上。

B. 正确答案。团队成员或临时为项目贡献知识或技能的专家,被归类为向下。

C. 通常把项目团队外的相关方群体或代表归为向外。

D. 通常把项目经理的同级人员归为横向。

考点与页码:数据表现,影响方向。《指南》第 513 页。

59 » A. 凸显模型是按权力、紧迫性和合法性三个维度对相关方进行分类的。

B. 影响方向是按相关方对项目团队本身的影响方向进行分类的,不是用三维模型呈现的。

C. 正确答案。相关方立方体是采用三维模型来呈现相关方的信息的,最常用的三维就是权力、影响和作用。

D. 没有这种方格,相关方分类的方格一般只有两个维度,比如权力影响方格,作用影响方格。

考点与页码:数据表现,相关方立方体。《指南》第 513 页,《解读》第 281 页。

60 » **A. 正确答案。思维导图用图形可视化表示相关方之间的联系。**

B. 相关方参与度评估矩阵,是将相关方当前参与水平与期望参与水平进行对比的技术,不能表示相关方之间的关系。

C. 权力利益方格是对相关方按权力和利益进行分类的结构化工具,不能表示相关方之间的关系。

D. 相关方立方体是一种多维模型,是分类方格模型的改良形式,不能表示相关方之间的关系。

考点与页码:数据表现,思维导图。《指南》第 521 页,《解读》第 282~283 页。

第四篇 综合模拟试题详解

01 / 综合模拟试题一

1. »   A. 这个说法是对的，但并不是四个选项中最先要做的事。

   B. **正确答案**。首先要与客户确定详细的质量测量指标，以便按此执行得到合格的质量，并按此进行质量检验，确保符合客户的要求。

   C. 虽然应该预留一定的应急储备（包括时间和资金），用于应对已知和未知的风险，但是通常不会专门为修补缺陷而预留。

   D. 这个说法是对的，但是不切题。

   考点与页码：质量测量指标。即便题干中没有直接说"首先"应该做什么，通常也是要求选"首先"应该做的事。《指南》第 287 页，《解读》第 177 页。

2. »   A. 项目经理要积极主动，不能一遇到问题就立即向发起人或高级管理层求助。现在还不到向发起人求助的时候。

   B. 项目经理不能只分析对项目建设期的影响，还要关注项目决策对未来运营期的影响。

   C. 对项目的未来运营收益有影响，不能不加分析就同意。因此对于这类变更，项目经理无权审批。

   D. **正确答案**。应该告诉该相关方这个重大变更会影响项目的商业价值，在做出变更决定之前，应该重新审核原先的商业论证。

   考点与页码：变更管理和商业论证。需要定期或不定期审核项目的商业论证报告，确保项目继续符合组织的商业需求。《指南》第 77~78 页。

3. »   A. 解释同 C。

   B. 解释同 C。

   C. **正确答案**。客户表明了他对本项目是否成功的看法，项目经理应该先记录为项目成功标准，并将其可测量化，再写入项目章程、需求文件、验收文件。

   D. 解释同 C。

   考点与页码：项目成功标准。《指南》第 34~35 页。

4. »   A. 这是非常消极、不负责任的做法。什么时候客户才能获得足够的资金？也许永远都不能。

B. **正确答案**。由于客户已经明确表示没有钱了,就应该削减工作范围,并尽快开始项目收尾工作。

C. 解释同 A。

D. 项目不能不了了之。无论是什么原因导致项目终止,也无论什么时候项目终止,都必须进行收尾工作。

考点与页码:项目提前终止与项目收尾。《指南》第 123 页,《解读》第 94~95 页。

5» A. **正确答案**。由于对取消该项工作可能导致的综合影响评价不够,因而未能预见取消该工作反而会导致项目总成本上升。

B. 控制范围过程的关注重点不是取消工作可能导致的综合影响,而主要是对范围本身(项目产品功能)的影响。

C. 控制成本过程的关注重点不是取消工作可能导致的综合影响。

D. 控制进度过程与题干无关。

考点与页码:实施整体变更控制过程。本来以为取消那项工作能节约成本,却没有考虑到那项工作与其他工作之间的关系,导致项目总成本反而上升。这肯定是实施整体变更控制过程做得不好。注意:题目所关注的是变更的综合影响,故不能选 B 或 C。《指南》第 113 页,《解读》第 93~94、102~103 页。

6» A. 没有"项目相关方会议"这种很笼统的说法,虽然在启动阶段需要召开会议来识别相关方,在其他阶段也需要与相关方召开必要的会议。

B. 项目启动会议是在启动阶段结束时召开的会议。

C. **正确答案**。项目开工会议是在规划阶段结束时召开的一个会议,以便主要相关方一起了解项目计划,承诺为实现项目目标而努力。

D. 项目状态评审会议是在项目执行和监控阶段召开的会议。它也是监督风险过程的工具之一。

考点与页码:项目开工会议。《指南》第 86 页,《解读》第 96 页。

7» A. 在项目的前期准备阶段就应该策划将如何实现效益。而且,项目期间也可能有效益产生。

B. 商业论证中包括项目将要实现的效益,但不包含关于效益实现的方式、时间、责任人等详细信息,这些包含在效益管理计划中。

C. 效益管理计划应该由发起人组织相关专家编制。发起人可以要求项目经理参与编制效益管理计划,但项目经理通常不是负责人。

D. **正确答案**。商业论证和效益管理计划,都是制定项目章程所需的商业文件,应该与发起人沟通后让其提供。

考点与页码：制定项目章程过程的输入，商业文件，效益管理计划。《指南》第 33、77 页，《解读》第 82 页。

8. A. 人力资源部门为选拔、培训、监督和考核项目管理专业人员提供支持，但并不直接开展这些工作。

   B. 正确答案。题中所列举的是项目管理办公室的部分职能。

   C. 项目经理的职责是针对单一项目的。这个选项不符合题意。

   D. 高层管理者关注的是组织目标的实现，而不是具体的人员安排等工作。

   考点与页码：项目管理办公室的职能。《指南》第 48 页，《解读》第 31 页。

9. A. 每一次采购工作完成时都必须总结经验教训。

   B. 正确答案。在控制采购过程中，必须开展审计，总结单个合同履行方面的经验教训。

   C. 在问题日志中记录所发现的问题，是项目执行过程组的工作，理应已经完成。

   D. 先做审计，再把审计的结果归入组织过程资产。

   考点与页码：审计和控制采购过程。《指南》第 498 页，《解读》第 259 页。

10. A. "C" 代表咨询的责任，每个活动可以有多个 "C"。

    B. "R" 代表执行的责任，每个活动可以有多个 "R"。

    C. 正确答案。RACI 矩阵中，"A" 代表最终责任，是某活动的唯一最终责任人，每个活动都必须且只能有一个 "A"。

    D. 安妮可以作为两个活动的 "A"。

    考点与页码：责任分配矩阵的例子 RACI 矩阵。每个活动必须且只能有一个 "A"。《指南》第 317 页，《解读》第 209 页。

11. A. 如果用固定总价合同，潜在卖方肯定会在报价中包括较高的应急储备。

    B. 不符合题意。

    C. 不符合题意，而且《指南》中没有这种合同。

    D. 正确答案。由于题目中明确提到了合同期限较长（3 年）和想要避免过高的通货膨胀应急储备，就只能选总价加经济价格调整合同。

    考点与页码：合同种类。《指南》第 471 页，《解读》第 250 页。

12. A. 团队没有分享知识的氛围，最好的工具和系统也不能起作用。

    B. 不如 D 效果好。

    C. 不如 D 效果好，隐性知识无法通过网络搜索获得。

D. **正确答案**。知识管理最重要的是营造一种相互信任的氛围,互动式的研讨会可以激励团队成员分享知识或关注他人的知识。

   考点与页码:管理项目知识,建立知识分享氛围。《指南》第 100 页,《解读》第 92 页。

13. A. 不如 D 有针对性。
    B. 对该成员和其他成员都不好。
    C. 教练技术用以教会成员某种具体做法,不解决心理焦虑问题。
    D. **正确答案**。进行一对一的个人辅导,有利于解决心理焦虑。

    考点与页码:建设团队过程的工具与技术、培训。广义的培训包括培训(狭义)、教练和辅导。如果没有 D,则可选 A。《指南》第 342 页,《解读》第 203 页。

14. A. 不能立即着手编制项目章程,而必须先确认相关资料(如商业论证)的可靠性。
    B. 重新开展商业论证,不属于项目经理的职权范围,项目经理可以参与。新的情况也不一定导致非要重新开展商业论证不可。
    C. **正确答案**。根据《PMP®考试大纲》,项目经理在启动过程组的第一项工作就是开展项目评估(Project Assessment),以确认商业论证报告中的结论仍然是合理的(没有过时的)。
    D. 项目章程发布之后,才能编制项目管理计划。

    考点与页码:开展项目评估与制定项目章程。虽然《指南》中没有写项目评估的内容,但《PMP®考试大纲》中明确写了。《解读》第 83 页。

15. A. 题干中的内容与机会无关。
    B. **正确答案**。通过修改项目计划,使项目不受未来材料涨价的风险影响。
    C. 如果并未全部备齐以后所需的材料,而只是多购买了一些,才是威胁减轻。
    D. 威胁转移是把风险的影响和应对责任一起转给第三方,通常需要支付费用。

    考点与页码:威胁的五种应对策略。注意区分"规避"与"减轻"。《指南》第 442 ~ 443 页,《解读》第 242 ~ 243 页。

16. A. 不如 C 那么实质性;而且,应该先识别、再归类。
    B. 对于消极的相关方,也应该积极面对,而不是简单回避;而且,不是你想减少就能减少的。
    C. **正确答案**。项目相关方的要求往往差别很大,甚至相互冲突。因此,管理他们将是一件非常困难的工作。

D. 与题意无关。题干中没有涉及相关方的角色重叠。

考点与页码：项目相关方管理。题干明显是在谈论相关方对项目的不同要求。《指南》第 35、53 页。

17》 A. 解决不了问题。

B. 正确答案。项目管理计划中的产品开发方法决定了这个阶段是否还可以变更。适应型（敏捷）开发方法允许在整个开发生命周期进行变更，哪怕是收尾阶段。

C. 资金剩余与变更是否允许，没有直接关系。

D. 即便允许变更，也要先评审。

考点与页码：分析冲突的背景，以便更好地了解和处理冲突。在敏捷背景下，提倡拥抱变更。《解读》第 205、307 页。

18》 A. 你不能把明知是错误的信息带到会议上去。并且，在会议上，不一定能纠正这几处错误。

B. 正确答案。项目进展情况报告是会议沟通过程中将要传达的信息。如果信息都错了，那么依据此信息所做出的决策也将是错误的。依据错误的信息开会，那只是浪费时间。

C. 发现问题后，应首先解决问题，而不是追究责任。

D. 项目状态评审会议的目的不是考核参会者。

考点与页码：信息发出者的责任：只能发布正确的信息。《指南》第 372 页，《解读》第 221 页。

19》 A. 这并不是最有效的做法。

B. 解释同 C。

C. 正确答案。应该把风险分配给最有能力对其进行管理的一方。对于项目所在地的法规修订风险，通常项目业主更有能力进行管理。

D. 就这个已经识别出的具体风险，在编写合同时就应该考虑处理措施。

考点与页码：项目采购中的风险管理原则。《指南》第 463 页。

20》 **A. 正确答案**。合同要求已经圆满实现，需要及时地关闭单次采购合同。对客户提出的额外工作，应该签订新合同。注意：收尾阶段通常不能变更，更不能追加新工作。

B. 可以用成本补偿方式为新工作另签合同，但不能把新工作添加到现有合同中。

C. 简单地拒绝，不是良好的做法。

D. 不符合 PMI 主义，有"镀金"之嫌。

考点与页码：只有为了实现合同既定目的的变更才是被允许的。由于既定的合同要求已经实现，就不能在原合同中再追加额外工作。对额外工作，只能另外签合同。《解读》第 259、261 页。

21 » **A. 正确答案**。三点估算计算平均工期，由题意计算可得 $t_E = (t_O + 4t_M + t_P)/6 = (10$ 天 $+ 4 \times 12$ 天 $+ 20$ 天$)/6 = 13$ 天。

B. 解释同 A。

C. 解释同 A。

D. 如果采用基于三角分布的三点估算公式，就是 14 天。但题目中没说是三角分布。

考点与页码：三点估算。注意：《指南》中提到了基于三角分布的三点估算公式和基于 β 分布的三点估算公式。如果题目中未明确说是哪种分布，就按 β 分布计算。《指南》第 201、245 页，《解读》第 140 页。

22 » A. 项目经理直接发送的是发起人的指示函件，编码没有问题。

B. 题干并未暗示沟通媒介选择不当。

C. 正确答案。该团队成员应该将他对该函件的理解反馈给项目经理，看是否正确理解了信息。反馈是沟通中必须有的，是沟通中的质量控制。

D. 团队成员的回执就是对收到信息的及时告知。

考点与页码：沟通中的反馈。注意：反馈与确认已收到的区别。《指南》第 372 页，《解读》第 221 页。

23 » A. 由于等级森严和时间紧张，你不能用这种方法来编制项目章程。

B. 解释同 A。

C. 正确答案。既符合发起人（管理层）发布项目章程的规定，又符合等级森严和时间紧张的条件。

D. 尽管职能经理可参与项目章程的编写，但他们的参与会延长编写项目章程的时间。

考点与页码：事业环境因素中，组织文化对项目工作的影响。项目经理的工作方式必须与项目执行组织的文化相匹配。《指南》第 38 页，《解读》第 32~33 页。

24 » A. 强迫的效果并不好，因为口吃也无法有效回应。

B. 应先倾听该团队成员的意见，再与其他人协商。

C. 这不是积极的做法。

D. 正确答案。积极倾听该团队成员的意见，通过倾听帮助他消除障碍，从而实现有效反馈。

考点与页码：通过积极倾听实现反馈。《指南》第 372、386 页，《解读》第 221 页。

25. **A. 正确答案**。项目经理应向高层汇报，由高层组织专家进行商业论证的修订，如果修订后项目从商业角度不可行，再采取进一步行动。

    B. 项目经理已知市场的变化可能对项目的可行性产生影响，应该及时通知高级管理层。

    C. 商业论证是项目开展的前提条件，商业论证已经对未来项目投入运营后的收益进行了预测，因而不能指望在运营中再来弥补。

    D. 编写项目章程不能偏离已经被批准的商业论证报告。

    考点与页码：与相关方一起进行效益分析，以及编写项目章程。根据《PMP®考试大纲》，编写项目章程时不能无中生有，而只能"汇编和分析已收集的信息"。《指南》第 77~78 页，《解读》第 83 页。

26. A. 题目没有提到自己的权力有限。

    B. 正确答案。让客户感觉到自己的报价是很公平合理的，公平合理策略。

    C. 既成事实是坚持某个问题已经有既定的解决方案，不需要再讨论。

    D. 出人意料是突然抛出一个全新的、出任意料的方案，以期打对方一个措手不及。

    考点与页码：合同的谈判策略。《解读》第 264~265 页。

27. A. 先要解决问题，再为以后改进而总结经验教训。

    B. 不一定是责任未落实，先要进行全面的团队绩效评价。即便每位成员都尽到了责任，团队绩效也不一定就好。

    C. 正确答案。进行全面的团队绩效评价，确定团队和个人的问题。

    D. 先分析团队绩效找到问题，再决定是否采用测试工具。

    考点与页码：团队绩效评价。不断地评价项目团队绩效，有助于采取措施解决问题、调整沟通方式、解决冲突和改进团队互动。《指南》第 343、347 页，《解读》第 212 页。

28. A. 解释同 B。

    B. 正确答案。预期货币价值 EMV = 25% × 500 万元 + 60% × 200 万元 + (1 − 25% − 60%) × (−300) 万元 = 200 万元。

    C. 解释同 B。

    D. 解释同 B。

    考点与页码：数据分析，决策树分析（预期货币价值计算）。注意：各种情况的概率之和必须等于 1（这是预期货币价值分析中的规则），所以可以用（1 − 25% − 60%）计算出市场情况很差的概率。《指南》第 435 页，《解读》第 242 页。

29 » A. **正确答案**。项目章程中写明了项目的重要里程碑，并经过各相关方批准。

  B. 先拿出项目章程向他澄清，如果他还坚持要变更，再要求他走变更程序由发起人审批。

  C. 不能忽略这种负面相关方，他可能会干扰项目随后的工作。

  D. 商业论证是从商业角度对项目的可行性进行论证，通常不会规定具体的项目完工日期。

  考点与页码：项目章程的内容，总体里程碑进度计划。《指南》第 81 页，《解读》第 85 页。

30 » A. **正确答案**。相关方参与计划中应该写明关键相关方的所需参与程度和当前参与程度，以及为有效调动相关方的参与所需的行动方案。

  B. 相关方登记册中通常不会写如何与相关方打交道，以及如何提高相关方的参与程度。

  C. 虽然沟通管理计划中会有相关的内容，例如将如何与相关方沟通，但是提高相关方参与程度的手段不局限于沟通。

  D. 相关方参与度评估矩阵中只写相关方的当前参与程度和所需参与程度，而不写如何提高他们的参与程度。

  考点与页码：相关方参与计划的内容。《指南》第 522 页，《解读》第 279~280 页。

31 » A. 变更控制委员会是审批变更的机构之一，不能有效证明变更执行了相关流程。

  B. 项目期间的决策对运营有影响，有必要向运营经理做出解释。

  C. 进度基准的变更与配置管理无关，配置是项目的技术参数。

  D. **正确答案**。变更管理计划写明了变更应该遵守的流程，变更日志记录变更请求的处理过程。

  考点与页码：按变更管理计划管理变更。《指南》第 88 页，《解读》第 101 页。

32 » A. 根据题意，成本效益分析已经做过了。

  B. 项目经理的能力也许对决定项目是否继续有一定的作用，但作用不大。

  C. 这不是 PMO 考虑的重点。PMO 关注如何在所管辖的各项目之间有效分配资源。

  D. **正确答案**。PMO 负责优化利用全部项目所共享的组织资源。是否继续该项目，不仅取决于该项目本身的情况，而且取决于它对其他项目的影响。

  考点与页码：PMO 的目标。项目经理负责具体项目的管理工作，而 PMO 负责许多项目的协调管理。项目管理办公室主任应该考虑项目之间的统筹管理。《指南》第 48~49 页，《解读》第 31~32 页。

33. » A. 这个说法不错，但不切题。题干显示已经确定会议主题。

   B. **正确答案**。会议通知中只邀请相关人员参会，如技术会议就写明邀请技术人员参会，决策会议就写明邀请主要领导参会。

   C. 事后写会议纪要并不能解决会议中混乱的现象。

   D. 跟进后续行动并不能解决会议中混乱的现象。

   考点与页码：会议管理。《指南》第 381 页，《解读》第 97 页。

34. » A. 项目章程中已经写明，不需要询问发起人。

   B. **正确答案**。项目章程中包括项目审批要求，如由谁来签署项目结束。

   C. 项目成果需要交给发起人或他指定的相关方。

   D. 由项目章程中规定的有权签署的人签字。

   考点与页码：项目章程。项目章程中包括项目审批要求，例如，用什么标准评价项目成功，由谁对项目成功下结论，由谁来签署项目结束。在项目收尾时也需要使用项目章程。《指南》第 81 页，《解读》第 85 页。

35. » A. 尽管有这种可能，但题目中未说买方采用了不同的系统测试方法。

   B. **正确答案**。采购工作说明书是对被采购的产品或服务的叙述性说明，如果描述不严密，容易使买卖双方有不同的理解，导致一方认为产品符合要求，另一方却认为不符合要求。

   C. 尽管有这种可能，但这个选项不如 B 具体和直接。

   D. 与题意无关。题干中未提及变更管理。

   考点与页码：采购工作说明书。注意：不能选 C 的原因是，这个题目所考的知识点不是沟通管理。尽管项目中的许多问题都与沟通有关，但是不能随意选择与沟通有关的选项，除非题目就是考沟通管理。《指南》第 478~479 页，《解读》第 257 页。

36. » A. 正确的说法，但不如 D 全面。

   B. 正确的说法，但不如 D 全面。

   C. 未考虑团队成员的多样性，多样性有利于团队的发展。

   D. **正确答案**。在同一个团队中，个性可以不同，但价值观要一致。

   考点与页码：通过使用个性指标来评估行为。个性是人与人之间在思维模式、情感和行为的特征模式方面的差异。《指南》第 66 页，《解读》第 212 页。

37. » A. 变量抽样关心实际检测值在某个连续刻度表上所处位置，而不是产品合格或不合格。

B. **正确答案**。进行属性抽样时，检查者只关心产品质量合格或不合格，而不关心在多大程度上合格。

C. 这是杜撰出来的说法。

D. 比例抽样是随机抽样的一种方法，与题意无关。

考点与页码：属性抽样与变量抽样的区别。《指南》第 274 页，《解读》第 191 页。

38» A. "同时交付"是真实存在的制约因素，应该记录在假设日志中。

B. 应该通过计划保持进度统一，而不是每天沟通。不如 D 好。

C. 可能无权分析另一个项目的关键路径。

D. **正确答案**。研发团队的进度影响本项目工作，请他们参与计划编制是最佳做法。

考点与页码：引导相关方参与，与相关方合作完成项目目标。《指南》第 503 页，《解读》第 269~270 页。

39» A. 你的项目尚未开始。

B. 项目具有独特性，经验教训登记册不能照搬其他项目的。

C. **正确答案**。通过人际交往先与该专家建立联系，为以后的交流创造条件。

D. 虚拟互动不如面对面的交流效果好，C 比 D 好。

考点与页码：人际交往。可以通过人际交往在相关方之间建立联系，以便促进知识分享。《指南》第 104 页，《解读》第 98 页。

40» A. 题干未显现团队成员违反基本规则。

B. 未考虑沟通的代价。

C. 太消极的做法。

D. **正确答案**。虚拟团队需要临时的集中办公机会，有利于增进团队成员的感情。

考点与页码：集中办公。集中办公既可以是临时的，也可以贯穿整个项目。《指南》第 340 页，《解读》第 201 页。

41» A. 项目计划在规划阶段、开工会议之前已经制订，他们可以提出修改意见。

B. **正确答案**。通过项目开工会议来介绍项目目标和项目计划，获得关键相关方的支持。

C. 关键相关方不参与每个决策的制定，一般只负责重要决策。

D. 这是开工会议上的议程之一。

考点与页码：项目开工会议。在多阶段项目中，通常在每个阶段开始时都要举行一次开工会议。《指南》第 86 页，《解读》第 96 页。

42 » **A. 正确答案。** 凡是卖方没有过错的延误，都是可原谅的，应该允许延长工期。所在城市机场的员工罢工，通常是卖方无法控制的。

B. 如果是卖方工厂的工人罢工，就应该选择这个答案。

C. 不能不加分析就做出这种决定。

D. 可以要求卖方赶工，但这不是立即要做的。而且，卖方赶工的费用应该由买方承担。

考点与页码：合同工期延误的处理。如果发生了可原谅的延误，正常情况下应允许延长工期；如果不允许，就应要求承包商赶工，并对承包商赶工的成本给予补偿。《解读》第 265～266 页。

43 » A. 解释同 C。

B. 解释同 C。

C. 正确答案。 确保信息包含足够的细节以满足潜在供应商的需求，这是清晰的目的和表述原则。

D. 解释同 C。

考点与页码：书面沟通的 5C 原则。《指南》第 363 页，《解读》第 214 页。

44 » A. 公司可能无法做出承诺，B 的方式更灵活。

B. 正确答案。 来自公司层面的认可和信息透明，能让团队成员感受到自己在组织中的价值，起到激励作用。

C. 只是项目经理的认可，还不足以起到较好的激励作用。

D. 只倾听不满情绪，不能起很好的激励作用。

考点与页码：建设团队过程的工具，认可与奖励。当没有条件实施金钱奖励时，可以采取更加有效的认可措施。《指南》第 341～342 页，《解读》第 202 页。

45 » A. 团队成员的情况不同，领导风格应该相应调整。

B. 从题干的情景中看不出来仆人型领导风格更适合。

C. 领导风格应根据自身的风格和团队的情况决定，不能只看成员的喜好。

D. 正确答案。 目前团队的情况适用于放任型领导风格。

考点与页码：领导风格，放任型。《指南》第 65 页，《解读》第 47～48 页。

46 » A. 这是消极被动的做法。

B. 这不是最有效的办法。

C. 正确答案。 当地政治问题导致的威胁，超出了项目经理的权限，应采取上报策略，向高层请示该如何应对。

D. 这种宏观政治问题，项目业主没有过错，承包商无权索赔经济损失。

考点与页码：威胁应对策略，上报。《指南》第 442 页，《解读》第 242 页。

47. A. 该成员的行为符合奖励标准，奖项及评选时间都已经很清楚，不需要再查阅。
    B. 何时给与奖励，应该按认可计划执行。
    C. 正确答案。奖项不能马上给，但项目经理的及时表扬也是一种认可，可以起到激励效果。
    D. 这对其他团队成员不公平。

考点与页码：认可与奖励。《指南》第 319、341~342 页，《解读》第 202 页。

48. A. 先与职能经理沟通，不能直接求助高层。
    B. 你并不了解资源的情况，就无法做合理的多标准决策分析。
    C. 资源由职能经理管理，你无法测试每个资源的能力。
    D. 正确答案。职能经理最了解资源的情况，影响他把最佳资源提供给你。

考点与页码：谈判。在资源分配的谈判中，影响职能经理以便获得最佳资源。《指南》第 332~333 页，《解读》第 201 页。

49. A. 不能遗漏任何项目相关方，否则可能导致遗漏某些项目相关方的需求，从而导致项目失败。
    B. 尽管项目管理办公室可以提供协助，但项目经理和项目管理团队应该自己决定谁是重要相关方。
    C. 太片面，应该收集所有相关方的需求。
    D. 正确答案。项目管理团队必须识别所有内部和外部相关方，了解他们的期望，并确定项目要求。

考点与页码：识别全部项目相关方并考虑他们的需求，至少从理论上是这样要求的。《指南》第 505、507 页，《解读》第 279 页。

50. A. 团队成员一般没有能力自己处理这种情况。
    B. 找某个高管可能不起作用，也无法判断哪位是推选琳达的背后人物。
    C. 正确答案。对于公司高层，项目经理的影响力有限，但可以使用回避权力，说明情况并拒绝参与评选，促使公司做出改变。
    D. 不是有效方法，太强硬，而且高层可以不解释。

考点与页码：项目经理的权力，回避权力。《指南》第 63 页，《解读》第 45~46 页。

51. **A. 正确答案**。在刚出现问题的时候，项目经理已通过非正式的口头沟通提醒该成员。团队成员仍然犯错，而且造成了严重后果，现在最好使用正式的书面沟通。
    B. 如果团队成员再次犯错，但没有造成较严重的后果，可以使用正式的口头沟通，如在会议上正式批评。如果还不起作用，再使用正式的书面沟通。

C. 非正式的方式不再适合。

D. 非正式的口头沟通已经做过了。

考点与页码：沟通方式。主要有正式的书面沟通、正式的口头沟通、非正式的书面沟通和非正式的口头沟通。《指南》第361页，《解读》第216页。

52» A. 没有回应该专家关注的问题。

B. 有一定作用，但没有直接回应专家关注的问题。

C. 解释同B。

D. 正确答案。他可以要求把"人员转岗安排"的工作列入项目范围。

考点与页码：考虑对方视角，通过谈判获取人力资源和成员支持。《指南》第332页，《解读》212页。

53» **A. 正确答案**。对于发生的可能性低且影响较小的风险，通常只需将它们列入观察清单，并也要为之建立应急储备。

B. 风险接受（加以观察、建立应急储备），也是一种应对措施。

C. 对于低风险，没必要做进一步分析。

D. 对于低风险，不需要转移，只需观察并准备应急储备即可。

考点与页码：规划风险应对过程，如何处理低风险。《指南》第443页，《解读》第243页。

54» A. 应该先评估新方法的效果和适用性，再做出决策。

B. 敏捷项目提倡拥抱变更，团队评估通过后可以继续使用新方法。

C. 这是一种假设，需要通过评估验证。

D. 正确答案。敏捷项目通过循环回顾和定期检查改进质量，在回顾会议上评估新方法是否继续使用。

考点与页码：敏捷项目的质量管理。《指南》第276页，《解读》第306～307页。

55» A. 解释同B。

B. 正确答案。这个机会需要组织层面协助才能抓住，并不是项目经理所能决定的，所以采取上报策略。

C. 解释同B。

D. 解释同B。

考点与页码：机会应对策略，上报。《指南》第444页，《解读》第243页。

56» A. 任何项目提前终止，都需要描述终止的原因

B. 不能为了项目收尾就按客户的意见修改，不符合诚实的职业道德。

C. **正确答案**。鱼骨图可以找到项目终止的根本原因。

D. 虽然能避免客户和团队的意见冲突，但不符合诚实的职业道德。

考点与页码：项目或阶段收尾，鱼骨图。《指南》第 128、293~294 页，解读第 94、185 页。

57. A. 因果图是分析问题根本原因的技术。

B. 亲和图是用来对缺陷进行分类的技术。

C. 过程分析是为了找到过程中的非增值活动，识别过程改进机会的技术。

D. **正确答案**。流程图展示每个过程，既可以分析现有测试过程中哪个环节出了问题，还可以用于建立结构化的测试过程。

考点与页码：管理质量过程的工具，流程图。《指南》第 292~293 页，《解读》第 185 页。

58. A. **正确答案**。资源管理计划中包括了角色、职权、职责和能力的说明。

B. 责任分配矩阵中只展示责任，不写明某个岗位的能力要求。

C. 团队章程中包括团队价值观、共识和工作指南，不写明某个岗位的能力要求。

D. 资源需求写明每个活动所需要的各类资源，不写明某个岗位的能力要求。

考点与页码：资源管理计划的内容。《指南》第 318~319 页，《解读》第 196~197 页。

59. A. **正确答案**。全面评估变更可能造成的影响后，再采取进一步行动。

B. 对于涉及产品功能的变更，项目经理要先对变更的影响进行全面评估，再提交变更控制委员会审批。

C. 应分析之后再采取行动。

D. 简单拒绝通常不是一种好的方法。

考点与页码：变更管理的程序和审批权限。变更控制委员会审批变更，要基于项目经理上报的变更评审报告。《解读》第 101~105 页。

60. A. 不如凸显模型那么全面。

B. 解释同 A。

C. **正确答案**。凸显模型按力量、紧急性和合法性对相关方进行分析和归类。其中的力量，又是职权、影响和作用的综合结果。是四个选项中最全面的。

D. 解释同 A。

考点与页码：识别相关方的工具，凸显模型。《指南》第 513 页，《解读》第 282 页。

61 » A. **正确答案**。应该在预警信号发布时，就采取应急应对策略中的应对计划。

B. 预警信号是预先警示的信号，一旦发布就要采取应对，而不是等风险真的出现了再行动。

C. 这是事业环境因素中的政府法规，必须执行，不需要高层特别批准。

D. 先执行应急应对策略中的应对计划，再评估这次事件对进度的影响。

考点与页码：应急应对策略。《指南》第 445 页，《解读》第 244 页。

62 » A. **正确答案**。沟通管理计划中写了客户的信息需求，包括报告的形式、详细程度等。

B. 报告的格式需要满足客户的要求，而不是团队成员决定。

C. 直接根据客户喜好的风格编制报告更高效。

D. 不利于两个团队成员的合作。

考点与页码：沟通管理计划。《指南》第 377 页，《解读》第 218~219 页。

63 » A. **正确答案**。在相关方参与计划中，应该对所有相关方都制定管理策略，让参与程度不足的相关方积极参与项目，让参与程度较好的相关方继续保持。

B. 解释同 A。

C. 解释同 A。

D. 题干中的表格就是在规划相关方参与过程中分析得到的。

考点与页码：规划相关方参与过程，数据表现，相关方参与度评估矩阵。《指南》第 521~522 页，《解读》第 283 页。

64 » A. 前半句没有问题，但是不能不加分析就允诺满足客户的需求。

B. 与题意无关。

C. **正确答案**。应该首先定义问题，弄清楚客户为什么不满，并检查沟通系统是否存在问题。

D. 只有在弄清楚客户为什么不满之后，才能做进一步分析。

考点与页码：问题解决第一步是定义问题。只有弄清楚问题是什么，才能采取进一步行动。《指南》第 295 页，《解读》第 185 页。

65 » A. 质量管理专家正在开展过程分析，以便基于过程分析的结果来做过程改进。

B. 这不是过程分析和过程改进的目的，更何况应该反对"镀金"。未经批准而把产品质量做得超过要求，就属于"镀金"。

C. 这不是过程分析的直接目的。

D. **正确答案**。精益六西格玛技术是用于开展过程分析的一种技术，旨在发现非增值环节，以便后续开展过程改进以减少非增值环节的资源消耗。

考点与页码：管理质量过程，过程分析和持续改进。《指南》第 275、292 页，《解读》第 174、184 页。

66. A. 应该先搞清楚情况。即便要批评，也应该先私下进行。
    B. 这是消极被动的做法，应该主动沟通。因为虽然发送了信息，但对方不一定收到了。
    C. 正确答案。项目经理作为信息的发送方，有责任确认信息被收到和正确理解。如果对方一直没有反馈，项目经理应该主动询问。
    D. 报告中需要考虑该专家的意见。
    考点与页码：沟通发送方的责任。《指南》第 372 页，《解读》第 221 页。

67. A. 总结经验教训之后，可以采取该行动。先 C 后 A。
    B. 不利于调动供应商的积极性，仅靠项目团队不能确保识别所有合规性风险。
    C. 正确答案。总结经验教训可以防止类似问题再次出现。
    D. 以后可以把合规性列为供方选择的标准之一，现在应立即总结经验教训。
    考点与页码：控制采购过程。监督供应商的合同绩效，必要时变更合同条款，以满足项目需求。《指南》第 492 页，《解读》第 259 页。

68. A. 解释同 B。
    B. 正确答案。在 RACI 矩阵中，对每项工作，A 必须是唯一的，R 可以是唯一或不唯一的，I 和 C 通常不是唯一的。
    C. 解释同 B。
    D. 解释同 B。
    考点与页码：责任分配矩阵，RACI 矩阵。《指南》第 317 页，《解读》第 209 页。

69. A. 差异性如果管理得当，会对团队建设和项目成功起促进作用，故不能忽略。
    B. 对于多样性很高的团队，不能搞"一刀切"，应该考虑成员之间的民族差异。
    C. 应尊重文化的差异，尊重宗教信仰。
    D. 正确答案。符合《指南》中的说法。
    考点与页码：规划资源管理时要尊重文化的差异。《指南》第 309 页，《解读》第 213 页。

70. A. 解释同 B。
    B. 正确答案。由于整体项目风险太高，让项目搬离此地区以消除风险，是规避策略。
    C. 解释同 B。

D. 解释同 B。

考点与页码：整体项目风险应对策略，规避。《指南》第 445 页，《解读》第 244 页。

71. A. 项目具有独特性，尤其是每次做项目的人不一样，不能直接使用过去项目的团队章程。

    B. 团队章程应该由团队成员讨论后共同确定，不能由少数人（项目经理或人力资源专家）制定出来后强加给大家。

    C. 解释同 B。

    D. 正确答案。团队章程应该由团队成员通过共同讨论来制定，对可接受行为达成基本一致的认识。

    考点与页码：团队章程。《指南》第 319~320 页，《解读》第 197 页。

72. A. 决策树是用来做预期货币价值分析的。

    B. 累计概率分布图用于展示蒙特卡罗模拟分析的结果。

    C. 正确答案。题干中所说的定量分析，其实是敏感性分析。因此，用龙卷风图表示敏感性分析的结果。

    D. 贝塔概率分布图是开展蒙特卡罗模拟分析的基础。

    考点与页码：实施定量风险分析过程，数据分析，敏感性分析。《指南》第 434 页，《解读》第 242 页。

73. **A. 正确答案**。控制图可以反映某个过程随时间推移的运行情况，可以持续监测变更的改进效果，确定过程是否稳定。

    B. 因果图有利于找到问题的根本原因，而不能持续监测变更的效果。

    C. 需要把统计抽样的结果在控制图上予以展示才能判断改进的效果，因此选项 A 更佳。

    D. 直方图不能展现流水线随时间的连续运行情况。

    考点与页码：控制图的作用。《指南》第 304 页，《解读》第 186 页。

74. A. 确认已收到只代表信息收到，并不代表已正确理解。

    B. 正确答案。接收方接收信息后进行解码，再传递给发送方确认，这一反馈过程使信息发送方能够判断信息是否已被正确理解。

    C. 解码是指接收方对信息的理解。如果不把解码结果反馈给发送方，发送方还是无法判断接收方的理解是否正确。

    D. 编码是指信息发送者对信息的组织和编写。

    考点与页码：沟通模型中的反馈。《指南》第 371~372 页，《解读》第 221 页。

75. A. 从你列出的三个选项可知道，该专家是稀缺资源，不可替代。

B. 正确答案。积极主动的做法,争取该专家更多的时间。

C. 这是最低要求,应该先积极主动谈判,争取最优和次优方案。

D. 尽量自己用谈判的方式解决问题,而不是立即找高级管理层。

考点与页码:谈判。与其他项目经理谈判获取稀缺资源。《指南》第 332~333 页,《解读》第 201 页。

76. A. 培训有助于提高团队成员的管理和技术技能,但不能直接用于缓解因琐事而引起的人际矛盾。

B. 谈判适用于利益的分配或平衡,不适用于解决因琐事而引起的人际矛盾。

C. 与智商无关。

D. 正确答案。项目经理应该依靠自己的情商来了解、评估和控制团队成员的情绪。对于因琐事引起的人际矛盾,特别需要用情商来处理。

考点与页码:人际关系与团队技能,情商。《指南》第 349 页,《解读》第 203 页。

77. A. 也许可以这样做,但解决不了实际问题。

B. 正确答案。由于买方有过错而非供应商的过错,买方应该按照合同补偿供应商的损失,因此只能向管理层申请追加资金。

C. 不能把项目成本转入以后的运营成本中,项目经理没有这个权力。

D. 不能简单地把问题推给高级管理层。

考点与页码:控制采购过程的工具,索赔管理。《指南》第 498 页,《解读》第 265~266 页。

78. A. 先获得项目管理计划的批准,再执行。

B. 所有相关方,说法太绝对了。

C. 正确答案。项目管理计划编制完成后,要向主要相关方呈报计划并获得批准,以便开始项目执行。

D. 项目管理团队已经组建了,项目一线作业团队要等计划批准后再组建。

考点与页码:项目管理计划的批准。解读第 89 页。

79. A. 情况紧急,没有时间让团队成员继续争论。

B. 不一定存在可行的折中方案。

C. 正确答案。由于情况紧急,只能采取强制的冲突解决办法。

D. 情况紧急,没有时间征求其他成员的意见。

考点与页码:冲突解决。注意:解决冲突的紧迫性,是影响冲突解决方法选择的重要因素。《指南》第 349 页,《解读》第 207~208 页。

80. A. 产品未完项包括所有待完成的用户故事，不能直接看出当前迭代期的任务。
    B. 没有任务清单这个说法。
    C. 用户故事代表产品功能，一个用户故事代表一个产品功能。
    D. 正确答案。冲刺未完项，也叫迭代未完项或迭代任务单，列出了当前迭代期的具体任务和时间要求。

    考点与页码：敏捷项目，冲刺未完项。《指南》第 133、671 页，解读第 302 页。

81. A. 变革型是用项目成功给个人、团队和组织带来的价值，来激励大家为项目成功而努力。
    B. 正确答案。仆人型又称服务型，项目经理通过为汤姆提供帮助，使他愿意跟随自己。
    C. 放任型是指充分信任团队成员，允许其自己设定工作目标和采取工作行为。
    D. 没有这种领导风格。

    考点与页码：领导风格，仆人型（服务型）。《指南》第 65 页，《解读》第 47 页。

82. **A. 正确答案**。通过沟通，让他真正理解项目的范围，预防他对项目范围产生不合理的期望。
    B. 项目章程中只有初步的项目范围，没有详细的产品功能。
    C. 项目的后期应该尽量不变更。
    D. 如果不采取措施，他很可能对项目范围产生不合理的期望，从而给项目团队带来困难。

    考点与页码：管理相关方期望。《指南》第 524 页，《解读》第 280 页。

83. A. 职能经理提供资源，但不一定能给项目经理指定的资源——彼得，出示项目章程不能解决这个问题。
    B. 题目没有显示其他项目经理在与你争夺彼得。
    C. 正确答案。利用人际关系与团队技能来影响职能经理，以获得你想要的资源。
    D. 即便是高优先级的项目，你也不应该依靠高级管理人员来解决这个问题。

    考点与页码：获取资源过程，与职能经理谈判获取最佳资源。《指南》第 332~333 页，《解读》第 201 页。

84. A. 不能等到收尾阶段再对他重点管理。
    B. 先更新相关方登记册，再调整相关方参与计划中的管理策略。
    C. 重新评估对他的参与度要求，再做出调整。
    D. 正确答案。更新相关方登记册中的评估信息和分类信息。

考点与页码：相关方登记册。相关方登记册中包括相关方的身份信息、评估信息和分类信息，需要经常更新。《指南》第 514 页，《解读》第 279 页。

85 » **A. 正确答案**。领导力是指有能力让一个群体为了一个共同的目标而努力，并像一个团队那样去工作。传达愿景，带领大家朝愿景努力，是领导力的体现。

　　B. 影响力是在没有正式权力的情况下让别人服从自己的能力。
　　C. 激励是投其所好，使团队成员得到个人满足，从而努力工作。
　　D. 沟通与题意无直接关系。
考点与页码：领导力。《指南》第 60 页，《解读》第 47 页。

86 » A. 虽然从总体看，成本管理工作符合要求，但仍有改进余地。

　　B. 正确答案。按《PMP®考试大纲》，在监控过程中要不断总结经验教训，以便持续改进；更何况某些工作包的成本有所超支。

　　C. 由于成本超支未超出控制临界值，故不需要提出变更请求。
　　D. 解释同 C。
考点与页码：控制临界值，以及不断总结经验教训。《指南》第 239 页。《解读》第 160 页。

87 » A. 需要先处理完事故，并向高层请示后，才有可能开展收尾活动。
　　B. 项目只是停工，没有正式收尾，可能要支付事故赔偿。

　　C. 正确答案。作为专业人士，你应该分析并提出终止失败项目的建议，再请高层决策。

　　D. 分析后再向高层请示，而不是直接请高层决策。选项 C 更好。
考点与页码：终止失败的项目。《指南》第 10 页。

88 » A. 管理储备不是做这个用的，而是为应对项目未知风险而设立的储备。
　　B. 即使是优先等级低的功能，也在项目范围内，除非经过变更控制过程，否则不能随意取消。

　　C. 正确答案。任何变更都应该按既定的变更控制程序办理。虽然题目中没提到"合同"，但由于没有更好的选项，就只能选 C。

　　D. 这不是良好的做法。
考点与页码：项目变更管理。《解读》第 101~105 页。

89 » A. 由于项目范围说明书不是你亲自负责编制的，所以你在使用它之前必须先确认其质量。

B. 正确答案。在使用别人编制的项目范围说明书之前，你应该确认主要项目相关方的需求都在其中得到了反映。项目范围说明书是以后进行项目决策的基础，如果不完善，后患很大。

C. 没有必要重新编制项目范围说明书，虽然也许需要做适当修改。

D. 在编制项目进度计划之前，还有许多工作要做，如创建工作分解结构、定义活动、排列活动顺序、估算活动持续时间。

考点与页码：项目范围说明书是各主要相关方对项目范围的共识。《指南》第154页，《解读》第114～115页。

90. A. 因为不会导致项目延误，故不需要高级管理层的批准。

B. 职能经理为项目提供人力资源和专业技术，但不负责审批项目变更。

C. 正确答案。由于团队成员需要的额外时间不会对项目造成延误，即不会对进度基准造成影响，所以只需要项目经理批准即可。

D. 不会导致进度基准的改变，也不会导致客户的要求不能实现，所以不需要客户批准。

考点与页码：变更管理的权限。《解读》第104～105页。

91. A. 实物资源分配单中是关于实物资源的分配情况，没有关于人力资源的内容。

B. 项目团队派工单是写明团队成员岗位安排的成员名录，没有关于实物资源的内容。

C. 资源日历是写明团队资源、实物资源的可用日历，没有关于资源的识别、获取等内容。

D. 正确答案。资源管理计划是关于如何分类、分配、管理和释放资源的指南，同时适用于人力和实物资源，最全面。

考点与页码：资源管理计划。《指南》第318～319页，《解读》第196～197页。

92. A. 该相关方缺席会议，还只是一个问题，并没有发展成影响项目目标实现的风险。

B. 正确答案。应该记入问题日志，并策划调查和解决问题的方法。

C. 尚未提出变更请求，所以无须记入变更日志。

D. 问题日志最终会成为组织过程资产的一部分。这个选项离现实情况太远。

考点与页码：管理相关方参与过程的输出，项目文件更新，问题日志。《指南》第529页，《解读》第280页。

93. A. 你通常无权限制客户的审批权限。

B. 变更控制委员会只审批关于基准的变更，不能有效控制其他变更。

C. **正确答案**。通过制订变更管理计划来确定如何提出、审批和采纳变更，有利于控制不必要的变更。

D. 这对预防随意的变更不能起到很好的作用。

考点与页码：变更管理计划。《指南》第 88 页，《解读》第 87 页。

94》 A. **正确答案**。把注意力转移到工作上，以透明和合作的方式解决冲突。

B. 不应该阻止而是引导冲突，无冲突就无敏捷。

C. 估算故事点由团队成员共同完成，不是项目经理确定的。

D. 单独估算不利于团队协作，准确度也较低。

考点与页码：敏捷项目的团队特点：自我管理和自我决策。故事点估算。《解读》第 302 页。

95》 A. 魅力型领导风格，是指通过个人魅力来领导，与题意不合。

B. 交易型领导风格，是指给予团队成员适当的回报或奖励来激励他们，与题意不合。

C. 服务型领导风格，也称仆人型领导风格，是指为团队成员提供服务来使他们愿意跟随自己，与题意不合。

D. **正确答案**。实现愿景的过程就是变革的过程。

考点与页码：不同的领导风格。《指南》第 65 页，《解读》第 47~48 页。

96》 A. 公司高层没有精力协调各项目之间的各种问题，只能偶尔出面解决重大问题。

B. 各项目的专职协调员能起到一定的沟通作用，但是没法从公司层面协调重大问题。

C. **正确答案**。题目描述的是项目型组织结构。应该增设必要的职能部门，如项目管理办公室，由职能部门代表公司层面来协调各项目之间的关系。

D. 管理信息系统并不能替代人与人之间的必要沟通。

考点与页码：组织结构，项目管理办公室。项目管理办公室是组织中管理"项目管理"的职能部门。《指南》第 47、49 页，《解读》第 29~31 页。

97》 A. 功能列表包含当前迭代期要完成的多个功能，不能看出每个功能对应的人力投入量。

B. **正确答案**。找到功能 A 对应的用户故事，用故事点了解剩余工作所需的人力投入量。

C. 版本进度计划比较粗略，规定每个版本的发布时间。

D. 产品未完项中包括所有待完成的功能，不能看出每个功能对应的人力投入量。

考点与页码：故事点。在敏捷方法下，用于估算所需人力投入量的相对最小单位是

"故事点（Story Point）"。《指南》第 216 页，《解读》第 306 页。

98. A. 可能是项目经理，不如 D 描述准确。
   B. 不一定由执行的人来发布相关信息，不如 D 描述准确。
   C. 不如 D 描述准确。
   D. 正确答案。应该授权给指定的项目团队成员来发布敏感和保密信息，并写入沟通管理计划中。

   考点与页码：规划沟通管理过程，授权保密信息发布。《指南》第 377 页。

99. A. 按合同执行，客户可能不会同意降低处罚。
   B. 先分析合同和采购管理计划，再决定是否向公司申请变更流程。
   C. 正确答案。先分析合同和采购管理计划中关于供应商违约的处理方式。
   D. 团队没有预料到这种情况，风险应对计划中未包括此次事件的应对。

   考点与页码：控制采购过程。《指南》第 475、489、492 页，《解读》第 259 页。

100. A. 方案是项目经理自己提出来的，他对其应该会有足够的承诺。
   B. 正确答案。审计人员可以从另一个角度来审查解决方案的有效性，高级管理层可以从更宏观的层面上来审查解决方案的有效性。可能由于缺乏这些审查，解决方案并不能真正解决问题。
   C. 与题意无关。
   D. 与题意无关。

   考点与页码：问题解决的流程（结构化方法）。本题的最好答案应该是：未确认解决方案的有效性。B 最接近这个答案。《指南》第 295 页，《解读》第 185 页。

101. **A. 正确答案**。首先修改相关方登记册（项目文件的一种），然后更新相关方参与计划和沟通管理计划（项目管理计划的组成部分）。
   B. 调整管理策略和沟通计划后，根据新的策略和计划向该相关方发送报告。
   C. 项目经理已经收到正式函件，不需要私下沟通。
   D. 项目经理通常没有这种权力。

   考点与页码：随着相关方参与项目工作，要及时评估相关方参与策略的有效性，并及时更新，以反映变化。《指南》第 535～536 页，《解读》第 280 页。

102. A. 这是项目早期的粗略量级估算，准确度 ±25% 是可以接受的。
   B. 目前信息很少，做不到 ±5% 准确度的估算。
   C. 正确答案。在项目信息缺乏时，只能做出粗略量级估算（允许的偏差区间是 -25%～+75%），写明估算依据和准确度就可以了。

D. 成本基准是控制成本的依据。这个估算准确度太低，不能作为成本基准。

考点与页码：粗略量级估算。《指南》第241页，《解读》第160页。

103 » A. 正确说法，敏捷团队应由跨职能的通用型人才组成。

B. 正确说法，主动适应变化是敏捷团队的特点之一。

C. 正确答案。每个迭代期都需要全部专业的团队成员共同工作。

D. 正确说法，敏捷项目需要客户频繁参与其中。

考点与页码：敏捷项目管理的理念。《指南》第670~671页，《解读》第302、307页。

104 » A. 这不是首先要做的。不能未经分析就把可能的影响通知管理层和客户。

B. 正确答案。既然已经识别出了风险，紧接着就要进行风险分析。

C. 这不是首先要做的。这个工作属于规划风险应对过程。

D. 这不是首先要做的。这个工作属于规划风险应对过程。

考点与页码：各风险管理过程的先后顺序。本题涉及过程的顺序为：识别风险、实施定性风险分析、实施定量风险分析、规划风险应对。注意：虽然四个选项都是你该做的事情，但应该选首先要做的事情。《指南》第395页，《解读》第235~236页。

105 » A. 客户不一定会接受费用变更，需要与客户协商。

B. 正确答案。这是代价最小的方式，由专业人士现场辅导，只针对需要进入医院的人。

C. 不需要申请所有团队成员的培训经费，培训只针对进入现场的人。

D. 在线学习不如面对面的辅导效果更好。

考点与页码：培训，确保团队成员具有所需技能。为计划外的培训争取资源。《指南》第342页，《解读》第202~203、212页。

106 » A. 项目章程中的目标是基于商业论证制定的，不能只修改项目章程。

B. 项目经理无权修改商业论证。

C. 商业论证的更新可能会导致项目继续实施下去没有价值，需要提前终止。必须考虑商业论证中的结论对项目的影响。

D. 正确答案。项目经理无权修改商业论证，可以与发起人沟通，提出修改建议。

考点与页码：制定项目章程过程的输入，商业文件，商业论证。《指南》第77~78页，《解读》第83页。

107 » A. 拖延是以各种方式拖延对某个问题的讨论，或是拖延整个谈判。

B. **正确答案**。如果价格谈不拢，就撤出这个生意。

C. 最后期限是设定一个达成协议的最后期限。

D. 既成事实是无须谈判的客观事实。价格不属于既成事实。

考点与页码：谈判策略。《解读》第 264 ~ 265 页。

108. A. 项目范围说明书中包括产品范围描述、可交付成果、验收标准和项目除外责任，不包括制约因素。

B. 项目章程中记录的是高层级的范围，不包括这样详细的要求。

C. **正确答案**。这是合同规定的，项目团队绝对不能违反的，是制约因素，应写入假设日志中。

D. 项目内部的要求不属于事业环境因素。

考点与页码：假设日志。假设日志用于记录假设条件和制约因素。《指南》第 155 页，《解读》第 115 页。

109. A. 这项工作应该在监控阶段已经完成了。

B. 确认范围是监控过程，应该已经完成了。

C. **正确答案**。需要调查相关方的满意程度。

D. 项目收尾阶段不能再提变更请求。

考点与页码：项目收尾时对相关方开展满意度调查。《指南》第 123 页，《解读》第 95 页。

110. A. **正确答案**。变更沟通技术，应该走变更流程。这个选项最全面。

B. 变更批准后再更新沟通管理计划。

C. 属于实施经批准的变更，要在变更批准后再做。

D. 这是变更管理流程中的部分内容。

考点与页码：项目变更管理。《指南》第 113 ~ 115 页，《解读》第 101 ~ 105 页。

111. A. 每日站会是团队内部每天召开的工作会，不需要让客户代表每天参加。

B. 当面纠正他的看法是缺乏情商的做法。

C. 团队不可能满足客户代表的每个要求，需要协商决定。

D. **正确答案**。借此机会影响客户代表接受敏捷的辅导。

考点与页码：识别并利用机会指导相关方。《指南》第 670 页。

112. A. **正确答案**。让一个小组从冲突中撤出。

B. 缓和的特点是关注共同点，回避差异点。

C. 妥协是为了达成一致，双方都主动各让一步。

D. 强迫是利用权力来强行解决紧急问题。

考点与页码：冲突解决方法。《指南》第 349 页，《解读》第 207 页。

113. A. 已经识别出了运营相关方，就应该在项目期间考虑他们的要求。
B. 对项目的变更请求，无论变更大小，都要首先提交给项目经理。
C. 在项目期间变更的代价更小，应该在项目期间就考虑运营相关方的要求。

D. 正确答案。按项目的变更管理计划执行，是大而全的答案。

考点与页码：实施整体变更管理过程。《指南》第 113 页，《解读》第 93~94 页。

114. A. 先在回顾会上讨论分析，再决定如何解决。
B. 每日站会只有 15 分钟左右，只提出问题，没时间分析和解决问题。
C. 不需要每次改动都经过项目经理的同意。

D. 正确答案。在回顾会上总结经验教训，制定解决方案，可以避免将来出问题。

考点与页码：回顾会议。敏捷项目在回顾会议上对开发过程进行总结，以便后续改进。《指南》第 670 页，《解读》第 302 页。

115. A. 这是在与客户见面之后，也许要做的工作。

B. 正确答案。首先要与客户见面，了解客户不满的原因。

C. 这是在与客户见面之后，也许要做的工作。
D. 也许是以后该做的事情。

考点与页码：问题解决的程序。首先必须定义问题。《指南》第 295 页，《解读》第 185 页。

116. A. 解释同 C。
B. 解释同 C。

C. 正确答案。项目经理使用资源时，要考虑组织已经签订的集体劳资协议。如果人员不具备技能，可以先进行培训。

D. 解释同 C。

考点与页码：获取资源过程。注意：获取资源时，要考虑组织签订的劳资协议。《指南》第 329 页，《解读》第 198 页。

117. A. 应该承认和利用文化差异，但没必要刻意强调。团队应该有统一的目标、价值观和工作规则。
B. 应该利用文化差异来打造团队活力，不应该规避。

C. 正确答案。提高文化意识和文化敏感性，有利于管理跨文化的沟通。

D. 不能不考虑团队成员的文化差异。

考点与页码：人际关系与团队技能，文化意识。《指南》第 338、376、534 页，《解读》第 223 页。

118» A. 无论与客户是否还有合作项目，都应该开展客户满意度调查。

B. 客户满意度调查，是每个项目结束时都应该开展的工作。

C. 每个项目结束时都应该调查客户满意度，而无须征求公司高级管理层的意见。

D. 正确答案。项目结束时应该开展客户满意度调查，通过获取客户反馈来协助项目后评价，为以后项目改进与客户的关系提供借鉴。

考点与页码：项目收尾时进行客户满意度调查。《指南》第 123 页，《解读》第 95 页。

119» **A. 正确答案**。如果一个人认为努力工作能带来成功的结果，且这种结果对他有较大的吸引力，他就会受到激励而努力工作，这是弗鲁姆的期望理论。

B. 马斯洛的需求层次理论是指低层次需求得到满足后，才追求高层次需求的满足。

C. 成就动机理论强调根据个人更看重的成就的来源，采取不同的激励措施。

D. 麦格雷格的 Y 理论假设人性本善。

考点与页码：激励理论，弗鲁姆的期望理论。《解读》第 210 页。

120» A. 应该在招标文件中提出这个要求。供应商的关键人员必须在投标文件中列出。

B. 正确答案。可以把这个要求列作供方选择标准之一。

C. 涉嫌违反职业道德。

D. 投标人会议是澄清投标人疑问的会议，不应该此时提出该要求。

考点与页码：规划采购管理，供方选择标准。《指南》第 478~479 页，《解读》第 257 页。

121» **A. 正确答案**。该项目净现值为负数，是亏本项目。该项目不值得做，故该项目资源可用于其他项目。

B. 该项目净现值大于 0，项目有商业意义。

C. 内部报酬率为 10%，项目很可能有商业意义。"机会成本"属于干扰信息。

D. 信息不足，无法判断项目是否有商业意义。

考点与页码：项目选择的财务指标。从最不具有商业意义的项目中抽调资源，以便资源的机会成本最低。《解读》第 153~155 页。

122» A. 解释同 B。

B. 正确答案。建筑设计工作已经成熟，用预测型方法开发，智能控制系统存在较大不确定性，用适应型方法开发，两种开发方法组合在一起即为混合型。

C. 解释同 B。

D. 解释同 B。

考点与页码：混合型生命周期。混合型是预测型和适应型的组合，充分了解或需求确定的部分使用预测型，不了解或需求不确定的部分使用适应型。《指南》第 19 页，《解读》第 41 页。

123. A. 处罚太轻，也不能对其他团队成员起到警示作用。

B. **正确答案**。团队章程中包括团队成员的行为规范，违反团队章程中的基本规则必须受到处罚，并让所有团队成员知道，起到警示作用。

C. 违反团队的行为规范，不管造成的影响大小都应该受到处罚。

D. 违反基本规则的做法应该公示，以便对其他团队成员起到警示作用。

考点与页码：基本规则。项目经理应该及时纠正违反基本规则的行为。《指南》第 319~320、528 页，《解读》第 197 页。

124. A. 私自变更，这是错误的做法，必须禁止。

B. **正确答案**。既然范围变更已经发生，最积极主动的做法就是先了解变更的情况。

C. 只有经过批准的变更，才能被追踪。应该补办批准手续，然后再去追踪变更的效果。

D. 解释同 A。

考点与页码：变更管理的程序。不能绕过变更管理的流程，去做哪怕是很小的变更。《指南》第 113 页，《解读》第 101~104 页。

125. A. **正确答案**。在与客户交谈后，应该把这些高层级的需求和范围记录在项目章程中。

B. 项目还在洽谈过程中，只能确定初步需求和范围，还不到编制项目范围说明书的时候。

C. 高层级的需求不一定是以会议的形式收集的。

D. 应该记录客户的高层级需求和范围，作为项目实施的依据。

考点与页码：项目章程的内容。《指南》第 81 页，《解读》第 85 页。

126. A. 未提及项目团队应该提供协助，不如 C 全面。

B. 不利于运营团队管理设备厂商及开展运营服务。

C. **正确答案**。应该由最了解保修服务的运营团队主导谈判，项目团队会参与设备采购和安装活动，应该提供必要的协助。

D. 这不是公司的集中采购。

考点与页码：谈判。谈判应该由具备签署职权或最了解该工作的成员主导，项目团队可以参与谈判并提供必要的协助。《指南》第 488 页，《解读》第 264 页。

127. A. 这有点像"削足适履"。

    B. 正确答案。因为可交付成果不符合要求，所以首先要拒绝。

    C. 应该首先拒绝，然后再决定如何处理。

    D. WBS 词典中所描述的工作包的实施方法并不一定都是强制性的。在保证结果（工作包）符合要求的前提下，应允许团队成员对实施方法有一定的自主权。

    考点与页码：控制质量过程，确认范围过程。题干中没有指出究竟是控制质量还是确认范围时发现可交付成果不符合要求。无论哪种情况，对不符合要求的可交付成果都必须拒绝，并提出变更请求。《指南》第 163、298 页，《解读》第 120、178 页。

128. **A. 正确答案**。工作分解结构必须符合 100% 规则。

    B. 全部子要素都完成时，母要素必须同时完成。

    C. 不能用这种方法考虑风险。

    D. 不能用这种方法提高项目按期完工的可能性。

    考点与页码：工作分解结构的 100% 规则。《指南》第 161 页，《解读》第 116 页。

129. A. 效益责任人不对整个阶段末的评审工作负责，只负责阶段末的效益核实和报告。

    B. 团队成员只有执行的责任，不是最终负责人。

    C. 正确答案。阶段末评审没有做好。项目经理组织并负责阶段末评审，评审包括效益的核实，可以请效益管理计划中指定的效益责任人进行核实。

    D. 发起人授权项目经理管理项目，项目经理对此负责。

    考点与页码：阶段末评审和效益管理。《指南》第 21、33 页。

130. A. 不能这样简单判断。

    B. 给两名候选人都提供帮助，但是最终当总统的只有一名，这样处理会带来麻烦。

    C. 政治问题应该上报组织，由组织综合考虑当地政治因素的影响后决策。

    D. 正确答案。项目经理负责发现政治因素对项目的影响，应上报组织高层处理。

    考点与页码：领导者的品质和技能，运用政治敏锐性。《指南》第 61 页。

131. A. 根据题意，这项工作已经完成。

    B. 正确答案。工作已经被分解到了工作包的级别，下一步就是要检查工作分解结构是否符合 100% 规则。

    C. 这是定义活动过程的工作，现在还不需要做。

D. 这不是立即要做的事。

考点与页码：编制工作分解结构的步骤。《指南》第 158 页，《解读》第 124 页。

132. A. 虽然需要谈判，但不符合题意。

B. 虽然也许是从外部招募，但不符合题意。

C. 正确答案。必须通过预分派把这几位专家预约好，才能正式启动项目。

D. 虽然也许可以用虚拟团队，但不符合题意。

考点与页码：获取资源过程的工具，预分派。虽然获取资源被放在执行过程组，但并不妨碍在启动阶段就预约关键人员。《指南》第 333 页，《解读》第 201 页。

133. A. 如果要这样做，必须先走变更管理流程。

B. 正确答案。对通用技能的培训，不仅有利于本项目，而且有利于以后的项目，所以可以由执行组织承担培训费用。

C. 不一定招得到完全符合要求的人。

D. 实际工作中也许可以这样做，但这不是一个主要的项目管理知识点。

考点与页码：建设团队过程的工具，培训。《指南》第 342 页，《解读》第 202~203 页。

134. **A. 正确答案**。里程碑进度计划是项目章程的重要内容。

B. 项目章程中有预先批准的财务资源，但没有确定的预算。

C. 不需要包括全部团队成员的名单。

D. 已知的几个重要相关方可以出现在项目章程中，但不需要包括相关方登记册。

考点与页码：项目章程的主要内容。《指南》第 81 页，《解读》第 85 页。

135. A. 不利于激励团队，个人和团队绩效都应该考虑。

B. 没有必要统一培训。

C. 正确答案。利用已形成的团队契约精神管理团队。

D. 不能判断适合采用放任型领导风格。

考点与页码：利用团队契约激励和影响团队成员。《考纲》。

136. A. 不能忽略该公司高层的影响。

B. 正确答案。团队成员收集数据，项目经理协助处理有关沟通问题，降低团队成员的压力。

C. 先充分了解该公司的运行方式，再决定如何行动。

D. 不能直接换人，先引导该团队成员减轻压力以便完成工作。

考点与页码：用情商管理团队。《指南》第 349 页，《解读》第 203、212 页。

137» **A. 正确答案**。从发出要约邀请（招标文件）到签订合同之间的所有工作，都属于实施采购过程的工作。

B. 规划采购管理过程已经完成。

C. 控制采购过程还未开始。

D. 没有结束采购这个过程。

考点与页码：实施采购过程。《指南》第 482 页，《解读》第 257 页。

138» A. 不能以授权为借口，把自己不想做的工作交给团队成员。

B. 项目经理必须亲自承担整合管理的工作。跨专业协调属于整合管理的内容。

C. 正确答案。可以把这些工作授权出去，授权时应考虑团队成员的能力。

D. 授权不能减轻项目经理对整个项目的最终责任。

考点与页码：授权。《指南》第 72 页，《解读》第 209 ~ 210 页。

139» A. 在项目相关方看来，质量和成本的重要程度可能不一样。

B. 正确答案。项目章程中包括可测量的项目成功标准，通过客观事实展示观点。

C. 先核实哪个是项目成功的标准，再采取行动。

D. 解释同 C。

考点与页码：项目章程。《指南》第 81 页，《解读》第 85 页。

140» A. SWOT 分析是对项目的优势、劣势、机会、威胁进行逐个检查去识别风险。

B. 文件分析是通过发现文件中存在的问题或各种不一致去识别风险。

C. 头脑风暴用于召集许多人通过集思广益来识别尽可能多的风险。

D. 正确答案。题干中已经说了要从法律和技术角度入手去识别风险，这就是给出了高层级的提示清单。还可以据此编制更详细的提示清单，来识别风险。

考点与页码：识别风险的技术，提示清单。《指南》第 414 ~ 416 页，《解读》第 240 页。

141» A. 不匆忙行动，是必要的。

B. 解释同 A。

C. 正确答案。风险事件发生时，要先评估应对措施可能导致的次生风险，防止次生风险比原生风险更严重。

D. 紧急情况下，项目经理可以不走变更流程，事后补办。

考点与页码：次生风险。《指南》第 439 页，《解读》第 238 页。

142» A. "提出要离开"，有了风险警告信号，首先应预防风险的发生。现在就修订进度计划为时过早。

B. 现在做这个也为时过早。

C. 正确答案。首先预防风险的发生，一旦发生则进行应急。

D. 如果不是管理层引起的人员辞职，应由项目经理自己解决。题干没有涉及管理层。

考点与页码：实施风险应对过程。注意：风险应对措施中既包括预防措施，也包括万一发生时的应急措施。《指南》第449页，《解读》第239页。

143» A. 与题意的相关性较差。

B. 正确答案。根据题意，信息发送方式不恰当。而用什么方式发送信息，是在沟通管理计划中确定的。不应该用普通电子邮件发送技术规范文件。

C. 题干中并未暗示在发布信息时违反了沟通管理计划的规定。

D. 与绩效报告无关。

考点与页码：规划沟通管理过程。《指南》第366页，《解读》第218~219页。

144» A. 项目未来收益的核算，也是商业论证的重要工作。包含在B里。

B. 正确答案。即对项目开展商业论证，确保项目是可行的，对组织是有价值的。

C. 即使做项目组合管理，仍然要首先对其中每个项目单独开展商业论证，论证每个项目的可行性。这个选项太大，不是针对你的具体项目的。

D. 投资回收期短和投资能否取得最大价值没有必然联系。

考点与页码：商业论证。《指南》第29~30页，《解读》第83~84页。

145» A. 作为专业人士，你必须有自己独立的专业判断，不能简单服从管理层指示。

B. 采用成本较低的资源，可能带来各种问题。

C. 这样违反职业道德中的责任和诚实价值观。

D. 正确答案。由于你的预算是合理的，要压缩，就只能削减工作内容。

考点与页码：范围是龙头，范围缩减了，成本自然可缩减。注意：必须假设你所编制的预算是合理的。你是专业人士，依据职业道德和专业素质编制预算。《解读》第17页。

146» A. 任何事先计划好的措施都不是权变措施。

B. 正确答案。备用的第二个市政电源是主应急计划，柴油机发电方案是弹回计划（备用的备用）。

C. 权变措施是针对已经发生的威胁而采取的、原来未经计划过的措施。

D. 应急应对策略，是针对有明显预警信号的威胁或机会而制定的应对策略。

考点与页码：弹回计划。《指南》第 448 页，《解读》第 238 页。

147. A. 题目没有显示是关系不好导致的问题。

 B. **正确答案**。沟通胜任力是指某人对某件特定事情或某个特定群体的具体沟通能力。

 C. 题目没有显示是对相关方沟通需求分析不到位而导致的沟通问题。

 D. 沟通方法是指传递信息的方法，如拉式沟通、推式沟通和交互式沟通。与题目无关。

考点与页码：沟通胜任力。《指南》第 384 页，《解读》第 225 页。

148. A. 联合应用开发强调由开发团队和用户共同定义需求。

 B. 名义小组技术是结构化的头脑风暴法。

 C. 系统交互图通过展示该系统与其他系统之间的接口关系，来确定该系统应该满足的需求。

 D. **正确答案**。原型法可以为客户提供真实模型，在体验中反馈需求，原型需要不断改进直到成为最终产品。

考点与页码：收集需求过程的工具，原型法。《指南》第 147 页，《解读》第 123 页。

149. A. 这个说法不错。不过，通常要在客户正式验收后才能支付尾款。

 B. **正确答案**。对可交付成果的正式验收应该在移交仪式之前完成，确保验收通过后再举办移交仪式。

 C. 采购审计是自己团队内部的事情，与客户无关，与移交仪式无关。

 D. 应该在正式验收时签署书面的验收文件，而不是在最后的移交仪式上。

考点与页码：项目收尾。《指南》第 123 页，《解读》第 94～95 页。

150. A. 隐性知识不是指需要保密的知识。

 B. 没有被记录下来的知识，不一定就是隐性知识。例如，说过的话，即便没有记录下来，也是显性知识。

 C. **正确答案**。隐性知识是那些存在于个人头脑里，并且难以表达的知识，包括个人的心得与诀窍。

 D. 隐性知识不是指个人的知识。例如，个人书面笔记和总结是显性知识。

考点与页码：隐性知识。《指南》第 100 页。

151. A. B 和 E 都不是关键路径上的活动，不能通过快速跟进压缩工期。

 B. C 和 F 都不是关键路径上的活动，不能通过快速跟进压缩工期。

 C. H 不是关键路径上的活动，不能通过快速跟进压缩工期。

D. 正确答案。D和I的浮动时间为0，是关键路径上的活动，通过快速跟进可以压缩项目工期。

考点与页码：进度压缩。正常情况下，关键路径上的活动的浮动时间为0。注意：本题完全不需要计算。《指南》第215页，《解读》第147~148页。

152. A. 高层不接受战略项目的风险。
B. 不合规的做法。
C. 正确答案。不允许犯错的组织文化影响了项目创新。
D. 该项目的创新做法不一定适用于其他项目。

考点与页码：评估组织文化对变革的影响。《考纲》。

153. A. 项目经理已经感知到了有冲突，不是潜伏阶段。
B. 目前冲突还没发生，不是呈现阶段。
C. 正确答案。项目经理已经意识到有冲突会发生，是感知阶段。
D. 冲突尚未发生，没到结束阶段。

考点与页码：冲突的阶段。最常用的冲突五阶段：潜伏、感知、感受、呈现、结束。《解读》第205~206页。

154. A. 这是消极被动的做法。项目经理应该自己先积极主动想办法。
B. 正确答案。对人力资源不能及时到位这种已知-未知风险，风险管理计划中应该制定了应对策略和措施。对已经发生的已知-未知风险，就应该执行已制订的应对计划。
C. 应该按风险管理计划中的规定执行，也许但不一定是赶工。
D. 对已知-未知风险，不能动用管理储备。

考点与页码：实施风险应对过程。本题对应《PMP®考试大纲》中的"根据风险管理计划来采取经批准的行动，以便最小化风险对项目的影响"。注意：PMP®考试中可能会把"风险管理计划"等同于"风险应对计划"。《指南》第449页，《解读》第239页。

155. A. 没有"虚幻团队"这个说法。
B. 正确答案。采用虚拟团队，通过互联网办公，而不是集中到某一物理地点办公，就可以节约差旅费。
C. 预分派是组建团队的一种技术，但不切题。
D. 多标准决策分析是组建团队的一种技术，但不切题。

考点与页码：获取资源（人力资源）过程的工具，虚拟团队。《指南》第333页，

《解读》第 201 页。

156. A. 奖励与认可在整个项目期间开展，但并不能消除团队成员的遣散焦虑感。
    B. 团队建设能起到一定的效果，但是不如 C 更有针对性。
    C. 正确答案。在资源管理计划中，对最终如何遣散项目团队成员做出具体安排，有利于降低团队成员的遣散焦虑感。
    D. 有必要制订用人有关的风险计划，但也不能从根本上消除团队成员的遣散焦虑感。
    考点与页码：资源管理计划。《指南》第 319 页，《解读》第 196～197 页。

157. A. 可以把可交付成果移交给发起人指定的相关方。
    B. 收尾阶段必须完成移交这一动作，以便实现责任的转移。
    C. 正确答案。在发起人书面授权运营公司接收项目可交付成果之后，把可交付成果移交给运营公司。
    D. 相关方参与计划中也许包括了运营公司这个相关方的参与方式，但不如 C 切题。
    考点与页码：《PMP®考试大纲》中的要求：根据项目管理计划，收尾时把项目可交付成果移交给指定的相关方（可以是发起人，也可以是发起人指定的其他相关方）。《解读》第 297 页。

158. A. 不能仅靠换人去解决问题，而要设法从管理体系上解决问题。
    B. 正确答案。每个阶段结束点，应该及时进行本阶段的经验教训总结，以便下个阶段做得更好，类似问题不再发生。
    C. 如果没有管理体系的保证，简单地提要求，通常不会有好的效果。
    D. 第一阶段已经结束，这样做不能起到良好作用。
    考点与页码：阶段末评审。《指南》第 21 页，《解读》第 39 页。

159. A. BOOT 模式中的拥有、运营和转让都不适合本项目。
    B. 办公大楼是自用的，不可能由施工方在改造完成后去运营。
    C. EPC 方式适用于设备驱动型项目，针对设计、设备采购和施工服务签订一个合同，以实现交钥匙交付。
    D. 正确答案。由同一个施工方来设计和建造，有利于设计和施工之间的衔接配合，缩短建设工期。
    考点与页码：项目交付方法。《指南》第 476 页。

160. A. 由于沟通的对象非常多（所有居民），故不能使用推式沟通方法。

B. 正确答案。 因为媒体和居民的数量众多，而且信息量大，故使用拉式沟通（建网站）方法。

C. 因为受众较多，信息量大，不适合使用互动沟通方法。

D. 书面沟通有可能属于拉式沟通，也有可能属于推式沟通。例如，在指定的布告栏内公布信息是一种拉式沟通，而把书面文件发给特定对象则属于推式沟通。

考点与页码：沟通方法的选择。《指南》第 374 页，《解读》第 223 页。

161》A. 成本偏差百分比还在允许的控制临界值之内，不需要采取纠正措施。

B. 正确答案。 虽然成本偏差百分比在控制范围内，但并不代表成本在将来不发生严重的偏差，所以需要继续监视事态发展。

C. 项目成本还在控制临界值内，所以不需要更有经验的人员。

D. 成本超支没有超出允许的范围，所以不需要增加资金。

考点与页码：成本偏差的控制临界值。《指南》第 239 页，《解读》第 160 页。

162》A. 散点图是寻找两个问题之间关系的图形。

B. 直方图用来直观展示问题的图形。

C. 流程图用来分析一个流程中的哪个或哪些环节出现了什么问题，通常不直接揭示问题产生的原因。

D. 正确答案。 用因果图思考问题发生的原因，用亲和图发现同类问题（把问题归类）。

考点与页码：管理质量过程的工具，因果图、亲和图。《指南》第 293 页，解读第 185 页。

163》A. 团队章程中包括团队的文化和价值观。

B. 能否直接指出他人的问题，不仅是职责和职权规定的，也会受团队价值观的影响。

C. 正确答案。 团队章程中包括沟通指南、冲突处理指南、团队价值观等，有利于指导他融入团队。

D. 先查看团队章程了解基本规则，再参与团建活动效果更好。

考点与页码：团队章程。团队章程是为团队创建团队价值观、共识和工作指南的文件，可用于指导新成员融入团队。《指南》第 319～320 页，《解读》第 197 页。

164》A. 敏捷方法不一定能降低离职率，转型期间的离职率可能更高。

B. 敏捷开发更注重考核团队的绩效，而非个人绩效。

C. 正确答案。 这是实施敏捷方法后的显著变化。

D. 在试点期间，项目的实施周期不一定能缩短。

考点与页码：验证绩效改进。《指南》第 343 页，《解读》第 212 页。

165. A. 解释同 B。

   B. 正确答案。由题干可知，EV = 实际完成工作量 × 预算单价 = 1800 平方米 × 35 元/平方米 = 63000 元。故，CPI = EV/AC = 63000 元/52500 元 = 1.2。

   C. 解释同 B。

   D. 解释同 B。

   考点与页码：挣值计算。《指南》第 262~263 页，《解读》第 165~166 页。

166. A. 解释同 C。

   B. 解释同 C。

   C. 正确答案。估算故事点是项目团队的工作，团队共同估算比个人估算更准确。

   D. 解释同 C。

   考点与页码：敏捷项目，用故事点评估项目任务。《解读》第 306 页。

167. A. 工期为 15 天，不是关键路径。

   B. 不是网络图中完整的路径。

   C. 工期为 12 天，不是关键路径。

   D. 正确答案。工期为 16 天，最长，是关键路径。

   考点与页码：确定关键路径。《指南》第 210 页，《解读》第 144~145 页。

168. A. 解释同 C。

   B. 解释同 C。

   C. 正确答案。项目是为了占领北方地区市场这一战略目标服务的，由于市场环境变化而没有实现这一目标，从商业角度看，项目是失败的。

   D. 解释同 C。

   考点与页码：评价项目成功。《指南》第 34~35 页。

169. **A. 正确答案**。核心价值观会被写入团队章程，所有团队成员都会认可并采取多种行为创新。

   B. 可以这样做，但不如 A 更本质。

   C. 没有针对性，任何项目工作都需要总结经验教训。

   D. 创新行为具有独特性，管理方式不宜统一。

   考点与页码：团队章程。团队章程中包括团队成员一致认可的价值观。《指南》第 319~320 页，《解读》第 197 页。

170. A. 完工预算（BAC）是早就确定的，不需要计算。

B. 不能回答题目所提的问题。

C. 正确答案。TCPI 是指为了实现特定的绩效目标（如在规定的预算内完工），在以后的工作实施中必达到的成本绩效水平。

D. 不能回答题目所提的问题。

考点与页码：完工尚需绩效指数的含义。指南第 266~267 页，解读第 166 页。

171. A. 如果把 100 个产品在 6 周内进行平均，按计划 4 周应该建造约 67 个产品。由于实际只建造了 50 个，所以进度是落后的。

B. 正确答案。50 个产品的预算价值为 6000 美元，而实际只花了 4000 美元，故成本节约 2000 美元。

C. 这个答案不如 B 准确。

D. 应该是项目每花 1 美元做了 1.5 美元的工作。而且，这个选项是成本绩效指数，而不是成本偏差。

考点与页码：数据分析，挣值分析。注意：必须弄清楚 EV、PV、AC 的数值，才能正确计算。《指南》第 261~262 页，《解读》第 165~166 页。

172. **A. 正确答案**。冲突来自组织制度，你应该与高层管理者沟通，以维护团队的合作氛围。

B. 已经识别该制度会导致潜在的冲突，不应该在团队中使用。

C. 项目经理应该为团队解决来自组织制度方面的冲突。

D. 团队成员会按制度调整个人行为，把个人绩效看得比团队绩效更重要。

考点与页码：冲突的来源，以及项目经理维护敏捷团队的工作氛围。《指南》第 348 页，《解读》第 205、301~302 页。

173. A. 数据点的起伏并没有大到过程失控的程度，因为没有超出控制上限或下限。

B. 虽然曾有连续 6 个点越来越高（加第一个点，就是七点），可以根据七点规则判断过程失控了，但是这个问题已经解决了。

C. 正确答案。当前所有点都在控制上、下限内，且没有出现七点规则的情况，说明过程受控，不需要采取措施。

D. 没有迹象表明过程即将失控。

考点与页码：数据表现，控制图。注意：正确的答案必须是直接针对题目所提的问题的。B 表面上看是正确的，但没有回答题目中关于"当前状况"的问题。《指南》第 304 页，《解读》第 187~188 页。

174. A. 学生版软件与商业版具有相同的质量，但等级较低。

B. 解释同 A。

C. 正确答案。解释同 A。

D. 解释同 A。

考点与页码：质量与等级的区别。《指南》第 274 页，《解读》第 190~191 页。

175. A. 解决问题，即合作。私人矛盾不适合用合作的方法。

B. 强迫只会使矛盾更大。

C. 私人矛盾不能用面对的方法。

D. 正确答案。用缓和的方法，他们就会关注共同点（项目工作），回避差异点（私人矛盾）。这就是不把私人矛盾带到工作中来。

考点与页码：管理团队过程，人际关系与团队技能，冲突管理。《指南》第 349 页，《解读》第 207 页。

176. A. 解释同 C。

B. 解释同 C。

C. 正确答案。培训是预防成本，测试是评估成本，实施新方法会导致项目一致性成本增加。

D. 培训和增加测试会导致一致性成本升高，但非一致性成本会降低，项目预算不一定增加。

考点与页码：质量成本。《指南》第 282~283 页，《解读》第 181~182 页。

177. A. 这不是你应该或能够做的事，相关方之间相互影响是一种常见现象。

B. 不能不加分析就立即把相关方 B 列为重要相关方。

C. 正确答案。应该随着相关方的情况变化，重新开展识别相关方过程和规划相关方参与过程，来调整对相关方参与计划中的管理策略。

D. 即便要加大对相关方 A 的管理力度，也必须先做 C。

考点与页码：相关方参与计划。其中包括调动相关方参与的特定策略。《指南》第 522 页，《解读》第 279~280 页。

178. A. 这明显是不经济的做法。

B. 分析后再确定是否选择部分样本来检查，即先 D 后 B。

C. 成本效益分析是分析不同质量管理方案或质量标准所需的成本和能产生的效益，不如 D 切题。

D. 正确答案。需要分析质量成本，确定预防成本、评估成本和失败成本各占多少比重最为合理。

考点与页码：数据分析，质量成本。用质量成本可以在预防成本和评估成本之间找到恰当平衡点，以规避失败成本。指南第 282 页，解读第 181~182 页。

179» A. 各小组时区相差较大，不宜采用远程结对编程。

B. 各小组时区相差较大，不宜采用鱼缸窗口。

C. **正确答案**。采用追逐太阳的方法，一个小组下班时，把工作交给刚开始上班的另一个小组接着干，有利于加快进度。

D. 与题干的相关性太小。

考点与页码：虚拟团队，敏捷团队。《指南》第 333 页，《解读》第 303 页。

180» A. 为保证对其他潜在投标人公平，你不能私下回答他的问题。

B. 可以将投标人会议的问题及答复以书面形式发给他，没必要再举办一次会议。

C. **正确答案**。投标人会议必须公平，对于任何私下提问，你必须不予回答。所有潜在卖方提出的问题及你给出的答复，都应该以招标文件补疑或澄清的形式送交参会的所有潜在卖方，以确保各潜在卖方的投标文件具有同样的基础。

D. 潜在投标人可以对招标文件的问题提出合理质疑，并有权得到回复。

考点与页码：投标人会议，买方必须公平地对待每个潜在卖方。《指南》第 487 页，《解读》第 263 页。

181» A. 你无权查看其他项目的遣散计划。

B. **正确答案**。互动式会议交流，有利于建立信任获取隐性知识。

C. 对政治问题的洞察力是隐性知识，文档很难传达隐性知识。

D. 政治问题正在发生，需要得到及时解决。

考点与页码：管理项目知识。获取隐性知识的具体工具和技术。《指南》第 102 ~ 103 页，《解读》第 99 ~ 100 页。

182» A. 这个说法太笼统。

B. **正确答案**。项目经理所做的工作是要提高相关人员对项目将要达到质量要求的信心，是管理质量。

C. 与控制质量无关。

D. 与规划质量管理无关，因为没有涉及调整质量标准或质量管理计划。

考点与页码：管理质量过程。由于题目中的情景很具体，所以要在笼统与具体的选项中选择具体的。《指南》第 288、290 页，《解读》第 177 ~ 178 页。

183» A. **正确答案**。利用他的优势为团队工作，让其他人与他形成优势互补。

B. 已经了解他的优势和劣势了，不需要再评估。

C. 他与人打交道的意愿较低而非能力不足，培训不一定起作用。

D. 不与客户交流会导致项目出问题。

考点与页码：围绕团队优势安排项目工作。把工作授权给最擅长的团队成员。《指南》第 310 页，《解读》第 212 页。

184 » A. 这不是立即要做的事情，必须先解决问题。

B. 正确答案。首先要根据质量审计报告中提出的问题，提出纠偏措施建议，然后在经批准后付诸实施。

C. 分析问题产生的根本原因是项目团队自己的事情，而质量保证部门通常是项目团队之外的。

D. 这是明显不合理的做法。

考点与页码：审计（质量审计）。《指南》第 294 页，《解读》第 185 页。

185 » A. 目前任务还不能良好完成，不应现在分配更有挑战性的任务。

B. 正确答案。留意他的工作态度，确定他是否愿意从事目前的工作。

C. 没有搞清楚原因，就规定更严格的要求，不一定能起到作用。

D. 先搞清楚他的工作意愿和工作能力，然后再决定是否调整管理和领导方式。

考点与页码：管理团队过程。团队成员的表现不光取决于他的能力，很大程度上也取决于他的工作意愿。《指南》第 346 页。

186 » A. 在敏捷项目中，不一定每一位团队成员都要有丰富的创新经验。

B. 正确答案。敏捷团队需要自我组织、自我管理和自我决策的能力，对团队成员的自觉性要求很高。

C. 敏捷项目以协作的方式共同完成任务，需要善于合作的人。

D. 敏捷项目需要多面手，而非只懂单一领域的主题专家。

考点与页码：敏捷团队员工的特点。《指南》第 310 页，解读第 302 页。

187 » A. 解释同 B。

B. 正确答案。两人已经试图自己解决，但是没有效果，应该由项目经理提供帮助。

C. 乔治试图解决问题，你只要协调彼得与他沟通就可以，如果没有效果，再请两方的直接领导都帮忙协调。

D. 也许项目经理协调后冲突就能解决，现在还不需要发出警告。

考点与页码：冲突管理。《指南》第 348 页，《解读》第 206 页。

188 » A. 现在还不能做这个，要在 B 做完之后。

B. 正确答案。获得最终验收、移交可交付成果和调查满意度，这是《PMP®考试大纲》中明确规定的任务。

C. 范围太狭窄了。参与验收的不能只有运营部，也不能只调查运营部的满意度。

D. 题干中没有提到合同，应该是公司内部的项目，工程部与运营部之间没有正式的合同关系。

考点与页码：项目收尾。《指南》第 123 页，《解读》第 94~95、297 页。

189 » A. 前半句有问题，后半句没有问题。人力资源是由职能经理提供的，而非高级管理层。

B. 正确答案。由于没有获得足够的人力资源，也没有根据可得人力资源制订现实可行的计划，所以不得不让团队成员长时间加班。虽然项目按时完成，但其实是通过牺牲团队成员的利益来实现的。这不是项目管理所追求的。

C. 职能经理已经为项目提供了人力资源，至于支持力度是否足够，无法判断。
D. 不能直接回答题目中的问题，与"工作时间太长"没有直接关系。

考点与页码：此题的综合性比较强，涉及：①应该根据可用的人力资源，制订现实可行的计划；②不能简单地牺牲团队成员的利益，来确保项目的利益。另外，在理解"该项目的情况"时，应遵照就近的原则。《指南》与《解读》中都无直接相关的内容。

190 » A. 先要请伸两个手指者说明反对的理由，并与其他成员讨论。

B. 正确答案。三个以下手指表示反对，反对者需要提出反对意见供团队讨论。

C. 先讨论当前的反对意见，才能继续下轮投票。
D. 按拳五法的规则，只有所有人都伸出三个以上手指才算团队达成一致。

考点与页码：投票，拳五法。该方法是敏捷项目中常用的决策方法，举拳头表示不支持，伸五个手指表示完全支持，伸出三个以下手指表示有反对意见需要团队讨论，所有人伸出三个以上手指表示团队达成共识。《指南》第 203 页。

191 » **A. 正确答案**。题意表明要做团队建设活动，而建设团队过程有一个重要的输出，就是团队绩效评价。

B. 不够本质和全面。
C. 不够全面。
D. 不够全面。

考点与页码：建设团队过程。《指南》第 343 页，《解读》第 198 页。

192 » **A. 正确答案**。在收尾阶段，需要把对项目可交付成果的照管责任从项目团队那里转移给指定的相关方，如发起人、运营部门或客户。

B. 这是合同收尾的工作，属于控制采购过程。题干中没有提到合同收尾。
C. 对项目成果的正式验收早已做完了。

D. 无须再更新项目管理计划。

考点与页码：项目收尾阶段的主要工作。《PMP®考试大纲》中明确规定了要实现责任的转移。《指南》第 127 页,《解读》第 94~95、297 页。

193 » A. 两个部门是对立关系，一起开展头脑风暴效果不好。
B. 会议比一对一访谈更利于互动交流，可以收集整个部门的统一看法。
C. 先用焦点小组会议收集每个部门的看法，再用引导式研讨会统一两个部门的看法。
D. 正确答案。两个部门目前是对立关系，只能采用焦点小组会议，一次收集一个部门的看法。

考点与页码：焦点小组会议。《指南》第 80、85、142 页,《解读》第 122 页。

194 » A. 项目资料通常不能由成员带走，哪怕是副本也不行。
B. 正确答案。项目成员在完成项目工作离开时，项目经理应该更新成员档案（包括记录他在本项目上的表现）。一方面是为了给成员反馈，另一方面也是为考核成员提供基础。
C. 有不少成员会在项目完工之前离开，此时邀请，为时过早。
D. 工作完成后的正常离开，应该不会影响其他工作。

考点与页码：管理团队过程导致事业环境因素更新（个人技能）。《指南》第 351 页,《解读》第 195 页。

195 » A. 对项目管理政策只能提更新建议，无权直接更新。
B. 对项目管理程序只能提更新建议，无权直接更新。
C. 正确答案。把本项目的知识、数据和经验教训输入共享知识库中，就是对共享知识库的更新。
D. 对工作指南，只能提更新建议，无权直接更新。

考点与页码：项目收尾，组织过程资产更新。《指南》第 40、123 页,《解读》第 36 页。

196 » A. 对风险分析后再采取行动。
B. 不能等到下一次迭代规划会再处理该风险。
C. 正确答案。在每日站会上识别风险，会后再分析和规划如何应对。
D. 先实施定性分析。敏捷项目不确定性较高，不一定能做定量分析。

考点与页码：敏捷项目的风险管理。敏捷项目应该使用迭代的方法，在每个迭代期都识别、分析和管理风险。《指南》第 400 页,《解读》第 307 页。

197 » A. 风险登记册记录单个风险,题干描述的是整体风险环境。现在还不到创建风险登记册的时候。
B. 先记录风险情况,再分析对商业论证的影响。
C. 现在还不到提这个建议的时候。应该先做 D,再做 B,再做 C。
D. 正确答案。识别了整体风险的来源,应该记录在风险报告中。

考点与页码:识别风险过程的输出,风险报告。《指南》第 418 页,《解读》第 235 页。

198 » A. 目前就招募医生和合作者,代价太大。没有针对题干中的"快速验证"要求。
B. 开发完整的产品代价太大。
C. 产品原型是不成熟的产品,不能直接推向市场。
D. 正确答案。把最小可行产品交给体验用户,通过反馈快速验证该模式的可行性。

考点与页码:根据需要细分项目任务,找到最小可行的产品(MVP)。MVP 为最初的产品原型,用于快速验证项目目标是否可行,可行后再不断迭代增加产品功能,可以较大降低开发成本。《解读》第 305 页。

199 » A. 具体的工作量还不清楚,不宜采用总价合同。
B. 虽然可以采用成本补偿合同,但是 D 更好。
C. 解释同 A。
D. 正确答案。题干中的内容特别符合时间和手段合同(即工料合同)的适用场景。

考点与页码:不同合同类型的特征。《指南》第 471~472 页,《解读》第 253 页。

200 » A. 也许有这个作用,但不是工作跟随的主要目的。
B. 这也不是工作跟随的主要目的。
C. 这也不是工作跟随的主要目的。如果只是学习显性知识,就没有必要用工作跟随的方式,可以用其他更有效的方式。
D. 正确答案。工作跟随(徒弟跟师傅)是用于传递隐性知识的有效手段之一。

考点与页码:管理项目知识过程的工具,知识管理,工作跟随。《指南》第 102~103 页,《解读》第 99~100 页。

02 综合模拟试题二

1》 A. 根据题意，项目进展是否拖延还不明确，不能决定重新确定进度基准。
  B. 项目进度是否拖延尚未明确，无须进行分析。
  C. 应该先弄清楚项目进度是否拖延了。

  D. 正确答案。虽然完工百分比为 30%，实际使用了 60% 的日历时间，但这并不表明项目进度一定延误了。完工百分比和项目日历时间的关系跟绩效测量的方法有很大关系，不一定是正比例关系。在用固定公式法测量绩效的时候，题干中的情况存在工期超前的可能。

  考点与页码：不能直接把日历时间的流逝比例与工作的完成比例相比，来判断项目的进度状况，除非项目工作在既定的日历时间段中平均分布。挣值管理中，进度是提前还是滞后，一定是通过 EV 和 PV 之间的关系来判断。《解读》第 169 页。

2》 **A. 正确答案**。根据挣得进度的计算公式，SPI = ES/AT；即进度绩效指数 = 挣得进度/实际时间。根据题意，SPI = 25 天/31 天 = 0.81。
  B. 这是挣值计算的结果，SPI = EV/PV = 90 万元/100 万元 = 0.90。
  C. 挣得进度技术只能用来考察进度绩效，不能考察成本绩效。
  D. 解释同 C。
  考点与页码：挣得进度。《指南》第 233 页，《解读》第 170 页。

3》 A. 未必每个组织都有项目管理办公室，没有项目管理办公室不一定会导致项目失败。
  B. 团队成员地理位置分散，不一定导致项目失败。虚拟团队可以很好地协同办公。

  C. 正确答案。项目相关方管理需要激发相关方的正面支持，削弱相关方的负面影响。项目成功离不开高级管理层的支持和团队内部的协作。

  D. "组织文化"的说法，太笼统。组织文化可能促进或妨碍项目成功。
  考点与页码：相关方对项目的作用。《指南》第 505 页，《解读》第 270 页。

4》 A. 预测型生命周期即瀑布型生命周期，不要求按项目阶段进行增量交付。

  B. 正确答案。适应型生命周期又称敏捷型生命周期或变更驱动型生命周期，是迭代型生命周期和增量型生命周期的混合，要求以增量方式频繁交付价值。

C. 不切题。开发生命周期可以是预测型、迭代型、增量型、适应型或混合型。

D. 是预测型和适应型的混合。相较而言，B 选项更好。

考点与页码：开发生命周期的类型。《指南》第 19 页，《解读》第 41 页。

5. A. **正确答案**。变革型领导用项目成功将给个人、团队和组织带来的价值激励团队成员。

   B. 魅力型领导用个人的专家和性格魅力来激励团队成员。

   C. 交易型领导通过给予团队成员适当的汇报或奖励来激励他们。

   D. 交互型领导风格是变革型、魅力型和交互型的混合。

   考点与页码：领导力风格。《指南》第 65 页，《解读》第 47~48 页。

6. A. 不能因为个别人反对项目，就停止办理立项手续。

   B. **正确答案**。采用人际关系与团队技能中的"引导"技术，去做职能经理的工作，力争他不反对项目。这是制定项目章程过程中需要开展的一项工作。

   C. 不能简单地把问题推给项目发起人。

   D. 不存在"为时已晚"。

   考点与页码：制定项目章程过程，人际关系与团队技能，引导。本题没有把最好的答案（采用引导技术说服职能经理）写出来，就选择最接近该答案的选项。《指南》第 80 页，《解读》第 97~98 页。

7. A. 解释同 D。

   B. 解释同 D。

   C. 人际关系与团队技能涉及冲突管理、文化意识、谈判、观察和交谈、政治意识。与题干无关。

   D. **正确答案**。这是在使用基本规则，制定相关方必须遵守的基本行为规范。

   考点与页码：管理相关方参与过程的工具，基本规则。《指南》第 528 页，《解读》第 283 页。

8. A. 先查阅合同中的相关规定，也许出现这种情况会导致双方解约。

   B. 必须依据合同来管理卖方，监督合同工作绩效，不能仅更新风险登记册。

   C. **正确答案**。先查阅合同，合同中约定了是否允许分包、分包的批准程序，以及违约的处理等内容。

   D. 是否应该提出解约，要看双方合同的约定。

   考点与页码：控制采购过程。《指南》第 492 页，《解读》第 259 页。

9. A. 只有质量合格的可交付成果，才能提交给确认范围过程验收。注意：不能因为

"项目经理认为不会影响产品的正常使用"就按质量合格的情况进行处理。

B. 这属于削足适履，明显不可取。

C. 正确答案。由于可交付成果不符合要求，故首先应该加以拒绝。

D. 不是立即该做的，也许以后可以做。

考点与页码：控制质量过程的工具，检查。《指南》第303页，《解读》第188~189页。

10》 A. 应该先搞清楚团队成员的沟通需求，再确定沟通方案。

B. 正确答案。搞清楚团队成员的沟通需求，是规划沟通的基础。

C. 需要完善的沟通规划，不能只依靠沟通技术。

D. 明确报告关系不能解决沟通中的所有问题。

考点与页码：虚拟团队。虚拟团队中的沟通规划尤为重要。《指南》第333页，《解读》第201页。

11》 A. 解释同B。

B. 正确答案。项目所有路径SPI均大于1，CPI均大于1。因此，进度提前，成本节约。

C. 解释同B。

D. 解释同B。

考点与页码：控制成本过程的输出，数据分析，挣值分析。《指南》第261页，《解读》第165~166页。

12》 A. 应该先正式提出变更，再分析对进度的影响和可实现性。

B. 应该先正式提出变更，再做成本效益分析，分析变更请求是否值得投入相关成本。

C. 正确答案。提交变更请求，与项目团队和其他相关方综合分析对项目目标的影响。

D. 未经分析，不能直接同意发起人的要求。

考点与页码：变更管理。《指南》第113页，《解读》第101~105页。

13》 A. 需要审核，但应该先C后A。

B. 应该由更了解该工作的A公司制定设计工作的WBS。

C. 正确答案。外包工作应纳入项目WBS中，作为工作包进行管理，增加项目管理分支以便加强管控。

D. 不能仅靠合同中的处罚条款来监控，这是事后措施。

考点与页码：创建WBS。项目范围内的工作都应该列入WBS中，符合100%规则。

《指南》第 159 页，《解读》第 116 页。

14. A. 这是激化矛盾的做法。

B. **正确答案**。通过人际关系与该供应商建立联系，目的是主动化解矛盾。

C. 通过高层施压的正式方式，不如 B 的做法更有情商。

D. 题干显示这是团队无法应对的重大危机。

考点与页码：人际关系与团队技能，人际交往。人际交往有利于通过非正式渠道解决问题，影响相关方的行动。项目经理应使用人际交往为团队消除障碍。《指南》第 386 页。

15. A. 现在还没有出现问题。

B. 这是一个假设条件，项目章程中不包含假设条件。

C. 先记录在假设日志中，如果出现贸易摩擦的可能性变大，再记录在风险登记册中。

D. **正确答案**。两国的贸易关系正常，这是一个假设条件，应该记录在假设日志里。

考点与页码：假设日志。假设日志中包含假设条件和制约因素。注意区分假设条件和风险。假设条件的不确定性很小，风险的不确定较大。假设条件的成立，对项目有积极的作用，而消极风险的发生，对项目有消极影响。假设条件是项目团队不能控制但可以监测的外部条件，而单个项目风险大多可以被项目团队管理。《指南》第 81 页。

16. A. 阶段末审查完成后，再更新经验教训登记册。

B. **正确答案**。开展第一阶段审查，把得到的经验教训记录在经验教训登记册中。

C. 阶段末审查包括了决定是否让项目进入第二阶段。

D. 这个说法没错，但为了避免第二阶段重犯错误，总结第一阶段的经验教训最有必要。B 更符合题干要求。

考点与页码：阶段末审查。《指南》第 21 页。

17. A. **正确答案**。识别与新技术使用有关的风险，更新风险登记册。

B. 完全规避风险的做法，不适合题干中的场景。

C. 风险管理计划是如何管理风险的指导性计划，通常不因单个风险的出现而更新。

D. 这会削弱人们的风险意识。

考点与页码：识别风险过程。《指南》第 409 页，《解读》第 234~235 页。

18. A. 不诚实的做法，不符合职业道德。

B. 先核实有问题的产品是否与本项目有关，再与供应商沟通。

C. 正确答案。先核实有问题的产品是否与本项目有关，再决定如何处理。

D. 现在还没有产生争议。

考点与页码：领导者的品质与技能。《指南》第 61 页。

19. A. 不如 D 积极主动。

    B. 故事板是原型法的一种，也需要客户持续参与。

    C. 敏捷项目不能一次提供全部需求，要在原型评审和客户反馈中逐渐搞清楚需求。

    D. 正确答案。客户第一次做敏捷项目，应该先向其宣讲敏捷方法，主动争取支持。

    考点与页码：管理相关方参与。敏捷项目需要关键相关方持续参与，频繁提供反馈。指南第 523、666 页。《解读》第 280、303~304 页。

20. A. 有一定的效果，但不如 D 效果好。

    B. 有一定的效果，但不如 D 效果好。

    C. 先把知识管理列为工作包，再按工作包指定责任人。

    D. 正确答案。在工作分解结构的项目管理分支中列出"知识管理"工作包。根据 100% 规则，列为工作包的知识管理工作就是项目范围内必须开展的。

    考点与页码：工作分解结构，100% 规则。《指南》第 161 页，《解读》第 116 页。

21. A. 项目管理不追求超过原定目标，而是追求实现原定目标。

    B. 正确答案。未经批准的功能增加，意味着"镀金"。项目范围管理要求只做范围内的事，反对"镀金"。"镀金"的项目是失败的。

    C. 从题干中无法判断客户是否已经为额外功能付费。

    D. 不能仅从成本和进度这两个方面来判断项目成功与否。

    考点与页码：项目范围管理，反对"镀金"。《解读》第 127 页。

22. A. 这不是组织过程资产，是项目经理个人的心得与诀窍。

    B. 与事业环境因素无关。

    C. 显性知识是易使用文字、图片和数字进行编撰的知识。

    D. 正确答案。项目经理向新的团队成员传授自己的诀窍，这些是隐性知识。

    考点与页码：知识管理，隐性知识。《指南》第 100 页，《解读》第 92 页。

23. A. 强迫，通常不是解决冲突的最好方法。

    B. 正确答案。合作或解决问题是最好的解决方法。

    C. 这是属于拖延或撤退的方法，通常也不是解决冲突的最好方法。

    D. 应该首先自行解决冲突。

考点与页码：冲突的解决。你作为买方的项目经理，与买方的采购管理员之间出现了冲突。采购管理员不一定是你的直接下级，也可能是公司合同管理职能部门的员工。《指南》第 349 页，《解读》第 207 页。

24. A. 从预防的角度看，到制定 WBS 或 WBS 词典时才关注相关方的需求，太晚了。
    B. 没说到未包括发起人的需求，因此问题的症结不在于项目章程，而在于相关方需求的识别与管理上。
    C. 采购规划与题干信息没有直接的关系。
    D. 正确答案。题干信息表明，项目经理没有完整地识别相关方以及相关方的需求，因此，要从相关方识别及管理上进行预防。

    考点与页码：收集需求和相关方管理。《指南》第 140 页，《解读》第 113～114 页。

25. A. 管理质量是落实质量政策，将质量管理计划中的内容细化为可执行的质量管理活动的过程。
    B. 正确答案。控制质量是检查具体的工作过程或成果的质量，确保符合质量测量指标和高层级质量标准的过程。控制图是控制质量过程使用的数据表现技术之一。
    C. 规划质量管理是确定质量标准，规划如何达到这些标准的过程。
    D. 没有报告质量这个管理过程。

    考点与页码：控制质量过程。《指南》第 298、304 页，《解读》第 178 页。

26. A. 各自考核，不必公司人力资源管理部门提要求。
    B. 这不是一个合理的要求。
    C. 正确答案。项目经理通过管理团队过程把该员工在本项目上的表现反馈给公司人力资源管理部门，帮助更新事业环境因素中的人力资源状况。
    D. 与组织过程资产无关。

    考点与页码：管理团队过程，事业环境因素更新。《指南》第 351 页，《解读》第 195 页。

27. A. 妥协是指每个人都让步来解决方案，题干并没有说到存在让步的情况。
    B. 正确答案。缓和强调相同点而不是差异。例如，试图通过唤起二人"过去曾一起创造过优秀的成果"之类的美好回忆来减少项目冲突。
    C. 无中生有型的迷惑选项。五大冲突解决方法中没有这个方法。
    D. 离开和忽视问题，是没有解决方案的，但题干信息表明项目经理还是试图去解决问题的。

    考点与页码：五种常用的冲突解决方法，缓和。《指南》第 349 页，《解读》第 207 页。

28 » **A. 正确答案**。额外待遇是指给某些优秀员工的特殊奖励，而边际福利则是每一个员工都可以享受的福利。

B. 刚好反了。

C. 题意与激励理论没有直接关系。

D. 解释同 C。

考点与页码：建设团队过程，团队成员激励，额外待遇和边际福利。《解读》第 211 页。

29 » **A. 正确答案**。让他们认识到自己的角色并理解彼此的角色，效果最好。

B. 不仅需要开发方法的培训，更需要让开发团队意识到角色的转变，也不能仅对开发人员进行培训。A 更好。

C. 这样不利于测试驱动开发。

D. 这不是事先能做的。

考点与页码：明确团队成员的角色。采用敏捷开发方法，团队成员需要重新认识自己的角色。对各自的角色不清晰，会给团队造成阻碍。《指南》第 318 页，《解读》第 197 页。

30 » A. 资源管理计划包括很多内容，与 C 相比，不够具体。

B. 根据题意，无法得出工作分解结构不合理的结论。

C. 正确答案。角色与职责分配是资源管理计划的重要组成部分。题意显示，该项目缺少责任分配矩阵。

D. 不只是哪个工作包的职责分配有问题，而是"很多活动"的职责分配都有问题。

考点与页码：规划资源管理过程的工具，数据表现，责任分配矩阵。《指南》第 317 页，《解读》第 209 页。

31 » A. 与题意无关。责任分配矩阵把项目工作与团队成员联系起来，规定谁负责什么工作。

B. 太笼统。项目管理计划是一个综合性的计划，包括很多子计划，沟通管理计划是项目管理计划的一部分。

C. 正确答案。沟通管理计划规定应该在何时以何方式向何人传递何种信息。

D. 与题意无关。相关方登记册记录相关方的基本信息、评估信息和相关方分类。

考点与页码：沟通管理计划。《指南》第 377 页，《解读》第 218~219 页。

32 » A. 敏捷项目，所有人同意后就可以把变更列入未完项清单中。

B. 正确答案。把变更和剩余工作记录到一张未完项清单中，根据优先级排序决定下个迭代期做什么。

C. 根据变更在未完项清单中的优先级排序，决定是否列入下个迭代期的任务。
D. 敏捷项目实时把变更融入项目中，根据优先级决定被执行的顺序。
考点与页码：管理敏捷项目的变更。《指南》第 666、671 页，解读第 307~308 页。

33. A. 应该先记录问题，分析问题时可以参考客户的意见。
B. 应该先记录问题，再分析并排列优先级。
C. 正确答案。先把问题记录在问题日志中，然后分析并排列优先级。
D. 应该先记录问题，分析问题时考虑问题对项目各目标的影响。
考点与页码：问题日志。《指南》第 96 页。

34. **A. 正确答案**。在高度重视背景的文化（如中国文化）中，人们要先建立起关系再谈生意；而在不太重视背景的文化（如美国文化）中，人们喜欢直奔主题。
B. 先寒暄一番，并不能说明谈判方不重商业。
C. 先寒暄一番，并不能说明谈判方对谈判没有兴趣。
D. 拖延策略是指谈判过程中的拖延，而现在谈判并未正式开始。
考点与页码：谈判中的文化差异。《指南》和《解读》中无直接相关的内容。

35. A. 不是首先要做的事情。
B. 收尾阶段不能再变更。
C. 正确答案。重新签订合同是一个较好的选择。收尾阶段的重大变更，最好是重新签订合同；对小变更（没必要重新签合同），则应总结经验教训，分析为什么没有在较早时间提出。
D. 既然是不应当进行的变更，就不能走变更程序了。
考点与页码：合同变更管理。只允许为实现合同的既定目的而变更。已进入收尾阶段，合同既定目的应该已经实现。《解读》第 247~248 页。

36. **A. 正确答案**。新建方案的预期货币价值高于扩建方案。$EMV_{新建} = 10000$ 万元 $× 50\% - 2000$ 万元 $× 50\% = 4000$ 万美元；$EMV_{扩建} = 6000$ 万元 $× 50\% + 500$ 万元 $× 50\% = 3250$ 万美元。
B. 不能选择扩建方案，因为预期货币价值较低。
C. 市场需求的强弱是既定的，不受具体选择哪个方案的影响，因此，可以认为扩建方案下的需求强或弱的可能性是已知的，分别为 50%。
D. 预期货币价值的方法是风险中立的，不需考虑发起人的风险态度。
考点与页码：数据分析，决策树分析。在决策树分析中，通过计算每条分支的预期货币价值，就可以选出最优的方案。《指南》第 435 页。

37》 A. 信息量大且人员较多，不适合推式沟通。

B. 拉式沟通的方法，专业进度软件不是每个人都会用，也不是每个人都有必要用。

C. 互动沟通的方法，但不利于团队成员及时查阅进度信息。

D. 正确答案。信息量大且人员较多，适合拉式沟通方法，且比 B 更易用。

考点与页码：沟通方法，拉式沟通。拉式沟通适用于信息量大和受众较多的情况。确定沟通方法后，选择沟通技术时也要考虑技术的易用性。《指南》第 370、374 页，《解读》第 223 页。

38》 A. 产品负责人和团队共同确定任务，不是项目经理分配任务。

B. 在敏捷项目中，项目经理主要是团队的领导者（启发和激励成员）而非管理者（约束和控制成员）。

C. 敏捷项目中，项目经理把具体工作授权给团队成员去完成，而非自己亲自完成。

D. 正确答案。敏捷项目中，项目经理是为团队服务和扫除障碍的人。

考点与页码：仆人式（服务型）领导风格。仆人式领导风格提倡服务他人，帮助他人成长。《指南》第 65 页。《解读》第 47 页。

39》 A. 先 D 再 A，了解文化差异后再制定沟通规则。

B. 不仅要解决问题，更要在问题出现前采取预防措施，D 更好。

C. 不能只靠个人经验应对跨国团队的沟通问题。

D. 正确答案。探讨和了解各国文化差异，有利于预防跨文化的沟通问题。

考点与页码：跨文化沟通的管理。《指南》第 373 页。

40》 A. 相互冲突的需求，专家也没法决定。

B. 正确答案。经过引导后相关方仍不能达成一致，就要把意见分歧看成冲突，使用冲突管理技术去解决。

C. 项目章程中应该反映所有相关方的一致意见，不能忽略另一位高管的意见。

D. 项目经理应发挥主观能动性，先用冲突管理技术去解决，不起作用再请发起人协调。

考点与页码：制定项目章程过程的工具，人际关系与团队技能，冲突管理。《指南》第 80 页，《解读》第 98 页。

41》 A. 这可能是一个方法，但从题干信息看不出相关方是否遵守了既定的变更程序。

B. 这可能是一个方法，但从题干信息看不出变更程序是否合理。

C. 正确答案。变更太多，就需要从三重制约中找根源，而三重制约中范围是龙头，因此首先需要与相关方一起就项目范围展开透彻审核。

D. 不能把问题简单推给管理层。

考点与页码：变更管理，对可能引起变更的因素施加影响。《解读》第 101～102 页。

42. A. 项目已经收尾，不能再接受变更请求。

    B. 客户已经正式验收可交付成果，确认范围过程已经完成。

    C. 正确答案。启动新项目，应该先建议客户对项目开展商业论证。

    D. 本项目已经收尾，不需要再更新风险登记册。新项目会另行创建风险登记册。

    考点与页码：制定项目章程过程的输入，商业文件，商业论证。《指南》第 77 页，《解读》第 82 页。

43. A. 项目经理的正式权力很小，这可能是一个问题，但是这个选项与题意中的"多个项目"不合。

    B. 正确答案。在弱矩阵式组织结构中，组织中的大多数资源都不是专用于项目的，这就造成项目可用的资源特别有限，而多个项目又会争夺资源。

    C. 这可能是一个问题，但是这个选项与题意中的"多个项目"不合。

    D. 项目相关方的利益优先级可能影响组织对项目的人员分派，但与题干无关。

    考点与页码：组织结构类型。弱矩阵式组织结构特点：可供项目使用的资源非常有限。《指南》第 47 页，《解读》第 28 页。

44. A. 这不是首先该做的。如果"其他变更"是因本变更而引起的，那么已经包括在 B 中。

    B. 正确答案。正确的顺序是 B—D—C。提交变更审批之前，要对该变更进行全面深入的分析。

    C. 做出变更决定后，才需要把变更后的情况通知相关方。

    D. 先分析，再提交变更请求供审批。

    考点与页码：项目变更管理的流程。题目中的"草案"暗示还需进一步分析。《指南》第 113 页，《解读》第 93～94 页。

45. A. 有一定作用，让员工被动接受考核不如主动引导其改变，D 更好。

    B. 在实践中学习和系统学习理论知识要兼顾。

    C. 这种方法对核心员工不一定有作用。

    D. 正确答案。通过企业愿景和价值观感召核心员工，激发他学习的深层动力。

    考点与页码：设定清晰的愿景和使命。《解读》第 212 页。

46. A. 考核标准应该在资源管理计划中写明，不能一个人一种标准。

    B. 正确答案。使用多种结构化的评估工具，如态度评估、专项评估、能力测试等，有利于更好地了解该团队成员。

C. 这种评价方法太主观。

D. 把团队成员之间的主观评价作为附件，说服力不强。

考点与页码：建设团队过程，个人与团队评估。《指南》第 342 页，《解读》第 203 页。

47. A. 项目章程经过组织批准之后才会召开启动会议。

B. 正确答案。项目章程需要经过项目发起人的正式签发。

C. 开工会议是规划阶段结束，即将进入执行阶段时召开的会议。

D. 在启动阶段识别高层级风险，写入项目章程中。在规划阶段识别具体的风险，写入风险登记册中。

考点与页码：获得发起人对项目章程的批准。《解读》第 84 页，《PMP®考试大纲》。

48. A. 了解合同的假设条件是必要的，但是优先级没有 B 高。

B. 正确答案。由于项目经理没有参与谈判等前期工作，对项目目标和项目授权缺乏了解，所以应首先查看项目章程。

C. 不是立即该做的。

D. 也许可以做，但不是立即该做或必须要做的。

考点与页码：项目章程的内容和作用。《指南》第 81 页，《解读》第 85 页。

49. A. 其他项目的工作也很重要，项目经理也无权要求公司这样做。

B. 解释同 C。

C. 正确答案。让相关团队成员参与团建活动，才能起到良好的效果。应该查阅资源日历，确定相关成员可以参加团建活动的具体日期，重新安排团建日期。

D. 解释同 C。

考点与页码：建设团队过程的输入，项目文件，资源日历。《指南》第 339 页，《解读》第 195 页。

50. A. 题干没显示该事件已经被识别为风险。

B. 应该考虑外部环境变化对项目的影响。

C. 公司基于长远考虑决定公开专利，项目只能接受并分析应对措施。

D. 正确答案。先如实告知客户，再协商如何处理。这也是职业道德的要求。

考点与页码：评估和处理外部商业环境的变化对范围的影响。《指南》第 3 页，《考纲》。

51. A. 使用成本加激励费用合同不能解决该情况。

B. 使用工料合同不能解决该情况。

C. 题干中没有提及确认范围过程。另外，确认范围的基础是合同中的相关规定，如果规定不明确，就无法做好确认范围过程。

D. 正确答案。合同中应该对内装修的效果做出具体的、可测量的规定；否则买方和卖方就会对内装修是否达到了要求有不同的理解。

考点与页码：固定总价合同与采购工作说明书。注意：采购工作说明书是招标文件和合同的组成部分之一。《指南》第 477～478 页，《解读》第 257 页。

52. A. 投标文件和中标通知书是要约和承诺，合同关系已经成立，可以为客户开展工作。

    B. 合同关系已成立，不需要再请示高层。

    C. 项目经理可能会被要求介入项目前的准备工作，但身份是参与者而不是主导者。

    D. 正确答案。合同关系已经成立，可以为客户开展工作，并根据客户要求参与项目前期准备工作。

    考点与页码：项目经理的职责。《指南》第 73 页，《解读》第 83 页。

53. **A. 正确答案**。先与设计团队沟通，了解对他们的影响并探讨可能的解决方案。

    B. 目前只是设计团队担心，先与他们沟通后再考虑是否召开整个团队会议。

    C. 沟通管理计划中的会议频率可以根据客户要求和现场情况进行变更。

    D. 召开现场会议是客户的要求，先与两个团队沟通是否能满足该要求。

    考点与页码：管理沟通过程，管理团队过程。《指南》第 345、379 页，《解读》第 199、219 页。

54. A. 计划工作的预算成本，即计划价值，与计算完工估算没有关系。

    B. 正确答案。完工估算 = 实际成本 + 完工尚需估算，所以只需补充"剩余工作的估算成本"，就可以计算出完工估算。把完工估算与完工预算比较，就能判断项目是否将按预算完成。

    C. 应急储备的实际使用数字是实际费用的一部分。

    D. 计算完工估算不需要完工尚需绩效指数。

    考点与页码：挣值分析，完工估算的计算。如果完工估算等于或小于完工预算，那么项目将在预算内完工。《指南》第 264～265 页，《解读》第 166 页。

55. A. 未来开店数量仍会波动，这对你的公司和客户都不公平。

    B. 正确答案。按不同的数量给予不同的阶梯报价，既对双方公平，又能尽快签下协议。

    C. 违约条款的谈判更困难，不容易快速达成协议。

D. 固定总价合同对客户风险最小，开店数量的波动会给你公司带来较大风险。

考点与页码：实施采购过程，谈判的原则：创造共赢的解决方案。《指南》第 488 页，《解读》第 265 页。

56. A. 行业法规的变化是你公司也不能承担的风险，可以与客户协商变更合同。

    B. 正确答案。因行业法规变化而增加新功能，相当于项目的范围发生了变更。固定总价合同在范围变更时允许调整价格。

    C. 行业法规是事业环境因素，必须遵守。

    D. 解释同 B。

    考点与页码：固定总价合同。《指南》第 471 页，《解读》第 250 页。

57. A. 应该主动采取措施，提升设计小组的效率。

    B. 这是降低项目效率的做法。

    C. 正确答案。项目绩效不佳，需要原定计划之外的培训。

    D. 外包，不是首先要考虑的。

    考点与页码：为改进项目绩效而开展必要的计划外培训。《指南》第 342 页，《解读》第 202~203、212 页。

58. **A. 正确答案**。用敏感性分析计算出每个风险的影响值，再用龙卷风图进行排序。

    B. 与题干无关。

    C. 决策树分析就是预期货币价值分析。

    D. 蒙特卡洛模拟，与题干无关。

    考点与页码：实施定量风险分析过程，数据分析，敏感性分析。《指南》第 434 页，《解读》第 242 页。

59. A. 解释同 B。

    B. 正确答案。敏捷团队以价值交付为导向，A 和 C 都是为了提升团队的价值交付能力。

    C. 解释同 B。

    D. 冲突是不可避免的，敏捷团队鼓励建设性冲突。

    考点与页码：根据关键绩效指标评估团队的绩效。《指南》第 311、343 页，《解读》第 195、212 页。

60. A. 先查阅项目的资源日历，有必要再与其他项目经理沟通。

    B. 该团队成员应该按资源日历为项目工作。资源日历和会议时间都是已经确定的。

    C. 正确答案。要求该团队成员按资源日历为项目工作。

D. 题干没有显示是因为没收到通知而不参加会议。

考点与页码：确保虚拟团队成员参与的有效性。《指南》第 333～334 页,《解读》第 201、212 页。

61» A. 应该收集项目全过程的组织过程资产。

B. 不现实的做法。

C. **正确答案**。经验教训登记册在项目早期创建,在整个项目期间,所有团队成员都参与了经验教训的记录。收尾阶段则需要把这些信息归入经验教训知识库,作为组织过程资产的一部分。

D. 这是消极的、不负责任的做法。

考点与页码：经验教训登记册更新,组织过程资产更新。《指南》第 104、127 页,《解读》第 94～95 页。

62» A. **正确答案**。在问题发生前采取措施,属于预防措施,预防完工时的过大偏差。

B. 纠正措施针对已经发生的问题,而题干中没有明确指出已发生的问题。

C. 缺陷补救针对质量问题,从题干信息看不出来大坝质量有问题。

D. 计划更新是指对正式受控的计划的修改。题干并没有说计划不合理。

考点与页码：变更请求的四种形式。《指南》第 96 页,《解读》第 100 页。

63» A. 他的意愿是转向管理岗,这样做不能激励他。

B. 技术岗位不能直接转向管理岗位,需要培训。

C. **正确答案**。先通过培训提升他的管理能力,再决定他能否转岗。

D. 不如 C 的做法更积极。

考点与页码：运用情商提高团队绩效。《指南》第 310 页,《解读》第 212 页。

64» A. 不如 B 直接和有效。

B. **正确答案**。可以用当地人员的历史数据作为参数,估算所需资源的数量。

C. 项目所在国家的资源情况与国内不同,用类比估算不准确。

D. 没有考虑资源的技能水平、工作效率等其他因素,不够准确。

考点与页码：估算活动资源过程。常用的估算技术有专家判断、参数估算、类比估算。《指南》第 324 页,《解读》第 200 页。

65» A. 力场分析是同时听取并分析支持声音与反对声音,以便确定最合理的质量标准。

B. 工作分解结构是范围管理领域的文件,此处说的是质量管理过程中遇到的问题。

C. 帕累托图旨在通过对问题按发生频率的高低排序来抓住最经常发生的问题。

D. **正确答案**。绘制流程图,有助于完整地呈现项目工作中的所有步骤,防止遗漏。

考点与页码：规划质量管理过程的工具，数据表现，流程图。《指南》第 284 页，《解读》第 183 页。

66. A. 用放弃竞聘作为交换条件不妥，未考虑彼得的长远发展。
    B. 这对彼得不公平，他是最佳人选。
    C. 与本次培训没有直接关系。
    D. **正确答案**。项目经理应该考虑团队成员的长远发展，并用行动支持。

考点与页码：支持和认可团队成员的成长和发展。《解读》第 212 页。

67. A. 责任分配矩阵只能回答谁该做什么，但回答不了如何做。
    B. 人员配备管理计划中不会说明"如何做"。
    C. **正确答案**。团队成员需要查找自己在项目上的职责、从事何种工作以及如何完成工作，只有项目管理计划才能提供齐全的信息。
    D. 项目组织机构图显示项目中的各种职位及其相互关系，不会说明"如何做"。

考点与页码：按项目管理计划的内容执行项目。注意：答案的覆盖面必须与题目的覆盖面一致。《指南》第 86~88 页，《解读》第 86~87 页。

68. A. 直接用于后续运营的文件，应该交给运营部门。
    B. 这是项目收尾的工作之一，不需要向发起人提要求。
    C. **正确答案**。收尾阶段的组织过程资产更新文件里，需要包括运营和支持文件，方便维护和运营。
    D. 收尾阶段不能提变更请求。

考点与页码：结束项目或阶段过程的输出，组织过程资产更新，运营和支持文件。《指南》第 123、128 页。

69. A. 他的反馈不及时，会耽误项目工作。
    B. 题干显示这种方法没有效果。
    C. **正确答案**。项目经理和团队成员都无法让他及时反馈，只能向公司求助。
    D. 项目经理已经与他私下沟通过，但没有效果。

考点与页码：沟通模型，反馈。反馈是沟通中的重要环节，项目经理要为项目团队建立适当的反馈机制。《指南》第 372 页，《解读》第 221 页。

70. A. 该专家的需求不是高薪资。
    B. 该专家并不关注公司的远景与挑战。
    C. **正确答案**。通过谈判试图满足该专家的科研需求，来争取续约成功。
    D. 高层出面也不一定管用，C 更有针对性。

考点与页码：获取资源过程的工具，谈判。《指南》第 332 页，《解读》第 201 页。

71. A. 新上司只关注年龄对创新的影响，而不关注绩效。
    B. 题干未显示这些员工技能不足。
    C. 正确答案。年龄结构的多样性，可以产生更大的团队活力，也许有利于创新。
    D. 裁员的标准由公司制定。

    考点与页码：项目团队的多样性。不同的年龄是多样性的体现之一。现代组织理论认为，多样性大的团队，如果管理得好，可以产生更大的团队活力。《指南》第 311 页，《解读》第 213 页。

72. A. 解释同 D。
    B. 解释同 D。
    C. 解释同 D。
    D. 正确答案。既要考虑团队成员的能力，又要考虑业务优先级。

    考点与页码：评估项目任务。敏捷项目基于业务优先级和团队能力，提取未完项清单最靠前的任务，作为下一个迭代期的任务。《指南》第 671 页，《解读》第 305 页。

73. A. 通过引导式研讨会倾听客户的声音很有必要，D 包括 A。
    B. 不仅要考虑给公司带来的价值，也要考虑对客户的影响。
    C. 迭代方法已经取得了效果，不能因为目前的老客户满意度不高就不使用。
    D. 正确答案。分析项目成果对公司、客户等各相关方的影响，并采取相应的管理行动。

    考点与页码：分析变革对各相关方的影响。项目应该支持组织变革，协助组织处理变革带来的问题。《指南》第 512 页，解读第 18~19 页。

74. A. 口头解释不如书面修改采购工作说明书。
    B. 急需采购，根据潜在供应商的反馈修改采购工作说明书就可以，重新编写可能耽误采购进度。
    C. 正确答案。采购工作说明书必须足够详细，能让供应商判断自己是否有能力提供所要求的产品，否则就必须进行修订，直到成为所签协议的一部分。
    D. 采购工作说明书必要完整、明确且清晰，不能要求潜在供应商猜测。

    考点与页码：采购工作说明书。《指南》第 477~478 页，《解读》第 257 页。

75. A. 这个选项不错，但没有 D 选项全面。
    B. 这违反了变更宜早不宜晚的原则。
    C. 这是错误的做法，越是重要的变更，越需要全面的评估。

D. 正确答案。先评估，再提交审批，很完美的答案。

考点与页码：项目变更管理，全面评价变更的影响。《指南》第 113 页，《解读》第 93~94 页。

76. A. 调解需要第三方参与，不是最好的解决方法。

B. 正确答案。谈判是解决索赔的最好方法。

C. 仲裁尽管比诉讼要好一些，但不如谈判和调解。

D. 替代争议解决方法包括调解和仲裁。

考点与页码：索赔管理和争议的解决。《指南》第 498 页。

77. A. 项目经理可能无权直接向 CEO 推荐，不如 D 的做法更好。

B. 他更希望公司兑现招聘时的承诺。

C. 项目经理无法要求人力资源主管必须这样做。

D. 正确答案。借助向人力资源主管报告团队绩效的机会，对汤姆的晋升施加一定的影响。

考点与页码：管理团队过程，向公司反馈团队成员的表现，协助公司落实与成员的项目协议。《指南》第 351 页，《解读》第 195 页。

78. A. 每日站会上没时间解释并展示方案。

B. 问题在每日站会之后及时解决。

C. 避免不必要的文档，面对面沟通效果最好。

D. 正确答案。每日站会上只展示问题，问题解决在每日站会之后。

考点与页码：敏捷项目的每日站会。每日站会每天召开，控制在 15 分钟左右，主要汇报昨天完成了什么，今天计划做什么，遇到了什么困难。在会议上只展示问题，问题解决放到会后个别讨论，以便提高会议效率。《指南》第 364 页，《解读》第 302 页。

79. A. 互动式沟通适用于双方需要及时进行信息交换的情况。

B. 正确答案。当人数不太多、信息量也不太大时，使用推式沟通。

C. 拉式沟通适用于信息量比较大，或沟通的对象不明确或比较多时。

D. 没有这种沟通方法。

考点与页码：沟通方法，推式沟通。《指南》第 374 页，《解读》第 223 页。

80. A. 代价太大，不可能在每个迭代期后都做商业论证。

B. 正确答案。用户故事代表对客户有价值的功能需求，完成的用户故事越多，代表交付的价值越多。

C. 没有 bug（质量问题）不代表价值就高。
D. 产品负责人的满意度不直接代表价值的高低。

考点与页码：验证绩效改进。《指南》第 145 页，《解读》第 212 页。

81. A. 他需要快速融入项目工作，远程指导不如现场指导效率高。
B. 项目经理应该提供协助，使他快速提升技能。
C. 正确答案。同事辅导的方式更适合本项目，既能提升他的技能，还不耽误项目工作。故事点估算需要全体成员参与。
D. 项目任务紧迫，外出培训会耽误本项目的工作。

考点与页码：根据需求确定培训方案。可选的培训方案，包括在岗培训、离岗培训、同事培训、外聘讲师培训、网络在线培训或现场面授等多种方式。《指南》第 342、669 页，《解读》202~203 页。

82. A. 破坏性检测，再小心，也不能克服对部件的破坏。采用这种方法，所有的部件都会被破坏。
B. 与题意无关。
C. 正确答案。对于破坏性检查，只能以抽样的方式进行。
D. 外包检测工作并不能解决实际问题。

考点与页码：控制质量过程的工具，数据收集，统计抽样。《指南》第 303 页，《解读》第 186 页。

83. **A. 正确答案**。召开环境听证会与开始现场准备工作之间是强制性依赖关系。政府部门何时召开环境听证会，不在项目团队的控制范围内，所以又是外部依赖关系。
B. 调整性依赖关系是杜撰出来的说法。
C. 环境听证会不是可开可不开的，故不是选择性依赖关系。
D. 政府部门何时召开环境听证会，不在项目团队的控制范围内，故不是内部依赖关系。

考点与页码：确定和整合依赖关系。《指南》第 191~192 页。

84. A. 也许有一点关系，但不如 C 那样具有源头上的意义。
B. 项目符合计划，所以监控过程应该没有问题。
C. 正确答案。项目符合计划，但某个相关方不满意，很可能是计划不合理（如没有反映相关方的需求）。
D. 与变更没有关系。

考点与页码：项目计划必须反映相关方的真实需求。《指南》第 138、150~151 页，《解读》第 111 页。

85. A. 不应该限定唯一沟通渠道，多渠道沟通可以增进团队成员之间的了解。
    B. 线下交流有利于团队成员增进了解，虚拟团队也需要临时的集中办公。
    C. **正确答案**。线下工作交流有利于团队成员增进了解，对工作有好处。应该密切关注该地区成员的绩效和整个团队的绩效，评估这种方式的效果。
    D. 做了 C 之后再决定是否鼓励各地区单独建立工作群。
    考点与页码：虚拟团队的沟通。《指南》第 333 页，《解读》第 201 页。

86. A. 项目经理不能如此不作为，必须为团队提供服务。
    B. **正确答案**。办公室太冷和噪声会影响团队的工作效率，属于团队的障碍物，项目经理必须加以解决。
    C. 每日站会上可以反映会影响团队工作的任何问题。
    D. 为团队移除障碍物，创造良好的工作环境，这是项目经理的责任。
    考点与页码：项目经理的仆人型领导风格，利用关系网为团队移除障碍物。《指南》第 65、310 页，《解读》第 47、212 页。

87. A. 客户没有提出运营要求，不适合用 DBO 模式。
    B. BOOT 模式是政府将基础设施项目的特许权授予承包商，承包商在特许期内负责项目设计、融资、建设和运营，并回收成本、赚取利润，特许期结束后将项目所有权移交政府。
    C. **正确答案**。EPC 方式适用于医院这种设备驱动型项目，客户针对设计、设备采购和施工服务签订一个合同，以实现交钥匙交付。
    D. PPP 方式适用于业主融资有限或没有资金的情况，公共和私营部门合作。
    考点与页码：项目交付方法。《指南》第 476 页。

88. A. 解释同 B。
    B. **正确答案**。融资需要时间和成本，周期较长且有一定的不确定性，应该提前规划。
    C. 先在项目启动时整体规划，编制进度和成本管理计划时考虑融资的影响。
    D. 解释同 C。
    考点与页码：融资。通过融资获取外部资金，融资需要成本和时间，需要提前规划。《指南》第 253 页，《解读》第 164 页。

89. A. 这不是造成问题的主要原因。
    B. 处罚不是目的，而是促使大家遵守新的制度，C 更好。
    C. **正确答案**。通过宣讲新制度，明确基本规则，预防大家犯错。

D. 让大家了解新制度后再发表意见，先 C 后 D。

考点与页码：对可能的违规行为进行预警，以便更好地推行团队基本规则。《指南》第 319 ~ 320 页，《解读》第 197 页。

90. A. 项目执行一直顺利，故这个理由不成立。

    B. 解释同 A。

    C. 重大的项目范围变更，项目经理无权批准。

    D. 正确答案。应该管理项目变更，以便确保项目目标继续符合商业需求。

    考点与页码：为继续符合商业需求而管理项目变更。《指南》第 35 页，《PMP®考试大纲》。

91. A. 简单地拒绝，这不是一种好的做法，有违项目经理积极主动的职业精神。

    B. 正确答案。因为协议（合同）是制定项目章程过程的输入。

    C. 对于卖方而言，没有签订合同，就没有编制项目章程的足够依据。

    D. 这超出了你的权责范围。

    考点与页码：制定项目章程过程的输入，协议。《指南》第 78 页，《解读》第 82 页。

92. A. 直接指导他们更好。

    B. 正确答案。敏捷项目要求在每日站会上汇报工作进展。

    C. 并非所有工作进展都要在系统上显示，而且敏捷团队鼓励面对面沟通。

    D. 工作进展应该高度透明，让所有团队成员都知道。

    考点与页码：敏捷项目的沟通特点。敏捷项目的沟通更加频繁和快速，信息分享高度透明，更提倡面对面直接沟通。《指南》第 364、506 页，《解读》第 302 ~ 303 页。

93. A. 缓和强调相同点而不是差异，但项目经理没有强调相同点。

    B. 妥协是指每个人都让步来解决方案，题干并没提到让步的情景。

    C. 正确答案。项目经理综合考虑了两方的意见，说服团队达成了共识。

    D. 项目经理说服了团队，并没有用权力强行解决。

    考点与页码：五种常用的冲突解决方法，合作。项目经理应该采用冲突解决方法为团队识别和解决阻碍。《指南》第 349、365 页，《解读》第 207、301 页，《考纲》。

94. A. 根据网络图，d 是关键活动，浮动时间为零。

    B. 解释同 A。

    C. 正确答案。解释同 A。

    D. 解释同 A。

    考点与页码：关键路径法。本题需要根据题干绘制网络图。《指南》第 210 页，《解读》第 144~145 页。

95. A. 授权不能减轻授权人对被授权工作的终责。授权人必须如同自己亲自做事一样地对上级或其他相关方承担最终责任。
    B. 技术专家擅长技术，授权他发布技术文件，能提高说服力。
    C. 正确答案。如果授权助手颁发奖励，会被误认为项目经理不重视这个奖励，从而使奖励失去应有的效果。
    D. 应该明确告诉被授权者要实现的目标，但不需要告诉他如何实现目标。
    考点与页码：授权。有些工作不能授权出去。《解读》第 209~210 页。

96. A. 题目给出了三个维度，显然不适合在权力利益方格或影响作用方格中显示。
    B. 正确答案。题目给出的维度是相关方权力、紧迫性和合法性，故可使用凸显模型，对众多相关方进行分类，识别相关方的相对重要性。
    C. 查阅经验教训登记册有助于相关方分类，但是不如 B 切题。
    D. 先对相关方进行分类，再根据分类制定有针对性的沟通策略。
    考点与页码：识别相关方过程的工具，数据表现，凸显模型。《指南》第 512~513 页，《解读》第 282 页。

97. A. 由于卖方已经多做了事情，理应收到额外的付款。
    B. 首先要补偿卖方编写报告的成本，然后才考虑是否需要变更合同。
    C. 正确答案。先支付卖方的合理索赔金额，再进行后续的其他处理（把这个报告加入合同中，或者要求团队成员不再索要这个报告）。
    D. 也许在支付索赔金额后，可以做这个。
    考点与页码：控制采购过程的工具，索赔管理。《指南》第 498 页，《解读》第 265~266 页。

98. A. 如果设备还没买，肯定要选 A 项。
    B. 先要解决问题。而且处罚成员通常都不是 PMP® 考试中的考点。
    C. 正确答案。设备已经买了，变更实际已经发生了，要补走变更管理流程。
    D. 这是不负责任的做法。
    考点与页码：项目变更管理，当变更实际发生时对变更进行管理。注意，任何变更都必须要经过审批。《指南》第 259 页，《解读》第 102~103 页。

99. A. 如果没有书面的变更令，承包商将很可能不能从业主那里获得变更付款。
    B. 没有书面变更令，就没有收回另一半款的依据。
    C. 正确答案。解释同 A。

D. 对合同的任何变更，都应该以书面方式做出。

考点与页码：合同变更必须以书面形式且经双方协商一致。《解读》第 248 页。

100 » A. 权力是指职权，不适用于当地居民。

B. 解释同 A。

C. 正确答案。因为担心会受项目的严重影响，小区居民对项目施加影响的愿望很大（影响大）。而且，他们的意见对项目能否通过审批有很大的作用（作用大）。

D. 从影响方向模型来看，小区居民属于外部相关方。与题干没有直接关系。

考点与页码：分析相关方的影响，作用影响方格。《指南》第 512 页，《解读》第 281 页。

101 » A. 投资回收期是关注项目何时收回投资，不能直接测量盈利能力大小。另外，不同规模项目的投资回收期不具可比性。

B. 从理论上讲，同一行业同一时期的同类型项目的贴现率应该是一样的。

C. 正确答案。内部报酬率是项目累计净现值为零时的贴现率，代表项目产品盈利能力大小和抵抗风险能力的大小，越高越好。可以比较同类型项目的内部报酬率。

D. 不同规模项目的累计净现值不具可比性。也与题干无关。

考点与页码：项目选择的财务指标。《指南》第 34、473 页，《解读》第 153~155 页。

102 » A. 这是消极的做法。系统用户的满意度是乙方需要考虑的。

B. 谨慎对待是正确的，但是，仅出于对自己职位安全的考虑，过于狭隘。

C. 正确答案。IT 部门并非系统的最终用户。只有系统用户满意，才能真正帮助甲方实现项目的商业价值。

D. 无视范围基准，开闸放水是不专业的做法，也是属于 PMI 反对的"镀金"。

考点与页码：项目经理的战略和商务管理技能。《指南》第 58 页，《解读》第 50 页。

103 » A. 发起人可以分阶段注入项目资金。

B. 项目暂停过，原来的计划不一定还适合使用。

C. 先审查项目章程中的整体项目风险，再分析各种单个项目风险。

D. 正确答案。项目暂停过，应该先审查项目继续做下去，项目章程中的项目目的和目标是否还能实现。如不能实现，就要和发起人协商修改。

考点与页码：项目章程的作用。项目暂停三个月后再继续，就相当于重新启动，需要重新开展制定项目章程过程。《指南》第 81 页，《解读》第 84 页。

104 » A. 简单地辞退，即便合规，也是很消极的做法。
B. 她的性格不适合该岗位，技能培训也不起作用。
C. **正确答案**。与她一起协商更适合她的工作岗位，根据成员优势安排工作。
D. 会妨碍项目成功。

考点与页码：建设团队过程，个人和团队评估；管理团队过程，转派人员。《指南》第 342、350 页，《解读》第 195 页。

105 » A. 需求被列入未完项清单中，包括产品需求。
B. **正确答案**。已提出但尚未被批准的变更不能列入未完项清单。
C. 待执行的变更放到未完项清单中，和原先的工作一起进行重新排序。
D. 用户故事反映当前需求，被放入未完项清单中。

考点与页码：分解项目范围。敏捷项目中，范围被分解为一系列需要实现的需求和拟执行的工作，被写入未完项清单中。《指南》第 131、671 页，《解读》第 305 页。

106 » A. **正确答案**。依据公司目前的情况，只能从项目 A 和项目 B 中选择。选择项目 A 的机会成本，就是放弃的项目 B 所能带来的 2000 万元收益。
B. 解释同 A。
C. 解释同 A。
D. 解释同 A。

考点与页码：机会成本。因为项目 C 此前就已经决定放弃了，所以它的收益 3000 万元也就不是选择项目 A 的机会成本了。《解读》第 155 页。

107 » A. 这就导致网站无法尽快交付使用，更何况，究竟需要哪些功能并非都清楚。
B. 对这种项目，无论多重视需求分析，都无法在项目执行之前搞清全部需求。
C. **正确答案**。这是开发和交付最小可用产品（MVP）的方法，既有利于网站尽快交付使用，又有利于后续完善和扩展。
D. 与题干没有直接关系。

考点与页码：最小可用产品（MVP）。《解读》第 305 页。

108 » A. 在没有搞清楚该谁审批的情况下，项目经理不应擅自审批。
B. 不应该简单地再次要求管理层审批。
C. **正确答案**。应该假设有完整的项目管理计划，其中包括变更管理计划。在变更管理计划中会规定谁应该审批什么变更。

D. 这是明显不合理的做法，要优先考虑客户的利益。

考点与页码：项目变更管理与变更管理计划。《指南》第 116 页，《解读》第 101 页。

109» **A. 正确答案**。收集需求过程的一个重要输入是相关方登记册。只有相关方尽早参与，才能有效地收集需求。

B. 项目章程中规定项目目标，而制定项目章程过程在收集需求过程之前。项目已经启动，总体目标应该已经确定。

C. 题意未涉及需求变更管理。

D. 与题意无关。

考点与页码：收集需求过程的输入，项目文件，相关方登记册。《指南》第 141 页，《解读》第 111 页。

110» A. 简单地接受客户的要求，不是一种良好的做法。

B. 正确答案。与客户一起商量后，再做决定。

C. 这样做，你就不能获得合同。

D. 这样做，也会使你不能获得合同。

考点与页码：实施采购过程的工具，人际关系与团队技能（谈判）。提交建议书时，潜在卖方应该在其中指定一些重要工作岗位的人选。如果买方对这些人选有不同的意见，双方应该通过谈判加以解决。《指南》第 488 页，《解读》第 264 页。

111» A. 卖方的这个违约没有严重到足以提前终止合同的程度。

B. 合同变更（如延迟培训时间），是可能的解决办法，但不是唯一或最好的解决办法。

C. 买方可以拒绝支付与培训有关的费用，但不能拒绝支付全部进度款，除非合同中有专门规定。

D. 正确答案。发现对方违约之后，必须在第一时间书面告知对方，你认为对方已经违约，从而保留自己的索赔权利。

考点与页码：控制采购过程的工具，索赔管理。《指南》第 498 页，《解读》第 265～266 页。

112» A. 采购工作说明书是对拟采购的产品或服务的描述，通常不会对每种所需的材料都做出详细规定。

B. 合同工作分解结构不是材料清单。

C. 正确答案。材料变了，相关的质量管理方法也要相应变更，如质量检测方法。

D. 质量政策是高层次的指导性文件，不会因材料的变更而更新。

考点与页码：质量管理计划。如果没有质量管理计划，则可选采购工作说明书。《指南》第 286 页，《解读》第 177 页。

113. A. 应该把客户提出的新功能写入当前的迭代计划。

   B. 敏捷团队应该小规模全功能。默认团队有能力实现该功能。

   C. 正确答案。应该优先开发客户认为更有价值的功能，实现增量交付价值。

   D. 客户确定功能的优先级，而非团队成员。

   考点与页码：用敏捷方法优先开发最重要的功能，实现增量交付价值。敏捷项目允许在整个开发生命周期期间进行变更。《指南》第 74、671 页，《解读》306～307 页。

114. A. 解释同 C。

   B. 解释同 C。

   C. 正确答案。被授权的团队成员犯错误，项目经理仍要承担最终责任。

   D. 解释同 C。

   考点与页码：授权。项目经理对项目承担最终责任，该责任不能被转移。《指南》第 317 页，《解读》第 209～210 页。

115. A. 这样做可能失去客户。

   B. 如果不能让客户理解该方案，很难签订合同。

   C. 该项目具有很强的独特性，与其他项目情况很可能不一样。

   D. 正确答案。用故事板向客户展示用户界面，是最直观和代价最小的办法。

   考点与页码：故事板。故事板是最常用的原型技术，通过一系列的图像或图示来展示顺序或导航路径。在软件开发中可用来展示网页、屏幕或用户界面。《指南》第 147 页。

116. A. 如果沟通规划得好，无法面对面并不是最大阻碍。

   B. 正确答案。这是一个虚拟团队，沟通管理将是最大的挑战。

   C. 解释同 B。

   D. 可以通过求助 PMO，参考组织过程资产等方式弥补自身经验不足。

   考点与页码：虚拟团队中的沟通规划。《指南》第 333 页，《解读》第 201 页。

117. **A. 正确答案**。工作绩效报告是监督风险过程的输入，可据此评估整体项目风险，提出对项目应急储备的调整建议。

   B. 工作绩效信息是监督风险过程的输出。

   C. 虽然工作绩效数据也是监督风险的输入，但是太具体和分散，不如工作绩效报告那样能够统揽全局,所以不能作为评估"整个项目"的应急储备的直接依据。

D. 质量控制测量结果是控制质量过程的输出。

考点与页码:监督风险过程的输入,工作绩效数据,工作绩效报告。注意:用"工作绩效数据"作为输入的监督风险是基层的、局部的,而用"工作绩效报告"作为输入的监督风险则是高层的、全局的。《指南》第 456 页,《解读》第 233 页。

118» A. 启动会议是启动阶段结束时用于分发项目章程、宣布项目立项的会议。

B. 正确答案。召开开工会议,宣布项目进入执行阶段。

C. 《指南》和《PMP®考试大纲》中都没有提及这种会议。

D. 规划会议早就开过了。

考点与页码:开工会议。考试中,可能把 Kick-off Meeting 翻译为启动会议。所以,看到启动会议时,最好看看英文,确认到底是"Kick-off Meeting"还是"Initiating Meeting"。"Initiating Meeting"有时又被翻译为"项目见面会"或"初始启动会"。《指南》第 86 页,《解读》第 96 页。

119» A. 上报是把机会报给高层去管理,与题干无关。

B. 正确答案。确保机会出现并抓住机会,是机会的开拓策略。

C. 提高是采取措施,提高机会出现的可能性或影响,并不能"确保"。

D. 接受是不主动促进机会发生,在机会自然发生时去利用机会。

考点与页码:机会应对策略,开拓。《指南》第 444 页,《解读》第 244 页。

120» A. 资源日历通常用于人力资源和设备,不用于材料。

B. 正确答案。资源分解结构可以展现整个项目所需的各种材料及其数量,资源直方图可以展示各时期所需的材料数量。

C. 责任分配矩阵用来展示工作包(或活动)与团队成员(或组织)的关系,与题意无关。

D. 责任分配矩阵,与题干无关。

考点与页码:资源分解结构。资源分解结构有利于统一采购资源,所以肯定要选包括资源分解结构的选项。由于 C 中的"责任分配矩阵"与题意无关,故可以排除。《指南》第 316 页。

121» A. 直方图可以直观展示问题与问题发生的频率,但不能用来发现风险预警信号。

B. 正确答案。通过控制图来监控项目实施过程,有助于及时发现该风险的触发因素(预警信号)。

C. 散点图不能直接用于发现风险警告信号,除非某个因素与风险的发生之间有线性关系。

D. 鱼骨图用于找出导致某种结果的根本原因，不用于监测风险的预警信号。

考点与页码：数据表现，控制图。监督风险过程中应该追踪已识别风险，注意其触发因素（预警信号）。控制图的用途很多，《指南》中只在质量管理中提到控制图。《指南》第 304 页，《解读》第 186～188、239 页。

122 » A. 浪费资源且降低沟通的效率。

B. 正确答案。与客户代表确定"定期"参与是指多久能参与一次项目工作，以便据此安排迭代期的时间长度。

C. 增量型开发方法要求相关方定期参与。

D. 增量型开发无法在初期阶段就制订出详细的项目计划。

考点与页码：不同开发生命周期对客户参与度的要求。预测型要求在项目里程碑时点参与，增量型和迭代型要求定期参与，而敏捷型要求参与程度最频繁。《指南》第 666 页，《解读》第 303～304 页。

123 » **A. 正确答案**。招标文件中包括了拟用的合同条款。拿到招标文件之后，就要仔细研究合同条款。对有疑问或不合理之处，应该在投标人会议上向招标方提出。

B. 向招标方提交投标文件，就代表投标人已经接受了招标文件中的合同条款。

C. 收到中标通知书，就代表合同成立了。

D. 在执行过程中再变更，不如签合同前协商的效果好。

考点与页码：实施采购过程的工具，投标人会议。《指南》第 487 页。

124 » **A. 正确答案**。只有高级管理人员与项目发起人才能拯救项目。

B. 项目管理办公室负责向项目提供项目管理方面的支持，不能解决项目资金不足的问题。

C. 项目经理对发起人的影响力，通常不如高级管理层对发起人的影响力大。

D. 项目经理无法解决资金不足的问题。

考点与页码：不同项目相关方在项目上的职能。《指南》第 77 页，《解读》第 273 页。

125 » A. 汤姆已经为大家明确了责任，不一定要使用 RACI 矩阵。

B. 正确答案。题干显示汤姆落实了最终责任。

C. 敏捷项目中，有时领导者也需要完成一些技术工作。

D. 敏捷项目中，鼓励大家协商后自主领取任务。

考点与页码：评价最终责任的落实情况。《指南》第 317 页，《解读》第 209 页。

126. A. 这是风险，不是变更。

B. **正确答案**。另一名资源不知道什么时候会派到项目上，应该记录在风险登记册上。

C. 先记录用人有关的风险，再探讨如何应对。

D. 解释同 C。

考点与页码：识别风险。《指南》第 409 页，《解读》第 231 页。

127. A. **正确答案**。做好版本控制，可以确保项目使用的是最新版表格。

B. 太绝对了。

C. 问题不应该记录在风险登记册上。

D. 不如 A 的措施具体。

考点与页码：管理项目工件，确保项目信息是最新的。《考纲》。

128. A. 解释同 D。

B. 解释同 D。

C. 解释同 D。

D. **正确答案**。图形显示本系统与其他系统之间是如何交互的，这是收集需求使用的系统交互图。

考点与页码：收集需求过程的工具，系统交互图。《指南》第 146 页，《解读》第 123 页。

129. A. 有道理，但不如 C 全面。

B. 有道理，但不如 C 全面。

C. **正确答案**。领导技能包括沟通技能、政治技能和人际交往技能。

D. 有道理，但不如 C 全面。

考点与页码：项目经理的领导技能。《指南》第 60~61 页，《解读》第 47~48 页。

130. A. 个性是引起冲突最少见的原因，除非是在项目收尾阶段。

B. **正确答案**。现代观点认为，冲突是不能避免的，管理得好，会是有益的。

C. 合作或解决问题的方法比缓解更好。

D. 这种做法太消极。在团队中冲突是必然的。冲突因团队而存在。

考点与页码：人际关系与团队技能，冲突管理。注意：现代关于冲突的观点与传统观点的区别。《指南》第 348 页，《解读》第 204~205 页。

131. A. 只要不是因为一方违反职业道德或法律引起的冲突，都应该由当事人自己解决，他们的直接上级提供协助。这个选项中缺少项目经理。

B. 只要不是因为一方违反职业道德或法律引起的冲突，都应该由当事人自己解决，他们的直接上级提供协助。这个选项中缺少冲突的当事人。

C. 通常应该由当事人自己解决冲突。而且题目中没有相关信息导致必须找管理层。

D. 正确答案。应该由你与第 2 小组组长，在项目经理的协调下，解决问题。

考点与页码：人际关系与团队技能，冲突管理。冲突由当事人自己解决，直接上级提供协助。《指南》第 348 页，《解读》第 206 页。

132 » A. 解释同 D。

B. 解释同 D。

C. 解释同 D。

D. 正确答案。你充当好说话的红脸（好人），搬出你苛刻的上司作为白脸（坏人），这是典型的好人坏人策略。

考点与页码：谈判策略，红脸白脸。《解读》第 264～265 页。

133 » A. 这个做法太消极，而且涉嫌违反职业道德。

B. 项目经理无权修改项目预算。

C. 这不能解决问题。而且，问题不一定因前任项目经理无能引起。

D. 正确答案。分析情况，提交变更请求。

考点与页码：项目变更管理，变更的流程。题目中没有明确提到变更，但暗示了必须要变更。《指南》第 113 页，《解读》第 93～94 页。

134 » A. 这会让其他成员在一定程度上排斥该专家。

B. 在线交流虽然可以少受脾气的影响，但沟通效果往往较差。

C. 这种做法代价比较大，且不一定能解决问题。冲突不一定在会议上。

D. 正确答案。帮助该专家和团队成员都意识到情绪对沟通的影响，更利于解决该问题。

考点与页码：沟通中的噪声，情绪。《指南》第 373 页，《解读》第 221 页。

135 » A. 原有的设备清单不是最优的。

B. 使用实验室的部门没有参与。

C. 正确答案。使用实验室的部门是最终用户，最好由他来优化设备清单。

D. 应该通过学校基建处联系该部门。

考点与页码：管理相关方参与过程。项目团队应该与客户、用户合作，以实现更高的相关方参与度和满意度。《指南》第 506、523 页，《解读》第 280 页。

136 » **A. 正确答案**。如果公司有现成的质量政策，就可照搬到项目上，因为质量政策是很笼统的。该公司已经通过 ISO 质量管理认证，肯定有质量政策。

B. 解释同 A。

C. 解释同 A。

D. 解释同 A。

考点与页码：规划质量管理过程的输入，组织过程资产（组织的质量政策）。《指南》第 281 页，《解读》第 177 页。

137 » A. 逻辑数据模型用于规划质量管理过程，不是控制质量过程的工具。

B. 正确答案。应该先用控制图来探明生产过程是否已经失控。如果已经失控，再采取进一步措施。

C. 先用控制图探明生产过程是否已经失控；如果已失控，再用流程图探明哪个环节出了问题。

D. 无法用直方图探明生产过程是否已经失控。

考点与页码：控制质量过程的工具，数据表现，控制图。《指南》第 304 页，《解读》第 186~187 页。

138 » A. 太消极被动，违背项目经理积极主动的职业精神。

B. 项目经理不能代替客户决定客户的需求，一是不符合职业精神，二是会为后续项目工作埋下隐患。

C. 焦点小组会议往往用于同一个部门内部。

D. 正确答案。引导技术往往用于邀请不同部门的人来参加，以便协调需求矛盾。

考点与页码：收集需求过程的工具，人际关系与团队技能，引导。《指南》第 145 页，《解读》第 122 页。

139 » **A. 正确答案**。每一次迭代完成后的回顾会上，对团队进行审查，针对团队能力不足的地方开展辅导。

B. 不能等所有迭代完成后再培训，应该及时辅导。

C. 这是消极的做法。

D. 还没编出第二个迭代期的计划，每个迭代期开始的第一天编计划。

考点与页码：敏捷会议，回顾会。回顾会相当于团队的经验教训总结会，回顾不足之处，及时纠偏。《指南》第 670 页，《解读》第 302 页。

140 » A. 增量型开发方法适用于需求模糊、技术确定的项目。

B. 正确答案。由于不清楚疾病原因，项目需求模糊，研发技术也不能明确，应该使用敏捷型开发方法。

C. 迭代型开发方法适用于需求清晰、技术不明确的项目。

D. 预测型开发方法适用于需求清晰、技术明确的项目。

考点与页码：开发生命周期类型，敏捷型（适应型）。《指南》第 19 页，《解读》第 41~42 页。

141. A. 虽然合同是严肃的，但协商一致可以修改。

B. 正确答案。告知客户真实的测试结果，并商谈合同变更。

C. 武断地表达支持云端分布式部署是不客观的，存在过度承诺的风险。

D. 拒绝客户的要求，通常都是不合适的，会容易导致低客户满意度降低。

考点与页码：实施整体变更控制过程的工具，决策；项目经理的职业道德。客户提出了变更请求，项目经理进行分析，分析之后再征求客户的意见，力求达成对变更的"一致同意"的决策。《指南》第 115 页，《解读》第 102~103 页。

142. A. 审计意见是错误的。

B. 正确答案。成本偏差 = 挣值 – 实际成本；而不是"实际支出 – 计划支出"。支出多了，可能是因为多做了事情，而不是成本超支。

C. 审计人员的计算方法是错误的。

D. 这不是立即要做的事情。

考点与页码：数据分析，挣值分析。《指南》第 261 页，《解读》第 166 页。

143. A. 估算活动资源过程通常在定义活动过程之后开展。

B. 这是属于项目人员分派，是组建项目团队过程的输出。与题干无关。

C. 正确答案。题目中涉及估算活动资源（需要懂自动装配技术的人员）和估算成本（那些途径都需要花钱）。资源估算会影响成本估算，成本估算又会反过来影响活动资源估算——如果某种资源的成本太高，就可能要被放弃。

D. 与题干无关。而且，资源计划不是挣值管理的直接基础。

考点与页码：估算活动资源与估算成本过程的相互影响。《指南》第 322~323 页，《解读》第 194 页。

144. A. 项目发起人负责为项目提供资金。

B. 正确答案。高级管理层决定项目之间的优先顺序。当然，高级管理层可能与发起人是同一人。

C. 项目经理无权决定项目的优先顺序，他只负责成功完成单一项目。

D. 项目相关方包括的范围太广。

考点与页码：高级管理层决定项目的优先顺序。《解读》第 272~273 页。

145» A. 项目应该考虑对运营的影响，综合评估变更后再决定。

B. 不能只考虑对交付日期的影响。

C. 正确答案。提出变更，按变更流程执行。

D. 按变更流程执行后，再决定是否同意该要求。

考点与页码：项目变更管理。《指南》第 113 页，《解读》第 100~101 页。

146» A. 项目经理不是项目章程的发布者，而是执行者。

B. 如果是人力资源部内部的项目，则可以由人力资源部门经理发布项目章程。

C. 正确答案。高级管理者发布项目章程。

D. 由于人力资源经理并不是项目经理，所以这个说法不对。高于项目经理的 PMO 成员有权发布项目章程。

考点与页码：项目章程的发布。《指南》第 77 页，《解读》第 84 页。

147» **A. 正确答案**。必须先弄清楚问题是什么（定义问题），才能解决问题。

B. 不是定义问题的最好方法。

C. "与高级管理层面谈"，并不是定义问题过程中首先要做的。

D. 不是定义问题的最好方法。

考点与页码：问题解决。首先必须定义问题，才能解决问题。《指南》第 295 页，《解读》第 185 页。

148» A. 为了便于更新制约因素和假设条件，最好为它们专门编制假设日志。

B. 没有制约因素日志。

C. 正确答案。用假设日志记录假设条件和制约因素。

D. 制约因素和假设条件都不等于风险。

考点与页码：制定项目章程过程的输出，假设日志。《指南》第 81 页，《解读》第 82 页。

149» A. 题意与分析产品应具有的功能没有直接关系。

B. 与题干无关。

C. 可以是谨慎的风险应对的一种表现，但这个选项不如 D 有针对性。

D. 正确答案。起初，产品试验是一个总的阶段，随后又被细分为三个阶段。这符合渐进明细的方法（滚动式规划方法）。

考点与页码：滚动式规划。《指南》第 185 页，《解读》第 137 页。

150» **A. 正确答案**。追逐太阳的方式有利于利用时差。本地团队在下班时提出问题，远程团队恰好又是开始上班的时间。

B. 这会增加项目成本，不如 A 代价小。

C. 这对虚拟团队不公平。

D. 时差导致两个地区的团队很难统一在同一时间工作。

考点与页码：虚拟团队的沟通。促进虚拟团队沟通时，要研究多种可替代方案，尽量选择代价最小和对团队成员影响最小的方式。《指南》第 333 页，《解读》第 303 页。

151. A. 合同收尾不一定在项目收尾时才做。只要采购结束了，就要进行合同收尾。例如，在项目的规划设计阶段也可以做合同收尾。

B. 项目阶段结束时需要做阶段收尾，但不一定要做合同收尾。

C. **正确答案**。在题干中的这类大型项目上，通常会开展多次采购，每次采购都需要有专门的合同收尾。项目收尾，整个项目只做一次。

D. 一个项目可有多个合同，合同结束不意味着项目结束。即便所有合同都收尾了，项目也不能自动收尾，还必须开展专门的项目收尾工作。

考点与页码：项目收尾与合同收尾的区别。《指南》第 123、492、499 页，《解读》第 59、261 页。

152. A. 控制账户根据项目经理的管控需要调整，目前情况正常，不需要调整。

B. 控制账户情况正常，不需要频繁测量绩效。

C. **正确答案**。项目经理只需提醒该成员加强管理即可。

D. 控制账户情况正常，不需要进一步分析。

考点与页码：控制账户。控制账户是项目经理的管理控制点，低于控制账户的要素，项目经理不直接管。《指南》第 161 页，《解读》第 117~118 页。

153. A. **正确答案**。工作绩效数据是指在项目执行过程中常规收集的项目绩效信息，其中可包括正在进行的活动的实体完成百分比。

B. 进度偏差和成本偏差是工作绩效信息中的内容。

C. 纠正措施建议可包括在工作绩效报告中，或单独成为一个文件。

D. 工作绩效报告是指经过汇总、分析和整理后的项目信息。工作绩效数据是编制工作绩效报告的基础之一。

考点与页码：工作绩效数据。《指南》第 26、95 页，《解读》第 63~64 页。

154. A. 不如 B 更有针对性。

B. **正确答案**。虽然他说话没有恶意，但可能说话的方式和肢体语言，让他人不愉快。口头沟通中，所说的内容只能传达 7% 的信息，而说话的方式（声音大小、语调）和肢体动作分别能传达 38% 和 55% 的信息。

C. 消极的做法，不如 B 更有针对性，更积极。

D. 消极的做法，团队成员需要集中办公与面对面沟通来增进了解。

考点与页码：沟通方式，口头沟通。《解读》第 216 页。

155» A. 工作绩效信息是经过加工的资料，相当于"信息"，可向高级管理层部分提供。

B. 正确答案。工作绩效数据相当于"数据"，是原始资料，不应该报给高级管理层。

C. 工作绩效报告是经过汇编的，其中包括"信息""知识"和"智慧"，可以报给高级管理层。

D. 有些临时报告，根据需要，可以报给高级管理层。

考点与页码：项目管理数据和信息。《指南》第 26 页，《解读》第 63~64 页。

156» A. 太过消极的做法。

B. 正确答案。考虑外部环境的不确定性，采用敏捷方法增量交付价值。

C. 不仅要管理融资风险，还要同时考虑外部市场行情的变化。

D. 先积极主动想办法，不能直接就要求修改项目成功标准。

考点与页码：根据外部商业环境的变化调整项目方案。《考纲》。

157» A. 项目章程中没有进度基准和项目预算，只有总体里程碑进度安排和总体项目预算。

B. 正确答案。项目管理计划编制完成，并得到项目相关方的批准后，才能作为项目基准。

C. 无论项目大小，都有进度基准。

D. 高级管理层不参与具体的项目计划编制工作。

考点与页码：项目基准。《指南》第 83 页，《解读》第 87 页。

158» **A. 正确答案**。对第一次参与敏捷项目且能力不足的人，需要给予辅导。

B. 任务分配要考虑任务优先级、团队成员的能力和意愿。

C. 如果彼得只做他熟悉的那一种工作，就不利于培养敏捷项目所需的广泛技能。

D. 解释同 C。

考点与页码：敏捷项目中，团队成员应该具备广泛技能，而不只局限在某个狭窄的专业领域。《指南》第 74、670 页，《解读》第 302 页。

159» **A. 正确答案**。如果尽早与新的财务经理进行了沟通，就可以避免在会议上出现这种窘境。

B. 与题干无关，题干中没有提及对项目目标有影响。

C. 没有必要重新审批。

D. 没有必要重新编制。

考点与页码：规划相关方参与过程，相关方参与计划。《指南》第 516、522 页，《解读》第 279~280 页。

160 A. 这个不属于激励理论，而是质量改进和项目管理五大过程组的理论基础。

B. 成就动机理论基于人的三种需要，而题干中未提及这三种需要，即成就需要、权力需要和亲和需要。

C. 需求层次理论把人的需求分成从低到高的五个层次，与题干无直接关系。

D. 正确答案。 双因素理论把与激励有关的因素分成保健因素与激励因素。

考点与页码：激励理论，双因素理论。注意区分需求层次理论和双因素理论。《解读》第 210 页。

161 A. 该专家能与团队成员能良好沟通，也善于写作，不能判定沟通能力不足。

B. 可能有这个原因，但不如 C 切题。

C. 正确答案。 沟通胜任力是某人对某件特定事情、某个特定人群的具体沟通能力。该专家不能有效应对现场谈判这种特定场景，是沟通胜任力不足。

D. 题干中显示该专家有较丰富的谈判理论知识。

考点与页码：沟通胜任力。《指南》第 384 页，《解读》第 225 页。

162 A. 在弄清楚问题之前，不能向管理层报告。只有在详细分析当前问题之后，需要管理层支持时，才需要报告管理层。

B. 这是在 C 之后实施的工作。

C. 正确答案。 应首先把客户拒绝接受的情况记录下来，并弄清原因。

D. 万不得已时才能提交仲裁。

考点与页码：问题解决。出现问题时，应该首先记录问题，然后定义和分析问题，再制定和实施解决方案，最后确认解决方案的有效性。《指南》第 295 页，《解读》第 185 页。

163 A. 工作绩效报告全面反映项目情况，但 C 更能直观展示每个迭代期的进度进展。

B. 甘特图不能看出每一天的进度偏差，也无法预测可完成日期。

C. 正确答案。 迭代燃尽图可追踪每个迭代期内剩余工作的进度，展示与计划进度的偏差，还可以预测剩余工作的完成日期。

D. 未完项清单只列出了剩余工作，不显示进度。

考点与页码：控制进度过程，迭代燃尽图。迭代燃尽图横轴为迭代天数，纵轴为剩余工作，它表示工作从开始到逐渐完成的过程。图中显示计划剩余工作、实际剩余工作和剩余工作预测三条线，可以直观监控进度情况。《指南》第 226 页，《解读》第 149 页。

164 » A. 题目中没有说 WBS 有问题。
B. 题目中没有说需求文件有问题。
C. 正确答案。确认范围过程对单个可交付成果进行验收时，没有发现不符合验收标准（本该发现的）。如果监控过程组的确认范围过程做好了，收尾阶段的验收就不会有问题。

D. 控制质量过程用于核实质量合格性，与题干无关。最终的验收标准可能包含技术标准，但又不局限于技术标准。因此，仅强调技术正确性并不能保障收尾阶段的验收不出问题。
考点与页码：确认范围过程。该过程验收可交付成果，提出必要的变更请求。《指南》第 166 页，《解读》第 112 页。

165 » A. 客户所提的问题，与项目范围而非进度有关。
B. 题干中的情景意味着要查看项目的范围文件，而不是对可交付成果开展正式验收。
C. 正确答案。项目范围说明书确定了项目的范围边界，包括项目的除外责任。
D. 客户所提的问题，与项目范围而非进度有关。
考点与页码：项目范围说明书。《指南》第 154 页，《解读》第 114~115 页。

166 » A. 不能在没有走变更管理流程的情况下就决定赶工。
B. 这种方法没有考虑未来赶工的成本代价，不可能保证按期完工。
C. 完全无法实现的目标，不值得继续坚持。
D. 正确答案。BAC 已明显不可行，就应该向高级管理层申请调增项目预算。
考点与页码：数据分析，趋势分析（预测）。《指南》第 263~265 页。

167 » **A. 正确答案**。仆人式领导应该服务于项目，寓管理于服务之中。
B. 这是在用职位赋予的管理权力。
C. 可以这样做，但不是仆人式领导风格的典型做法。
D. 这是在用职位赋予的管理权力。
考点与页码：仆人式（服务型）领导风格。仆人式领导风格提倡服务他人，帮助他人成长。《指南》第 65 页，《解读》第 47 页。

168 » A. 解释同 B。
B. 正确答案。根据三点估算计算：［(32 小时 + 45 小时 × 4 + 70 小时)］÷ 6 = 47 小时。

C. 解释同 B。

D. 解释同 B。

考点与页码：三点估算。考试中没说是三角分布，就默认按贝塔分布计算。《指南》第 245 页，《解读》第 140 页。

169. A. 结束项目或阶段过程是对已通过正式验收的可交付成果进行最终验收和移交。

B. 与题干无关，因为没有提及采购或合同。

C. 控制质量过程关注可交付成果是否正确（满足质量要求），而且由项目团队内部做。

D. 正确答案。确认范围过程是由客户或发起人对已经完成的可交付成果进行正式验收，需要在整个项目期间定期开展。

考点与页码：确认范围过程。注意：题目中的"在整个项目过程中"，暗示了不是项目收尾阶段的验收。《指南》第 163 页，《解读》第 120 页。

170. A. 这个过程编制质量管理计划和质量测量指标。

B. 正确答案。管理质量过程编制质量报告。

C. 没有这个过程。

D. 控制质量过程为编制质量报告提供输入。

考点与页码：管理质量过程。《指南》296 页，《解读》第 177～178 页。

171. A. 钱已经花光了，这时候才变范围已经没有用了。

B. 正确答案。项目被提前终止，也要进行项目收尾工作，只有 B 项属于项目收尾工作。

C. 这不是现在该做的，而且这个问题太复杂。即便要在现有项目的基础上启动一个新项目，也必须先把现有项目正式收尾。

D. 没有钱了，不可能继续完成剩余工作。

考点与页码：项目提前终止。《指南》第 123 页，《解读》第 94 页。

172. A. 虽然此次变更增加了项目功能，但如果团队成员都这样随意变更，那将使项目范围无法得到控制。

B. 必须反对不遵守变更控制过程的行为。哪怕结果是有益的，这种行为也是不可接受的。

C. 正确答案。任何变更，无论大小，都要提出变更请求，并经过实施整体变更控制过程的审批。

D. 应该补一份变更申请表，并在补办批准手续后，才能对变更进行追踪。不能对未经批准的变更进行追踪。

考点与页码：项目变更管理，实施整体变更控制。任何变更都必须走变更管理的流程，不能追踪未经批准的变更（哪怕实际已经发生）。《指南》第 113 页，《解读》第 93~94 页。

173. A. 由于项目范围说明书不是项目经理亲自主持编制的，他首先必须确认范围说明书的质量，然后才能创建 WBS 和 WBS 词典。

B. 正确答案。先确认项目范围说明书的质量，包括是否已全面考虑了相关方的需求。

C. 由于项目早已启动，项目管理团队已经存在。

D. 太笼统。

考点与页码：鼓励相关方参与计划的编制。注意：如果你的工作必须基于其他人编制的文件开展，你就必须先审查一下该文件的质量。这并不是怀疑该文件是错误的，而是确认该文件的正确性。《指南》第 565 页，《解读》第 89~90 页。

174. **A. 正确答案。针对他们最关心的问题，让 PMO 尽快为他们实现价值。**

B. 一流的，不一定是合适的，更何况很难说清楚什么才是一流的。

C. 有一定作用，但不如 A 本质。

D. 这既没有必要，也完全不可能。

考点与页码：激励项目相关方，增量交付价值，动态评估相关方获得价值的进展。《指南》第 19、671 页，《解读》第 272 页。

175. A. 彼得定律是指在传统的管理之下，组织中的大多数岗位会被不胜任的人最后占据，因为组织往往把提级作为奖励员工优秀业绩的手段。

B. 正确答案。工作范围不变，人们在较早的时间完全不做事或很少做事，总是等截止日期快到时才着急做，这是典型的学生综合征（即拖延症）。

C. 墨菲定律是指如果某件事情可能出错，它就会出错，告诫人们要有强烈的风险管理意识。

D. 帕金森定律是指人们总会有意无意地多做不必要的工作（范围蔓延），以便工作能填满整个期间。而学生综合征则不会范围蔓延。

考点与页码：学生综合征（即拖延症）。注意区分帕金森定律和学生综合征。《指南》第 197 页，《解读》第 151~152 页。

176. A. 项目的独特性要求必须进行反恐安全培训。

B. 不能只用过去的经验教训来应对反恐问题。

C. 当地的恐怖主义活动威胁不属于未知–未知风险，不应动用管理储备。

D. 正确答案。项目管理办公室为项目经理提供必要的支持。

考点与页码：项目管理办公室的作用，以及开展必要的计划外培训。项目管理办公室通过各种方式向项目经理提供支持。《指南》第 49、342 页，《解读》第 31 页。

177. A. 这是生搬硬套敏捷理念。

B. 团队内部的管理方式由项目经理和团队成员决定。

C. 正确答案。这是符合敏捷理念的做法，需要团队成员同意。

D. 不能减少每日站会必要的汇报内容。

考点与页码：敏捷项目的每日站会。每日站会比较简短，15 分钟左右。《指南》第 364 页，《解读》第 302 页。

178. **A. 正确答案**。已经感知到工人有罢工的意图，应该分析并制定解决方案。

B. 冲突还没有实际发生，不需要马上采取应对行动。

C. 冲突已经被感知。

D. 冲突已经被感知。

考点与页码：冲突的阶段。最常用的冲突五阶段：潜伏、感知、感受、呈现、结束。《解读》第 205~206 页。

179. **A. 正确答案**。虽然年龄、学历和经历相似，但性格和能力也许有差异，充分利用差异性为不同小组工作。

B. 冲突是不可避免的，虚拟团队会带来沟通问题，应该优先考虑集中办公。

C. 这是专为你的项目招聘的人员。

D. 有必要这样做，但不如 A 积极主动。

考点与页码：注重团队成员的差异性，提高团队绩效。用性格指数了解团队成员的个性。《指南》第 337~338 页，《解读》第 212~213 页，《考纲》。

180. A. 解释同 C。

B. 解释同 C。

C. 正确答案。首先绘制网络图，找出关键路径，然后确定变更对项目的影响。原关键路径是开始－C－D－E－B－结束，18 周。现在的关键路径是开始－C－D－E－F－结束，21 周。

D. 解释同 C。

考点与页码：关键路径法画图及计算。《指南》第 210 页，《解读》第 144~146 页。

181 » A. 成本管理计划中可能会写如何安排培训费用，不如 D 全面。

B. 相关方参与计划中可能有一些与培训相关的内容，不如 D 全面。

C. 沟通管理计划中可能会写与培训有关的沟通该怎么开展，不如 D 全面。

D. 正确答案。在资源管理计划中写明对团队成员的培训安排，以确保他们具备完成项目的能力。

考点与页码：资源管理计划。《指南》第 318～319 页，《解读》第 196～197 页。

182 » A. 这个说法不合逻辑。

B. 削减资源会导致项目进一步延误。

C. 正确答案。由于项目风险低，活动之间的依赖关系主要是选择性的，所以可采用快速跟进方法来缩短项目工期。

D. 不合题意。

考点与页码：进度压缩，快速跟进。《指南》第 215 页，《解读》第 147～148 页。

183 » A. 很消极的做法，不利于项目进展。

B. 这会导致会议严重跑题。

C. 这也会导致会议严重跑题。这个应该留到会后去做。

D. 正确答案。必须坚持事先制定的会议议程。

考点与页码：人际关系与团队技能，会议管理。不要试图当场解决所发生的所有冲突。《指南》第 386 页，《解读》第 97～98 页。

184 » **A. 正确答案**。活动的最晚和最早日期之间的差值就是活动的总浮动时间。

B. 最早完成日期应该是 2 月 6 日。

C. 最晚完成时间是 2 月 10 日。

D. 根据收益递减规律，分配双倍的资源并不一定能缩短 1/2 的持续时间。

考点与页码：网络计划中的总浮动时间。《指南》第 210 页，《解读》第 145 页。

185 » A. 在客户最终验收阶段可交付成果之后，才能完成与客户的财务结算。

B. 这不是必须要做的事，也不是立即要做的事。

C. 这是完成选项 D 和选项 A 后要做的事情。

D. 正确答案。不管因何种原因引发的合同关闭，都要首先对已经完成的可交付成果进行验收和移交。这之后，才能做其他工作。

考点与页码：结束项目或阶段过程，以及合同收尾。注意：对于卖方来讲，合同收尾就是项目收尾，所以要用到结束项目或阶段过程。《指南》第 123 页，《解读》第 94～95 页。

186 » A. 增加资源就是采用赶工的方法。不能不加分析就决定赶工。

B. 正确答案。同时进行更多活动，是快速跟进的方法。

C. 这不是积极主动的做法。项目经理必须首先设法自己解决问题。

D. 不能不加分析就决定赶工。

考点与页码：进度压缩。注意：必须先分析，再做决定。《指南》第 215 页，《解读》第 147~148 页。

187 » A. 题干没有提及原有做法不符合法律法规。

B. 题干没有提及原有做法不符合公司的战略。

C. 与社会需求无关。

D. 正确答案。公司的首席项目官是重要的相关方，他的需求直接导致了项目的启动。

考点与页码：项目的启动原因。《指南》第 7~9 页。

188 » A. 不一定是团队能力的问题，先分析根本原因。

B. 把修补质量缺陷的措施列入未完项清单中，而不是该质量缺陷。

C. 应该在本次迭代后的回顾会上就搞清楚原因，再开始下一次迭代规划。

D. 正确答案。先找到质量缺陷未被解决的原因，再决定如何行动。

考点与页码：根本原因分析。敏捷项目，在回顾会上审查并分析问题的根本原因。《指南》第 276 页，《解读》第 186、307 页。

189 » **A. 正确答案**。平均值是指有 50% 可能性发生的估算值。根据题意，项目在预算内完工的可能性为 80%，大于 50%。

B. 如果预算低于平均值，那么在预算内完工的可能性应该小于 50%。

C. 如果预算等于平均值，那么在预算内完工的可能性等于 50%。

D. 无法根据中位数做出判断。

考点与页码：三点估算、概率分布。《指南》第 244~245 页，《解读》第 140~141 页。

190 » A. 应该强调实现绩效标准过程中的可接受行为。

B. 正确答案。用基本规则指导新成员融入团队，明确团队中可接受的行为。

C. 用团队基本规则要求每个人，比私下对他提要求效果更好。

D. 这种行为可能不符合团队的基本规则。

考点与页码：团队章程。团队章程对项目团队成员的可接受行为规定了明确的期望，是团队成员必须遵守的基本规则。《指南》第 319~320 页，《解读》第 197 页。

191 » **A. 正确答案。** 缺陷不落入客户手中，就是外部失败成本为零。

B. 车间里发现质量不合格，就发生了内部失败成本。

C. 质量检查成本不可能为零。

D. 与题干无关。

考点与页码：质量成本。《指南》第 282 ~ 283 页，《解读》第 181 ~ 182 页。

192 » A. 个性差异是团队多样性的体现之一，不是造成冲突的主要原因。

B. 等待是消极的做法，冲突较多时需要项目经理协助解决。

C. 正确答案。 引导团队成员遵守团队共同的价值观，不过于强调每个人的个性。

D. 团队成员需要相互配合，冲突无法避免。

考点与页码：团队章程，冲突的来源。团队章程中约定了团队成员的可接受行为。资源稀缺是造成冲突的主要原因，个性是造成冲突最不常见的原因。《指南》第 319 ~ 320、348 页，《解读》第 197、205、208 页。

193 » A. 项目团队的上级，如高级管理层、项目发起人，被分类为向上相关方。

B. 服从项目经理管理的人员，如项目团队成员，被分类为向下相关方。

C. 项目团队外部和项目执行组织外部的相关方，如政府部门、公众等，被分类为向外相关方。

D. 正确答案。 物业经理属于项目经理的平级管理人员，被分类为横向相关方。

考点与页码：按影响方向对相关方分类。《指南》第 513 页，《解读》第 282 页。

194 » **A. 正确答案。** 采用同行业或不同行业的项目的可比项目实践作为标杆，来改进本项目的做法。

B. 与题干无关。

C. 与题干无关。

D. 与题干无关。

考点与页码：标杆对照。《指南》第 143、281 页，《解读》第 123 页。

195 » A. 要开发的日常级和高层级功能尚不明确，就不应采用预测型。

B. 迭代型适用于具体的功能种类清楚、只是功能的精致精细程度不清楚的项目产品。

C. 正确答案。 在基础级功能开发完成后，再逐渐开发日常级和高层级功能。

D. 没有这个说法。

考点与页码：项目生命周期的类型。《指南》第 19 页，《解读》第 41 页。

196 » A. 四个答案都是为了确保知识分享要采取的行动，最佳顺序应该是 D – B –

C – A。

B. 解释同 A。

C. 解释同 A。

D. 正确答案。 把知识分享列为选择供应商的评标标准，是最具前瞻性的做法。

考点与页码：管理项目知识。明确供应商的知识分享责任，确保知识转移。《指南》第 98、128 页，《解读》92 ~ 93 页。

197. A. 项目团队内部的问题，应该由项目经理来解决。

B. 这是很消极的做法，不利于项目进展。

C. 正确答案。 先设法私下解决，如果不成，再采用正式的方式。

D. 可以在尝试私下解决不成时，再寻求职能经理的协助。

考点与页码：冲突解决方式。尽早并通常在私下处理冲突。《指南》第 348 ~ 349 页，《解读》第 206 ~ 208 页。

198. A. 在工作中培养他分享知识的习惯效果更好。

B. 有一定作用，但不如 C 效果好。

C. 正确答案。 有利于营造分享知识的良好氛围，让每个人养成分享的习惯。

D. 有一定作用，但不如 C 效果好。

考点与页码：管理项目知识过程。知识管理最重要的是营造相互信任的良好氛围，比如在日常工作中分享知识。《指南》第 100 页，《解读》第 92 ~ 93 页。

199. A. 不如 C 更有针对性。

B. 风险登记册供团队内部使用，而且不记录整体项目风险情况。

C. 正确答案。 风险报告最符合题意。

D. 项目文件的覆盖面太广，没有针对性。

考点与页码：监督风险过程，项目文件更新，风险报告。《指南》第 458 页，《解读》第 233 页。

200. A. 题干没有提及或暗示风险转移。

B. 采取了主动的应对措施，就不是接受策略了。

C. 如果取消了高威胁的工作，那才是整体风险的规避策略。

D. 正确答案。 在项目范围中新增了高收益的工作，这是整体风险的开拓策略。

考点与页码：整体项目风险应对策略，开拓。《指南》第 445 页，《解读》第 244 页。

附 录

附录 A　高效学习，成功通过 PMP® 考试
附录 B　实践，升华，反哺，PMP® 发展有你一份
附录 C　左手《PMBOK® 指南》，右手"汪博士丛书"
附录 D　享受学习的过程
附录 E　分章练习题参考答案
附录 F　综合模拟试题参考答案

附录 A　高效学习，成功通过 PMP® 考试

戴朝昕

同学们好，欢迎你们展阅本书。作为 PMP® 备考经验比你们丰富一些的学长和老师，我想就"高效学习，成功通过 PMP® 考试"给你们一些建议。

首先，高效学习要有自律精神。从根本上说，学习是自己的事情，没有人可以代替你自身的努力。在接下来的备考项目中，我建议你们平均每天至少要投入 2 小时的学习时间。因为，绝大部分没通过 PMP® 考试的同学，最重要的原因就是时间投入不足。而没有时间数量的投入，就没有学习质量的飞跃！同学们，你们有没有每天投入足够的时间高效学习，真的需要你们自律，自律的背后是自信，即相信自己这样做会越来越好。

其次，高效学习要有团队精神。你们的学习小组都应该树立一个共同目标：全组通过 PMP® 考试！你们是在一个战壕里互相支持、互相学习的战友。在团队学习中，你可能会发现进度管理是张三同学的强项，成本管理是李四同学的强项，质量管理是王五同学的强项……我建议每位同学都把自己的强项分享出来，变为小组的强项，这样你们将会产生 1 + 1 > 2 的"木桶长板"效应。另外，在备考过程中，你会遇到工作繁忙、经常加班、家事羁绊等问题。这些问题干扰着你的学习。但是，请你不要抱怨，不要把它当成你不努力学习的理由，更不要当成你没通过 PMP® 考试的理由。因为，你同组的高分同学也同样会遇到这些问题。你最需要学习的是：这位高分同学是怎样挤出时间学习的？怎样事半功倍学习的？怎样协调好工作、家庭与学习的关系的？同学们，问题本身不一定都是"绊脚石"，只要我们调整对待问题的态度、认知和方法，问题有可能会变成我们提升的"踏脚石"！

再次，高效学习要有实践精神。备考过程中最重要的实践就是做题和进行模拟考试。听课、看书、研讨是理论学习的过程，做题、反思、顿悟是实践学习的过程。通过做题，你会发现自己原以为掌握的知识，其实只是"知其然，不知其所以然"；通过做题，你会发现几个相近的概念放在一起，就辨别不出选项的真伪；通过做题，你会发现在理论学习后，要实践学习，然后再理论学习……经过若干次理论和实践学习的循环后，你才能彻底掌握 PMBOK® 的知识。可以说，做题和模拟考试是 PMBOK® 与 PMP® 考试的桥梁和纽带。我们编写本书的目的也在于此。

另外，高效学习要有改进的精神。为了高效学习，你可能要改变原来拖沓的工作习惯，做到日事日毕；你可能要改变原来的作息时间，下班后先去图书馆复习；你可能要改变和家人的沟通方式，说服相关方支持你的备考项目……只有勇于改进，你才能发现有更多的可能性，才能高效学习，才能成为一名优秀的项目经理。

最后，祝同学们在 PMP® 备考项目中学有所成，成功通过 PMP® 考试；在今后的工作中学以致用，更上一层楼！

附录 B　实践，升华，反哺，PMP® 发展有你一份

胡晶晶

亲爱的 PMP® 学友，当你做过了全书的习题，来到书的附录位置，恭喜你，你是一位准 PMP® 了！PMP® 的认证要求有一定的实践积累，相信经过备考将近 3 个月的时间，你的实践对于解题一定发挥了很大作用。与此同时，你也会识别到实践中有很多待优化之处。你是否已经摩拳擦掌准备带着团队大干一场了呢？

多实践，学以致用

《PMBOK® 指南》中的五大过程组和十大知识领域来自于实践，并经过了多年的实践考验。各种输入、工具与技术和输出在经过裁剪之后，适用于各行各业的项目，例如，"项目的开发生命周期""PMO 的类型""项目经理的角色"都在与时俱进，现在还融入了很多敏捷趋势。无论你是从事大数据挖掘项目、互联网产品研发，还是地产、装修，一本《PMBOK® 指南》总能给人启发。扎实学习、裁剪运用，我们学到的 PMP® 知识将有助于组织的项目管理成熟度前进一大步。

从大趋势而言，PMP® 的学习和实践会越来越动态，也越来越在新兴行业或角色中体现。很多实践等待我们一起去探索，未来版本的更新等待我们一起去归纳、总结。成为认证 PMP® 是我们项目管理探索之旅的起点。

勤总结，积极升华

本书由汪博士带领团队精心编写。每一道题目都来自各位老师的项目实践、授课经历，以及对新兴实践的体验和观察，同时又经过了细致的措辞和多轮推敲。在参与本书的编写之前，汪博士就经常教导团结在他身边的 PMP® 讲师和学员，对于日常习得的知识和实践，要勤于思考和总结。在总结的过程中，我们回顾已经发生的实践、构思带来的经验教训，并结合 PMP® 知识，对未来做出展望。每一次认真的书面总结都是一次对自我的提升和超越。不要放弃这些让自己进步的好机会！

经过不断地练习，你总结出来的文章可以尝试在专业期刊上发表，以此结识志同道合的伙伴。汪博士经常教导我们，有团队相互扶持，可以在专业的道路上走得更长远。

多奉献，反哺 PMP® 发展

每一版《PMBOK® 指南》的更新都由各国的项目管理专家志愿者编写完成。从英文版

本的编写或改版,到 10 种语言的发表,大致会分为以下步骤:英文草拟—英文审阅—翻译—翻译审校—出版。每一个步骤当中,都需要具备专业知识的广大志愿者同仁加入其中。我有幸随同汪老师一起参与了《PMBOK®指南》第 5 版和第 6 版的翻译审校,并在第 7 版撰写组(Development Team)中成为亚洲唯一一位志愿者。在这一过程中,我对 PMP®的知识理解得以夯实,并结识了各国对项目管理事业抱有热情的专家,而且也热爱上了英文原创和翻译工作,在咬文嚼字中体会其中的趣味。

同时,我将自己数年的项目管理实践作为输出,借助审校和撰写的机会,反馈到《PMBOK®指南》中。这份反哺激发我继续不断学习,实践,升华,反哺。希望这份经历能够给你启发,激发你参与项目管理协会(PMI)各种文献优化的志愿工作。你也可以关注微信订阅号"项目管理思考",与我进行更多交流。

附录 C 左手《PMBOK® 指南》，右手"汪博士丛书"

龙小丰

不积跬步，无以至千里；不积小流，无以成江河。对 PMP® 项目管理的学习，绝非一朝一夕之功。特别对于利用碎片化时间来参加学习的同学们和朋友们来说，PMP® 项目管理认证考试更是越来越具有挑战性。但是只要掌握良好的学习方法，就能取得事半功倍的效果。总而言之，学习项目管理，打好基础是前提，掌握知识点是根本。

现在，《PMBOK® 指南》越来越厚实，第 6 版已有 700 多页。书中不仅有大量需要理解与掌握的知识点，还涉及许多项目管理的理论、方法、原理、工具、技术和基本的概念。要想顺利地通过 PMP® 考试，必须要打好扎实的基础。而打好扎实的基础，一定要事先做好计划，保证时间的充分投入。有了良好的计划，就不会再"当一天和尚撞一天钟"，得过且过。学习计划直接的体现是时间和精力的投入保证，是不打任何折扣的学习执行力。有经验的同学提到："全程投入时间 200 个小时以上，书本阅读五到六遍以上，基本保证能通过考试。"这看似简单，但其中的道理却是非常实在的。时间安排上存在边际效应，每个人都需要在生活、学习和工作中做出取舍和权衡。

下面主要谈一下 PMP® 学习认证考试的"四心""四法""四道"和"四读"。

"四心"。其一是爱心，推荐分组结伴，共同学习，相互打气，友爱互助。学习的道路上不孤独，当有朝一日回过头来看这一段学习历程，是满满的收获、回忆和感动；其二是信心，信心来自计划的保障和坚决的执行，没有计划，何来信心，有计划不执行，浪费时间和生命；其三是专心，在利用碎片化时间学习的过程中，要尽可能地做到专心致志，排除一切干扰，这样学习的效率将达到最佳；最后是细心，细致入微地投入到碎片化学习中来，只有足够细心，才能真正地走进 PMP® 项目管理这一五彩斑斓的知识世界。

"四法"。其一是预习，上课前的提前预习，建议快速阅读《PMBOK® 指南》，并配合《汪博士解读 PMP® 考试》这本书。单看《PMBOK® 指南》，可能毫无感觉，配合《汪博士解读 PMP® 考试》，就会更容易上手一些；其二是听课，在课堂上认真听课是非常有必要的，争取当日的课程当日消化和巩固；其三是复习，主要是课后对课程知识点的回顾和总结。《PMBOK® 指南》是一本非常结构化的书，《汪博士解读 PMP® 考试》一书做了很多归纳和总结，复习建议结合《汪博士解读 PMP® 考试》那本书一起来进行，效果会更佳；最后是做题，这是一个查漏补缺的过程，特别推荐大家好好利用本书中的题目，无论是章节习题，还是书后的两套综合模拟试题，都是精挑细选的好题目。这些题目都是奋战在

PMP®课堂一线的老师们集体心血的结晶。

"四道"。其一是正道，看书是正道，看《PMBOK®指南》，看《汪博士解读PMP®考试》，看讲义，这些都缺一不可，配合起来看，效果会更好；其二是王道，理解是王道，理解的才是真正属于自己的，要怀有不理解时不放弃、不耻下问的学习态度，要抱有不理解时不罢休、打破砂锅问到底的学习精神，这样功到自然成；其三是顺道，顺势而为，上课是基本保障，有条件要上课，没有条件要创造条件来上课，没有上课，学习会事倍功半；最后是小道，做题是小道，不推荐题海战术，明确做题的目的，其目的在于检验和查漏补缺。

"四读"。其一是快读，了解结构；其二是精读，读懂读顺；其三是细读，读出疑惑；最后是跳读，有的放矢。古人云"书读百遍，其义自见"，所以"四读"中的每一读，都缺一不可。

当然，学习方法和技巧，因人而异。以上方法仅供参考。最后祝亲爱的同学们和朋友们一次性顺利通过PMP®考试。

附录 D　享受学习的过程

易洪芳

我有幸从本书的第 2 版就参与其中，从第 4 版开始担任副主编，带领编写团队对本书持续改进。看着它改进得越来越好，成为广大考生备考的重要习题集，颇有成就感。写一本书就是做一个项目，我乐在其中，并不断进步。希望使用这本书的你，也能享受学习的过程。

一个不享受学习过程的人，是不会好好学习的，也很难愉快地实现自己想要的结果。很多人的 PMP®备考过程相当痛苦，只有在拿到证书的那一刻是开心的。我收集了他们的教训，你反其道而行之就可以得到快乐的学习体验。

教训一：给自己留有后路。你没有要抱着考试必须一次通过的决心，认为这不是一锤定音的高考。你可以一年之内连续考四次，每次只需要再交几千块的补考费而已。如果你能找到考试不通过还退费的培训机构就更好了。保持这种心态，你可能暂时很轻松，但拿到成绩的那一刻，你的内心将备受煎熬！打仗讲究一鼓作气，学习也是如此，一气呵成是最佳选择。

教训二：忽略时间管理。如果你有 3 个月的时间备考，那么前两个半月你可以尽情磨蹭，直到最后半个月再哭着把书看完，把题做完。这种轻易就能做到的拖延症，会让你最后半个月学得很辛苦，对精神和体力都是双重考验。比如我当年的备考只用了 1 个月，每天只睡 3 个小时，最后飘进考场，虽然通过了考试，但痛苦且终生难忘。如果你制订了详细的学习计划，每天至少学习 2 小时并坚持到考试，你可能没机会体验这种糟糕的感觉了。所谓没时间，不过是学习这件事在你的待办事件中优先级不太高。忽略时间这种无形资产，你的一生都将过得很痛苦。

教训三：保持孤军作战。一个人闷头学习，不加入任何学习组织，也很少参加线下小组活动。如果你有足够的意志力，考试通过也许不是问题。但一个人的坚持，比一群人的坚持要难得多！你需要忍受学习过程中更多的孤独与枯燥，缺乏交流与反馈，没有可参照的改进标杆，学习的效果和效率也会大打折扣。想让学习的过程变得有趣，你需要拥有神一样的队友。学习，也需要整合各方的力量。

教训四：个人经验主义至上。如果你总是用个人经验和工作习惯去答题，而不使用

《PMBOK®指南》中提倡的管理方法和理念，你可能答得很痛快，但得分却很低。经验越多，越不容易怀有空杯心态，这对于学习不是件好事。不肯向集体的智慧妥协，拒不改变思维模式，学习的过程必然是纠结而痛苦的。请借着这次学习的机会梳理自己过往的经验，以包容的心态接受项目管理的新理念并调整思维模式。

请把PMP®备考真正当一个项目去做，抱定一次通过的决心，做好时间管理，设法拥有神一样的队友，并学会利用组织过程资产，相信你一定能得到快乐的学习体验，顺利通过考试！

附录 E 分章练习题参考答案

第 1 章 引论

1~5	6~10	11~15	16~20	21~25	26~30	31~35	36~40	41~45	46~50	51~55	56~60
AACAC	ACBAD	DACAA	DACCD	DBDDD	CBBBA	CBBCD	BCCCB	DCDCD	DCDAB	DDDBD	DBCCD

第 2 章 项目运行环境

1~5	6~10	11~15	16~20	21~25	26~30	31~35	36~40	41~45	46~50	51~55	56~60
DBBAC	DBCAD	CDDCB	ABDCC	DCAAD	DCCDC	DBADB	BDCCB	CCCDC	CCCDA	BACAC	DBBAD

第 3 章 项目经理的角色

1~5	6~10	11~15	16~20	21~25	26~30	31~35	36~40	41~45	46~50	51~55	56~60
ACDCB	BDADC	DBDAB	CCCCD	BBCCD	CDBDC	ACBCC	ABBAC	CDBDB	DBABC	CBDBA	DCBCB

第 4 章 项目整合管理

1~5	6~10	11~15	16~20	21~25	26~30	31~35	36~40	41~45	46~50	51~55	56~60
DBDCB	ABCDA	BCDBA	DBDAA	DADAC	DACDD	DDCDC	DBBAC	ACBDD	CACCC	DABDB	DDBBB

第 5 章 项目范围管理

1~5	6~10	11~15	16~20	21~25	26~30	31~35	36~40	41~45	46~50	51~55	56~60
CBBDC	DDBDA	CBCAD	ACBAB	ABDCB	ABBCB	ABACD	CBDCD	CBDDC	BBCBC	DABBD	BCBAC

第 6 章 项目进度管理

1~5	6~10	11~15	16~20	21~25	26~30	31~35	36~40	41~45	46~50	51~55	56~60
BDBBB	CDBAA	AACBC	DBBDA	BCABB	CBABB	CBCBB	DDCDA	DBDBB	DBBBC	CADCA	BDACB

第 7 章 项目成本管理

1~5	6~10	11~15	16~20	21~25	26~30	31~35	36~40	41~45	46~50	51~55	56~60
DBBBB	ACBAA	CCBDC	CDBBA	CCAAB	DDDAB	ADDDA	CDDBA	CCABA	ADDAD	BABBA	CCDCC

附录 F 综合模拟试题参考答案

综合模拟试题一

1~5	6~10	11~15	16~20	21~25	26~30	31~35	36~40
BDCBA	CDBBC	DDDCB	CBBCA	ACCDA	BCBAA	DDBBB	DBDCD
41~45	46~50	51~55	56~60	61~65	66~70	71~75	76~80
BACBD	CCDDC	ADADB	CDAAC	AAACD	CCBDB	DCABB	DBCCD
81~85	86~90	91~95	96~100	101~105	106~110	111~115	116~120
BACDA	BCCBC	DBCAD	CBDCB	ACCBB	DBCCA	DADDB	CCDAB
121~125	126~130	131~135	136~140	141~145	146~150	151~155	156~160
ABBBA	CBACD	BCBAC	BACBD	CCBBD	BBDBC	DCCBB	CCBDB
161~165	166~170	171~175	176~180	181~185	186~190	191~195	196~200
BDCCB	CDCAC	BACCD	CCDCC	BBABB	BBBBB	AADBC	CDDDD

综合模拟试题二

1~5	6~10	11~15	16~20	21~25	26~30	31~35	36~40
DACBA	BDCCB	BCCBD	BACDD	BDBDB	CBAAC	CBCAC	ADDDB
41~45	46~50	51~55	56~60	61~65	66~70	71~75	76~80
CCBBD	BBBCD	DDABB	BCABC	CACBD	DCCCC	CDDCD	BDDBB
81~85	86~90	91~95	96~100	101~105	106~110	111~115	116~120
CCACC	BCBCD	BBCCC	BCCCC	CCDCB	ACCAB	DCCCD	BABBB
121~125	126~130	131~135	136~140	141~145	146~150	151~155	156~160
BBAAB	BADCB	DDDDC	ABDAB	BBCBC	CACDA	CCABB	BBAAD
161~165	166~170	171~175	176~180	181~185	186~190	191~195	196~200
CCCCC	DABDB	BCBAB	DCAAC	DCDAD	BDDAB	ACDAC	DCCCD

第 8 章 项目质量管理

1~5	6~10	11~15	16~20	21~25	26~30	31~35	36~40	41~45	46~50	51~55	56~60
BDACB	CABCA	CCBBB	ABCDB	CDADB	DDACD	CBCDC	AAABB	CCCCD	CCDBB	DBDDA	ABBDC

第 9 章 项目资源管理

1~5	6~10	11~15	16~20	21~25	26~30	31~35	36~40	41~45	46~50	51~55	56~60
DDDDC	BCADB	AADAC	CDDDC	DADAB	CAACD	BDCBA	DBBBA	BBABC	CADBC	ABDAC	ACCBA

第 10 章 项目沟通管理

1~5	6~10	11~15	16~20	21~25	26~30	31~35	36~40	41~45	46~50	51~55	56~60
BADAB	CBBDC	ADBAB	BADAD	CAABB	CCBBB	DDBDD	ABDCA	BCBDD	BAACD	DADAB	BCDCB

第 11 章 项目风险管理

1~5	6~10	11~15	16~20	21~25	26~30	31~35	36~40	41~45	46~50	51~55	56~60
CDABD	CABDA	ACDBC	AADAC	BBABB	DDBBD	CCBBB	DCBDB	BBBCB	CACCA	AADDB	CABAD

第 12 章 项目采购管理

1~5	6~10	11~15	16~20	21~25	26~30	31~35	36~40	41~45	46~50	51~55	56~60
DBACB	DBCCB	BADDC	CDDBB	BCAAA	CDCCA	DAACB	ADDBD	BCCDD	DABBD	ABDAB	DBADA

第 13 章 项目相关方管理

1~5	6~10	11~15	16~20	21~25	26~30	31~35	36~40	41~45	46~50	51~55	56~60
CAABB	AAACA	CBBBA	BAAAB	BDDBA	AAAAC	CCBBA	DCBDA	CDDAA	CBBDB	ACADC	CBBCA